중국어와
문화 교류

汉语与文化交际

杨德峰 엮음, 이선희 옮김

중국어와 문화 교류

汉语与文化交际

學古房

『汉语与文化交际』 한국어판 서문

『汉语与文化交际』는 주로 중국어를 학습하고 중국의 교류 문화를 이해하려는 외국학생을 위해 편찬되었으며, 다음 세 방면의 내용을 포함한다. 첫 번째는 '중국어편'이다. 이 편에서는 '만났을 때 인사말과 헤어질 때 인사말', '금기와 완곡', '성어와 속어', '한자와 문화' 등과 같이 중국에서 자주 쓰이는 표현방법과 중국어의 특징들을 소개하였다. 이에 대한 학습을 통해 학습자의 어휘가 풍부해지고 중국어 표현능력이 향상되기를 바란다. 두 번째는 '중국어와 문화편'이다. 이 편에서는 주로 중국어에 나타난 중국문화를 소개하였으며, 여기에는 '음식과 중국어', '남녀불평등과 중국어', '중국인 마음속의 색깔', '재수 없는 개와 다른 동물' 등이 포함된다. 이 편의 학습을 통해 학습자는 중국어에 내포된 중국 문화와 중국인들의 인생관, 가치관, 심미관 및 전통문화들을 이해할 수 있을 것이다. 세 번째는 '문화와 교류편'이다. 이 편에서는 '성씨와 인명', '인정과 체면', '민속과 교제', '생활예절', '신체 언어'등 중국인과 교류 시 지켜야 할 예절과 풍습들을 소개하였다. 이 편의 학습을 통해 학습자는 격에 맞는 언어 표현력을 제고함으로써 중국인과의 교제 능력을 키울 수 있을 것이다.

요컨대, 이 책의 학습을 통해 학습자는 중국어 어휘량을 늘리고 중국어 수준을 향상시킬 수 있을 뿐 아니라 더욱 중요한 것은 중국의 문화를 이해함으로써 중국인과의 교제 성공률을 높일 수 있다는 점이다.

이 책은 1998년 '국가한판(国家汉办)'의 지원을 받아 베이징대학출판사에서 출판된 이래 지금까지 20년 가까이 되었다. 지난 20년 동안 『汉语与文化交际』는 줄곧 베이징대학 대외한어교육학원의 선택과목이었으며, 매년 많은 학생들이 수강을 하고 있다. 이 책은 많은 학습자들과 독자들의 폭넓은 호평과 많은 칭찬을 받고 있다. 그들은 이 책이 매우 흥미로우며 또한 상당

4

히 실용적이어서 다른 수업에서는 배울 수 없는 것들을 학습하고 이해할 수 있으며, 중국어 실력과 교류 능력의 향상에도 큰 도움이 된다고 입을 모은다.

중국과 한국은 바다를 사이에 두고 있으며, 모두 유구한 역사와 찬란한 문화를 간직하고 있다. 한중 양국의 문화는 서로 동일하거나 유사한 점도 있지만, 차이 또한 존재한다. 따라서 한국의 학습자들은 중국어를 배울 때 반드시 중국의 문화도 함께도 학습하고 이해해야 한다는 임무에 직면하게 된다. 중국문화를 이해하지 못하면 중국어도 제대로 배울 수 없을 것이다. 언어 역시 일종의 문화이기 때문이다. 한국의 계명대학교 중국어문학전공 이선희교수가 이번에 졸저를 한국어로 번역, 출판함으로써 한국의 학습자와 독자들의 요구에 부응하게 된 것은 필자에게는 영광이면서 한국의 독자들에게도 기쁜 소식이다. 이로써 한국의 학습자와 독자들은 언어의 장애가 사라져, 이 책의 내용이나 지식을 더욱 잘 이해할 수 있게 될 것이다. 필자는 이 교수님의 번역으로 졸저가 분명 한층 더 빛을 발하게 될 것으로 믿으며, 이에 깊은 감사를 표한다.

저자 양더펑
2017년 6월

《汉语与文化交际》韩国版序

　　《汉语与文化交际》主要是为外国学习者学习汉语、了解中国交际文化而编写的，该书包括三个方面的内容：一是"汉语篇"，本篇介绍了汉语中的一些常见的表达方法以及汉语的一些特点等，像"见面用语和道别用语"、"忌讳与委婉"、"成语和俗语"、"汉字与文化"等，希望通过本篇的学习，能够丰富学习者的词汇，提高学习者的表达能力。二是"汉语和文化篇"，主要介绍了汉语中反映出来的中国文化，像"饮食和汉语"、"男女不平等与汉语"、"中国人心目中的五颜六色"、"倒霉的狗及其他"等等，通过本篇的学习，学习者能够了解汉语中蕴含的中国文化，了解中国人的人生观、价值观、审美观以及一些传统文化等。三是"文化与交际篇"，主要介绍了一些与中国人进行交际时应该遵循的礼节和风俗习惯等，譬如"姓氏人名"、"人情与面子"、"民俗和交际"、"生活的礼节"、"体态语"等等，通过本篇的学习，可以提高学习者与中国人交际的得体性，从而提高与中国人打交道的能力。

　　总之，希望通过本书的学习，不但能够扩大学习者的词汇量，提高汉语水平，更重要的是让学习者了解中国的一些交际文化，从而提高与中国人进行交际的成功率。

　　该书1998年得到国家汉办的资助，在北京大学出版社出版，迄今已近二十年。这二十年间，《汉语与文化交际》一直是北京大学对外汉语教育学院的选修课，每年选修的学生都很多，广泛受到了学习者的好评，也受到了其他读者和使用者的称赞，大家普遍认为这部书不但很有趣，而且非常实用，能够让学习者学习、了解到其他课堂上不能学习和了解到的东西，对提高汉语水平和交际能力有着非常大的帮助。

中国和韩国隔海相望，两国都有着悠久的历史和灿烂的文化，中韩两国的文化既有相同相似之处，也存在着一些差异，因此韩国学习者学习汉语的时候必然也面临着学习、了解中国文化的任务。如果不了解中国的文化，那么就很难把汉语真正学到家，因为语言本身就是一种文化。韩国启明大学中文专业的李善熙教授把拙著翻译成韩文在韩国出版，以飨韩国的学习者或读者，于我是一种荣幸，于韩国学习者或读者来说也是一种福音。这样，韩国学习者或读者就不存在语言障碍了，能够更好地了解和掌握该书的内容或知识。笔者相信，李先生的翻译一定为拙著增色不少，在此表示诚挚的谢忱！

作者 杨德峰

2017年 6月

　『汉语与文化交际』가 출판된 지 어언 10여 년이 지났다. 이 기간 동안 중국은 경제와 사회 등 여러 분야에 걸쳐 엄청난 변화가 발생하였다. 이러한 변화에 적응하기 위해『汉语与文化交际』를 수정하고 보충함으로써 중국어 학습자와 독자들의 수요를 충족시키고자 한다.

　이번 수정과 보완 작업은 주로 다음과 같다. 첫째, 구성을 크게 조정하여, 원래의 35절을 크게 세 부분으로 합쳤다. 첫 번째 부분은 '중국어편(汉语篇)'으로 모두 13개의 절로 구성하였다. 여기에는 중국어와 밀접한 관계가 있는 문제들, 예를 들면 '호칭(称呼)', '만났을 때 인사말과 헤어질 때 인사말(见面用语和道別用语)', '중국어 어휘의 색채(汉语词语的色彩)', '한자와 문화(汉字与文化)' 등이 포함된다. 두 번째 부분은 '중국어와 문화편(汉语与文化篇)'으로, 모두 11개의 절로 구성하였다. 여기에는 '재수 없는 개와 다른 동물(倒霉的狗及其他)', '신기한 숫자(奇妙的数字)', '음식과 중국어(饮食与汉语)', '남녀불평등과 중국어(男女不平等与汉语)', '노인 공경과 노인 기피(尊老与忌老)' 등이 포함된다. 세 번째 부분은 '중국어와 교류편'으로 모두 11개의 절이 포함되며, 중국어 의사소통 과정에서 문화와 관련 있는 일부 현상들을 소개하였다. 여기에는 '성씨와 인명(姓氏人名)', '중국어 속의 신분제 사상(汉语中的身份制思想)', '중국인의 겸손(中国人的自谦)', '민속과 교제(民俗和交际)', '생활예절(生活礼节)' 등이 포함된다. 이렇게 조정한 것은 학습자와 독자들이 개인적 관심에 따라 취사선택 하고, 교사가 수업을 하는 데 편의를 제공하기 위해서이다. 둘째, 각 절의 내용을 더욱 충실하게 하고자 최근의 새로운 연구 성과를 흡수하였고, 사회의 발전과 변화에 맞춰 시대에 뒤떨어지거나 중요하지 않은 일부 내용은 삭제하여 시대의 흐름에 발맞추고자 하였다. 셋째, 과거의 판본에는 예문이 적었는데, 학습자의 이해를 돕기 위해 각 절에 상응하는 예문을 추가하였다. 넷째, 독자의 의견에 근거하여 일부 내용은 정정하였다.

요컨대 이 수정판이 학습자와 독자의 수요를 더욱 잘 만족시킬 수 있기를 바란다.

이 책의 수정과 보완 과정에서 선현들과 다른 학자들의 연구 성과를 참고하고 받아들였다. 또 출판 과정에서 상무인서관(商务印书馆) 국제한어편집실 위안팡(袁舫)주임의 적극적인 지지와 도움을 받았으며, 이에 진심어린 감사를 표한다.

필자

2011년 3월

《汉语与文化交际》出版已十载有余，在这十几年的时间里，我国的经济、社会等各个方面都发生了巨大的变化。为了适应这种形势变化，我们对《汉语与文化交际》进行了修订和补充，以便更好地满足汉语学习者和读者的需要。

本次修订主要做了以下工作：一是结构进行了较大的调整，把原书三十五节大致归并为三部分：第一部分是"汉语篇"，共十三节，集中介绍了与汉语密切相关的一些问题，像"称呼"、"见面用语和道别用语"、"汉语词语的色彩"、"汉语的语体"、"汉字与文化"等；第二部分是"汉语与文化篇"，共十一节，主要介绍了汉语中的文化现象，像"倒霉的狗及其他"、"奇妙的数字"、"饮食与汉语"、"男女不平等与汉语"、"尊老与忌老"等；第三部分是"文化与交际篇"，共十一节，分别介绍了汉语交际中与文化相关的一些现象，像"姓氏人名"、"汉语中的身份制思想"、"中国人的自谦"、"民俗和交际"、"生活礼节"等。这样做主要是便于学习者和读者按照自己的兴趣进行取舍，也便于教师集中教学。二是对各节的内容进行了充实，尽量把近年来出现的新的研究成果吸收进去，并根据社会的发展和变化，对一些过时或非主流的情况进行了删减，以便与时俱进。三是过去的版本中例句较少，为便于学习者理解和掌握，各节中都增加了相应的例句。四是根据读者的反馈，对个别地方进行了订正。

总之，希望通过修订，能够使本书更好地满足学习者和读者的需要。

本书修订过程中，参考、吸收了一些前贤和时贤的研究成果；出版过程中，得到了商务印书馆国际汉语编辑室袁舫主任的大力支持和帮助，在此一并表示诚挚的感谢。

作者
2011年3月

언어와 문화의 관계는 매우 밀접하다. 혹자는 언어는 문화의 부호이고 문화는 언어의 파이프라고 한다. 마치 거울이나 앨범처럼 각 민족의 언어는 그 민족 특유의 문화적 양상을 반영하고 기록한다는 것이다. 각 민족의 특정한 문화는 그 민족 언어의 발전에 어느 정도 제약적 기능을 하기 때문에 언어와 문화의 관계는 매우 밀접하다. 때문에 언어는 한 단계 높은 문화라고도 할 수 있다.

의사소통 과정에서 청자가 상대방의 말을 '듣고 이해할 수 있다'고 해도 반드시 그 진정한 함의까지 이해했다고 할 수는 없는 까닭도 바로 이 때문이다. 예를 들어보자.

① A : 他说什么时候把钱还给你了吗? 그가 언제 너에게 돈을 갚는다고 했니?

　　B : 说了, 他说一个月以后就把钱还给我。 말했어. 한 달 뒤에 갚는다고 했어.

　　A : 你别听他的, 他说的比唱的好听。 그 사람 말 듣지 마. 그 사람 말하는 게 노래하는 것보다 더 듣기 좋다고.

② A : 你最近怎么样? 요즘 어때?

　　B : 简直把我忙死了。 정말이지 너무 바빠 죽겠어.

　　A : 看来你是个大忙人喽! 보아하니 너는 정말 바쁜 사람이구나.

　　B : 瞎忙, 没忙什么。 공연히 바쁜 거야. 별로 바쁘지 않아.

예문 ①의 '他说的比唱的好听'은 외국 학생들이 '그가 한 말은 듣기 좋고, 노래는 듣기 싫다(他说的话好听, 唱的歌不好听)'라고 생각하기 쉽지만 사실은 전혀 아니다. 이는 비유로, 그 사람은 말을 아주 잘 하므로 믿을 수 없다는 의미이다. 예문 ②의 A가 B에게 '大忙人'이라고 하자 B가 '瞎忙, 没忙什么'이라고 하였는데, 이는 A의 앞의 말인 '忙死了'와 서로 모순이 되지 않을까? 하지만 사실은 전혀 모순이 아니다. 이는 단지 겸손한 표현일 뿐이다. 이러한 표현 방식은 모두 외국인들이 당혹스럽게 느끼는 것들이다.w 위의 문장에는 별로 어려운 어휘도 없으며 중고급 수준의 외국 학생들은 모두 배운 것들이다. 하지만 이들 문장의 진정한 의미를 그들이 정확히 이해했다고 할 수는 없는데, 왜냐하면 이 문장들에는 모두 문화적 요소가 포함되어 있기 때문이다.

이러한 문화적인 장애는 의사소통에서뿐만 아니라 글을 읽을 때도 마찬가지로 존재한다. 예를 들어보자.

我那口子(那位)还在外边呢! 우리 그이(그 분)는 아직 밖에 있어요!

위의 예에서 '那口子', '那位'는 사전에서 찾을 수가 없으며 글자로도 이해하기 어렵다. '那口子', '那位'는 책가방일까, 자전거일까? 아니면 친구일까 학우일까? 사실 이들은 한쪽 배우자, 즉 남편이나 아내를 가리킨다. '那口子'나 '那位'로 '아내'나 '남편'을 지칭하는 것은 부부간에 친근하고 편함을 드러내며 동시에 가정에서 남편과 아내의 지위가 평등함을 뜻한다.

이와 유사한 경우는 많이 있는데, 한 중국 소설에는 다음과 같은 말이 나온다.

敌机过后, 村子变成了一片废墟, 人都炸死了, 只剩下狗儿和狗儿的妈.

적의 전투기가 지나간 후 마을은 폐허로 변했다. 사람들은 모두 폭사하였고 고우(狗儿)[1]와 그의 엄마만이 남았다.

러시아의 한 한학자는 이 문장을 번역하면서 '只剩下狗儿和狗儿的妈'를 '새끼 개 한 마리와 그 새끼 개의 엄마만 남았다'라고 하여 웃음거리가 되었다고 한다.

작문은 학생의 언어 능력을 반영하는 수단 중의 하나여서 문화와 별로 관계가 없어 보이지만, 사실은 그렇지가 않다. 조사에 따르면, 미국에 유학하는 중국 학생들이 쓴 작문의 80%는 문장이 통하지 않는데, 대부분은 앞뒤가 매끄럽게 연결되지 않는 것이었다. 필자의 조사에 따르면, 이러한 문제는 중국어를 공부하는 유학생들도 마찬가지다. 그들이 쓴 글을 보면, 개별 문장은 모두 별 문제가 없어 보이지만, 전체를 연결해서 보면 자연스럽지가 않고 어색하다고 느끼게 된다. 외국 유학생들의 작문 과정이나 사고방식이 중국인과 차이가 있음을 알 수 있다. 이는 달리 말하면, 그들이 중국어를 배울 때 문법과 어휘에만 치중하고 중국인의 사고방식을 등한시함으로써, 자기 민족의 사고습관에 따라 중국어를 작문하였기 때문이다.

이로부터 중국어를 잘 하기 위해서는 발음, 어휘, 문법 공부만으로는 부족하며 또 이것만으로는 중국어를 잘 배울 수도 없음을 알 수 있다. 중국어를 공부함과 동시에 중국어와 밀접한 관계가 있는 중국의 한족(汉族) 문화도 반드시 공부해야 한다. 『예기(礼记)·곡례상(曲礼上)』편에 나오는 '入境而问禁, 入国而问俗, 入门而问讳。(천자의 땅에 들어서면 금기를 묻고, 제후

----

1) 역자주 : 여기서는 정말 개가 아니라 '狗儿'라 불리는 사람을 가리킨다.

의 나라에 들어서면 풍속을 물으며, 남의 집에 들어서면 금기사항을 묻는다.)'라는 말은 '새로운 곳에 가면 그 곳의 풍속과 습관 등을 묻고 이해해야 한다'는 의미이다. '예(礼)'는 고대 문화의 중요한 내용으로, 여기에는 사회 도덕과 행위규범 등 여러 방면이 포함된다. 현대 사회에서도 예는 매우 중요하며, 없는 곳이 없다고 할 수 있다. 중국어 학습자들은 중국어를 사용하는 사회의 각종 규범까지 이해해야 중국어를 제대로 배울 수 있다.

『汉语与文化交际』는 바로 이러한 생각에서 출발하여 특별히 중국어를 학습하는 외국인을 위해 쓴 책이다. 이 책의 집필과정에서 많은 부분은 외국인 학습자들의 수요에서 출발한 것들이다. 예를 들어, 금기와 완곡, 중국인의 프라이버시, 지위 숭배와 근심, '내편'과 '니편', 언어표현의 적절성 등 중국어 교류와 밀접한 관련이 있는 문화에 대한 소개 외에, 중국어에 나타난 문화 현상에 대해서도 살펴보았다. 이는 외국인 학습자들의 중국어에 대한 흥미를 유발하고 그들의 의사소통 능력과 언어표현의 적절성을 제고함으로써 그들로 하여금 말을 정확하게 하도록 할 뿐 아니라, 어떻게 말을 하고 무엇을 말할지를 알게 하여 의사소통의 성공 확률을 높이고자 하는 데 목적이 있다.

중국은 유구한 문화를 가지고 있는데, 이 중에 어떤 문화를 외국인 학습자에게 가르쳐야 하는가는 매우 어려운 문제이다. 이 책에서는 주로 의사소통과 관련 있는 일부 문화를 소개하였으나, 어떤 문화가 언어적 의사소통과 밀접한 관계가 있는지는 현재까지도 참고할만한 기존의 자료가 없기 때문에 집필과정에서 여전히 어려움이 많았다. 바로 이런 이유로 인해 이 책을 초고에서부터 탈고하기까지 여러 해가 걸렸다. 이 책이 중국어 의사소통에서의 문화 현상들을 비교적 완전하게 반영하고, 학습자의 수요를 더욱 충실히 만족시켜 중국인과 의사소통 시에 직면할 수 있는 문제들을 해결할 수 있게 하기 위해서, 초고 완성 후 필자는 세 학기에 걸쳐 강의실에서 시험 강의를 진행하였다. 매번 강의 후에는 유학생을 대상으로 설문조사를 진행하여 그들의 의견과 요구에 근거하여 내용을 조정하고 보완하였다. 그럼에도 불구하고, 필자의 능력의 한계로 미진하거나 누락된 부분이 있을 터이니, 독자들께서 소중한 의견을 제기해 주시기를 간절히 바란다.

이 책의 집필 과정에서 선현(先賢)들과 학자들의 많은 견해와 의견을 받아들였다. 이에 대해 깊은 감사를 표한다. 이 책은 중국국가한판(中国国家汉办)의 지원으로 출판되었고, 국가한판의 쟝밍바오(姜明宝) 교수님과 베이징대학교 해외교육학원 한어중심 궈전화(郭振华) 교수님, 베이징대학교 출판사 편집실의 궈리(郭力) 주임, 후솽바오(胡双宝) 편집심사자께서 많은 지지와 격려를 보내주셨다. 특히 원고 수정 과정에서 책임 편집인 치위홍(齐语红) 선생님께서 보내주신 구체적이고 소중한 의견과 제안은 이 책의 출판에 큰 힘이 되었다. 이에 함께 진심어린 감사를 드린다.

1999년 1월 베이징대학교에서
필자

语言与文化的关系非常密切，有人认为语言是文化的符号，文化是语言的管轨，就好比镜子或影集，不同民族的语言反映和记录了不同民族特定的文化风貌；不同民族的特定文化，对不同民族的语言的发展，在某种程度、某个侧面、某个层次上起着制约的作用，因此可以说语言与文化水乳交融，也可以说语言是一种高一层次的文化。

正因为如此，所以在交际中，有时候虽然听者能够"听懂"对方所说的话，但是却未必真正理解了对方所说的话的真实含义。例如：

① A：他说什么时候把钱还给你了吗？
　 B：说了，他说一个月以后就把钱还给我。
　 A：你别听他的，他说的比唱的好听。

② A：你最近怎么样？
　 B：简直把我忙死了。
　 A：看来你是个大忙人喽！
　 B：瞎忙，没忙什么。

例①的"他说的比唱的好听"很容易让外国学生理解为"他说的话好听，唱的歌不好听"，实际上完全不是这回事。这是一个比喻，意思是他能说会道，不能相信他。例②中的A说B是"大忙人"，但B却说"瞎忙，没忙什么"，这岂不是与A前面说的"忙死了"自相矛盾？其实一点也不矛盾，这只不过是一种谦虚罢了。这些表达方式都是外国人感到困惑的地方。从词语上看，以上句子都没有什么难词，中高级水平的外国学生都学过，但他们却未必了解这些句子的真正含义，原因就在于以上句子中都包含着文化的因素。

不但交际中存在这样的文化障碍，阅读的时候，也同样存在着这种文化障碍。例如：

我那口子(那位)还在外边呢!

上例中的"那口子"、"那位"词典上查不到，从字面上也琢磨不透，"那口子"、"那位"是书包，还是自行车? 是朋友还是同学? 其实它们专指配偶中的一方，即丈夫或妻子。用"那口子"或"那位"指代"妻子"或"丈夫"，透着夫妻之间的亲昵和随便，同时也说明在家庭中丈夫和妻子地位平等。

类似的情形还有很多。再如，有一部中国的小说，其中有这么一段话：

敌机过后，村子变成了一片废墟，人都炸死了，只剩下狗儿和狗儿的妈。

据说苏联的一位汉学家在翻译这段文字时，把"只剩下狗儿和狗儿的妈"翻译成了"只剩下一条小狗和小狗的妈妈"，结果闹了个大笑话。

写作是反映一个学生语言能力的手段之一，看起来好像与文化没有很大的关系，实际上则不然。据调查，在美国留学的中国学生，写出的作文80%不通，主要是前后不粘连。据我们考察，学习汉语的留学生同样也有这样的问题。他们写出来的东西，每一个句子单看没什么问题，但连起来看，就觉得不顺或别扭，显然他们的写作程序或思考方法与中国人有所不同，换句话说，他们学习汉语时，只注意了语法、词汇的学习，而忽略了中国人思考问题的方式，因此写作时常常用本民族的思维习惯来写汉语文章。

由此可以看出，要想学好汉语，只学习它的语音、词汇、语法是远远不够的，也是学不好的。学习汉语的同时，还必须学习与汉语密切相关的汉文化。《礼记·曲礼上》说："入境而问禁，入国而问俗，入门而问讳。就是说，到了一个新的地方，要打听、了解那里的风俗习惯等。"礼"是古代文化的一个重要内容，它包括社会道德、行为规范的方方面面。

在当今社会中"礼"也十分重要，可以说它无处不在。汉语学习者只有了解使用汉语的社会的种种规范，才能把汉语学到家。

《汉语与文化交际》这本书，就是出于以上认识，专门为学习汉语的外国人编写的。本书在编写的过程中，处处从外国学习者的需要出发，除了介绍一些与汉语交际密切相关的文化，如忌讳与委婉、中国的隐私、地位崇拜与焦虑、"自己人"和"外人"、语言表达的得体性等以外，还探讨了一些汉语中所反映出的文化现象，目的就是希望引起外国学习者学习汉语的兴趣，提高他们的交际能力和说话的得体性，使他们不但说得对，而且还知道怎么说、说什么，进而提高交际的成功率。

中国有着悠久的文化，给外国学习者讲授哪些文化，是一个非常棘手的问题。尽管本书主要介绍的是一些与交际相关的文化，但是由于到底哪些文化与语言交际密切相关，至今仍没有现成的资料可供参考，因此在写作的过程中，仍然是困难重重。正因为如此，本书从初稿到定稿，前后历时数载。为了使本书能够比较全面地反映汉语交际中的文化现象，也为了更好地满足学习者的需要，解决学习者在与中国人交际时可能出现的问题，初稿完成后，笔者前后在课堂上试讲了三个学期。每次试讲之后，还对留学生进行问卷调查，然后根据学生的反映和要求，对内容进行调整增补。尽管如此，由于笔者能力有限，疏漏之处在所难免，恳切希望读者提出宝贵的意见。

本书在写作的过程中，吸收了前贤和时贤的许多见解和意见，在此深表感谢。本书的出版，得到了国家汉办的资助，国家汉办的姜明宝教授、北京大学海外教育学院汉语中心的郭振华教授、北京大学出版社语言编辑室的郭力主任、胡双宝编审等都给予了很大的支持和鼓励。特别是本书的责任编辑齐语红老师，在书稿修改过程中，提出了许多具体而又宝贵的意见和建议，并为本书的出版做了大量的工作，在此一并致以诚挚的谢忱。

作者

1999年1月于北京大学

『중국어와 문화 교류』는 1999년 베이징대학 출판사에서 초판 발행 후 2012년 상무인서관에서 이를 새로 수정, 보완하여 발행한 양더펑(杨德峰) 베이징대학 교수의 『汉语与文化交际』를 한국어로 옮긴 것이다. 이 책은 중국어와 중국 문화를 다양한 예와 함께 소개한 책으로, 저자의 말대로 중국어를 배우는 외국학습자들을 위해 쓰여진 책이다. 중국어와 중국 문화를 소개한 저서들은 많이 있지만, 이 책만큼 다양한 주제와 풍부한 예문을 곁들인 저서는 그리 많지가 않다. 따라서 이 책은 중국어를 학습하는 한국의 학생들이 중국어와 중국의 문화를 이해하는 데 상당히 좋은 참고서가 될 것으로 생각된다.

저자는 다년간 외국인의 위한 중국어교육에 종사하면서 외국 학생들이 중국의 문화를 이해하지 못함으로 인해 발생하는 의사소통 상의 많은 문제점들을 목도하고 그들에게 도움이 되고자 이 책을 집필하였다. 역자는 대학에서 중국어와 중국의 문화를 강의하면서 이 책의 도움을 많이 받았다. 강의할 때 일부분씩 필요한 주제를 번역, 정리하여 학생들에게 소개하던 것을 모아 이번에 드디어 오랫동안 생각해왔던 완역의 소망을 이루게 되었다. 부족한 실력이지만 역자를 믿고 흔쾌히 번역을 허락해주신 양더펑 교수님께 감사를 드린다.

『중국어와 문화 교류』 수정판은 중국어편, 중국어와 문화편, 문화와 교류편의 세 부분으로 구성되어 있으며, 순서에 상관없이 필요한 부분만 선택해서 보아도 무방하다. 수업시간에 자주 소개하였던 내용이라도 전체를 번역하자니 방대한 분량에 어려움도 적지 않았다. 수많은 어휘와 관용어 중에는 역자 역시 생소하고 어려운 것들도 상당히 많이 있어 독자들의 이해를 위해 저자주 외에 역자주를 달아 보충설명을 하였다. 아무쪼록 이 역서가 중국어

를 공부하는 학생들과 중국 문화에 관심 있는 독자들에게 도움이 되길 바라
며, 출판을 수락해 준 학고방에도 깊은 감사를 전하고 싶다.

2017년 5월
역자

제1편 중국어

제3편 문화와 교류

일러두기

이 책을 읽는 독자에게 참고가 되었으면 하는 몇 가지를 일러두고자 한다.

첫째, 이 책은 중국어와 중국의 문화를 소개하기 위한 책이므로, 책에서 소개하는 어휘와 표현들은 한어병음을 첨부하여 독자들이 사전을 찾지 않고도 발음을 알 수 있도록 하였다.

둘째, 본문 내용 중에 어구 뒤의 괄호 안 한자는 전체 맥락의 이해를 위해 첨부한 중국어 간체자 표기이며, 우리말 한자어가 아님을 밝힌다. 우리말 한자어는 꼭 필요한 경우에 한해 작은 글씨로 표기하였다.

셋째, 기본적으로 인명, 지명, 서명 등의 고유명사는 중국어 발음으로 표기하였으나, 우리말 한자음이나 우리말 해석으로 굳어진 것들은 그대로 표기했다. 그러다 보니 전체적인 통일성이 다소 결여되었으나 독자를 위한 배려로 이해해 주길 바란다.

제1편
중국어

제1장 호칭

    중국어의 호칭은 매우 복잡하다. 신분이 다르면 사용하는 호칭도 다르고, 장소에 따라서도 호칭이 다를 수 있다. 심지어 어떤 특정한 목적이나 효과를 위해 호칭을 달리 사용하기도 한다. 따라서 중국어의 호칭과 그 기능을 이해하는 것은 필수적이다.

1. 호칭의 종류

    중국어의 호칭은 주로 다음 네 가지로 나눌 수 있다.

가. 성명

    성명의 호칭은 일반적으로 다음 몇 가지로 나뉜다.

1) 성+이름

  张刚 장강   王明 왕밍   李大成 리다청
  刘文元 류원위안   赵国强 자오궈챵

    호칭은 보통 출석을 부를 때나 소개를 할 때 사용하며, 학교에서 동급생간이나 회사에서의 동료 사이처럼 일정한 사회적 관계가 있는 동년배나 나이가 비슷한 사람들 간에 자주 사용된다.

2) 이름

文元 원위안　国强 궈챵　家卫 쟈웨이　红军 훙쥔　有财 유차이

이들 호칭은 '성'을 생략하고 이름을 바로 부르는 것으로 친근감이 있다. 일반적으로 친구나 직장동료 등 지인들 사이에 사용한다. 때로는 일반인이 권세가 있는 사람을 부를 때 사용하기도 한다. '덩샤오핑(邓小平 : 1903~1997)'[1]을 사람들이 친근하게 '샤오핑(小平)'이라 부르는 경우이다.

부부간의 호칭도 이름을 부르는 것이 일반적지만, 성이나 성과 이름을 함께 부르기도 한다. 이는 아마도 중국의 한족(汉族)들이 언어나 행위에서 사랑의 감정을 지나치게 표출하는 것에 익숙하지 않은 심리 때문일 것이다.

3) 老/小+성

老刘 라오류　老李 라오리　小王 샤오왕　小张 샤오장

'老/小+성'은 자기와 나이가 비슷한 사람에게 사용한다. 호칭이 '老'와 '小'로 구분되어 있어도 윗사람이 아랫사람에게 '小×'라 할 수는 있지만, 아랫사람이 윗사람에게 사용할 수는 없다.

---

1) 역자주 : 중국 공산당 제2세대 지도자. 1978년에서 1983년까지 중국인민정치협상회의 주석, 1981년에서 1989년까지 중화인민공화국 중앙군사위원회 주석을 역임. 마오쩌둥(毛泽东) 사후 대대적인 개혁개방 정책을 실시하여 중국에 시장자본주의를 도입함으로써 중국 경제 발전에 크게 공헌했다.

4) 성+老

胡老 후선생님　**赵老** 자오선생님　**刘老** 리우선생님　**朱老** 주선생님

이 호칭은 최근 몇 년 동안에 확대되는 추세를 보이는데, 상대방에 대한 존경의 의미를 포함하므로 덕망이 높은 학자나 예술가 등을 호칭할 때 자주 사용한다. 예를 들면, 저명한 작가 바진(巴金 : 1904~2005)[2]을 사람들은 '바라오(巴老)'라 부른다.

5) 애칭

毛毛 마오마오　**小红** 샤오훙　**强强** 챵챵　**菲菲** 페이페이

이 호칭의 대상은 보통 어린 아이이며, 주로 부모나 친척들이 부를 때 사용된다. 주로 연장자나 이와 친한 사람이 아이들을 부를 때도 흔히 이 호칭을 사용한다. 성인도 애칭으로 불릴 때가 있는데, 이는 다만 부모가 자녀에게 혹은 손위 사람이 손아래 친척의 자녀에게 한정된다.

나. 신분

일반적으로 신분이 있는 사람들은 다른 사람들의 존경을 받는다. 따라서 신분을 사용하여 상대방을 호칭하는 것이 예의바른 표현이다. '장교수님', '이서기님', '진부장님', '유주임님', '조사장님', '황공장장님' 등등과 같이 신분을 나타내는 호칭은 지위나 권세가 있는 사람을 부를 때

---

2) 역자주 : 원명은 리야오탕(李尧棠). 중국 현대문학가이자 출판가, 번역가이며 동시에 5·4신문화운동(五四新文化运动)이래 가장 영향력이 있는 작가 중의 한 사람. 대표작으로는 소설 『멸망(滅亡)』, 『가(家)』등이 있다.

많이 사용한다.

　신분을 나타내는 호칭에는 다음 몇 가지가 있다.

　1) 성씨 + 직위

　刘部长 류부장님　赵处长 자오처장님　李科长 리과장님
　周主任 저우주임　王所长 왕소장님

　이 호칭의 앞은 모두 성씨이고, 뒤는 직위이다. 이는 일상생활에서 매우 광범위하게 사용되며, 공식적이거나 비공식적, 그리고 지인간이나 생소한 사람의 경우에도 모두 사용할 수 있다.

　2) 성씨 + 직명

　赵教授 자오교수　刘研究员 류연구원　陈工程师 천엔지니어
　李技术员 이기사

　위의 호칭에서 '教授jiàoshòu(교수)', '研究员yánjiūyuán(연구원)', '工程师gōngchéngshī(엔지니어)', '技术员jìshùyuán(기사)'은 모두 전문분야의 직명이거나 기술직명인데, 이를 사용하는 것도 역시 상대방에 대한 존경을 나타낸다. 이러한 호칭의 사용범위와 대상 역시 상당히 광범위하다.

　3) 성씨 + 직업

　张老师 장선생님　刘律师 류변호사　王大夫 닥터왕

　이러한 호칭은 많이 사용하지 않는다. 일반적으로 '선생님', '변호사', '의사' 등의 직업에 한해 사용하며, 노동자나 농민 등에는 사용하지 않는다.

주의해야 할 점은 신분을 나타내는 호칭이 어느 정도 일반화되어가는 추세를 띤다는 것이다. 가장 뚜렷한 것이 '老师lǎoshī(선생님)'이다. '老师'의 일반화는 먼저 학교와 예술단체에서 시작되었다. 과거에 학교에서 학생을 가르치는 선생님을 '老师'라 불렀고, 기술자는 '师傅shīfu(사부님)'이라 불렀다. 하지만 현재는 학생을 가르치든 가르치지 않든 학교에서 일하는 사람은 모두 '老师'이라 부를 수 있다. 문예계에서 과거에는 약간 나이가 있는 사람을 '老师'라 불렀지만, 현재는 나이가 있든 젊든 모두 '老师'로 통틀어 일컫는다. 일부 지역에서는 심지어 만나는 사람마다 '老师'로 부르는 경우로까지 발전하였다. 예컨대 산둥(山东)성 지난(济南)시에서는 버스 매표원도 '老师'라 부르며, 기차의 승무원은 승객들을 '老师'로 총칭하여 부르기도 한다. 이는 공자가 말한 '세 사람이 길을 가면, 그 가운데에는 반드시 자신의 스승이 될 만한 사람이 있다(三人行, 必有我老师焉)'[3]와 약간 유사하다.

그밖에, 제조업에서의 전문용어이던 '师傅'라는 호칭도 인간관계의 호칭으로 급격히 확대되었고, 그 의미도 달라졌다. 공장에서 제자에게 기술을 전수해주는 기술자가 '师傅'인데, 이것이 가장 기본적인 사제관계이다. 이것이 확대되어 다른 기술자에게도 '师傅'로 부르다가, 다시 확대되어 공장장이 기술자를 부를 때도 이를 사용한다. 다른 직종에서는 기술자이든 견습공이든 공장의 노동자들은 모두 '师傅'이다. 1968년 노동자선전대(工人宣传队)[4]가 학교에 투입되었을 때, 교사와 학생들

---

3) 역자주: 『논어(论语)·술이(述而)』 "子曰, 三人行, 必有我师焉, 择其善者而从之, 其不善者而改之. (공자가 말하기를, "세 사람이 길을 가면, 그 중에 반드시 내 스승이 있다. 좋은 점은 골라서 따르고, 좋지 못한 점은 고쳐야 한다.)"

4) 역자주: '노동자마오쩌둥사상선전대(工人毛泽东思想宣传队)'의 약칭. 문화대혁명 시기인 1968년 노동자들로 구성된 마오쩌둥사상선전대를 학교, 병원, 극장, 과학기술 연구소 등에 파견하여 마오쩌둥 정치사상을 홍보하고, 관리권을 행사하였다.

은 선전대의 사람들을 모두 '師傅'라 부르면서 '師傅'는 존칭이 되었다. 사회에서는 거의 아무에게나 '師傅'라 부를 수 있는데, 이는 학자의 경우도 마찬가지다.

'師傅'의 의미 변화 과정은 대체로 다음과 같다.

가) 전통적인 의미에서 '내가 가르침을 청하고 존경할 만한 사람'으로 일반화되었다. 일상생활에서 만약 남의 도움을 청해야 할 경우, 예를 들어 손님이 상점에서 쇼핑을 할 경우 사고자 하는 물건에 대해 잘 모른다면 일반적으로 점원을 '師傅'라 부른다. 밖에서 길을 잃어 남에게 물어야 할 때에도 상대방을 '師傅'라고 부른다. 특히 어떤 물건의 수리를 의뢰할 때 상대방을 '師傅'라고 부르는데, 이는 자기가 수리할 물건에 대해 문외한이므로 상대방에게 부탁할 수밖에 없기 때문이다.

나) '가르침을 청하고 존경할만한 사람'에서 '낯선 사람'으로 더욱 더 일반화되었다. 점원이나 학생들은 일반인을 '師傅'라고 부르지만, 여기에는 약간의 경향성이 있다.

(1) 노동자나 점원 간에는 서로 '師傅'라고 부르지만, 학자들 간에는 일반적으로 '師傅'라고 부르지 않는다.
(2) 고객들은 나이가 좀 있는 점원에게 '師傅'라고 부른다. 점원은 나이가 있는 고객에게는 '師傅'라고 부르지만, 젊은 고객은 일반적으로 '師傅'라고 부르지는 않는다.
(3) 대학생은 젊은 남자노동자나 점원을 '師傅'라고 부르지만, 젊은 여성노동자나 점원은 일반적으로 이렇게 부르지는 않는다. 이는 '남존여비(男尊女卑)' 사상 때문이다.
(4) 일반적으로, 상대방이 연장자이고 남성 또는 노동자처럼 보이면 더 쉽게 '師傅'라고 부른다. 반면, 상대방이 젊거나 여성 또는 학

자이면 '师傅'라고 부르기가 어렵다. 직업으로 보면, 대중버스의 매표원이 승객에게, 노점상이 손님에게, 손님이 가게 점원에게 더욱 쉽게 '师傅'라고 부른다.

다. 친척

중국인들은 인간관계를 아주 중시하는데, 이는 호칭에도 반영된다. 젊은 사람은 아는 손윗사람에게 친척이 아니어도 보통 '大爷dàyé(어르신)', '伯伯bóbo(큰아버지. 어르신)', '大妈dàmā(큰어머니. 아주머님)', '叔叔shūshu(숙부. 아저씨)', '阿姨āyí(아주머니)'처럼 친척의 호칭을 사용한다. 하지만 장소와 대상에 따라 약간의 차이가 있다. 대다수의 젊은이들은 '大爷'와 '大妈', '叔叔'와 '阿姨'라는 두 쌍의 친척 호칭을 동시에 사용하여 자기의 부모보다 나이가 많거나 적은 친척이 아닌 손윗사람을 부른다. 일부 젊은이는 교육수준이 낮은 사람(농민, 노점상)에게만 이렇게 부르고, 교육 수준이 비교적 높은 사람(지식인, 노동자, 군인)에게는 '伯父bófù(큰아버지. 어르신)'와 '伯母bómǔ(큰어머니. 아주머니)', '叔叔'와 '阿姨'라는 호칭을 사용한다.

중년층과 노년층은 친척이 아닌 손위 지인에게 모두 친척 호칭을 사용하며, 의미도 비교적 엄격하여 일반적으로 자기 부모보다 나이가 많으면 '大爷'와 '大妈'이고, 부모보다 나이가 적으면 '大叔dàshū(큰 숙부. 아저씨)', '大婶儿dàshěnr(큰 숙모. 아주머니)'이다. 그 중에 '大妈'와 '大婶儿'의 경우에는 나이가 중요하지 않으며, 남편의 나이에 따라 '大妈'인지 '大婶儿'인지가 결정된다. 미혼인 손위 여성 중에 아버지 쪽 지인은 '姑gū(고모)'이고 어머니 쪽 지인은 '姨yí(이모)'라 부른다.

중년층과 노년층은 친척이 아닌 손위 낯선 사람에게 모두 친척 호칭을 사용하는 경우가 친척 호칭을 전혀 사용하지 않는 경우보다 약간 더 많지만, 지식인 및 상품 판매원 이외의 사람에게는 대부분 친척 호칭을 사용한다. 상대적으로 노동자들은 지식인들보다 친척 호칭을 사용하여 친척이 아닌 손위 낯선 사람을 부르는 경우가 더 많다.

중·노년층의 경우는 친척이 아닌 손위 농민들에게 거의 모두 친척 호칭을 사용하여 부르는데, 친근감을 나타내기 위해 '老大爷lǎodàye(어르신. 할아버지)', '大娘dàniáng(아주머니)'을 자주 사용한다. 하지만 친척이 아닌 손위 지식인에게는 절반에 가까운 중노년층에서 친척 호칭이 아닌 '先生xiānsheng(선생님)', '老师lǎoshī(선생님)', '大夫dàifu(의사선생님)'등을 사용하여 품위와 존경을 나타낸다. 중·노년층의 지식인들은 특히 '伯父', '伯伯', '伯母'를 사용하여 친척이 아닌 손위 지식인들을 부르며, 상대방이 자기의 부모보다 더 연장자인지의 여부는 개의치 않는다.

'爱人àiren(남편/아내)'은 '5·4신문화운동(五四新文化运动)'[5] 중에 출현한 친척 호칭으로 지식인들이 가장 먼저 사용하기 시작했다. 신중국(新中国) 건립 후에 남녀평등과 부모의 독단적인 중매결혼 폐지를 제창하면서 성별, 나이 구분이 없이 사용되는 '爱人'이라는 호칭이 전국적으로 유행하기 시작했다. 하지만 이는 주로 젊은 부부 사이에 사용하는 호칭으로 노인 부부는 이 호칭의 사용을 다소 쑥스러워했다. 그러다가 20세기 90년대 중반 들어 '爱人'이 쇠퇴하고, 사람들은 '先生', '太太tàitai(부인. 사모님)', '夫人fūrén(부인)', '老公lǎogōng(남편. 신랑)', '老婆lǎopo(아내. 처)' 등을 사용하여 배우자를 부르기를 좋아했다. 이러한 호칭은 젊은이들 사이에서 주로 유행하였으며, 나이가 있는 사람들은 이들 호칭을 사용하는데 익숙하지 않았다. 업종별로 보면, 지식인들은 '先生', '太太', '夫人'을 사용하는 경향이 있고, 농민이나 노동자들은 '老公', '老

---

5) 역자주 : 1919년 5월 4일 중국 베이징(北京)의 학생들이 일으킨 항일운동이자 반제국주의, 반봉건주의 혁명운동.

婆'를 즐겨 사용했다. 지식인들이 '先生', '太太', '夫人'의 호칭을 즐겨 사용하는 것은 아마도 이들 호칭이 서양에서 들어온 것들로 고상한 느낌이 있기 때문일 것이다. 농민이나 노동자들이 '老公', '老婆'를 즐겨 사용하는 이유는 이 두 어휘가 편하고 친근함을 나타내기 때문이다.

라. 사교 호칭

사교 호칭이라 함은 사교하는 경우에 사용하는 호칭을 말한다. 주로 사용하는 호칭으로는 '先生', '小姐xiǎojiě(아가씨)', '女士nǚshì(여사)', '太太', '夫人'등이 있다. 이들 호칭은 한때 자취를 감춘 적도 있었지만 개혁개방 이후에 다시 부활하였다. 특히 '先生', '小姐', '女士'는 이미 통용되는 호칭이 되었다. 과거에는 일부 서비스업종에서 모두 '师傅'를 사용하였으나, 현재는 대부분 '先生', '小姐'로 바뀌었다. 이 호칭은 보통 직접 상대방을 부르기도 하고, 또 호칭 앞에 상대방의 성을 붙여 상대방을 부르기도 한다.

하지만, 이들 사교 호칭은 모두 다음 몇 가지 특정한 사용조건이 있다.

1) 상점이나 은행 등 서비스 기관에서 고객들이 젊은 직원을 '先生'이나 '小姐'로 부르지만, 나이가 있는 직원에게는 일반적으로 이 호칭을 사용하지 않는다.[6]

2) 위 기관에서 직원이 젊은 고객에게 일반적으로 '先生'이나 '小姐'라고 부르지만, 나이가 있는 남성고객에게는 '先生'이라 부르는 경우도 있다.

3) 젊은 노동자들끼리는 일반적으로 서로 '先生'이나 '小姐'라는 호칭을 사용하지 않는다.

---

6) 역자주 : 지금은 상점에서 '先生', '小姐'를 모두 '服务员(종업원)'이라는 말로 통일하여 부르는 경우가 많다.

수의해야 할 점은 '小姐'라는 호칭이 근년에 와서 의미변화가 발생하여, 일종의 존경을 나타내는 사교 호칭에서 사람들이 싫어하는 호칭으로 바뀌었다는 것이다. 2000년 10월 17일 베이징완바오(北京晚报)에는 「'小姐'에 성(性)적 의미가 스며있어, 베이징 젊은 여성들 들으면 기분 나빠해('小姐'沾了色情味, 北京姑娘听着烦)」라는 제목의 기사가 실렸다. 기사의 주된 내용은 다음과 같다. 베이징의 아가씨들은 남들이 자기를 '小姐'라고 부르는 것을 싫어한다. '小姐'에는 성적인 의미가 들어있어 '三陪女sānpéinǚ(접대부)[7]'나 '卖淫女màiyínnǚ(매춘여성)'의 완곡한 표현이기 때문이다. 기사는 '小姐'의 의미 변질은 중국의 남쪽 도시에서 비롯되었으며, 점차 북방으로 확대되었다고 지적한다. 현재 젊은 여성들은 일반적으로 남들이 자기를 '小姐'라고 부르는 것을 꺼린다.

2. 대면 호칭(面称)과 비대면 호칭(叙称)

중국어의 친척 호칭은 많지만, 대면 호칭(面称 : 면전에서의 호칭)과 비대면 호칭(叙称 : 일반적인 호칭)의 두 종류로 나눌 수 있다.

대면 호칭은 청자와 호칭으로 불리는 사람이 동일인일 때 사용하는 호칭이고, 비대면 호칭은 청자와 호칭으로 불리는 사람이 동일인이 아닐 때 사용하는 호칭이다. 대면 호칭과 비대면 호칭은 대부분의 경우에 동일하지만 다른 경우도 있다. 대면 호칭 중에 손아래나 자기보다 나이가 적은 동년배 친척에게는 주로 친척 관계를 나타내는 호칭을 사용하지 않고 직접 이름을 부른다. 예를 들면, 딸이나 사위, 며느리, 손자,

---

7) 역자주 : '三陪'는 일부 유흥업소에서 젊은 여자가 손님과 함께 세 가지를 함께 한다는 의미로, 노래를 불러주거나 술을 마시거나 춤을 춰주는 등 색정적인 요소를 갖고 있는 세 가지 서비스를 말한다.

손녀 등은 모두 이름을 부른다. 남편이나 아내 쪽 친인척의 대면 호칭은 남편이나 아내를 기준으로 부른다. 예를 들면, 남편의 고모나 이모의 경우, 대면 호칭은 남편을 따라 '姑gū(고모님)'이나 '姨yí(이모님)'로 부르고, 아내의 오빠나 올케의 경우, 남편은 아내를 따라 '哥gē(형님)'나 '嫂sǎo(형수님)'라고 부른다. 이러한 호칭은 두 사람간의 정확한 친척 관계를 나타내는 것이 아니라 일종의 차용성(借用性) 호칭이다.

비대면 호칭은 이와 다르다. 비대면 호칭은 모든 친척에게 친척 관계를 나타내는 호칭을 사용하여 부를 수 있으며, 이름이나 차용성(借用性) 호칭으로 부르는 경우는 거의 없다. 예를 들면, 잘 모르는 사람에게 자기의 아들, 딸, 손자, 손녀를 부를 때는 이름 대신 '儿子érzi(아들)', '女儿nǚ'ér(딸)', '孙子sūnzi(손자)', '孙女sūnnǚ(손녀)' 등의 호칭을 사용한다. 이는 비대면 호칭을 사용할 때 불리는 사람과 부르는 사람의 관계를 청자가 알 수 없으므로 친척 호칭으로 불러야 이해할 수 있기 때문이다.

대면 호칭은 부르는 사람과 불리는 사람, 두 사람만 관련된다. 호칭으로 불리는 사람이 곧 청자가 된다. 화자가 사용하는 호칭은 주로 불리는 사람과 부르는 사람간의 친척 관계라는 하나의 요소에 의해 결정된다. 따라서 친척 호칭의 전체 체계로 보면, 대면 호칭은 보통 하나의 종류만 있다. 반면, 비대면 호칭은 이와 달리 부르는 사람과 불리는 사람, 그리고 청자 세 사람과 관련된다. 불리는 사람과 청자는 다른데, 불리는 사람은 A가 되고 청자는 B가 된다. 비대면 호칭은 불리는 사람과 부르는 사람간의 친척 관계, 그리고 청자와 부르는 사람간의 관계라는 두 가지 요소의 영향을 받으므로 좀 더 다양하다. 실제로도 이처럼 비대면 호칭은 두 종류가 있어, 동일한 친척이라도 청자가 다르면 호칭도 다르다.

제2장 만났을 때 인사말과 헤어질 때 인사말

1. 만났을 때 인사말

중국인은 아는 사람을 만나면 인사를 한다. 그가 백 미터 밖에 있더라도 먼저 나서서 인사를 한다. 만약 아는 사람을 보고도 인사를 하지 않으면 상대방은 일부러 권위를 내세우면서 거만하여 남을 무시한다고 여긴다.

중국에서 만났을 때 가장 흔히 사용하는 인사말은 '你好nǐhǎo(안녕하세요)', '吃了吗chīlema(식사 하셨어요?)', '吃饭了吗chīfànlema(식사 하셨어요?)'이다. '你好'는 현재 가장 유행하는 인사말 중 하나로, 신중국 건립 당시 이를 사용해 인사를 했다고 한다. 베이징 사람들은 '你好'로는 상대방에 대한 존경이 부족하다고 여겨 '您好nínhǎo'를 만들어냈으며, 심지어 상대방에 대한 특별한 존경을 나타내기 위해 '您们好nínmenhǎo'를 사용하기도 한다.

하지만, '你好'와 '您好'는 아무 때나 사용할 수 있는 인사가 아니다. 사용하는 사람들을 보면, 주로 지식인이나 중국인과 외국인 사이에 사용하며 일반 서민들은 일반적으로 사용하지 않는다. 사용 장소로는 유학생이 있는 학교 캠퍼스에서 주로 사용된다. '你好'와 '您好'의 이러한 제한은 이들의 기원과 관계가 있다. 이 두 가지 만났을 때 하는 인사말은 영어의 'How are you!'를 번역한 것에서 왔기 때문이다.

‘你好’와 ‘您好’는 구어뿐만 아니라 문어에도 자주 사용된다. 특히 일상적인 서신에서는 남녀노소, 지위고하에 관계없이 편지 내용을 쓰기 전에 ‘你好’나 ‘您好’로 서두를 시작한다. 이는 수신인에 대한 존경을 나타내며, 수신인도 관심을 받고 있다는 일종의 친근감을 느끼게 한다. 예를 들면, 다음과 같다.

哥哥 : 你好! 钱已经收到, 勿念!
오빠, 안녕! 돈 이미 받았어. 걱정 마!

姐姐 : 你好! 工作忙吗?
언니, 안녕하세요. 일이 바쁘세요?

亲爱的妈妈 : 您好! 收到你的来信, 十分高兴。
사랑하는 엄마, 안녕하세요! 엄마 편지를 받고서 너무 기뻤어요.

张教授 : 您好! 大作已收到, ……
장교수님, 안녕하십니까? 교수님의 저작은 받아보았습니다. ……

이밖에 공식적인 만남에도 사용되는 인사말이 있다. 예를 들면 다음과 같다.

幸会! 幸会! 만나 뵙게 되어 영광입니다.
久仰! 久仰! 존함은 익히 들었습니다.

위 인사말은 모두 인사치레로 하는 말들로 반드시 화자의 진심이라고 볼 수는 없다. ‘幸会xinghui(만나 뵙게 되어 영광입니다)! 幸会!’를 예로 들어보면, 의미는 당신을 만나게 되어 매우 영광임을 나타내지만, 경우에 따라서는 화자가 청자와의 만남을 정말 영광이라고 느끼지 않으면서 단지 형식적으로 말하기도 한다. 오랫동안 못 보다가 만난 경우에도 ‘好久不见了hǎojiǔbújiànle!(오랜만입니다.)’, ‘久违了jiǔwéile! 久违了!(오랜만입니다.)'라고 말할 수도 있다.

'好久不见'과 '久违了'의 의미는 모두 오랜 시간동안 만나지 못했다는 것으로, 청자를 빨리 만나고 싶어 하는 화자의 초조함과 오랜 기다림의 심정을 드러낸다. 이것이 참인지 거짓인지는 화자만 알 수 있다.

그밖에, 중국인은 두 가지 독특한 인사방식이 있다. 하나는 만났을 때 호칭만 말하는 것으로, 주로 아랫사람이 윗사람에게, 권세가 없는 사람이 권세 있는 사람에게 하는 인사이다. 예를 들면, 두 사람이 길에서 만났을 때, A가 아랫사람이고 B가 윗사람일 때 인사방식은 다음과 같다.

> A : 局长。국장님.
> B : 是老王呀。라오왕이군.

권세가 낮은 A가 '局长júzhǎng(국장님)'이라고 부르는 것으로 인사를 한 것이다.

또 하나는 먼저 인사를 건네는 사람이 상대방이 하고 있는 일을 말함으로써, 마치 청자가 자신이 무엇을 하는지를 몰라서 화자가 특별히 알려주고자 하는 의미가 있는 듯한 경우이다. 예를 들면 다음과 같다.

> (1) A : 吃饭呢! 식사하시는군요.
>   B : 嗯, 你吃了吗? 응, 자네는 먹었나?

> (2) A : 买东西? 물건 사세요?
>   B : 买点苹果。사과 좀 사려고.

A는 B가 식사를 하거나 물건을 사는 것을 본 김에 "식사하세요?", "물건 사시려구요?"라고 한마디 말하는 것으로 인사를 대신한다. 이러한 인사방식은 주로 아는 사람사이에서 사용하는데, 할 말이 없는데도

말할 거리를 찾거나 심지어 분명히 알면서 일부러 묻는 느낌을 준다. 이러한 인사는 서양인들에게는 다소 이해하기가 어려워 보인다.

하지만 위에서 말한 인사들은 외국인들도 대체로 받아들일 수 있지만, '吃了吗chīlema(드셨습니까)', '吃饭了吗chīfànlema(식사하셨어요)'는 다르다. 그들은 이러한 말을 들었을 때, 처음에는 이상하다고 느끼고 나중에는 곤혹스러워 한다. 한 일본인은 중국인들이 아마도 배가 매우 고프기 때문에 만났을 때 "식사하셨어요?"라고 묻는다고 생각했다. 또한 일본인은 중국은 인구가 너무 많고 식량이 부족하여 만났을 때 항상 "식사하셨어요?" 하고 물으며 관심을 나타낸다고 하였다. 개인의 자유를 숭상하는 서양인들, 특히 미국인들은 처음 이러한 인사말을 들었을 때 기뻐한다. 상대방이 식사초대를 한 걸로 여기기 때문이다. 그러나 상대방이 식사초대를 하지 않았음을 알고 난 후에는 실망을 하고 심지어 놀림을 받았다고 분노한다. 그들이 더욱 이해하기 어려운 것은 다른 사람이 밥을 먹었음을 뻔히 알면서도 한사코 '吃了吗', '吃饭了吗'라고 묻는다는 것이다. 그들이 보기에 이는 너무나 무의미한 것이다. 바로 이 때문에 놀리거나 농담을 할 때 이러한 말을 사용한다. 베이징TV의 「桥qiáo(다리)」라는 프로에 다음과 같은 장면이 나온 적이 있다. 두 외국인이 어느 식당 입구에서 만났다. 한 사람이 "你吃了吗?(먹었니?)"라고 묻자, 다른 한 사람이 "吃啦。(먹었지)"라고 대답한다. 하지만 그들은 말하고 나서 깔깔대고 웃었다. 그 말이 웃기다고 생각한 것이다. 중국인이 '吃了吗', '吃饭了吗'를 사용하여 인사를 하는 것이 정말 황당하고 무의미한 것일까? 그렇지 않다. 주지하는 바와 같이 언어는 모두 일종의 문화이다. 그 나라의 역사와 지역의 풍습 외에도 사람들의 윤리, 도덕, 사상 및 가치관 등도 반영하고 있다. 중국의 역사를 살펴보면, 중국인들이 '吃了吗', '吃饭了吗'를 사용한 인사의 근원을 쉽게 찾아 볼 수 있다.

중국은 삼황오제(三皇五帝)[8])에서부터 1949년까지 4, 5천 년간 긴 역사의 흐름 속에서 중화민족은 끊임없이 홍수와 가뭄 등 자연재해의 공격을 받아왔고, 또 '호랑이보다 무섭다는 가혹한 정치(苛政猛于虎)'[9]) 의 착취와 약탈을 받아왔다. 이러한 이중의 압박 속에서 '풍년인데도 여전히 기근(丰年尚饥馑)'이고, 흉년에는 더욱 죽음을 면하기 어려웠다. 당나라 이신(李绅 : 772~846)[10])의 시「민농(悯农)」[11])이 그 증거이다.

春种一粒粟, 봄에 한 알의 좁쌀을 심어,
秋收万颗子。 가을에 만 알을 거둔다.
四海无闲田, 천하에 노는 밭이 없건만,
农夫犹饿死。 농부는 여전히 굶어죽는구나.

중국 고대사에서 '정관(贞观)'[12])이나 '개원(开元)'[13])과 같은 태평성세는 거의 찾아볼 수 없다. 사회적으로 장기간 혼란을 거치며 전쟁도 빈발했다. 전쟁시기에는 '백골이 들에 널렸고, 천리 안에 닭 울음소리가 들리지 않았으며(白骨露于野, 千里无鸡鸣)[14])', '부귀한 집에서는 술

---

8) 역자주 : 고대 중국 전설에 나오는 세 명의 임금(三皇)과 다섯 명의 제왕(五帝). 삼황과 오제의 구체적인 내용은 여러 학설이 있으나 이들은 모두 전설 속의 상고시대의 제왕으로 이상적인 제왕의 상을 말한다.

9) 역자주 : 『예기(礼记)』의 「단궁하편(檀弓下篇)」에 나오는 '苛政猛于虎'를 이르는 것으로 혹독한 정치의 폐가 큼을 뜻한다.

10) 역자주 : 중국 당나라 때의 시인이며, 백거이(白居易)와 함께 백성의 삶을 노래한 시를 많이 창작했다.

11) 역자주 : 농부의 고단함을 묘사한 시이다.

12) 역자주 : 중국 당나라 태종(太宗) 이세민(李世民)의 연호이며, 태평성대를 누린 그의 치세를 높이 평가해 '정관의 치(贞观之治)'라 했다.

13) 역자주 : 당나라 현종(玄宗) 이융기(李隆基)의 첫 번째 연호로 713년부터 741년까지 29년간 사용되었다. 개원 연간에는 당의 국세가 강성하여 개원성세(开元盛世)라고 칭송된다.

고기 냄새 코를 찌르지만, 길가에는 얼어 죽은 사람들 해골이 나뒹굴었다(朱门酒肉臭, 路有冻死骨)[15]'. 이처럼 목숨도 부지하기 어려운데 밥이야 오죽했으랴. 따라서 백성들이 기아의 끝자락에서 몸부림쳤다는 것도 전혀 과장된 표현이 아니다. 이러한 객관적인 현실은 사람들의 마음속에 깊이 각인되었다. 배고파도 먹지 못하고, 먹어도 배불리 먹지 못하는 사회에서 '吃饭了吗'라는 한 마디 질문보다 더 자연스럽고 친근하며 사람 사이의 관심을 더 잘 표현하는 것이 있을까?

주의해야 할 것은, '吃了吗', '吃饭了吗' 등이 아무 경우에나 사용할 수 있는 것은 아니고 조건이 있다는 점이다. 만약, 이를 아무 때나 사용하게 되면 웃음거리가 되거나 상대방을 불쾌하게 할 수도 있다. 외국유학생의 중국 생활을 그린 텔레비전 드라마 「베이징에 온 서양 아가씨(洋妞在北京)」에 다음 이야기가 나온다. 미국 유학생 루이스와 다량(大亮)이 결혼한 다음날 아침, 루이스가 공중화장실에 가다가 화장실 근처에서 이웃어른 왕씨 할아버지를 만났다. 그 때 왕씨 할아버지는 막 화장실에서 나오는 길이었는데, 루이스는 예의상 '吃饭了吗'라고 먼저 할아버지께 인사를 드렸다. 나중에, 할아버지는 루이스의 시어머니에게 이 일을 말하면서, 그렇게 물어서는 안 되는데 루이스가 무례하다고 했다는 것이다. 왜 루이스는 먼저 할아버지께 인사를 드렸음에도 불구하고 오히려 야단만 맞았을까?

그 이유는 '吃饭了吗'라는 인사를 한 장소가 잘못되었기 때문이다. '吃饭了吗'로 인사를 할 수는 있지만, 다음 몇 가지를 주의해야 한다.

먼저, 이런 인사는 반드시 식사시간 전후에 사용할 수 있다. 오전 9시에서 11시 사이나 오후 2시에서 5시 사이, 저녁 8시 이후에 사용하는

---

14) 저자주 : 曹操, 『蒿里行』
15) 저자주 : 杜甫, 『自京赴奉先县咏怀五百字』

것은 적합하지 않다. 이는 '吃了吗'와 같은 만났을 때 인사말이 모두 실질적인 의미가 있기 때문인데, 이에 대한 청자의 대답이 일반적으로 '吃了chīle(먹었습니다)'나 '没吃méichī(아직 안 먹었어요)'와 같은 말이라는 점이 그 증거이다.

다음으로, 이러한 인사말은 비공식적인 장소에서만 사용할 수 있다. '吃了吗', '吃饭了吗' 등은 모두 구어적 성격이 매우 강한 인사말로 공식적인 장소에서는 사용할 수 없다. 심지어 비공식적 장소라 하더라도 화장실이나 그 근처에서는 사용할 수가 없다.

마지막으로, 이러한 인사말은 이웃 간이나 학교친구, 회사동료, 친구 간에 주로 사용하며, 낯선 사람이나 친하지 않은 사람에게는 사용하지 않는다.

중국에서 사실 이러한 '특수한' 인사말은 비단 '吃饭了吗' 만이 아니다. 예전 베이징에서는 '喝了没有hēleméiyǒu(마셨습니까?)'로 인사를 했는데, 이는 베이징 사람들이 아침에 일어나면 즐겨 마셨기 때문이다. 차를 마시는 것을 '洗胃xǐwèi(위를 씻어낸다)'라고 하였는데, 이로써 오장육부를 깨끗이 하고 새롭게 하루를 시작하였다. 허난(河南)성의 난양(南阳)이나 주마디엔(驻马店), 안후이(安徽)성의 수(萧)현 등 일부지역에서는 '喝汤了没有hētāngleméiyǒu(국물 마셨습니까?)'가 저녁식사 후의 인사말이다. 왜 이런 인사말이 생겼을까? 전하는 바로는 남양왕(南阳王)16)이 곡식을 약탈하기 위해 백성들에게 하루에 세끼 먹던 밥을 두 끼만 먹도록 명했다. 어느 날, 한 사람이 몰래 저녁밥을 했는데 원나라 군사에게 들켜버렸다. 그는 국을 끓여 마시려고 한다는 거짓말로 위기를 모면하였고, 이로부터 '喝汤了没有?'가 저녁 식사 후 만났을 때의 인사말이 되었다고 한다.

---

16) 역자주 : 원(元)나라 남양왕(南阳王) 고흥(高兴).

이상으로 '吃了吗', '吃饭了吗' 등의 인사말이 중국 백성들이 옛날 힘들었던 생활을 반영하고 있음을 알 수 있다. 경제의 지속적인 발전과 물질, 문화생활 수준이 향상되면서 이러한 인사말은 더욱 '적절한' 다른 말로 대체될 것으로 예상된다.

2. 헤어질 때 인사말

이별은 사교의 과정에서 필수불가결한 요소이다. 따라서 어떻게 헤어지고, 헤어질 때 무슨 말을 하는 것이 적절한가는 외국 학생들이 반드시 공부하고 익혀야 할 내용이다. 언어마다 헤어질 때 인사말에도 공통점과 차이점이 있다. 미국인들은 헤어질 때 'good-bye', 'see you later', 'see you tomorrow', 'good night' 등을 사용하지만, 중국인들은 이 외에도 특별한 인사말이 있다. 다음에서 좀 더 자세히 소개하고자 한다.

가. 식사 후 헤어질 때 인사말

중국인들은 손님 접대를 매우 좋아해서 친구는 물론이고 한 번 만난 사이더라도 말이 잘 통하면 집으로 초대해서 술잔을 들고 마음껏 이야기를 나눈다. 이러한 손님 접대를 즐기는 특성은 중화민족의 미덕이라 할 수 있으며, 그 역사도 유구하여 진(晋)나라 시인 도연명(陶渊明 : 365~427)[17]의 「도화원기(桃花源记)」에도 이미 언급되어 있다. 손님은 주인의 성대한 대접을 받고 나서 떠날 때, 당연히 '多谢

---

17) 역자주 : 육조(六朝)시대의 대시인으로 전원으로 돌아가 술과 국화를 사랑하며 살았으며, 유명한 「귀거래사(归去来辞)」를 남겼다.

duōxiè(대단히 감사합니다)', '麻烦你了máfannǐle(번거롭게 해드렸습니다)', '打扰您了dǎrǎonínle(방해가 되었습니다)'라는 인사뿐 아니라 '你们受累了nǐmenshòulèile(고생하셨습니다)'라는 말도 해야 한다. 만약 친구로부터 외식에 초대를 받았다면, 헤어질 때 '让您破费了ràngrnínpòfèile(돈을 많이 쓰게 했습니다)'등의 인사말을 해야 한다.

나. 배웅할 때 인사말

친구나 가족이 멀리 갈 경우에, 헤어지기 전에 배웅하는 사람은 '一路顺风yílùshùnfēng(가시는 길이 순조롭기를 바랍니다)', '一路平安yílùpíng'ān(가시는 길에 평안하시길 빕니다)', '一帆风顺yìfānfēngshùn(순풍에 돛을 단 듯 순조롭길 바랍니다)', '走好zǒuhǎo(안녕히 가십시오)'와 같은 덕담을 하기 마련이다. 또, '保重身体bǎozhòngshēntǐ(몸조심하십시오)', '到了以后来信dàoleyǐhòuláixìn(도착하면 연락주세요)', '别忘了打电话biéwàngledǎdiànhuà(전화하는 거 잊지 마세요)', '别忘了我们biéwànglewǒmen (저희를 잊지 마세요)'등의 당부도 빼놓을 수 없다.

중국인의 배웅할 때 인사말을 분석해보면 하나의 특징을 발견할 수 있는데, 중국인 특유의 인정이 드러난다는 것이다. 이러한 인정은 상대방에 대한 세세한 관심에서 나타난다. 큰형님이나 큰언니의 자세로 의식주의 모든 면을 당부하며 상대방을 아이나 약자로 보는 것이다. 중국인들은 상대방이 자기에게 세심하게 관심을 가질수록 사람의 관계가 보통이 아님을 나타내며 고마운 마음도 크다. 중국인들은 다른 사람의 관심을 받는 것을 좋아하며, 또 다른 사람에게 관심을 가지는 것도 좋아한다. 다른 사람의 관심을 받는 것은 한 사람의 처세능력을 판단하는 기준이 될 뿐 아니라 그 사람의 지위를 판단하는 기준이기도 하다.

다. 그 밖의 헤어질 때 인사말

중국인의 집에 손님으로 갔다가 돌아갈 때, 중국인의 습관에 따라 '耽误了您不少时间dānwùlenínbùshǎoshíjiān(당신의 시간을 많이 빼앗았습니다)', '耽误您的事了dānwunídeshìle(당신의 일을 방해했습니다)', '打扰您了dǎrǎonínle(방해가 되었습니다)' 등의 인사말을 해야 한다. 손님이 떠날 때 주인도 역시 예의를 차려야 한다. 보통 '再坐一会儿吧zàizuòyíhuìrba (좀 더 앉았다 가세요)', '再聊会儿吧zàiliáohuìrbā(좀 더 얘기하세요)', '不再坐一会儿búzàizuòyíhuìr?(좀 더 앉았다 가시지 않으시겠습니까)', '时间还早shíjiānháizǎo(시간이 아직 일러요)' 등의 손님을 붙잡는 말을 한다. 손님과 이야기하고 싶지 않거나 손님이 집에 있는 것이 싫어도 일반적으로 예의에 어긋나지 않게 말한다. 하지만, 보통 이런 말들은 모두 상투적인 말로 절대 진심으로 여겨서는 안 된다. 주인이 '再坐一会儿吧'라고 말했다고 정말로 앉으면 안 된다. 그렇다면, 주인이 예의상 한 말인지 진심으로 할 말인지 어떻게 판단할까? 이는 손님이 이야기할 때 주인의 언행과 목소리를 통해 주인의 자신의 방문을 환영하는지 아닌지를 판단하고서 가야 할지 말아야 할지를 결정해야 한다. 주인은 손님을 배웅할 때, '以后再来yǐhòuzàilái(나중에 또 오세요)', '有空再来yǒukòngzàilái(시간 있으면 또 오세요)', '欢迎随时到这儿来玩儿 huānyíng suíshídàozhèrláiwánr(언제든지 놀러 오시길 환영합니다)' 등과 같은 초청의 말을 하기를 좋아한다. 만약, 손님이 선물을 가지고 오면 주인은 '让你花钱了ràngnǐhuāqiánle(돈을 쓰게 했습니다)'의 인사도 잊지 않는다.

중국인이 손님접대를 좋아하는 것은 '언어' 뿐만 아니라 '행동'에서도 나타난다. 손님의 방문에 감사를 표하기 위해, 또 손님이 떠나는 것에 대한 아쉬움을 나타내기 위해 주인은 손님이 떠날 때 문 밖으로 나와

가는 길을 어느 정도 함께 걸어가며 배웅하기를 좋아한다. 중국인들은 이를 최소한의 예의로 여긴다. 손님은 주인이 배웅을 할 때 '请留步qīngliúbù(걸음을 멈추세요)', '不用送了búyòngsòngle(배웅하지 않으셔도 됩니다)', '别送了biésòngle(배웅하지 마세요)', '回去吧huíqùba(그만 돌아 가세요)'등의 말을 해야 한다. 그러면 주인은 걸음을 멈추고 습관처럼 '(请)慢走(qǐng)mànzǒu(안녕히 가십시오)'라고 인사를 한다.

　'(请)慢走'라는 인사말에 외국학생들은 다소 의아해한다. 손님이 일찍 가게 해야지 왜 '천천히 가세요'라고 하는지 그들은 이해를 하지 못하는데, 여기에는 이유가 있다. 손님에게 천천히 가라고 하는 것은 손님이 평안하게 도착하기를 바라는 주인의 바람을 나타낸다. 만약 '快走quàizǒu(빨리 가십시오)'라고 말한다면, 인정을 중시하는 중국인들은 인정이 없다고 느낄 것이다. 손님도 이 말을 들으면 다음과 같은 의문을 갖지 않을 수 없을 것이다. '주인이 나를 재촉하는 걸까? 내가 빨리 가야하는 건가? 내가 잘못 온 게 아닐까? 주인이 나를 환영하지 않는 걸까?' 더 이상 생각하기도 싫을 정도이다. 그래서 중국인들은 절대로 '快走'라는 인사를 하지 않는다.

제3장 금기와 완곡

1. 고대의 금기

중국에서 금기는 오랜 역사를 가지고 있는데, 최초의 금기는 한대(汉代)까지 거슬러 올라간다. 당시의 금기는 주로 임금이나 웃어른의 이름을 직접 부를 수 없는 것이었다. 임금이나 웃어른의 이름과 같은 글자는 모두 다른 글자로 바꾸거나 글자의 획을 빼는 방법으로 피하였다. 예를 들면, 한 고조(高祖)의 이름이 '邦bāng(방)'이어서 이를 '国guó(국)'으로 바꾸어 썼다. 『논어(论语)·미자(微子)』편에 '굳이 부모의 나라에서 떠날 필요가 있겠소?(何必去父母之邦)'라는 문구는 동한(东汉)말 각석경비(刻石经碑)에 '何必去父母之国'로 바뀌었다. 또 한나라 문제(文帝)의 이름이 '恒héng(항)'인데, 이를 '常cháng(상)'으로 바꾸어 썼다. 그래서 『사기(史记)』에서는 '恒山héngshān(항산)'을 '常山chángshān(상산)'으로 고쳤다. 또, 수(隋)나라 양제(炀帝)의 이름은 '广guǎng(광)'인데, 이를 '博bó(박)'로 바꾸어 썼다. 그래서 수나라 조헌(曹宪)이 『广雅guǎngyǎ(광아)』에 주석을 달 때 책 이름을 하는 수없이 『博雅bóyǎ(박아)』로 고쳤다.

당(唐)나라 태종(太宗)의 이름은 '世民shìmín(세민)'인데, 이때 '世'는 '代dài(대)'나 '系xì(계)'로, '民'은 '人rén(인)'으로 고쳤다. 유종원(柳宗元 : 773~819)은 「봉건론(封建论)」에서 '三世sānshì(삼세)'를 '三

代sāndài(삼대)'로, '生民shēngmín(생민)'을 '生人shēngrén(생인)'으로 고쳐 썼으며, 「포사자설(捕蛇者说)」에서는 '民风mínfēng(민풍)'을 '人风rénfēng(인풍)'으로 바꾸어 썼다.

임금에 대한 금기 외에도 가정에서의 금기도 있다. 사마천(司马迁 : ?BC145~?BC86)의 아버지는 사마담(司马谈)이라 하는데, 사마천은 『사기(史记)』에서 한나라 문제의 환관 '赵谈zhàotán(조담)'을 '赵同zhàotóng(조동)'으로 적었다. 한나라 회남왕(淮南王) 유안(刘安 : BC179~BC122)의 아버지는 이름이 '长cháng(장)'이어서, 이를 '修xiū(수)'로 바꾸어 썼다. 그래서 『노자(老子)』에 나오는 '长短相形chángduǎnxiāngxíng(장단상형)'은 『회남자(淮南子)·제속훈(齐俗训)』에서 '短修相形duǎnxiūxiāngxíng(단수상형)'으로 바뀌었다. 소식(苏轼 : 1036~1101)의 조부는 이름이 '序(서)'이므로, 그의 아버지인 소순(苏洵)은 글에서 이를 '引yǐn(인)'으로 바꾸었으며, 소식은 다른 사람의 글에 서를 쓸 때는 또 '叙xù(서)'로 바꾸어 썼다.

삼국 이후에는 피휘(避讳)의 범위가 확대되고 더욱 엄격해져서, 군주와 웃어른의 이름과 같은 글자를 피하는 것 외에 음이 같거나 유사한 글자도 피하였다. 수(隋)나라 문제(文帝)의 아버지는 '忠zhōng(충)'인데, 중국어에서 이는 '中zhōng(중)'과 동음이므로 이마저도 함께 피휘하여 이를 '内nèi(내)'로 바꾸었다. 그래서 관직명 '中书zhōngshū(중서)'는 '内史nèishǐ(내사)'로 바꾸어 사용했다. 당나라 대시인 이하(李贺 : 791-817)의 아버지는 이름이 '晋肃jìnsù(진숙)'인데, '晋'은 '进jìn(진)'과 음이 같다는 이유로 이하는 진사(进士)가 될 수 없었다. 피휘는 글자를 바꾸는 것 외에도 글자의 필획을 줄이는 방법[1]도 있는데, 이는 당나라

---

1) 역자주 : 이러한 방법은 '缺笔'라고 하며, 일반적으로 글자의 마지막 한 획을 생략한다.

때 시작되었다. 예를 들면, 당나라 태종(太宗)의 이름(世民)을 피하여 '世shì(세)'를 '卋'[2])로 바꾸었고, 송나라 때는 진종(眞宗) 赵恒zhàohéng (조항)의 '恒'을 '恒'으로 바꾸었으며, 당 이후에는 공자(孔子)의 이름 '丘qiū(구)'를 피해 '도'로 바꾸기도 했다.

2. 현대의 금기

비록 고대처럼 엄격하지는 않지만, 현재에도 일상생활에서 아버지와 연장자, 상급자의 이름을 부르는 것은 여전히 금기이다. 예를 들면, 집이나 공공장소에서 자녀는 부모나 윗사람의 이름을 직접 부를 수 없고, 학생은 선생님의 이름을 부를 수 없으며, 회사에서도 아랫사람이 윗사람의 이름을 부를 수 없다. 만약 이를 어겼을 경우에는 예의와 버릇이 없으며 가정교육을 받지 못했다고 여겨진다.

객관적으로 말해 이러한 피휘는 일종의 존경과 예의를 나타낸다. 피휘의 형성에는 깊은 역사적 근원이 있다. 중국은 종법사회로, 족장과 가장이 최고의 권위를 가지므로 가족의 '군주'라 할 수 있다. 족장이나 가장의 말 한마디 행동 하나는 모범이자 '성지(조旨)'로, 반드시 집행해야 하며 어길 수는 없다. 이를 어기는 것은 곧 불충불효이자 대역무도한 것이다. 이를 극단적으로 말하면, 이름을 포함하여 족장과 가장의 모든 것이 신성한 것이 되어 일정한 신통력을 가지므로, 말을 할 때 극구 피해야 한다. 그렇지 않을 경우, 불행을 가져오게 되는데 이것이 아마 피휘의 진정한 근원일 것이다. 지금도 중국의 일부 지역에서는 자녀

---

2) 역자주 : 원문에는 '曋'자로 되어있으나, 전후문맥상 '世'의 필획을 줄인 피휘자는 '卋'이므로 여기서는 이 글자로 수정하였다.

가 부모나 윗사람의 이름을 부르면 부모는 자녀를 심하게 혼내고 그것이 잘못이라는 일장 훈시를 한다는 것이 이를 증명한다.

3. 완곡어

피휘의 탄생과 함께 완곡법도 생겨났다. 완곡(委婉)이란 직접적이지 않고 비교적 온화하고 부드러운 방식으로 말하고자 하는 사람이나 사물 및 현상을 표현하는 것이다. 중국어에서 완곡 표현은 상당히 많은데, 자주 보이는 것들은 다음과 같다.

가. 성행위나 배설, 생리현상과 관련된 완곡어

중국에서는 오랜 시간동안 성(性)이나 나아가 성과 관련된 모든 것은 사악하고 비천한 것으로 어겨왔다. 따라서 일상적 교제에서도 이런 종류의 글자는 절대금기이며, 완곡한 표현으로 이를 대신하였다. 만약 어떤 두 사람이 성관계가 있을 때 '发生了关系fāshēngleguānxi(관계가 발생했다)'라고 하고, 성교는 '同房tóngfáng(같은 방을 쓰다)', '同床tóngchuáng (잠자리를 같이 하다)'이라고 한다. 여자가 임신을 하면, 직접적으로 임신했다고 말하지 않고 '有喜yǒuxǐ(기쁜 일이 있다. 임신하다)'나 '有了yǒule(생겼다)'라고 말한다. 라오서(老舍 : 1899~1966)[3]의 『낙타 샹쯔(骆驼祥子)』에 다음과 같은 대화가 있다.

---

3) 역자주 : 중국의 현대 작가. 본명은 수칭춘(舒庆春), 자 사예(舍豫). 라오서는 필명. 대표작으로는 소설 『낙타 샹쯔』 외에 『사세동당(四世同堂)』, 『초생달(月牙兒)』 등이 있고, 희곡으로는 『찻집(茶馆)』, 『생일(生日)』 등이 있다.

"祥子!" 她往近凑了凑, "我有啦!"
"샹쯔!" 그녀가 다가왔다. "나 생겼어요!"

"有了什么?" 他一时蒙了。
"뭐가 생겼다는 거야?" 그는 순간 멍해졌다.

"这个!" 她指了指肚子, "你打主意吧。
"여기!" 그녀는 배를 가리켰다. "당신 방법을 생각해봐요."

샹쯔(祥子)와 관계가 있은 후, 후뉴(虎妞)는 자기의 임신을 빌미로 샹쯔를 협박하여 자신과 결혼하게 하려는 목적을 이루고자 했다. 하지만, 후뉴와 샹쯔는 결혼을 하지 않았기에 혼전임신이었다. 이는 당시에 처녀로서 굉장히 수치스러운 일이었다. 비록 후뉴가 그 시대에 '개방적'인 여성에 속한다 하더라도 직접적으로 말하기는 여전히 부끄러워 '有啦yŏula(생겼어요)'를 사용하여 '임신'을 대신한 것이다. 그런데 '有啦'보다 더 완곡하게 말하는 경우도 있다. 『고급구어(高级口语)』(上)[4] 제1과 「벽 사이의 대화(隔墙对话)」에 다음과 같은 대화가 나온다.

"(韩冬)天天忙, 月月忙, 结婚半年了, 你哪天正点下过班? 家里的事你管过吗? 买粮买菜, 洗衣做饭, 全是我的事。我都两个月了⋯⋯"
"(한동) 매일, 매달 바빠, 결혼한 지 반년이나 됐는데 당신 언제 정시에 퇴근한 적 있어? 집안일에 당신 신경 쓴 적 있어? 쌀사고 반찬사고, 빨래하고 밥하고, 전부 다 내 일이잖아. 나 벌써 2개월이나 됐다고⋯⋯"

"什么两个月了? ⋯⋯, 明白了, 明白了。
"뭐가 2개월 됐다고? ⋯⋯, 알았다. 알았다."

여기서 '两个月了liǎnggeyuèle(2개월 됐다)'는 사실 '怀孕两个月了

4) 저자주 : 陈如等编著, 华语教学出版社, 1989 참조.

huáiyùnliǎnggeyuèle(임신 2개월 됐다)'의 완곡한 표현으로, 전자가 후자보다 훨씬 완곡하며 심지어 다른 사람이 그 진정한 함의를 추측하기가 어려울 정도이다.

'임신'의 또 다른 완곡하고 고상한 표현으로 '身怀六甲shēnhuáiliùjiǎ(몸이 육갑을 품다)'가 있다. 전설에 의하면 '六甲(육갑)'은 천제가 만든 날이므로 '身怀六甲'는 임신을 나타낸다. 또 하나의 견해는, 고대에 '갑甲, 을乙, 병丙, 정丁, 무戊, 기己, 경庚, 신辛, 임壬, 계癸'의 10간과 '자子, 축丑, 인寅, 묘卯, 진辰, 사巳, 오午, 미未, 신申, 유酉, 술戌, 해亥'의 12지支를 순서대로 합쳐 60간지干支를 구성한다. 그 중에 '갑甲'자로 시작하는 것은 6가지[5]가 있는데, 민간 전설에서는 이 6일이 여자가 가장 임신이 잘 되는 날이라 하였기 때문에 이를 빌려 '임신'을 가리켰다.

배설은 인류의 신체 대사 행위이다. 이러한 대사는 '대변', '소변'으로 구분되는데 표현이 우아하지 못해서 옛날에는 '大解dàjiě(대변)'와 '小解 xiǎojiě(소변)'의 완곡 표현이 있었고, 현재는 흔히 '大号dàhào(대변)', '小号xiǎohào(소변)'라고 말한다. 어린 아이일 적에 누구나 이불에 오줌을 싼 경험이 있는데, '尿床niàochuáng(침대에 오줌을 싸다)'은 자랑스러운 일이 아니므로 '画地图huàdìtú(지도를 그리다)'라고 말한다. '去厕所qù-cèsuǒ(변소에 가다)'라는 말이 크게 잘못된 표현도 아니지만 일부 공공장소에서, 특히 식사를 하는 경우에는 '方便一下fāngbiànyíxià(잠시 실례합니다)'나 '出去一下chūquyíxià(잠시 나갔다 올게요)'가 사람들에게 더 쉽게 받아들여진다. 화장실에 관해서는 다음과 같은 우스갯소리가 있다.

---

5) 역자주 : 갑자, 갑인, 갑진, 갑오, 갑신, 갑술의 6가지이다.

弟兄们, 今儿中午吃猪肉包子, 快到一号清清肚里的食吧。

형님아우님들, 오늘 점심에는 돼지고기 만두를 먹습니다. 어서 1호에 가서
뱃속의 음식을 비우고 오세요.　　　　　老鬼(라오꿰이)『血色黄昏(혈색황혼)』

　　위 예에서 '一号yíhào(1호)'도 화장실의 대명사이다. 또 소화불량이면
배에 가스가 차고 자연히 방귀가 나오는데 '放屁fàngpì(방귀를 뀌다)'는
우아하지 않은 표현이므로 '放气fàngqì(가스를 방출하다)'라고 한다. 신
선하지 않은 음식을 먹으면 설사를 하는데, '拉肚子lādùzi(설사하다)'는
듣기에 좋지 않으므로 '闹肚子nàodùzi(배탈 나다)'나 '跑肚pǎodù(배탈 나
다)'라는 표현이 있다.

　　남녀가 성인이 되면 남자는 몽정을 하고 여자는 월경을 한다. 남자에
게 '遗精yíjīng(몽정하다)'은 심리적으로 불안감을 주고, 말하기에도 얼
굴이 빨개지므로, '跑马pǎomǎ(경마하다, 유정하다)', '走阳zǒuyáng(태양
이 떠나다)', '梦遗mèngyí(몽정하다)' 등의 완곡한 표현이 있다. '来月经
láiyuèjīng(월경이 오다)'는 여자, 특히 젊은 여자에게 입 밖에 내기 어려
운 일이므로, 여자가 처음 하는 월경을 '初潮chūcháo(초경)'이라 한다.
병원 등의 특별한 장소를 제외하고, 일반적으로 '来月经'이라고 말하지
않고 '例假lìjià(정기휴가)'나 '倒霉了dǎoméile(재수 없다)'로 대신한다.
'例假'는 사회생활의 새로운 변화를 나타낸다. 신중국 건립이후 중국의
공장에서는 노동자 보장법을 시행되어 여성노동자들이 생리기간 중 희
망하면 휴가를 신청할 수 있고, 생리휴가기간에도 임금을 지급하므로,
'例假'라 한다. '나 정기휴가 중이야'는 정말로 휴가로 쉬는 것이 아니고
사실은 '고통'의 시작인 것이다. '倒霉了'는 구어적 표현으로 여성들이
생리가 시작되었음을 말하는 것인데, 이는 아마도 생리가 행동의 불편
함과 관계가 있기 때문일 것이다. 영미인들은 '정기휴가'를 'blue day'
라고 하는데, 이는 '우울한 날'이란 의미로 중국어의 '倒霉了'와 표현은
달라도 맥을 같이 한다.

나. 신체적 결함에 관한 완곡어

신체적 결함은 장애인에게 각종 불편을 가져다줄 뿐 아니라 그들의 마음에도 상처를 입힌다. 이 때문에 만약 다른 사람의 신체적 결함을 직접 말하는 것은 중국인들에게 남의 뺨을 때리고 상처를 들추는 것이다. 루쉰(鲁迅 : 1881~1936)[6]의 『아Q정전(阿Q正传)』의 주인공 아Q가 전형적인 예이다.

> 阿Q"先前阔", 见识高, 而且"真能做", 本来几乎是一个"完人"了, 但可惜他体质上还有一些缺点。最恼人的是在他头皮上, 颇有几处不知起于何时的癞疮疤。这虽然也在他身上, 而看阿Q的意思, 倒也似乎以为不足贵的, 因为他讳说"癞"以及一切近于"赖"的音, 后来推而广之, "光"也讳, "亮"也讳, 再后来, 连"灯"、"烛"都讳了。一犯讳, 不问有心与无心, 阿Q便全疤通红的发起怒来, 估量了对手, 口讷的他便骂, 气力小的他便打。
>
> 아Q가 '옛날에는 부유했고', 식견도 높았으며, '일을 참 잘하였으니', 사실거의 '완벽한 인간'이라 할 수 있지만, 안타깝게도 그에게는 체질적으로 약간의 결점이 있었다. 그를 가장 괴롭히는 것은 언제부터인지는 모르지만 그의 머리에 부스럼이 몇 군데 생겼다는 것이다. 이것이 비록 그의 몸에 있지만, 아Q가 생각하기에 자랑거리는 못된다고 여기는 듯했다. 왜냐하면 그가 부스럼을 뜻하는 '라이(癞)'나 발음이 '라이(赖)' 비슷한 모든 소리를 싫어하고 나중에는 이것이 확대되어 '빛난다'란 말도, '亮'란 말도 모두 꺼려하고, 결국은 '등불', '촛불'이란 말도 꺼려하였기 때문이다. 꺼리는 것을 일단 범하면 고의인지 아닌지 묻지도 않고 아Q는 머리의 흉터가 빨개지도록 화를 내면서 상대방을 한번 훑어보고는 말을 잘 못하면 욕을 하고 힘이 약한 사람은 때렸다.

---

6) 역자주 : 중국 현대문학을 대표하는 소설가이자 혁명가. 1918년 발표된 단편소설 『광인일기』는 중국 근대문학의 효시로 평가되며, 중국 사회의 모순을 폭로한 『아Q정전』이 대표작이다.

아Q 머리에 있는 부스럼자국은 그의 결점이기 때문에, 다른 사람이 '癩lài(부스럼)'이나 심지어 '光guāng(빛나다)', '亮liàng(밝다)'을 말하기만 하면 그는 욕을 퍼붓거나 때렸다. 이처럼 장애인에게 상처 주는 것을 피하기 위해 일부 신체의 결함과 관련된 완곡어가 생겨났다. '禿tū(대머리이다)'는 듣기가 거북하여 '谢顶xièdǐng(머리털이 적어지다)'으로 바꾸었다. 여성들의 경우 너무 마른 것도 아름답지 않기 때문에 '苗条miáotiao(날씬하다)'라고 하며, 지금은 '骨感gǔgǎn(가녀리다)'이라는 표현도 사용한다. '胖pàng(뚱뚱하다)'은 옛날에 대체로 가난하던 시대에는 꼭 나쁜 일이 아니었는데, '发福fāfú(몸이 좋아지다)'라는 단어의 탄생이 그 좋은 증거가 된다. '发福'는 사실 '发财fācái(부자가 되다)'나 '发迹fājì(출세하다)' 등 단어와 같은 의미이다. '福'는 '행복', '복'의 의미로, 뚱뚱해질 수 있다는 것은 곧 복이자 행복한 일이었다. 왜냐하면 남들은 변변치 않은 음식을 먹는데, 고기며 생선이며 잘 먹어서 뚱뚱하다는 것은 생활이 부유함을 뜻하기 때문이다. 하지만 현재는 달라졌다. 개혁개방 이후에 사람들의 생활수준이 큰 폭으로 높아지면서, '胖'은 더 이상 도달할 수 없는 희망사항이 아닌 부담으로 변했다. 사람(특히 여성)들은 뚱뚱해질까 겁을 내며 다른 사람에게 뚱뚱하다는 말을 듣기를 싫어하므로, '发福'나 '丰满fēngmǎn(풍만하다)'(여성에게만 사용)으로 완곡하게 표현한다. 또 뚱뚱한 사람들은 흔히 배가 많이 나와서 보기가 싫은데, 이에 '将军肚jiāngjūndù(장군 배. 볼록 나온 배)'란 말이 생겨남으로써 뚱뚱한 사람도 다소 안정을 찾을 수 있게 되었다.

'瘸子quézi(절름발이)'와 '跛子bǒzi(절름발이)'는 듣기가 거북한 단어여서 사람들은 주로 '腿有点儿不方便tuǐyǒudiǎnrbùfāngbiàn(다리가 좀 불편하다)'나 '腿脚有些不方便tuǐjiǎoyǒuxiēbùfāngbiàn(다리와 발이 좀 불편하다)'이라는 말로 이를 대체한다. '瞎子xiāzi(장님)'도 듣기가 거북하여 흔히 '盲人mángrén(맹인)'이라 하며, '眼睛瞎了yǎnjingxiāle(눈이 멀었다)'는 주로 '双目失明shuāngmùshīmíng(양 눈을 실명했다)'로 대체한다. '聋子 lóngzi(귀머거리)'는 '失聪shīcōng(청각을 잃다)'이나 '耳背ěrbèi(귀가 어둡 다)'로 바꾸어 말하고, 말을 할 때 '大舌头dàshétou(혀가 길어 말이 정확 하지 않다)'는 주로 '口齿不清kǒuchǐbùqīng(발음이 분명하지 않다)'로 바 꾸어 말한다. 또 '结结巴巴jiējiēbābā(말을 더듬는 모양)'는 '舌头不好使 shétoubùhǎoshǐ(혀가 안 따라주다)'라고 하며, '傻shǎ(어리석다)'와 '呆dāi (둔하다)'는 듣기가 거북하므로 '智障zhìzhàng(정신박약)'이라 하고, '疯 fēng(미치다)'은 '精神有问题jīngshényǒuwèntí(정신에 문제가 있다)'라고 말한다.

다. '죽음'과 관련한 완곡어

중국에서 사람들은 '죽음'을 하나의 '喜事xǐshì(좋은 일)(红白喜事)[7] 로 여기기도 하지만, 그럼에도 사람들은 여전히 죽음에 대해 공포와 불 길한 느낌을 가지고 있다. 이 때문에 예로부터 오늘날까지 '亡wáng(죽 다)', '故gù(죽다)', '卒zú(죽다)', '殒yǔn(죽다)', '物化wùhuà(천명을 마치 고 죽다)', '仙逝xiānshì(서거하다)', '升天shēngtiān(승천하다)', '驾崩 jiàbēng(제왕이 서거하다)', '作古zuògǔ(고인이 되다)', '归西guīxī(죽다)', '归天guītiān(하늘로 돌아가다)', '去世qùshì(세상을 떠나다)', '逝世shìshì (서거하다)', '谢世xièshì(세상을 하직하다)', '过世guòshì(서거하다)', '永 诀yǒngjué(영원한 이별)', '永别yǒngbié(영원히 이별하다)', '永眠yǒngmián (영원히 잠들다)', '长眠chángmián(긴 잠에 들다)', '牺牲xīshēng(희생하 다)', '就义jiùyì(의를 위하여 죽다)' 등등 '죽음'에 관한 일련의 완곡 표현

---

7) 역자주 : '红'은 경사慶事를, '白'는 조사弔事를 가리킨다. 흔히 남녀의 결혼을 '喜事' 라 하고, 조사 중에 천수를 다하고 죽은 이의 장례는 '喜丧xǐsàng(호상)'이라고 하 여 좋은 일로 여기기 때문에 이 둘을 통틀어서 '喜事'라고 일컬음.

들이 생겨났다. 이들 어휘는 일반적으로 '죽음'의 대명사가 되었다. 이처럼 많은 어휘가 '죽음'의 동의어이지만 이들의 기능은 서로 다른데, 주요 차이는 다음과 같다.

1) 사람에 따라 사용하는 어휘가 다르다.

'去世', '过世', '谢世'는 보통사람에게 사용한다. '逝世'는 위대한 인물에게 사용하며, '完蛋wándàn(끝장나다)', '上西天shàngxītiān(황천길을 가다)'은 나쁜 사람에게 사용한다. 공산당원에게는 '见马克思jiànMǎkèsī (마르크스를 만났다)'를 사용하기도 한다.

2) 원인에 따라 사용하는 어휘가 다르다.

'就义'는 정의를 위해 일하다 적에게 살해당한 경우에 사용하고, '殉国xùnguó(순국), 殉职xùnzhí(순직), 殉情xùnqíng(순정)'은 조국, 직업, 사랑을 위해 죽는 경우를 말한다. 또, '牺牲xīshēng(희생하다)'은 공공의 이익이나 정의를 위해 죽는 경우를 말하고, '遇难yùnàn(재난을 당하다)'은 재난으로 사망한 경우를 말한다.

3) 방식에 따라 어휘가 다르다.

'自裁zìcái(자살하다)'와 '自尽zìjìn(자살하다)'은 자살로 인한 사망을 말하고, '悬梁xuánliáng(들보에 목을 매달다)', '投河tóuhé(강에 몸을 던지다)', '服毒fúdú(독약을 먹다)'는 각각 목을 매거나 강에 투신하거나 독약을 복용하여 사망한 경우를 말한다. 이처럼 사망의 방식에 따라서 사용하는 어휘도 차이가 있다. 사람들이 '死sǐ'자를 숨기고 완곡어로 대신하는 것은 망자를 그리워하거나 찬송하는 경우도 있지만, '死'라는 무서운 의미의 글자를 언급하는 것을 피하기 위한 경우가 더 많다.

라. 불건전한 사회현상에 관한 완곡한 표현

사회에 존재하는 불건전한 현상에 대해 사람들은 일반적으로 혐오의 태도를 가진다. 하지만 이에 대한 언급을 피하기 위해서 말하기가 부끄러워 완곡한 표현이 생겨나기도 한다. 예를 들어, '小偷xiǎotōu(도둑)'는 혐오와 배척의 함의를 가진 어휘로, 사람들은 그 대신 '三只手sānzhīshǒu (제3의 손)'이나 '手脚不干净shǒujiǎobùgānjìng (손발이 깨끗하지 않다)' 라는 말로 절도행위를 하는 사람을 가리키는 경우도 있다. 심지어 '梁上君子liángshàngjūnzǐ(양상군자)'라는 아호도 있다.

(1) 公司陪我的人只顾听我在说什么, 一点没看见这些三只手的行径。不幸的是我吃不惯那些cheese, 回来大泻特泻。
회사는 내 사람을 모시고, 내가 뭐라 하는지에만 신경 쓰느라 이 제3의 손이 하는 행동을 조금도 눈치 채지 못했다. 불행히도 나는 치즈가 입에 맞지 않아 돌아와서는 엄청난 설사를 했다.

王小波 (왕샤오보) 『未来世界(미래세계)』

(2) 心中怀疑他手脚不干净, 嘴里又不便直说, 只是留心侦察, 相机行事。
마음속으로 그가 손발이 깨끗하지 않다고 의심하면서도, 입으로 직접 말하기는 또 그래서 주의를 기울여 관찰하면서 적당한 기회를 골라 어떻게 처리할지를 결정하고자 한다.

欧阳山(어우양산) 『三家巷(삼가항)』

(3) 一星期前的雨把后园的西墙淋坍, 第二天就有"梁上君子"来摸索北房的铁丝窗, 从次日起赶紧邀了七八位匠人, 费了两天工夫, 从头改筑, 已经成功十分八九, 总算可以高枕而卧, 前夜的雨却又将门口的南墙冲倒二三丈之谱。
일주일간 내린 비로 뒤뜰의 서쪽 벽이 무너진 다음날 '양상군자'가 와서는 북쪽방의 철창을 더듬었다. 다음날부터 얼른 7,8명의 기술자를 불러서 이틀을 들여 처음부터 새로 지어 8-90%를 완성해 놓으니 이제야 걱정 없이 잘 수 있게 되었는데, 지난 밤의 비가 또 문 입구의 남쪽 벽을 2, 3장(丈) 이나 쓸어갔다.

周作人(저우쭤런) 『苦雨(고우)』

중국에서 감옥에 가는 것은 낯부끄러운 일이므로, 이 역시 '进去了 jìnqùle(들어갔다)', '进宫jìngōng(궁에 들어갔다)', '进局子jìnjúzi(공안국에 들어갔다)' 등의 완곡 표현이 있다. 잘못을 하거나 죄를 지으면, 듣기 좋게 '失足shīzú(발을 헛디디다)', '出事了chūshìle(일 났다)'라고 말한다. 중국은 청소년 범죄를 매우 중시하여, 범법청소년들의 교화를 위해 '失足青少年shīzúqīngshàonián(비행청소년)'이란 말을 만들었는데, 이 역시 사회가 그들에게 차별적 태도가 없음을 나타낸다. 또한 마약이나 흡연이 심각한 사람은 '瘾君子yǐnjūnzǐ(마약중독자)'라 한다. 20세기 8, 90년 대 매춘부들은 '贴身秘书tiēshēnmìshū(밀착비서)', '三陪小姐sānpéixiǎojiě(유흥업소의 접대부)' 등의 별칭이 있었다. 그 밖에 사람을 납치하고 돈을 요구하는 것은 모든 사람이 극도로 혐오하는 일이다. 따라서 '绑票 bǎngpiào(납치하여 인질로 잡고 금품을 요구하다)'라는 표현이 있으며, 납치범이 인질을 살해하는 것은 '撕票sīpiào(표를 찢다, 인질을 죽이다)'라고 한다. 정당하지 못한 수단으로 이익을 얻는 것은 '开后门kāihòu-mén(뒷문을 열다, 뒷거래하다)'이라고 하고, 서로 책임을 미루는 것은 '踢皮球tīpíqiú(고무공을 차다, 책임을 전가하다)'라고 한다. 또 권력자에게 빌붙는 것은 '抱粗腿bàocūtuǐ(굵은 다리를 잡다, 재산가나 권력가에게 빌붙다)라고 하며, 뇌물을 주고받는 것은 '送红包sònghóngbāo(빨간 봉투를 주다, 뇌물을 바치다)', '收红包shōuhóngbāo(빨간 봉투를 받다, 뇌물을 받다)'라고 한다. 근년에는 처벌을 받게 할 목적으로 다른 사람을 유혹하여 법을 위반하게 하는 비정상적인 법집행 현상이 나타났는데, 이를 '钓鱼执法diàoyúzhífǎ(함정수사)'라고 한다. 현재 중국 사회에서 기혼자 혹은 미혼자가 기혼자를 사랑하는 현상이 있는데, 이 역시 중국인에게는 혐오와 멸시의 대상이다. 이러한 남자나 여자는 '坏男人huài-nánrén(나쁜 남자)' 혹은 '坏女人huàinǚren(나쁜 여자)'이라고 한다. 하지만 일반적인 경우에 사람들은 '坏男人' 혹은 '坏女人'으로 그들을 지칭하지 않고, 좀 더 완곡하고 교양 있는 '第三者dìsānzhě(제3자)'라는 말로 대신한다. 최근에는 '第三者'의 지위가 높아져서 '二奶èrnǎi(정부. 첩)'로 승급되었다. 예는 다음과 같다.

> 世界变化得真是太快了，连唐刚这样老实巴交的兄弟，都已经包上"二奶"了。
> 이 세상이 너무 빨리 변해. 탕강(唐刚)처럼 이렇게 고지식한 사람도 벌써 '二奶(정부情夫)'를 만들었다고.　　『中国北漂艺人生存实录(중국북표예인생존실록)』

　'第三者'나 '二奶'의 사용은 물론 사람을 난처하게 하는 것을 피하려는 의미가 있지만, 전통적인 사상에 대한 사람들의 반감을 나타낸다. 즉, 시대의 발전에 따라 사람들의 관념도 바뀌어서 일부 사람들이 보기에는 이것이 그렇게 나쁜 일이 아니다. 20세기 80년대 초에 대학 캠퍼스에 일부 학생들이 강의실 건물의 화장실 벽이나 문에 낙서를 하는 재미있는 현상이 나타났다. 낙서 속의 글과 그림은 아주 천박하고 저속하였다. 이러한 현상은 원래 교양이 없는 것이지만, 사람들이 여기에다 '화장실 문학'이나 '화장실 예술'과 같은 감투를 씌웠다. 그러자 이러한 현상에 대한 혐오감이 줄어든 듯하고 이를 포용하는 사람들의 마음도 나타난다.

마. 직업에 관한 완곡어

　전통적인 관념의 영향으로 사람들의 마음속에 직업도 여러 등급이 있고, 또 높고 낮음과 귀천의 구분도 있다. 따라서 언어에도 자연히 완곡하고 우아한 표현과 경시와 멸시의 의미를 띤 두 가지 표현이 형성되었다. 『주례(周礼)』에는 상고시기 각종 직업직무의 명칭이 명시되어 있다.

예를 들어 소금 정책을 주관하는 사람은 '盐人yánrén(염인)', 왕궁에서 밥을 하는 사람은 '膳夫shànfū(선부)', 수레의 바퀴를 만드는 사람은 '轮人lúnrén(륜인)', 창고를 지키는 사람은 '仓人cāngrén(창인)', 무덤을 지키는 사람은 '墓人mùrén(묘인)'이라 하였다. 또 중국은 줄곧 교사를 존경해왔다. 『주례』에서는 왕실의 자제에게 사상과 인품, 덕성 교육을 담당하는 사람을 '师氏shīshì(사씨)', 교양 기능교육을 하는 사람을 '保氏bǎoshì(보씨)'라고 하였다. 고대에는 또 '天地君亲师tiāndìjūnqīnshī(천지군친사)'라는 말이 있는데, 이는 하늘, 땅, 황제, 부모 외에 가장 존경하는 사람이 스승이라는 의미이다. 하지만 '문화대혁명' 시기에 '知识越多越反动zhīshiyuèduōyuèfǎndòng(지식이 많을수록 반동이다)'이라는 관념의 영향을 받아 '教师jiàoshī(교사)'는 봉건주의, 자본주의, 수정주의 사상의 전파자로 인식되었으며, 또 '教书的jiāoshūde(가르치는 사람)', '教书匠jiāoshūjiàng(교사쟁이)', '臭老九chòulǎojiǔ(구린내 나는 아홉째)[8]'등으로 불리기도 했다. '教师'는 '教书的', '教书匠' 보다는 상대적으로 완곡하다.

사실 현재도 많은 업종과 직업에서 이와 유사한 두 가지 종류의 명칭이 있다.

厨师── 做饭的 요리사 ─ 밥하는 사람
司机── 开车的 기사 ─ 운전하는 사람
清洁工── 扫大街的 환경미화원 ─ 길거리 청소하는 사람
门卫── 看门的 수위 ─ 문지키는 사람
售货员── 卖东西的 판매원 ─ 물건 파는 사람
演员── 演戏的 배우 ─ 연기하는 사람
保安── 看门的 경비 ─ 문 지키는 사람

---

8) 역자주 : 극단적인 계급투쟁이 유행하던 문화대혁명 기간에 교사를 중심으로 한 이른바 '지식인'들은 지주, 부농, 반혁명분자, 불량분자, 우파분자, 반동파, 특무(스파이), 주자파(자본주의 추종 세력) 다음으로 '구린내 나는 아홉 번째(臭老九)'로 불리며 비하의 대상이었다.

위 예에서 앞의 표현은 모두 공식적인 명칭이고, 뒤의 표현은 모두 비공식적인 명칭이다. 전자는 후자에 비해 상대적으로 완곡한 표현이다. 우체국의 우편집배원을 과거에는 '邮差yóuchāi(우체부)'라 하였다. '差'는 원래 파견하다의 의미이며, 파견된 사람도 '差chāi'라 하였다. 현재는 파견을 받아 다른 지역으로 가서 공무를 처리하는 것을 '出差chūchāi(출장)'라고 하며 폄하의 의미는 없다. 하지만, 20세기 50년대에는 '售货员shòuhuòyuán(판매원)', '保育员bǎoyùyuán(탁아소, 유치원 등의 보육사)', '炊事员chuīshìyuán(취사원, 요리사)', '打字员dǎzìyuán(타자수)' 등 '~원'화의 영향을 받아 집배원도 邮递员yóudìyuán(우편집배원)으로 바뀌었고, '员工yuángōng(직원)'이라는 어휘도 생겨났다. 이러한 '××员'은 원래의 명칭이나 호칭에 비해 사회적으로 평등함을 나타낸다. 이러한 의미에서 본다면, 이 역시 일종의 완곡한 표현이라고 하겠다. 하지만, '××员'이 비록 어휘 생산성이 강한 조합이라 하더라도, 모든 직업을 다 '××员'이라고 바꿔 말할 수는 없다. 예를 들어, 상점에서는 판매원이라고 할 수 있지만 길가의 노점에서는 이렇게 부를 수 없고, '卖菜的màicàide(채소 파는 사람)', '卖冰棍儿màibīnggùnr(아이스크림 파는 사람)', '卖羊肉串màiyángròuchuàn(양꼬치 파는 사람)' 등으로 불러야 한다.

바. 기타 완곡어

위에서 언급한 완곡어 외에도 일상생활에서 완곡한 표현은 많이 있다. 베이징 사람들은 겨울에 석탄을 태워서 난방을 하므로, 겨울만 되면 많은 가정에서 서둘러 석탄을 구입한다. 하지만, 석탄을 배달하는 사람은 보통 누구누구에게 석탄을 배달하러 왔다라고 하지 않고, '送烧的sòngshāode(태우는 것 배달하는 사람)'이라고 말하는데, 이는 '煤méi(석탄)'와 '倒霉dǎoméi(재수 없다)'의 '霉méi'가 발음(méi)이 같으므로 자신에게 불행이 닥칠 것을 두려워하기 때문이다.

今儿个, 大成把板车推进院子, 只喊了一句:"大妈, 我给你送烧的来了!" 人家不说"送煤", 因为这个"煤"字与"倒霉"的"霉"字一个音, 老人听了不高兴。

오늘, 다청(大成)이 짐수레를 마당으로 밀고 들어와서는 한마디만 소리쳤다. "아주머니, 제가 석탄을 가져왔어요!" 그는 "送煤(석탄을 가져왔다)"라고 하지 않았다. 이 '煤(석탄)'과 '倒霉(재수 없다)'의 '霉'가 발음이 같아 노인이 듣고 기분나빠할 것이기 때문이다.

郑万隆(정완룽) · 李晓明(리샤오밍)『渴望(갈망)』

설날에 다른 사람의 집에 초대를 받아 갔을 때, 주인이 내주는 차가 쓰더라도 절대로 '苦kǔ(쓰다)'라고 하면 안 되며 '浓nóng(진하다)'이라고 해야 한다. 또 다른 사람에게 신발을 선물로 줄 때, '送鞋sòngxié(신발을 선물하다)'라고 하지 않고 '送穿的sòngchuānde(신는 것을 선물하다)'라고 한다. 해서는 안 될 말을 했을 때는 '失言shīyán(실언)'이라고 하고, 해서는 안 되거나 예의에 어긋나는 태도나 행동을 했을 때는 '失态shītài(실태)'라고 한다.

중국에서 돈이 없으면 다른 사람에게 무시를 당할 수 있으므로 '没有钱méiyǒuqián(돈이 없다)'이라고 하지 않고 '手头紧shǒutóujǐn(손끝이 쪼들리다)'라고 한다. 하지만, 지나치게 돈을 밝히고 쓰지 않으면 '抠门kōumén(구두쇠)' 또는 '小气xiǎoqi(짠돌이)'라고 여긴다.

'那个nàge(그. 그것)'는 원래 지시대사이지만, 일상생활에서 흔히 완곡어로 사용된다.

(1) 哦, 我这么说, 你别生气, 这倒不是说你有不够条件的地方, 就是你……唉, 怎么说呢? 就是你那张嘴巴……太那个了。

　　아, 내가 이렇게 말한다고 화내지마. 너의 조건이 부족하다는 게 아니라... 어, 뭐랄까? 너 그 입이... 너무 그래..

『作品与争鸣(작품과 쟁명)』1986年第9期

(2) 这······有人反映凌玲作风有点那个。

이거... 누가 그러는데 링링(凌玲)의 태도가 좀 그렇대.

刘学强(류쉐창)『深圳女强人(선전여장부)』

위의 두 예에서 '太那个_{tàinàge}(너무 그래)'와 '有点那个_{yǒudiǎnnàge}' (좀 그래)'는 모두 완곡어로 각각 '太坏_{tàihuài}(너무 나쁘다)'와 '不好 _{bùhǎo}(나쁘다)'를 나타낸다. 하지만 화자가 직접 '坏'나 '不好'를 말하기가 부적절하다고 느껴 완곡어를 사용한 것이다.

이상은 통용되는 금기어와 완곡어들이지만, 사실 금기어와 완곡어는 지역성이 있어서 지역에 따른 금기어도 있다. 옛날에 베이징에서는 '蛋_{dàn}(알)'자를 금기하였는데, '鸡子_{jīzi}(계란)', '松花_{sōnghuā}(송화)', '炒木樨肉_{chǎomùxīròu}(달걀돼지고기볶음)[9]'등 많은 어휘에서 이 글자를 사용하지는 않았지만, 사실 이들은 각각 '鸡蛋_{jīdàn}(계란)', '松花蛋_{sōnghuādàn}(송화단)[10]', '鸡蛋炒肉_{jīdànchǎoròu}(달걀돼지고기볶음)'인 것이다. '蛋(알)'은 주로 '坏蛋_{huàidàn}(나쁜 놈)', '王八蛋_{wángbadàn}(개자식)', '滚蛋_{gǔndàn}(꺼져)', '混蛋_{húndàn}(망할 놈)' 등 부정적인 의미의 어휘에만 나타났다.

옛날 베이징 사람들은 식초를 금기시해서, 식초를 말할 때는 '吃醋 _{chīcù}(식초를 먹다)'라고 하지 않고 '用醋_{yòngcù}(식사를 사용하다)'라고 하였다. '吃醋'는 주로 남녀관계에서의 질투의 감정을 가리키기 때문이다. 산동 사람들도 식초를 금기시했는데, 이는 '醋_{cù}(식초)'와 '错_{cuò}(잘못)'의 발음이 유사하기[11] 때문으로 산동사람들은 '醋'를 '忌讳_{jìhuì}(금

---

9) 역자주 : 계란과 목이버섯, 원추리나물, 고기를 함께 볶은 요리.

10) 역자주 : 오리알, 계란 등을 찰흙, 소금, 왕겨, 석회 등을 섞은 것으로 밀봉하여 삭힌 것으로 흰자위에 소나무 잎 같은 무늬가 있어 생긴 이름.

11) 역자주 : 보통화에서도 '식초(醋)'는 cù이고, '잘못(错)'은 cuò로 발음이 비슷하다.

기하다)' 혹은 '甜子tiánzi(달콤한 것)'이라고 부른다. 광동사람들은 '猪舌头zhūshétou(돼지 혀)'를 '猪俐zhūlì'라고 하는데, 이는 '舌shé'와 '折本shéběn(본전을 까먹다)'의 '折shé(손실을 입다)'의 발음이 같기 때문에 장사에 영향을 미칠까 걱정이 되어서이다. 그들은 특히 '书shū(책)'와 '丝sī(비단)'를 금기하는데, 이들의 발음이 '输shū(지다)'와 같기 때문이다. '丝瓜sīguā(수세미)'가 그 지역에서는 '胜瓜shèngguā(승과)'로 불리는 것도 바로 이 때문이다.

연해지역에서는 밥을 먹을 때 생선이 있으면 한 쪽 면을 다 먹고 난 다음 '翻过来fānguòlái(뒤집어라)'라고 말하지 않는데, 이는 그 지역의 어민들이 출어를 나갔을 때 '翻船fānchuán(배가 뒤집어지는 것)'을 가장 두려워하기 때문이다. 화가 입으로부터 와서 자기에게 액운을 가져올까 걱정하는 것이다.

또 항해 중에는 '箸zhù(젓가락)'을 말할 수 없다. '箸'와 '住zhù(멈추다)'의 발음이 같기 때문에[12], '箸'를 '筷儿kuàier'로 바꿔 말하였는데, 이는 빠르고 순조로움을 뜻한다. 성씨 '陈chén(진)'도 금기여서 성이 '耳东ěrdōng(이동)[13]'이라고 말한다. 이는 '陈'과 '沉chén(물속에 가라앉다)'이 중국어에서 발음이 같은데[14], '沉'은 '沉船chénchuán(배가 가라앉다)'의 의미이기 때문이다.

---

12) 역자주 : '住'는 '느리다(慢)'의 의미이므로, 이를 '빠르다'를 뜻하는 '快'로 바꾼 것이다. 이 때문에 '箸'는 '筷子'가 되었다.
13) 역자주 : '耳东(이동)'은 '陈(진)'자의 두 부분, '耳'와 '东'으로 나눈 것이다.
14) 역자주 : 보통화에서 모두 chén으로 발음된다.

제**4**장 성어와 속어

성어, 속어(관용어, 헐후어, 속담 포함)는 중국어 어휘 체계의 일부로 중국어 어휘에서 아주 중요한 위치를 차지한다. 『중국성어대사전(中国成语大词典)』[1]에는 1만8천개의 성어가 수록되어 있고, 『중국속어대사전(中国俗语大词典)』[2]에는 1만5천개의 속어가 수록되어 있는데, 둘을 합치면 어휘 수는 모두 3만3천개(이 가운데 많은 부분이 중복된다)에 달한다. 이들 성어와 속어 중에 일부는 자주 사용되지 않거나 심지어 전혀 사용되지 않는 것도 있지만, 이를 제외하더라도 상당히 많은 성어와 속어들은 여전히 사용되고 있다.

1. 성어와 속어의 유래

속어는 일반적으로 생동감 있는 구어에 근원을 두지만, 성어의 근원은 이보다 훨씬 복잡하다. 성어의 주요 근원으로는 다음 몇 가지가 있다.

---

1) 저자주 : 上海辞书出版社, 1987 참조.
2) 저자주 : 上海辞书出版社, 1989 참조.

가. 우언신화

중국 고대에는 많은 우언고사나 신화고사가 있다. 이들은 모두 깊은 함의를 가지며 장기간에 걸친 사용으로 점차 고정되어 성어가 되었다. '叶公好龙Shègōnghàolóng(섭공호룡. 섭공이 용을 좋아하다)'이나 '愚公移山Yúgōngyíshān(우공이산. 우공이 산을 옮기다)'이 그 예이다. '叶公好龙'은 한 대(汉代) 유향(刘向 : BC77~BC6)[3]의 『신서(新序)·잡사오(杂事五)』 편에 나온다.

> 叶公子高好龙, 钩以写龙, 凿以写龙, 屋室雕文以写龙。于是天龙闻而下之, 窥头于牖, 施尾于堂。叶公见之, 弃而还走, 失其魂魄, 五色无主。是叶公非好龙也, 好夫似龙而非龙者也。
> 섭공자는 용을 아주 좋아하여 옷의 허리 장식에도 용을 새기고, 그릇에도 용을 조각하고, 집의 처마나 상량의 조문에도 용을 그려 넣었다. 그래서 하늘의 용이 이 소식을 듣고 그의 집으로 내려와 머리는 창턱에 걸치고 살펴보다가 꼬리를 집으로 들어왔다. 섭공이 이를 보고서 바로 도망을 갔는데, 혼비백산하여 낯빛이 변하고 정신이 나간 것 같았다. 사실은 섭공이 진짜 용을 좋아한 것이 아니라 용처럼 생긴 물건을 좋아한 것이었다.

이 우언고사의 대의는 다음과 같다. 섭공자는 용을 매우 좋아하여, 옷의 벨트나 술그릇에 용을 새기고 집안의 조문장식에도 용으로 장식하였다. 하늘의 진짜 용이 이를 알고 섭공의 집으로 내려왔다. 용은 머리를 창문으로 내밀고, 꼬리는 집안까지 들이밀었다. 섭공이 진짜 용을 보고서 몸을 돌려 도망을 쳤는데, 혼비백산하였고 얼굴은 당황한 빛이 가득했다. 이것으로 섭공이 정말 용을 좋아한 것이 아니라 용과 비슷하지만 용이 아닌 것들을 좋아했을 뿐이라는 것을 알 수 있다.

---

3) 역자주 : 중국 전한의 학자이자 정치가. 전국시대에 활약한 책사(策士)와 모사(谋士)들의 문장을 모아 전국책(战国策)을 편찬하였다.

'愚公移山'은 『열자(列子)・탕문(汤门)』편에 나온다. 이야기는 다음과 같다. 우공이라는 사람이 있었는데, 그의 집 앞에는 태항산(太行山)과 왕옥산(王屋山)이라는 커다란 두 개의 산이 출입하는 도로를 가로막고 있었다. 이에 그는 이 두 산을 옮기기로 결심을 하고는 자손들과 함께 대대손손 산을 퍼낼 계획이었다. 우공의 이런 행동에 천제도 감동하여 과아씨(夸娥氏)의 두 아들에게 명해 두 산을 짊어지고 다른 곳으로 옮기게 했고, 결국 우공의 소원은 이루어졌다.

또 '守株待兎shǒuzhūdàitù(수주대토. 나무 그루터기를 지키고 앉아 토끼를 기다리다)'가 있는데, 이 성어는 『한비자(韩非子)・오두(五蠹)』편에 나온다. 전설에 따르면, 전국시대 송宋나라에 한 농부가 있었는데, 어느 날 토끼가 달려와 나무 그루터기에 부딪혀 죽는 것을 보았다. 그 후 그는 매일 곡괭이를 버리고 나무 아래에서 토끼가 또 부딪혀 죽기만을 기다렸다. 하지만 토끼는 얻지 못하고 세상 사람들에게 놀림만 받았다.

이와 유사한 성어는 많이 있는데, '画蛇添足huàshétiānzú(화사첨족. 뱀을 그리는 데 다리를 그려 넣다)'[4], '拔苗助长bámiáozhùzhǎng(발묘조장. 모를 집어 당겨 자라는 것을 돕다)'[5], '刻舟求剑kèzhōuqiújiàn(각주구

---

4) 역자주 : 『사기(史记)・초세가(楚世家)』에 나옴. 초나라에 제사를 지낸 사람이 사인들에게 술 한 주전자를 주었다. 술이 많지 않은 것을 보고 사인들이 말했다. "여러 사람이 마시기에는 부족하니, 땅에 뱀을 먼저 그리는 사람이 술을 다 마시도록 하자." 한 사람이 뱀을 먼저 그린 후에 술을 들고 일어나면서 말했다. "나는 발도 그릴 수 있다."고 말을 한 후, 발을 그리기 시작했다. 그러자 다른 사람이 뱀을 다 그리고는 술 주전자를 가로채 술을 마셔버렸다. "뱀은 원래 발이 없는데 당신은 발을 그렸으니 그건 뱀이 아니다." 뱀에 발을 그린 사람은 결국 술을 잃고 말았다. '화사첨족'은 하지 않아도 될 일을 쓸데없이 하다가 일을 그르치는 것을 비유.

5) 역자주 : 『맹자(孟子)・공손추상(公孙丑上)』에 나오는 '揠苗助长(알묘조장)'에서 '揠' 대신 의미가 유사한 '拔'자를 써서 '拔苗助长'이라고도 한다. 전국시대 송나라

검. 배에다 칼 떨어뜨린 위치를 새겨 두었다가 칼을 찾다)'⁶⁾, '井底之蛙jǐngdǐzhīwā(정저지와. 우물 안의 개구리)'⁷⁾ 등이 모두 이에 해당된다.

나. 역사고사 또는 사건

유명한 역사고사나 역사적인 사건에서 나온 성어도 많이 있는데, '望梅止渴wàngméizhǐkě(망매지갈)', '指鹿为马zhǐlùwéimǎ(지록위마)', '完璧归赵wánbiguīZhào(완벽귀조)'등이 여기에 속한다. '望梅止渴'은 『세설신어(世说新语)·가휼(假谲)』에 나오는데, 어느 날 조조(曹操 : 155~220)⁸⁾가 병사를 이끌고 물이 없는 곳에 이르렀다. 병사들은 모두 목이 말라 죽을 지경이었다. 이때, 조조가 그들에게 앞에 매실 숲이 있는데 새콤달콤한 매실이 잔뜩 열렸다고 속여 말했다. 병사들은 이 말을 듣고서 모두 침을 흘리고 나니 더 이상 목이 마르지 않게 되어 결국 어려움을 극복하였다.

'指鹿为马'는 『사기(史记)·진시황본기(秦始皇本纪)』에 나온다.

에 어떤 사람이 벼이삭이 너무 더디게 자란다고 조금씩 손으로 이삭을 뽑아서 빨리 자라게 하였으나, 벼가 모두 말라죽었다는 고사에서 유래하였으며, 일을 급하게 이루려고 하다가 도리어 일을 그르친다는 의미.

6) 역자주 : 『여씨춘추(吕氏春秋)·찰금(察今)』에 나옴. 초나라 사람이 배를 타고 강을 건너다가 칼을 물속에 떨어뜨렸는데, 칼이 빠진 위치를 뱃전에 표시하였다가 나중에 배가 나루에 도착한 후 물 속에 들어가 칼을 찾았다는 고사에서 유래함. 융통성 없이 현실에 맞지 않는 낡은 생각을 고집하는 어리석음을 비유.

7) 역자주 : 『장자(庄子)·추수(秋水)』에 나옴. 한 우물에 개구리가 살았는데, 어느 날 동해바다의 거북에게 자기는 우물을 독차지하고 유유자적하게 사는 것이 너무 행복하며, 다른 동물들도 자기보다는 못하다고 했다. 이 말을 듣고, 동해의 거북이가 우물 속으로 왼쪽 발을 내려놓기도 전에 오른쪽 무릎이 걸려 버렸다. 발을 도로 빼낸 거북이는 미안해하며 바다는 넓이가 천리가 넘고 깊이가 천 길보다 깊다고 하였다. '井底之蛙'는 좁은 곳에서만 살아서 넓은 세상을 모르는 사람을 비유.

8) 역자주 : 후한말의 정치인으로 위(魏)나라를 건국하고 초대 황제(武帝)가 된다.

赵高欲为乱, 恐群臣不听, 乃先设验, 持鹿献于二世, 曰∶"马也。二世笑曰∶"丞相误耶? 谓鹿为马。问左右, 左右或默, 或言马以阿顺赵高。

조고가 반란을 일으키고자 하였는데, 뭇 신하들이 자신의 말을 듣지 않을 두려워하였다. 이에 우선 신하들을 시험하고자 사슴을 몰고 가 2세에게 바치고는 말한다. "말입니다." 2세가 웃으며 말한다. "승상이 잘못 본 것이지요? 사슴을 말이라 하는구려" 조고가 좌우의 신하들에게 물으니 어떤 이는 말이 없었고, 어떤 이는 말이라고 하며 조고의 편을 들며 따랐다.

이 단락의 대의는 이렇다. 조고(赵高 : 미상~BC207)[9]가 반란을 일으키고자 하였는데, 대신들이 그에게 복종하지 않을 것을 두려워하여 시험을 하였다. 그는 사슴 한 마리를 진나라 2세 호해(胡亥)에게 바치며 일부러 말했다. "이것은 말입니다." 진나라 2세는 웃으며 말했다. "승상, 잘못되었지요? 사슴을 말이라 하는군요." 2세는 옆에 있는 대신들에게 물었는데, 말을 하지 않거나 조고에게 잘 보이기 위해 말이라고 거짓말을 하였다. 후에 '지록위마'는 공공연히 사실을 왜곡하고 시비를 전도시킴을 나타낼 때 사용된다.

'完璧归赵'는 『사기(史记)·염파인상여렬전(廉颇蔺相如列传)』에 나온다. 조(赵)나라 혜문왕(惠文王) 때 초(楚)나라의 화씨벽(和氏璧)[10]을 얻었다. 진(秦)나라 소왕(昭王)이 이 소식을 듣고는 조왕에게 편지를 보냈는데, 편지에다 15개의 성과 화씨벽을 바꾸기를 원한다고 하였다. 조왕은 염파와 의논하였는데, 진나라에 돌려주자니 진나라의 성 15개를 얻지 못할까 두렵고, 돌려주지 않으려니 진나라가 침입해올 것이 두려웠다. 결정을 내리지 못하고 외교사절을 진나라에 보내려 했으나 마

---

9) 역자주 : 중국 진나라 때의 환관. 진시황이 죽은 뒤 후계를 세울 때, 조서를 거짓으로 꾸며 시황제의 장자 부소(扶苏)에게 자살할 것을 명령하고, 우둔한 막내아들 호해(胡亥)를 제2세 황제로 즉위시킴.

10) 역자주 : 중국 역사상 가장 이름난 미옥(美玉).

땅한 사람을 찾지 못했다. 이 때 상여가 말하였다. "대왕께서는 분명 마땅한 사람을 찾지 못할 것입니다. 제가 화씨벽을 가지고 진나라에 외교 사절로 가겠습니다. 진나라의 성을 조나라에 준다면 화씨벽은 진나라에 두고 오고, 성을 조나라에 주지 않는다면 저는 반드시 화씨벽을 온전히 가지고 돌아오겠습니다." 조왕은 그리하여 상여에게 화씨벽을 가지고 진나라로 가도록 하였다. 후에 '完璧归赵'는 원래의 물건을 완전하게 주인에게 돌려줌을 나타낸다. 이러한 성어는 상당히 많으며, 이와 유사한 것으로 '夜郎自大Yèlángzìdà(야랑자대. 야랑이 스스로 크다고 여기다)'[11], '四面楚歌simiànChǔgē(사면초가. 사방이 모두 초나라 노래이다)'[12], '负荆请罪fùjīngqǐngzuì(부형청죄. 가시나무를 지고서 죄를 청하다)'[13] 등이 있다.

다. 시문 명구

중국 고대의 시문은 상당히 번영하였으며, 특히 당송시기에는 대대로 전해지는 많은 뛰어난 작품과 구절이 출현했다. 많은 아름다운 구절들

---

11) 역자주: 『사기(世记)·서남이열전(西南夷列传)』에 나옴. 야랑(夜郎)은 한(汉)대와 동시대에 서남쪽에 있던 소국들 사이에 있으면서 여타 소국보다는 조금 큰 나라였는데, 그 국왕은 국토가 아주 넓다고 자만하여 한나라 사신에게 '한나라와 야랑 중 어느 나라가 더 큽니까?'라고 물었다는 고사에서 유래함. 견문이 좁아서 자만하여 우쭐댐을 비유.

12) 역자주: 『사기(史记)·항우본기(项羽本纪)』에 나옴. 초나라 항우(项羽)가 한나라 유방(刘邦)과 싸울 때의 일이다. 항우가 유방의 군사에게 포위되었을 때, 유방은 자기 군사들에게 초나라 노래를 부르게 했다. 사방에서 초나라 노래가 들리자 항우는 초나라 백성이 모두 포로로 붙잡힌 줄 알고 낙담하여 이 전쟁에서 대패하였다.

13) 역자주: 『사기(史记)·염파인상여열전(廉颇蔺相如列传)』에 나옴. 스스로 형장(刑杖)을 짊어지고 처벌을 요청하다. 전국시기 조(赵)나라 염파가 웃통을 벗고 형장을 짊어지고 인상여에게 자기의 잘못을 뉘우친 고사에서 유래함.

이 후대에 인용되었으며, 이는 오랜 기간을 거치면서 성어가 되었다. 예를 들어, '任重道远rènzhòngdàoyuǎn(맡은 책임은 무겁고 갈 길은 멀다)'은 『논어(论语)・태백(泰伯)』편에 나온다.

士不可以不弘毅, 任重而道远。
선비는 도량이 넓고 뜻이 굳세지 않으면 안 되노니, 이는 책임이 무겁고 길이 멀기 때문이다.

또 '水落石出shuǐluòshíchū(개울물이 줄어 수면이 낮아지면 돌이 드러난다. 시간이 지나면 사건의 진상이 밝혀진다)'은 송대(宋代) 구양수(欧阳修 : 1007~1072)14)의 「취옹정기(醉翁亭记)」에 나온다.

野芳发而幽香, 佳木秀而繁阴, 风霜高洁, 水落而石出者, 山间之四时也。
들꽃이 피니 그윽이 향기 나고, 아름다운 나무들이 무성하니 두루 그늘 이루고, 바람 높게 일고 서리 하얗게 내리며, 개울물이 줄어서 바닥의 돌이 드러나는 것이 산속의 사계절이다.

이러한 성어로는 또 '一视同仁yíshìtóngrén(누구나 차별 없이 대하다)', '虎视眈眈hǔshìdāndān(호시탐탐 기회를 노리다)', '水乳交融shuǐrǔjiāoróng (서로 잘 어울리다. 관계가 밀접하다)', '兢兢业业jīngjīngyèyè(근면하고 성실하게 업무에 임하다)', '短兵相接duǎnbīngxiāngjiē(백병전을 벌이다. 날카롭게 맞서다)' 등이 있다.

그 외에 일부 구어로 전해 내려온 성어도 있는데, '一干二净yīgānèrjìng

----

14) 역자주 : 중국 송나라 때의 정치가이자 시인, 문학자, 역사학자. 당송팔대가의 한 사람으로, 당대의 대문장가인 한유의 작품에 영향을 받아 평이하고 간결한 고문체 부흥에 힘썼다.

(깔끔하다)', '五花八门wǔhuābāmé(다양하다)' 등이 이에 해당된다. 또 '多快好省duōkuàihǎoshěng(더 많이, 더 빨리, 더 좋게, 더 절약하자)', '又红又专yòuhóngyòuzhuān(열성 공산당원이면서 전문가이기도 하다. 사상적으로 건전하고 기술적으로도 우수하다)'처럼 현대 사람들이 만든 성어도 있다.

2. 성어와 속어의 특징

성어와 속어를 정확하게 사용하기 위해서는 그 특징을 이해해야 한다. 성어의 속어의 주요 특징은 다음 두 가지가 있다.

가. 정형화되어 있다.

성어와 속어는 일반적으로 모두 고정된 어휘로 구성되고, 다른 글자로 교체하거나 순서를 바꿀 수는 없다. 예는 다음과 같다.

毛遂自荐 모수가 스스로 자기를 추천하다.
坐井观天 우물에 앉아 하늘을 보다. 견문이 좁다.
一刀切　 한 종류의 칼로 자르다. 일률적(획일적)으로 하다.
画蛇添足 사족을 그려 넣다. 쓸데없는 짓을 하여 도리어 일을 잘못되게 하다.
露水夫妻 정당하지 못한 부부. 일시적인 뜨내기 부부.
井底之蛙 우물 안 개구리. 견문이 좁고 세상 물정에 어두운 사람.
吃鸭蛋　 (시험·경기에서) 영점을 맞다.
半边天　 하늘의 반쪽. 하늘의 일부분. 신시대의 여성.

'毛遂自荐MáoSuìzìjiàn'은 '张三自荐Zhāngsānzìjiàn(장싼이 자신을 추천

하다)'나 '李四自荐Lǐsìzìjiàn(리쓰가 자신을 추천하다)'로 바꿀 수 없고, '坐井观天zuòjǐngguāntiān'은 '坐楼观天zuòlóuguāntiān(건물에 앉아 하늘을 보다)'이라 할 수 없으며, '一刀切yìdāoqiē'도 '两刀切liǎngdāoqiē(두 개의 칼로 자르다)'라 할 수 없다. 이는 '画蛇添足huàshétiānzú', '露水夫妻 lùshuifūqī(뜨내기 부부)', '井底之蛙jǐngdǐzhīwā', '吃鸭蛋chīyādàn', '半边天 bànbiāntiān' 등도 마찬가지다.

나. 특정한 의미를 가진다.

성어와 속어는 형식적으로 고정되어 있는 점 외에도 글자로는 유추가 불가능한 특별한 함의를 가진다. 예를 보자.

对牛弹琴 쇠귀에 거문고 타기. 쇠귀에 경 읽기.
东施效颦 동시(东施)가 서시(西施)의 눈썹 찡그리는 것을 흉내 내다. 맥락도 모르고 덩달아 흉내 내다.
虎头蛇尾 용두사미. 처음은 왕성하나 끝이 부진하다.
黔驴技穷 얼마 안 되는 재주도 다 써 버리다. 쥐꼬리만한 재주마저 바닥이 나다.
大鱼吃小鱼 큰 고기가 작은 고기를 삼키다. 약육강식.
不到黄河心不死 끝까지 가보지 않고는 마음을 포기하지 않는다. 목표를 이를 때까지 절대 포기하지 않다.
一分钱一分货 한 푼으로는 한 푼 어치의 물건밖에 살 수 없다. 싼 게 비지떡이다.
三天打鱼, 两天晒网 공부나 일을 꾸준하게 하지 못하다. 작심삼일이다.
一个鼻孔出气 한통속이다. 주장하는 바나 태도가 같다.
不打不相识 싸우면서 서로를 이해하게 되다. 싸움 끝에 정이 든다.

'对牛弹琴duìniútánqín'의 문자적 의미는 거문고를 소에게 들려준다는 것이지만 일을 하는데 상대방을 가리지 않음을 비유한다. '大鱼吃小鱼

dàyúchīxiǎoyú'의 문자적 의미는 큰 물고기가 작은 물고기를 먹는다지만 강자가 약자를 괴롭힘을 비유한다. 또 '三天打鱼sāntiāndǎyú, 两天晒网 liǎngtiānshàiwǎng'은 표면적으로 사흘간 물고기를 잡고 이틀간 그물을 말리는 것이지만, 진정한 함의는 끈기가 없이 자주 중간에 그만둠을 말한다. 나머지 성어와 속어의 경우도 이와 마찬가지다.

3. 성어와 속어의 기능

성어와 숙어는 주로 두 가지 기능이 있다. 첫째, 단순명료하다. 동일한 일이나 의미를 다른 어휘와 형식으로 표현할 수도 있지만 그 효과는 다른데, 성어와 숙어를 사용하면 훨씬 간결하고 명확하다. 예를 들어, '어떤 사람이 항상 초과 근무를 하지만 수입은 아주 적다'는 말은 '事倍功半shìbèigōngbàn(일은 배가 되나 공은 반으로 준다)'의 네 글자로 간단하게 요약할 수 있다. 또 만약 어떤 사람이 배운 기술이나 지식이 별로 좋지 않거나 일부만 배웠을 경우에는 이를 관용어 '半瓶醋bànpíngcù(얼치기)'로 간단하게 요약할 수 있다.

이러한 성어와 속어의 간결함은 번역문에서 더욱 잘 드러난다.

(1) 不要因为长年累月毫无目的地消磨过去而后悔。
오랜 세월동안 아무런 목적 없이 시간으로 소모한 것 때문에 후회하지 마라.

不因虚度年华而悔恨。
허송세월 한 것 때문에 후회하지 마라.
梅益译(메이이 역) 『钢铁是怎样炼成的(강철은 어떻게 단련되었는가)』

(2) 不要因为卑劣的繁琐的过去而自愧。
비굴하고 잡다한 과거 때문에 부끄러워하지 말아라.

不因碌碌无为而羞愧。

아무것도 하지 않고 보낸 것 때문에 부끄러워하지 말아라.

梅益译(메이이 역)『钢铁是怎样炼成的(강철은 어떻게 단련되었는가)』

예문(1)과 (2)에서 각각의 두 문장은 동일한 의미이나, 두 번째 문장들이 더 간결하고 생동감 있다.

둘째, 유머러스하고 해학적인 수사 효과를 거둘 수 있다. 특히 속어는 일반적으로 관용어, 헐후어, 속담 등을 모두 포함하며 공통적인 특징으로 구어성이 강하다는 점은 앞에서도 언급하였다. 이들 어휘는 주로 사람들의 구어에서 기원되고, 대부분 유머와 해학적 특징이 있어 생동감과 형상감을 준다.

吹牛皮	허풍을 떨다.
拍马屁	아첨하다. 비위를 맞추다.
开门红	시작부터 큰 성과를 거두다. 좋은 출발을 하다.
孔方兄	엽전에 뚫린 구멍이 네모진 데서 나온 말. 엽전을 의인화하여 높이거나 정답게 이르는 말.
没脸皮	낯가죽이 두껍다. 뻔뻔스럽다.
泡蘑菇	일부러 시간을 끌다. 일부러 애를 태우다.
猪八戒照镜子[15]	저팔계가 거울을 보다. (욕을 먹거나 난처하게 되어) 꼴이 말이 아니다.
茶壶里煮饺子[16]	찻주전자에 만두를 삶다. 속에 물건이 있는데 쏟아 내지를 못하다.
干打雷, 不下雨	천둥만 치고 비는 오지 않다. 큰소리만 치고 실천은 하지 않다.
小葱拌豆腐[17]	실파와 두부 무침. 아주 깨끗하다. 오점이 없다

---

15) 역자주 : 헐후어로 뒤에 '里外不是人(안팎으로 사람이 아니다)'가 생략되었다.
16) 역자주 : 헐후어로 뒤에 '倒不出来'가 생략되었다.

刀子嘴, 豆腐心	입은 칼인데 마음은 두부다, 말씨는 날카로워도 마음은 부드럽다.
王八吃秤砣[18]	어떤 일을 결심하여 마음을 바꾸지 아니하다.

'吹牛皮chuīniúpí'는 허풍떠는 것을 가리키는데, '吹牛皮'를 사용하는 것이 '说大话shuōdàhuà(큰소리치다)'라고 하는 것보다 생동감이 있고 형상적이며 재미가 있어 사람들이 이해하기도 쉽다. '没脸皮méiliǎnpí'는 부끄러움을 모름을 가리키는데 '不知羞耻bùzhīxiūchǐ'를 사용하는 것보다 더욱 형상적이고 해학적이다. 기타 어휘들도 모두 이와 유사한 특징이 있다.

4. 사용 시 주의해야 할 점

성어와 속어를 사용할 때는 다음 문제에 주의해야 한다. 우선, 성어와 속어의 정확한 함의를 이해해야 하며, 글자를 보고 의미를 만들어내어서는 안 된다. 성어와 속어는 대부분 특정한 함의가 있다.

朝三暮四	조삼모사
半斤八两	반근팔량. 피장파장
胸有成竹	흉유성죽. 대나무를 그리기 전에 이미 마음속에는 대나무의 형상이 있다.
近水楼台[19]	근수누대. 가까이에 있는 사람(사물)이 조건이 유리하다.
铁公鸡	굉장히 인색한 사람. 구두쇠.

---

17) 역자주 : 헐후어로 뒤에 '一清二白(하나는 푸르고 하나는 희다, 분명하다)'가 생략되었다.

18) 역자주 : 헐후어로 뒤에 '铁了心(마음을 굳게 먹다)'가 생략되었다.

19) 역자주 : 송(宋)대 시인 소린(苏麟)의 "近水楼台先得月(물에 가까이 있는 누각이 먼저 달의 아름다움을 즐길 수 있다)"라는 시구에서 유래함.

표면적 의미로 보면 '朝三暮四zhāosānmùsì'의 '朝zhāo'는 아침이고 '暮mù'는 저녁이므로, '朝三暮四'는 '아침에는 3개, 저녁에는 4개'이다. 하지만 이는 이 성어의 진정한 의미가 아니다. 이 성어는 『장자(庄子)·제물론(齐物论)』편에 나온다.

> 狙(jū, 一种猴子)公赋芧(xù, 橡子)。曰："朝三而暮四。众狙皆怒。曰："然则朝四而暮三。众狙皆悦。
> 원숭이들에게 주인이 도토리를 주었다. 그리고는 "아침에 세 개 주고, 저녁에 네 개 주겠다"고 하였다. 뭇 원숭이들은 모두 화가 났다. 그러자 주인이 "그러면 아침에 네 개 저녁에 세 개 주겠다"고 하였다. 그러자 뭇 원숭이들은 모두 기뻐하였다.

이 단락의 의미는 다음과 같다. 원숭이 주인이 원숭이에게 도토리를 주면서 말했다. "아침에 3개를 주고 저녁에 4개를 주겠다." 원숭이가 이를 듣고서, 매우 화를 내었다. 주인이 이를 보고서, 또 "그렇다면, 아침에 4개를 주고, 저녁에 3개를 주겠다"라고 말했다. 원숭이가 이 말을 듣고서 아주 기뻐하였다. 여기서 '朝三暮四'는 사실 '아침에 3개, 저녁에 4개'의 뜻이지만, 후에는 변덕스러움을 비유하는데 사용된다.

'半斤八两bànjīnbāliǎng'[20]은 이 두 숫자를 가리키는 것이 아니고, 우열을 가리기 힘듦을 비유한다. 과거에는 16량의 계량제를 사용하였는데, 16량이 1근이 되므로 반근이 곧 8량이다. 따라서 '半斤八两'은 확대되어 피장파장을 뜻한다.

'胸有成竹xiōngyǒuchéngzhú'은 '가슴 속에 대나무가 있다'를 말하는 것이 아니고, 일을 하기 전에 마음속으로 이 일의 전체적인 계산이 모두 서있음을 가리킨다.

---

20) 역자주 : 옛 도량형제에서 한 근은 16냥이었으므로, 반 근은 곧 8냥이 됨.

'近水楼台jìnshuǐlóutái'도 물가의 누대를 가리키는 것이 아니고, 우선적이거나 편리한 조건을 비유한다.

'铁公鸡tiěgōngjī'는 문자적으로 보면 '철로 만든 수탉'이지만, 진정한 함의는 굉장히 인색한 사람을 비유한다.

다음으로, 성어와 속어의 품사를 이해해야 한다. 성어와 속어는 일반적으로 하나의 어휘에 해당하므로 대부분 '품사'를 가지고 있다. 따라서 이들의 품사를 알아야 정확하게 사용할 수가 있다.

岂有此理　어찌 이럴 수가 있단 말인가?
江郎才尽　강엄의 창작력이 다하다. 창작력이 고갈되다.
姜太公钓鱼, 愿者上钩　강태공의 곧은 낚싯바늘에도 원하는 자는 스스로 걸려든다. 자원자를 모집하다.
露水夫妻　정당하지 못한 부부. 일시적인 뜨내기 부부.
耳边风　귓전에 스치는 바람. 마이동풍.

'岂有此理qǐyǒucǐlǐ', '江郎才尽Jiānglángcáijìn', '姜太公钓鱼Jiāngtàigōng diàoyú, 愿者上钩yuànzhěshànggōu'는 동사에 해당되고, '露水夫妻lùshuǐ fūqī', '耳边风ěrbiānfēng'은 명사에 해당된다.

마지막으로, 성어와 속어의 감정색채를 명확히 알아야 한다. 성어와 속어는 일반적으로 모두 감정색채를 가지므로, 긍정적 의미와 부정적 의미, 중성 의미의 구분이 있다.

岂有此理　어찌 이럴 수가 있단 말인가?
指鹿为马　사슴을 가리켜 말이라 하다. 윗사람을 농락하고 함부로 권세를 부리는 것을 비유.
狐假虎威　여우가 호랑이의 위엄을 빌림. 남의 권세를 빌려 위세를 부림을 비유.
虎头虎脑　호랑이 머리. 씩씩하고 늠름하다. 건장하고 다부지다.

事半功倍　일은 절반, 공로는 배. 적은 노력으로 많은 효과를 거두다.

老马识途　늙은 말이 길을 안다. 아무리 하찮은 것일지라도 저마다 장기나
　　　　　장점을 가지고 있다는 것을 비유. 혹은 경험이 풍부한 사람이 일
　　　　　을 잘 처리함을 비유.

三番五次　누차. 거듭. 수차례

翻来覆去　같은 일을 여러 번 되풀이하다. (자면서 몸을) 이리저리 뒤척이
　　　　　다. 엎치락뒤치락하다

'岂有此理', '指鹿为马', '狐假虎威húxiāhǔwēi'는 부정적 의미를 나타내
고, '虎头虎脑hǔtóuhǔnǎo', '事半功倍shìbàngōngbèi', '老马识途lǎomǎshítú'
은 긍정적 의미를 나타낸다. '三番五次sānfānwǔcì', '翻来覆去fānláifùqù'
는 중성적 의미로 위 두 상황에 모두 사용될 수 있다.

　성어와 속어의 감정색채를 정확히 이해해야 이를 정확하게 사용할
수 있다. 그렇지 않으면 사용 오류를 범하게 되고, 심지어 웃음거리가
될 수도 있다. 다음 예21)를 보자.

　　　不过, 在服务性行业的工作前进一步之后, 差强人意的现象
　　时有发生, 朝外大街民众饺子馆的一半酒升不翼而飞, 三里屯储
　　蓄所的三副老花镜也长了翅膀。
　　하지만, 서비스 업종의 업무가 한 단계 향상된 이후에 불만족스러운 현상도
　　수시로 발생하였다. 차오와이다졔(朝外大街)의 서민 만두전문점에서는 술 반
　　병이 없어졌고, 싼리툰(三里屯)거리의 임시은행에서는 돋보기 3개가 날개달린
　　듯 사라졌다.

　위의 예에서 '差强人意chāqiángrényì(그런대로 마음에 들다)'는 대체로
만족함을 뜻하는 긍정적 의미의 어휘이다. 하지만 식당의 술을 도난당
하고, 은행에서는 노인을 위해 준비해둔 돋보기가 없어졌는데 이것이

---

21) 저자주: 姚殿芳, 潘兆明, 『实用汉语修辞』, 北京大学出版社, 1987에서 인용.

만족스러운 상황이라 할 수 있을까?

성어와 속어를 이해하고 학습하는 것은 자신의 어휘량을 풍부하게 하고 언어 표현능력을 제고할 뿐 아니라 중국의 문화를 이해하는데도 도움이 된다. 성어와 속어는 중국 문화의 투영이고, 중국의 풍토와 인정, 가치관과 심미관 등을 나타내기 때문이다. 예를 들어, '吃大锅饭chīdàguōfàn(한솥밥을 먹다. 능력에 상관없이 같은 대우를 받다)', '吃现成饭chīxiànchéngfàn(다 된 밥을 먹다. 공짜로 향유하다)', '吃偏食chīpiānshí(특별한 배려를 받다)', '开小灶kāixiǎozào(특별대우를 하다)', '吃定心丸chīdìngxīnwán(마음을 놓다)', '吃醋chīcù(질투하다)', '吃鸭蛋chīyādàn(시험이나 경기에서 0점을 맞다)', '炒冷饭chǎolěngfàn(이미 한 말이나 일을 재탕하다)', '炒鱿鱼chǎoyóuyú(해고하다)', '露馅儿lòuxiànr(비밀이 누설되다)', '倒胃口dǎowèikou(식상하다)'와 같이 중국어에서 음식과 관련된 다량의 관용어가 있는데, 이들의 형성과 보편적인 사용은 중국인들의 '民以食为天mínyǐshíwéitiān(백성은 먹는 것을 하늘로 여긴다)'이라는 일종의 문화적인 사고의 반영이다. 또한 '半边天bànbiāntiān(하늘의 반)'은 '妇女能顶半边天fùnǚnéngdǐngbànbiāntiān (여성이 하늘(즉, 사회)의 반을 감당할 수 있다)' 라는 말에서 왔으며, 이러한 어휘의 탄생은 현대 중국사회가 제창하는 남녀평등, 여성존중의 사회 풍조와 직접적인 관계가 있다.

제5장 중국어의 문화 어휘

　문화 어휘는 특정한 문화 배경 하에 생겨났거나 그 문화배경과 관련이 있는 어휘를 가리킨다. 이러한 어휘는 큰 특징이 있는데, 글자 자체로는 그 의미를 이해하기가 어렵거나 불가능하다는 것이다. 즉, 문자적 의미는 진정한 함의가 아니며, 그 어휘를 이해하기 위해서는 반드시 특정한 문화적 배경과 연결시켜야 한다.

　문화 어휘는 모든 언어에 존재하며 중국어도 예외가 아니다. 이는 중국어 학습자가 읽기와 듣기를 하는데 큰 장애물이기도 하다. 예를 들어 외국 학생이 루즈쥐안(茹志鹃)의『잘못 편집된 이야기(剪辑错了的故事)』라는 소설을 공부한다면, 다음 몇 문장 속의 어휘들은 이해하기가 어려울 것이다.

(1) 甘木公社的甘书记深感有急起直追的必要，于是和大队支书老韩做了三宿思想工作，终于一大队也紧赶慢赶地筹备起来。
간무인민공사의 간서기는 분발하여 빨리 따라잡아야 하는 필요를 깊이 느끼고서 대대 지부의 한서기와 사흘 밤 동안 사상공작을 하여 마침내 대대도 서둘러서 준비를 마쳤다.

(2) 甘书记觉得，都什么时候了，要放就要有点气派，放一颗特大号的卫星，亩产一万六千斤。
간서기는 이미 때가 때인 만큼 하려면 좀 폼 나게 특대 위성 발사만큼의 놀랄만한 일 같이 1무에 16,000근 정도는 생산해야겠다고 생각하였다.

(3) 过去这个地区'拉锯'时，还做过交通。

　　예전에 이 지역에서 '톱집'을 할 때, 정보원을 한 적도 있었다.

　　예문(1)의 '思想工作sīxiǎnggōngzuò(사상 작업)', 예문(2)의 '放一颗特大号卫星fàngyìkētèdàhàowèixīng(특대 위성 발사)', 예문(3)의 '拉锯lājù(톱질하다)'와 '交通jiāotōng'은 가지고 있는 사전을 모두 뒤져도 외국 학생들은 무슨 의미인지 알 수가 없다. 특히 '交通'을 제외한 세 어휘는 더욱 그러하며, 교사의 설명을 듣고 나서야 이해하게 될 것이다. '思想工作'란 정치사상의 개조를 말하고, '放一颗特大号的卫星'은 비유로, 세상을 놀라게 할 만한 일을 함을 말한다. '拉锯'는 어느 지역의 점유권이 계속 바뀌는 것이고, '交通'은 항전시기와 해방전쟁시기에 공산당에게 정보를 제공하는 사람을 의미한다.

　　이와 유사한 어휘나 표현은 문학작품에서 상당히 많이 출현하는데, 이들은 외국인이 중국어를 학습하는데 있어 큰 장애물이다. 외국 학생들은 그 의미를 이해할 수 없거나 쉽게 오해를 할 수 있으며, 일부는 소위 한학자들도 그 진정한 의미를 제대로 이해하기 어렵다.

　　그도 그럴 것이, 언어는 하나의 단순한 부호체계가 아니라 특정한 문화와 밀접하게 연결되어 서로 융합하고 침투하며 뗄 수 없는 관계이기 때문이다. 따라서 한 언어를 학습하는 것은 하나의 문화를 학습하는 것을 의미한다. 양자를 동시에 공부해야 비로소 그 언어를 제대로 파악했다고 할 수 있다.

　　영국의 언어학자 닐 스미스(Neil Smith : 1939~)는 언어의 커뮤니케이션 모델을 논할 때 언어커뮤니케이션의 기본모델은 화자와 청자가 공통으로 알고 있는 다음 요소[1]를 포함한다고 하였다.

---

1) 저자주 : 王国安「论汉语文化词和文化意义」, 『中国对外汉语教学学会第五次学术讨论会论文选』, 北京语言学院出版社, 1996 참조.

1. 언어 지식(문법)
2. 비언어 지식과 신념(백과사전)
3. 추론 규칙(논리)

이러한 요소들로 인해 한마디의 말은 두 가지 서로 다른 정보를 전달하는 것으로 분석된다. 하나는 순수한 언어(의미) 규칙을 통해 발화된 문장으로부터 유추해 낸 명제이다. 또 하나는, 발화된 문장 및 화자와 청자가 공유하는 비언어적 지식과 추론 규칙을 통해 유추해낸 명제이다. 스미스의 이 말은 언어 커뮤니케이션의 과정을 정확히 지적하고 있다. 즉 언어 커뮤니케이션은 단순히 어휘와 문법 커뮤니케이션이 아니라 동시에 비언어적 지식과 신념, 추론 규칙의 커뮤니케이션인 것이다. 이는 단순히 한 언어의 음성과 어휘, 문법을 안다고 해서 이 언어를 이해했거나 이 언어로 자유롭게 의사소통을 할 수 있다고 할 수는 없으며, 이는 단지 그 언어를 할 수 있음을 보여주는 것뿐이라는 것을 또 다른 측면에서 설명하고 있다.

문화 어휘가 중국어에서 차지하는 비중은 상당하지만 통계를 낸 이가 없기 때문에 구체적인 수치는 알 길이 없지만, 비중이 작지는 않다는 점은 확실하다. 중국어를 학습하는 외국 학생들은 먼저 중국어에서 어떤 어휘들이 문화 어휘인지 알아야 한다. 그 어휘들의 함의를 이해해야 그 어휘를 알 수 있고 의사소통 중에 활용할 수 있다.

중국어의 문화 어휘는 대체로 다음 몇 가지로 나눌 수 있다.

역사 : 禅让shànràng(양위하다) 社稷shèjì(지신과 곡신, 국가) 部曲bùqū(고
대 군대의 편제단위) 文景之治wénjǐngzhīzhì(한나라 문제와 경제 때
의 치세) 赤壁之战Chìbìzhīzhàn(적벽대전)

지리 : 梅雨méiyǔ(장마) 乾坤qiánkūn(『易经』의 괘 이름, 천지, 음양) 三

伏sānfú(삼복(三伏)) 三九sānjiǔ(동지로부터 세 번째 9일간. 일년 중 가장 추운 때) 流沙liúshā(사막지대의 흩날리는 모래) 戈壁滩 gēbìtān(사막) 梯田tītián(계단식 밭)

정치제도 : 连坐liánzuò(연대로 처벌받다) 田赋tiánfù(토지세) 丁口dīngkǒu (장년의 남자) 休养生息xiū yǎngshēngxī(전쟁이나 큰 동란 후 편히 쉬면서 인구 증식에 힘쓰다. 사회를 안정시키고 경제력을 회복하다) 三级领导班子sānjílǐngdǎobānzi(현·향진·촌 3급 행정기관의 지도자 그룹) 精神文明jīngshénwénmíng(정신문명)

종교 : 菩萨púsà(보살) 罗汉luóhàn(나한) 浮屠fútú(부처) 经幢 jīngchuáng(부처의 이름이나 경문을 새겨놓은 돌기둥) 法身fǎshēn(불법(佛法)을 완전히 깨달은 부처의 몸) 度牒dùdié(옛날 관청에서 승려에게 발급 출가증명서)

인물 : 诸葛亮ZhūgěLiàng(제갈량 : 181~234) 李白LǐBái(이백 : 701~762) 白居易BáiJūyì(백거이 : 772~846) 杨贵妃yángguìfēi(당 현종(玄宗)의 비(妃)) 慈禧太后cíxītàihòu(자희 태후)

문예 : 比兴bǐxìng(비흥, 중국 고대 시 창작의 두 가지 수법) 赋fù(중국 고대 문체) 小令xiǎolìng(사(词)의 형식 가운데 가장 짧은 것) 风骨 fēnggǔ(시문·서화 등의 웅건하고 힘이 있는 풍격) 八股文bāgǔwén (명청(明淸)대 과거 시험에 쓰였던 문체) 演义yǎnyì(역사사실에 기초하여 세부적인 내용을 더하고 장회체(章回体)로 쓴 소설)

의복 : 旗袍qípáo(치파오, 중국 여성이 입는 원피스 모양의 의복) 中山装 zhōngshānzhuāng(중산복, 쑨중산(孙中山)이 제창·제작했다 하여 붙여진 명칭) 乌纱帽wūshāmào(옛날 검은색 마포나 면으로 만든 관모) 马蹄袖mǎtíxiù(청(淸)대 남자 예복의 말굽형 소매) 马褂mǎguà(마고자. 원래 만주족이 말을 탈 때 입는 옷이었음)

음식 : 饺子jiǎozi(교자) 月饼yuèbǐng(월병) 汤圆tāngyuán(탕위안. 찹쌀가루 등을 새알 모양으로 빚은 것으로 대부분 소를 넣어 만듦. 중추절에

먹음.) 粽子zòngzi(쭝쯔. 찹쌀을 대나무 잎사귀나 갈대 잎에 싸서 삼각형으로 묶은 후 찐 음식. 단오절에 굴원을 기념하기 위해 먹음.) 年糕 niángāo(중국식 설 떡. 대체로 찹쌀로 빚으며 우리나라의 가래떡이나 인절미와 유사함.) 发糕fāgāo(술떡)

절기 : 春节chūnjié(정월 초하루) 中秋zhōngqiū(추석) 重阳chóngyáng(중양절) 清明qīngmíng(청명절) 寒食Hánshí(한식)

풍속 : 卜巧bǔqiǎo(복교. 옛날 민속으로 7월7일 거미를 잡아 통에 넣어두었다가 날일 밝은 수 거미줄이 조밀한 지 여부를 보는데, 조밀할수록 손재주 좋음을 나타냄.) 拜月bàiyuè(달을 보며 소원을 비는 것) 踏青 tàqīng(청명절을 전후로 풀이 자란 푸르른 교외를 거닐며 노는 것)

예의 : 稽首qǐshǒu(계수. 무릎을 꿇고 머리가 땅에 닿게 절하는 방식) 长跪 chánggui(윗몸을 곧게 펴고 무릎을 꿇는 자세) 万福wànfú(만복. 옛날 부녀자들이 행했던 경례. 두 손을 가볍게 주먹 쥐고 가슴 앞 오른쪽 아래 부분에서 아래위로 이동함과 동시에 머리를 숙여 인사하는 자세) 鞠躬jūgōng(허리 굽혀 절하는 것)

기구 : 八仙桌bāxiānzhuō(큰 사각의 상) 方桌fāngzhuō(사각 탁자) 太师 椅tàishīyǐ(등널과 팔걸이가 있는 비교적 큰 구식 의자) 胡琴húqín(호금(현악기의 한 종류)) 花轿huājiào(꽃가마)

건축 : 华表huábiǎo(망주석(望柱石). 옛날 궁전이나 성벽·능(陵) 따위의 큰 건축물 앞에 아름답게 조각한 장식용 돌기둥) 四合院sìhéyuàn(사합원. 가운데 마당을 중심으로 사방이 모두 집채로 둘러싸여 있는 북경의 전통 주택 양식) 石库门shíkùmén(스쿠먼. 개방형식으로, 다른 이들과 함께 어울려 살도록 만든 상하이의 전통 주택 양식) 屋桥wūqiáo (우챠오. 지붕을 씌우고 난간이 있는 다리) 梁liáng(들보) 柱zhù(기둥) 椽chuán(서까래)

성어 · 속어 · 속담 : 井底之蛙jǐngdǐzhīwā(우물 안 개구리) 三天打鱼, 两天晒网sāntiāndǎyú, liǎngtiānshàiwǎng(사흘간 고기를 잡고 이틀간 그물

을 말리다. 인내심을 가지고 꾸준히 하지 못하다) wǎkuàiyún, *云交*
云, 雨淋淋。(구름층이 만나면, 비가 온다)[2]

기타 : 红娘hóngniáng(중매인) *月下老人*yuèxiàlǎorén(중매인) 媒人
méirén(중매쟁이) 扒灰páhuī(시아버지가 며느리와 간통하다) *下海*
xiàhǎi(바다로 고기잡이 가다. 직업을 바꾸어 사업에 뛰어들다) *穿小*
*鞋*chuānxiǎoxié(해코지하다) *打棍子*dǎgùnzi(죄를 뒤집어씌우다)

위의 분류에서 항목에 따라 포함하는 어휘의 수는 차이가 있다. 일부
폐쇄적인 항목 외에 대부분(역사, 정치제도, 지리 등)은 모두 개방적인
항목으로, 시대가 변하면서 항목 내의 어휘 숫자도 끊임없이 변화한다.
위 문화 어휘는 사용 빈도와 장소에서도 차이를 보인다. 역사나 인
물 항목처럼 역사 문헌에 많이 나타나는 것도 있고, 종교나 건축 항목
처럼 특정한 전문분야의 문헌에 자주 등장하는 것들도 있다. 또 문예
항목의 어휘들은 문학작품에 많이 나타난다. 이들 어휘는 구어에서는
일반적으로 자주 사용하지 않는다. 현재 비교적 자주 사용하는 문화
어휘는 항목으로 보면 성어나 속어, 속담 항목이 가장 많다. 하지만
이들은 외국 학생들이 중국어를 학습하는데 어려운 부분이 아니다. 왜
냐하면 현재는 성어나 속어, 속담에 관한 사전들이 많아 쉽게 학습할
수 있기 때문이다.
어려운 것은 자주 사용하는 것 같은데 실제로는 자주 사용하지 않
고, 또 일반 사전에서는 찾기가 어려운 어휘들이다. 예를 들면 다음과
같다.

---

2) 역자주 : 원문에는 '瓦块云, 雨淋淋'로 되어 있으나, 이는 '瓦块云, 晒煞人(새털구
름이 끼면 햇빛이 난다)', '瓦块云, 晒死人(새털구름이 끼면 햇빛이 난다)'과 '云交
云, 雨淋淋(구름층이 만나면 비가 온다)'의 일부를 가져온 오류로 보여, 여기서는
이 가운데 하나로 수정하였다.

(1) 各级领导应该两手抓3), 两手都要硬, 确保改革开放顺利进行。

각급 지도자들은 개혁개방의 순조로운 진행을 위해 두 마리 토끼를 모두 확고하게 잡아야 한다.

(2) 这孩子真不是东西!

이 아이는 정말 사람도 아니구나!

(3) 孩子这么惯下去, 我真担心他们将来会变成八旗子弟。

아이들을 이렇게 오냐오냐 하다가는 나중에 아이들이 아무 쓸모도 없는 사람이 될까 정말 걱정이야.

(4) 这些年一些地方搞了不少形象工程。

최근 몇 년 사이 일부 지역에서 많은 전시성 사업을 진행하였다.

예문(1)의 '两手抓liǎngshǒuzhuā(두 마리 토끼를 잡다)', 예문(2)의 '不是东西búshìdōngxi(물건도 아니다. 사람을 욕하는 말)', 예문(3)의 '八旗子弟bāqízǐdi(나쁜 짓을 하는 부패하고 무능한 지도층의 자제)', 예문(4)의 '形象工程xíngxiàng gōngchéng(겉치레 행정, 전시행정)'은 모두 『현대한어사전(现代汉语词典)』에 수록되어 있지 않은 것들이다.

문화 어휘의 의미는 대부분 글자의 의미 혹은 원래의 의미와는 무관하다. 위의 네 예문 중에 '两手抓', '不是东西', '八旗子弟', '形象工程'은 모두 원래의 의미를 떠나 비유 혹은 지칭으로 변했다. '两手抓'는 두 손을 사용하여 물건을 잡다가 아니라 '정신문명'과 '물질문명'을 함께 잡아야 함을 말한다. '不是东西'는 사람을 욕하는 말로 '东西'와는 직접적인 관계가 없다. 또 '八旗子弟'도 '八旗'의 자제가 아니라 쓸모없는 사람을 비유한다. '形象工程'은 지방 관리가 정치적 성과를 과시하기 위

---

3) 역자주 : '两手抓, 两手硬'은 쟝쩌민(江泽民) 국가주석이 1992년 상하이 시찰 시에 개혁개방에 따른 사회주의 사상의 변질을 막기 위해 강조한 말로, 정신문명과 물질문명, 개혁개방과 범죄퇴치, 경제건설과 민주법치 확립이라는 각 두 가지 문제를 확실하게 잡고(两手抓), 이를 강력하게(两手硬) 실천해야 한다는 뜻이다.

해 건설하는 체면 공사로, 흔히 민생과는 거리가 멀며 지나치게 화려하거나 보기는 좋은데 실용적이지는 않은 것을 가리킨다.

또 익숙한 어휘지만 실제로 그 문맥에서의 의미는 그 어휘의 원래 의미가 아닌 경우도 있는데, 이는 마치 오래된 병에 새 술을 담는 것과 같은 것이다. 중국어에서 이러한 현상은 상당히 많다.

(1) 他们夫妻俩两年前才结束牛郎织女的生活。
그들 부부는 2년 전에야 비로소 견우직녀 생활을 청산했다.

(2) 领导班子内部不能唱对台戏。
임원진 내부에서 서로 간 경쟁을 할 수는 없다.

(3) 听说你最近也下海了。
자네 최근에 사업에 뛰어들었다던데.

(4) 职工中跳槽的人越来越多。
직원들 중에서 이직하는 사람은 점점 많아진다.

예문(1)의 '牛郎织女niúlángzhīnǚ(견우직녀)'는 원래 전설 속에 은하수를 사이에 둔 한 쌍의 연인이지만, 여기서는 부부가 같이 살지 않고 별거함을 비유하고 있다. 예문(2)의 '对台戏duìtáixì(라이벌 작품. 경쟁)'는 원래 두 극단에서 무대를 멀리 마주하고 동시에 공연하는 것을 가리키는데, 여기서는 상대방이 상반된 입장을 취해 반대하거나 상대를 무너뜨리려는 것을 비유적으로 나타낸다. 예문(3)의 "下海xiàhǎi(바다로 나가다. 사업에 뛰어들다)'는 원래 의미는 바다로 간다는 것인데, 여기서는 원래의 직업을 버리고 사업에 종사함을 가리킨다. 예문(4)의 '跳槽tiàocáo(다른 구유로 가서 먹이를 다투다. 직업을 바꾸다)'는 원래 가축이 자기의 먹이통을 떠나 다른 먹이통으로 가서 먹이를 먹는 것을 가리키지만 여기서는 자기 스스로 원래의 직업을 버리고 다른 직장으로 옮기는 것을 말한다. 위 어휘들의 두드러진 특징은 원래의 의미가 사라지고 새로운 문화 의미가 널리 사용된다는 점이다. 하지만 원래 의미와 새로운 의미는 밀접하게 연결되므로, 후자를 이해하기 위해서는 반드시 전자의 도움이 필요하다.

중국어의 또 하나 두드러진 현상은 정치 어휘가 많다는 것이다. 중국은 사회주의 국가로 사회주의의 의식형태와 정치제도가 언어에도 반영될 수밖에 없으며, 특히 한 차례 큰 사회개혁 혹은 동변을 겪은 후에 이러한 어휘들이 대량으로 생산되었다. 그 대표적인 예가 '문화대혁명'이다. '문화대혁명'은 가히 맹렬한 기세로 전국을 휩쓸고 전 세계를 뒤흔들었다고 할 수 있다. 이 기간 동안 끔찍한 비극들이 셀 수 없이 발생하였고, 터무니없이 황당한 웃음거리들도 수없이 나타났으며, 또한 수많은 정치 어휘들도 출현하였다.

红卫兵hóngwèibīng(홍위병)
革命小将gémìngxiǎojiàng(혁명소장)
司令部sīlìngbù(사령부)
白卷先生báijuànxiānsheng(백지답안지선생)4)
反潮流fǎncháoliú(시대의 조류에 역행하다)
文斗wéndòu(말과 글로 싸우다)
武斗wǔdòu(무력이나 폭력으로 투쟁하다)
大字报dàzìbào(대자보)
红心hóngxīn(혁명 사업에 충성하는 마음)

---

4) 역자주 : 1973년 장톄성(张铁生)이 문혁기간 중 유일한 대입시험 이었던 그해 시험에서 백지답안지를 제출하고, 시험지 뒤에 자신의 성적이 낮은 것을 변호하는 편지를 썼고, 모 대학에 입학하게 됨. 그해 각 대학의 학생 모집에 큰 영향을 미쳐 성적이 높으면 높은 학생일수록 대학에서는 받지 않아 그해 합격자는 대부분 성적이 보통이거나 심지어는 중하인 경우도 있었다. 이로써 많은 우수한 청년들이 대학에 진학하려는 꿈은 깨어지고, 모든 것이 계급투쟁의 소용돌이로 빨려 들어감.

走资派zǒuzīpài(주자파)[5]
黑五类hēiwǔlèi(흑오방)[6]
黑干将hēigànjiàng(검은 인재)
'五七'干校wǔqī gànxiào('57'간부 학교)[7]
上纲上线shànggāngshàngxiàn(정치 노선의 원칙에서 분석하다)
割资本主义尾巴gēzīběnzhǔyìwěiba(자본주의의 꼬리를 자르다)

위의 어휘들은 '문화대혁명'이 끝남과 함께 절대다수가 이미 그 역사적 소명을 완수하고는 생명이 끝이 났다. 하지만, 또 이들이 새롭게 부활하여 외국 학생들의 중국어 학습에 걸림돌이 되는 경우도 있음을 부인할 수는 없다. 이러한 경우는 주로 문학작품에서 나타나지만 일부 어휘는 현재까지도 여전히 사용되고 있다.

政审zhèngshěn(정치적 신분과 정치 경력을 심사하다)
外调信wàidiàoxìn(입당 심사를 위해 입당을 희망하는 인사의 경력이나 정치 성향 등에 대한 외부의 의견이 담긴 공문)
戴帽子dàimàozi(죄명을 씌우다)
打棍子dǎgùnzi(있지도 않는 죄명을 씌워 정치적으로 다른 사람에게 위해를 가하다)
上纲上线shànggāngshàngxiàn(정치원칙과 정치노선의 입장에서 바라보다
旗帜鲜明qízhìxiānmíng(정치적 태도가 분명하다)
高举伟大旗帜gāojǔwěidàjqízhì(위대한 기치를 높이 내걸다)

개혁개방이 되면서 이와 관련된 새로운 어휘도 끊임없이 생겨났다.

---

5) 역자주 : 문화대혁명 시기에 「자본주의의 실권파」를 비난한 호칭.
6) 역자주 : 문화대혁명 시기에 다섯 종류의 나쁜 세력을 가리킨다. 이들은 지주, 부농, 반혁명가, 나쁜 영향력을 행사하는 사람, 우파 등이다.
7) 역자주 : 중국 문화대혁명시기 어른들이 재교육을 받는 학교.

一国两制yìguóliǎngzhì(일국양제)

生产责任制shēngchǎnzérènzhì(생산책임제)

承包chéngbāo(하청을 받다)

大锅饭dàguōfàn(한솥밥, 평균분배)

铁饭碗tiěfànwǎn(철밥통, 평생직업)

精神文明jīngshénwénmíng(정신문명)

物质文明wùzhìwénmíng(물질문명)

两手抓liǎngshǒuzhuā(두 가지를 잡다)

一个中心yígezhōngxīn(한 개의 중심)8)

两个基本点liǎnggejīběndiǎn(두 가지 기본점)9)

中国特色Zhōngguótèsè(중국특색)

邓小平理论Dèngxiǎopínglǐlùn(등소평이론)

三个'代表'sāngedàibiǎo(세 개의 대표)10)

和谐社会héxiéshèhuì(조화로운 사회)11)

이 어휘들이 반영하는 사물이나 현상은 모두 중국 특유의 것으로 외
국 학생들은 일반적으로 이해하기가 어렵다. 이 문제를 해결하기 위한
유일한 방법은 중국어 학습과 동시에 문화 지식에 대한 학습, 특히 '중
국개황', '중국의 교육', '중국의 민속', '중국간사(中国简史)'등과 같이

8) 역자주 : 한 개의 중심, 즉 경제건설을 중심으로 하다의 의미. 중국 공산당이 제정
한 사회주의 초급단계 기본노선의 주요 내용인 '한 개의 중심, 두 개의 기본점(一
个中心, 两个基本点)'의 일부임.

9) 역자주 : 두 개의 기본 점. '4가지 기본 원칙(四项(基本)原则)'을 견지하는 것과
개혁·개방을 기본 출발점으로 하는 것.

10) 역자주 : 중국 공산당이 '선진 생산력의 발전 요구, 선진 문화의 전진 방향, 가장
광범위한 인민의 근본 이익'을 대표한다는 말.

11) 역자주 : 사회주의화해사회(社会主义和谐社会)의 줄임말로, 중국공산당이 2004
년 제출한 일종의 사회주의 발전전략 목표로 화해, 융합 및 각 계층이 한 마음으
로 협력하는 사회를 지칭한다.

중국어와 관련된 문화 지식에 대한 학습도 병행하는 것이다. 문화 지식에 대한 부족함을 보완함으로써 언어 학습과 문화 학습이 상호 협력하여 각각의 장점을 잘 살릴 수 있을 것이다. 중국어에서 '언어'와 '문화'는 항상 함께 사용하는데, 이는 언어가 문화의 뗄 수 없는 한 부분임을 보여준다. 언어학자들도 점차 현재의 중국어 학습에 문화 학습을 추가해야 한다고 생각하며, 심지어 '한 언어를 학습하는 과정은 한 문화를 파악하는 과정이다'라고 주장하는 학자도 있다. 한 민족의 문화를 제대로 알아야 그 민족의 언어를 제대로 안다고 할 수 있다.

제6장 중국어 어휘의 색채

    모든 어휘는 의미가 있다. 어휘 의미는 객관적인 사물과 현상에 대한 반영이다. 그런데 객관적인 사물과 현상에 대한 반영이 늘 객관적인 것은 아니며, 사랑하고 증오하고 좋아하고 싫어하는 등의 주관적인 태도가 자주 개입된다. 따라서 많은 어휘들은 객관적인 의미 외에 감정색채도 가지고 있다. 예를 들면, '执著zhízhuó(고집스럽다)'와 '固执gùzhí(완고하다)'는 모두 자기의 주장을 굽히지 않음을 나타낸다. 객관적으로는 자기주장을 견지하는 것에 좋고 나쁨의 차이가 없지만 사람들이 이러한 현상을 인식하는 과정에서 개인의 태도가 개입된다. 만약 그 사람의 생각이 옳다면 긍정적이고 좋은 결과가 생기는데, 이는 '执著'라고 한다. 반대로, 만약 그 사람의 생각이 잘못된 것이라면 부정적이고 좋지 않은 결과가 생기는데, 이는 '固执'라고 말한다. 이처럼 이 두 어휘는 생성되는 순간부터 서로 다른 감정색채를 가지게 된다.

    중국어 어휘의 색채는 주로 세 가지가 있다. 첫 번째는 감정색채로, 어떤 객관적인 사물이나 현상을 인식하는 과정에 나타나는 좋고 나쁜 태도를 말한다. 두 번째는 문체색채로, 장기적인 어휘 사용 과정에서 선택하는 의사소통 장소와 문체에 대한 경향을 말한다. 세 번째는 형상색채로, 구체적인 사물의 형상이나 성질 혹은 사람들이 그 어휘를 느낄 때 뇌에 남겨지는 표상을 말한다.

1. 감정색채

중국어의 모든 어휘가 다 감정색채를 가지고 있는 것은 아니다. 사실 개사나 접속사, 조사 등 많은 어휘들은 감정색채가 없다. 이들이 나타 내는 것은 모두 추상적인 문법 의미이며, 그 자체로는 좋고 나쁨의 문 제가 존재하지 않기 때문이다. 따라서 감정색채가 의미는 아니지만 어 휘의 의미 위에 부가된 것으로, 어휘가 나타내는 객관적인 사물이나 현 상과 밀접하게 관계가 있다.

감정색채는 긍정적 의미(褒义), 부정적 의미(贬义), 중성적 의미(中 性义)의 세 가지로 나뉜다. 긍정적 의미란 어휘가 나타내는 사물의 현 상이나 성격이 사람들이 보기에 좋은 것, 적극적인 것이다. 예를 들면, '好hǎo(좋다)', '进步jìnbù(진보하다)', '谦虚qiānxū(겸손하다)', '鼓励gǔlì (격려하다)', '顽强wánqiáng(완강하다)', '认真rènzhēn(진지하다)' 등은 모 두 긍정적 의미의 어휘들로, 이를 이용하여 사물과 현상을 설명하거나 묘사할 때 사람들은 찬성 또는 긍정적인 태도를 갖는다. 부정적 의미란 어휘가 나타내는 사물이나 현상, 성질이 사람들이 보기에 좋지 않거나 부정적인 것을 말한다. 예를 들면 '怂恿sǒngyǒng(부추기다)', '煽动 shāndòng(선동하다)', '包庇bāobì(비호하다)', '退步tuìbù(퇴보하다)', '骄 傲jiāo'ào(오만하다)' 등은 모두 부정적인 의미의 어휘들이다. 이러한 어 휘를 사용하여 사물이나 현상을 설명, 묘사할 때 사람들은 반대나 부정 적인 태도를 가진다. 중국어에서 긍정적 의미의 단어와 부정적 의미의 단어가 차지하는 비중은 크지 않으며, 대부분의 어휘는 모두 좋고 나쁨 이 없는 중성적인 의미이다. 예를 들어, '大dà(크다)', '小xiǎo(작다)', '长 cháng(길다)', '短duǎn(짧다)', '支持zhīchí(지지하다)', '火热huǒrè(불처럼 뜨겁다)' 등이 모두 이에 해당된다. 이 어휘들은 경우에 따라 긍정적인 태도를 나타내기도 하고 부정적인 태도를 나타내기도 하는 등 감정색채는 사람에 따라 차이가 있다.

(1) 这间教室很大，夏天一定很凉快。
이 교실은 아주 커서 여름에는 분명히 시원할 것이다.

(2) 这间教室有点大，不合适。
이 교실은 좀 커서 부적합하다.

(3) 父母非常支持我学汉语。
부모님들은 내가 중국어 공부하는 것을 전폭적으로 지지하신다.

(4) 那帮家伙之所以很猖狂，背后一定有人支持。
그 패거리들이 날뛰는 이유는 배후에 누가 지지자가 있어서이다.

'大'가 예문(1)에서는 뒷 절에서 '很凉快hěnliángkuai(시원하다)'라고 말하고 있으므로 긍정적인 의미인 반면, 예문(2)에서는 뒷 절에서 '不合适bùhéshi(부적합하다)'라고 말하고 있으므로 좋지 않다는 의미이다. 예문(3)에서 '支持'는 긍정적 의미로 일종의 올바른 행동이지만, 예문(4)에서는 '支持'의 수식을 받는 대상이 나쁜 사람이므로 부정적인 의미이다.

어휘뿐만 아니라 성어나 관용어, 심지어 일부 구조들도 역시 감정색채를 나타낸다.

(1) 老周老当益壮，比以前更精神了。
라오저우(老周)는 늙어도 기력이 왕성하여 전보다 더 활기차다.

(2) 他是癞蛤蟆想吃天鹅肉1)，想跟我结婚，没门!
그는 두꺼비가 백조 고기를 먹으려고 나와 결혼하고 싶어 하다니. 어림도 없어!

----

1) 역자주 : 문자적 의미는 '두꺼비가 백조 고기를 먹으려고 한다'이지만, 비유적으로 '자기의 조건은 고려하지 않고 허황된 생각에 빠지다'의 의미를 나타낸다.

(3) 你别跟我猪鼻子插葱 —装相²⁾!

나한테 돼지 코에 파를 꽂으려고 하지 마.—내숭 떨지 마.

(4) 他动不动就请假。

그는 걸핏하면 휴가를 신청한다.

예문(1)의 성어 '老当益壮lǎodāngyìzhuàng(나이가 들어 늙었지만, 열정과 패기는 더욱 왕성하다)'은 긍정적 의미이나, 예문(2)와 (3)의 관용어 '癞蛤蟆想吃天鹅肉làihámaxiǎngchītiān'éròu(두꺼비가 백조 고기를 먹으려 하다. 자기의 조건은 고려하지 않고 허황된 생각에 빠지다)'와 '猪鼻子插葱zhūbízichācōng——装相zhuāngxiàng(시치미를 떼다. 알면서 모르는척하다)', 예문(4)의 '动不动dòngbúdòng(걸핏하면)'구조는 모두 부정적 의미를 나타낸다. 이처럼 중국어의 어휘와 성어, 관용어 등도 색채의 차이가 있기 때문에 이들을 사용할 때는 그 의미와 함께 감정색채도 정확히 이해해야 한다. 그렇지 않을 경우 잘못 사용할 수도 있으며 심지어 웃음거리가 될 수도 있다. 중국어를 학습하는 과정에서 외국 학생들이 이와 관련하여 범하는 실수들을 흔히 발견할 수 있다.

(1) 老师: 下星期我去看你吧。

교사: 다음 주에 내가 널 보러갈게.

学生: 岂有此理!

학생: 어찌 이럴 수가 있단 말인가!

(2) 老师给我戴高帽子。

선생님께서는 나를 치켜세우셨다.³⁾

---

2) 역자주: '猪鼻子插葱 ——装相'는 돼지 코에 파를 꽂고서 코끼리인척 하다는 의미로, '装相'의 '相'은 코끼리를 뜻하는 '象'과 발음이 같으므로, '装象(코끼리인척 하다)'의 해음(발음이 같거나 유사한 것) 현상을 활용한 것이다.

(3) 我爷爷死了，我要回国。

할아버지께서 죽어서, 저는 귀국해야 합니다.

(4) 她是我们班学习最好的学生，老师动不动就表扬他。

그녀는 우리 반에서 가장 공부를 잘하는 학생이어서 선생님께서는 걸핏하면 그 애를 칭찬하신다.

(5) 那天他被老师表扬了好长时间。

그 날 그는 선생님께 한참동안칭찬을 맞았다.

예문(1)은 어느 교사의 실제 경험이다. 어느 날 이 교사는 길에서 예전에 가르쳤던 학생이자 다시 중국에 공부하러 온 유학생을 우연히 만났다. 서로 인사를 한 후에 교사는 예의상 '下星期我去看你吧 xiàxīngqīwǒqùkànnǐba(다음 주에 널 보러갈게)'라고 하였는데, 뜻밖에 말이 끝나기가 무섭게 학생은 '岂有此理qǐyǒucǐlǐ(어찌 이럴 수가 있단 말인가)'라고 하여, 이 교사를 매우 난처하게 만들었다는 것이다. 하지만 그 학생의 원래 의도는 좋은 것으로, 선생님께서 자기를 보러 와서는 안 되고 자기가 선생님을 찾아뵈어야 함을 말하고자 하였으나 어휘를 잘못 사용한 것이다. 왜냐하면 '岂有此理'에는 '이럴 수는 없다'라는 의미 외에도 부정적인 의미도 포함되어 있기 때문이다. 예문(2)의 '戴高帽子 dàigāomàozi(높은 모자를 씌우다, 비행기를 태우다)'도 역시 부정적인 의미의 표현으로, 선생님께서 자기를 비행기 태운다(아첨한다)라고 말하는 것은 예의에 어긋난다. 사실 학생의 본래 의도는 선생님께서 자기를 치켜세운다는 것을 말하고 싶었는데, 결과는 감정색채가 정반대인 어휘를 사용한 것이다. 예문(3)의 '死sǐ(죽다)'는 부정적 의미의 어휘는 아니지만 자기의 할아버지에게 잘못 사용함으로써 존경의 의미가 사라졌다.

----

3) 역자주 : '戴高帽子'는 '치켜세우다'의 의미이나, 중국어에서 주로 '아첨하다'와 같은 부정적인 의미를 나타냄.

여기서는 '去世qùshì(돌아가시다)'를 사용해야 한다. 예문(4)의 '动不动'은 부정적인 경우에 사용하고, 예문(5)의 '被bèi(~에 의해 당하다)'도 주로 부정적인 방면에 사용되는데, '表扬biǎoyáng(칭찬하다)'은 좋은 일이므로 두 문장 모두 적절하지 않다.

2. 문체색채

문체는 어휘의 선택과 활용에 각각의 특색을 가지는데, 시간이 흐르면서 중국어의 어휘에 문체색채가 형성되었다. 즉, 단어에 따라 사용되는 문체도 다르다는 것이다. 따라서 글을 쓸 때는 문체에 맞는 색채의 단어를 선택해야 한다. 이렇게 구성된 글은 풍격에서 조화와 일치를 이루지만, 그렇지 않을 경우에는 이도 저도 아닌 글이 된다.

문체는 먼저 구어체와 문어체의 두 가지로 나눈다. 구어체와 문어체에 관해서는 뒤의 중국어편 제8장에서 자세히 소개하기로 하고 여기서는 설명을 생략한다. 여기서 특별히 설명하고자 하는 것은, 중국어의 문체가 구어체와 문어체의 차이가 있기 때문에 중국어의 어휘도 구어 색채와 문어 색채의 차이가 있다는 것이다. 예를 들어 '谈话tánhuà-聊liáo', '锋利fēnglì-快kuài', '归还guīhuán-还huán', '熟练shúliàn-熟shú', '练习liànxí-练liàn', '帮助bāngzhù-帮bāng'에서 각 조의 첫 번째 단어는 일반적으로 문어이고 뒤의 단어는 구어나 구어 색채가 비교적 짙은 대화 위주의 작품에 주로 사용된다. 중국어 어휘의 이러한 차이는 외국 학생들이 중국어를 학습하고 사용하는데 어려움을 가져온다. 그들은 중국어를 학습하거나 말할 때 흔히 어휘의 이러한 색채를 무시한 채 어휘의 개념 의미에만 주의를 기울인다. 중국어를 가르치다 보면 외국 학생들이 한 편의 글에 문체가 다른 어휘를 함께 사용하는 경우를 흔히 볼 수 있다.

예를 들면 다음과 같다.

(1) 以后等了半天, 那张照片却不归还。·
　　나중에 한참을 기다려도 그 사진은 귀환하지 않았다.

(2) 老师, 你今天下午有空吗? 我想跟你谈话。
　　선생님, 오늘 시간 있으세요? 선생님께 담화를 좀 하고 싶어요.

(3) 考试的时间改变了。
　　시험시간이 변화되었다.

(4) 下星期我去访问中国。
　　다음 주에 나는 중국을 방문하러 간다.

　위의 각 예문은 모두 일상생활에서 사용하는 말로 구어체 어휘를 사용해야 하는데, 학생들은 문어체 어휘를 섞어 사용함으로써 부적절해 보인다. 예문(1)의 '归还guīhuán(귀환하다)'은 '还huán(돌아오다)'으로, 예문 (2)의 '谈话tánhuà(담화하다)'는 '聊聊liáoliao(이야기하다)'로, 예문(3)의 '改变gǎibiàn(변화되다)'은 '变biàn(바뀌다)'으로, 예문(4)의 '访问中国fǎngwènZhōngguó(중국을 방문하다)'는 '中国玩Zhōngguówán(중국에 놀러가다)'으로 바꾸어야 한다.

3. 형상색채

　감정색채와 문체색채 외에 일부 어휘는 구체적인 사물의 형상이나 성질, 상태 등 사람들이 그 어휘를 생각할 때 두뇌에 남겨지는 영상에 해당하는 형상색채도 가진다. 이러한 영상은 특정한 어휘와 연결이 되며 어휘의 의미 위에 덧붙여진 것이다. 사람들이 그 어휘를 듣거나 읽었을 때 대뇌에서 그 사물의 이미지를 활성화시켜 마치 직접 보는 듯한 느낌을 준다.

중국어에는 이러한 형상색채를 가진 어휘가 많이 있다. 품사로 보면, 명사와 형용사, 양사와 의성사는 일반적으로 형상색채를 가지지만 품사 종류에 따라 차이가 있다. 명사의 경우는 절대다수의 명사, 특히 추상명사는 일반적으로 형상색채가 없다. 하지만 사물의 특징을 나타내거나 사물의 특징을 통해 비유하는 명사는 형상색채를 가진다. 예를 들어, '银河yínhé(은하수)', '向日葵xiàngrìkuí(해바라기)', '草包cǎobāo(가마니)', '哈巴狗hǎbagǒ(발바리)' 등의 단어는 듣거나 읽었을 때, 대뇌에 이 단어들이 나타내는 구체적인 사물의 모습이 떠오른다.

형용사중에 ABB구조로 된 것들, 예를 들어'黑糊糊hēihūhū(어두컴컴하다)', '热辣辣rèlàlà(얼얼하다)', '白花花báihuāhuā(눈부시게 희다)', '红通通hóngtōngtōng(새빨갛다)', '绿油油lùyóuyóu(짙푸르다)' 등도 형상색채를 가진다. 이들 형용사는 뒷부분에 비유적이거나 묘사적인 성분을 포함하여 사물의 성질과 상태를 구체화, 형상화시킴으로써 사람에게 일종의 손으로 만지는 것 같은 느낌을 준다. 비교해보자.

(1) 地里的油菜长得绿油油的。
   땅의 유채는 반질반질하게 푸르다.

   地里的油菜长得很绿。
   땅의 유채는 푸르다.

(2) 白花花的太阳晒得人睁不开眼。
   눈부시게 하얀 태양으로 사람들은 눈을 뜰 수가 없다.

   非常白的太阳晒得人睁不开眼。
   매우 하얀 태양으로 사람들은 눈을 뜰 수가 없다.

예문(1)의 앞 절에 '绿油油'와 뒷 절의 '绿lù(푸르다)'는 효과가 완전히 다른데, '绿油油'에는 '很绿hěnlǜ'의 의미도 있을 뿐 아니라 동시에 사람들에게 초록 속에 윤기가 더해져 마치 흘러내릴 것 같은 '绿'의 이미지를 제공한다. 즉, 사람들에게 '油yóu(번들거리다)'에서 '绿'의 정도와 모습을 연상시킨다. 반면, '绿'는 단지 일종의 성질만을 나타낸다. '绿'의 앞에 정도부사 '很'을 붙이면 '绿'의 정도가 높음을 나타내지만 사람들에게 구체적인 연상, 즉 '绿'와 어느 구체적인 사물의 이미지를 연결시키기는 어렵다. 예문(2)의 '白花花'와 '白bái(희다)'도 역시 이와 유사한 차이가 존재한다. 또 '雪白xuěbái(눈처럼 희다)', '奶白nǎibái(우유처럼 희다)', '碧绿bìlǜ(짙푸르다)', '草绿cǎolǜ(벽옥처럼 푸르다)', '血红xuèhóng(피처럼 붉다)' 등과 같은 형용사들도 마찬가지로 형상색채를 가진다. 이들의 형상색채 역시 비유된 사물을 통해 나타난다. '雪白'는 눈처럼 흰 것을 말하고, '奶白'는 우유처럼 흰 것을 말한다. '碧绿'는 벽옥처럼 푸른 것을, '草绿'는 풀처럼 푸른 것을 나타내며, '血红'는 피처럼 붉은 것을 나타낸다. 이러한 어휘의 앞 성분이 나타내는 것은 모두 구체적인 사물로 비유의 대상인데, 이러한 비유를 통해 사물의 색깔을 생동감 있게 드러냄으로써 사람들의 대뇌 속에서 사물의 색깔에 대한 구체적인 이미지를 형성한다.

중국어의 양사는 주로 수사와 명사를 연결하는 기능을 한다. 이 밖에 구체적인 사물을 계량하는 많은 양사는 형상색채도 가진다. 이러한 형상색채는 서로 다른 양사의 선택을 통해 확인할 수 있다.

(1) 一朵花 꽃 한 송이
(2) 一束花 꽃 한 다발
(3) 一株花 꽃 한 포기
(4) 一簇花 꽃 한 다발

위의 네 가지 예를 보면, 꽃의 숫자도 다르고 사람에게 주는 이미지도 다르다. '一朵花yìduǒhuā'의 이미지는 꽃이 '朵duǒ(송이)'의 모습이다. '一束花yíshùhuā'는 '束shù(다발)' 모양이고, '一株花yìzhūhuā'는 '株zhū(포기)' 모양으로 꽃과 함께 줄기까지 포함한다. 반면 '一簇花yícùhuā'는 꽃이 무더기가 된 모습을 부각시킨 것이다. 위의 각 예들이 형상색채를 가진 이유는 양사 '朵', '束', '株', '簇'가 모두 묘사성이 있기 때문이다. 이들 어휘의 의미 위에는 또 사물의 형상이 포함되어 있어, 사람들은 그 글자를 보고 그 소리를 들으면 곧 그 형상을 보는 것과 느낌이 든다.

중국어의 어휘가 위에서 말한 색채를 가지지만, 색채의 기능은 각각 다르다. 세 가지 색채 중에는 감정색채가 가장 중요하다. 감정색채는 문장의 정확성과 관련 있는데, 문장의 감정색채를 잘못사용하게 되면 문장의 의미에 근본적인 변화가 발생한다. 다음으로 문체색채가 중요한데, 어휘의 문체색채를 잘못사용하면 의사소통에 영향을 미치지는 않지만 말의 정확성과 규범성에 영향을 미친다.

형상색채는 문장의 정확성과 말의 규범성에 모두 영향을 미치지는 않지만, 어휘의 이러한 특징을 이해하고 의사소통에서 활용한다면 언어의 표현력을 기를 수 있다.

제7장 지역 방언과 사회 방언

모든 언어는 전민성(全民性)을 가진다. 즉 언어는 이를 사용하는 전체 국민이 소유하는 것이다. 한 언어를 사용하는 사람은 모두 그 언어의 음성과 어휘, 문법규칙을 준수해야 하며 임의로 바꾸거나 새롭게 창조해서는 안 된다. 그렇지 않으면 사람들 간의 의사소통에 장애를 가져올 것이다. 중국어도 예외는 아니어서, 한족이든 비한족이든 중국어를 사용한다면 중국어의 규칙을 따라야 한다.

하지만, 지역과 사회생활의 차이, 성별과 나이에 따라 중국어에도 약간의 차이가 있는데, 이것이 이른바 방언이다. 방언은 형성 방식에 따라 지역 방언과 사회 방언[1]의 두 가지로 나뉜다.

1. 지역 방언

중국은 국토 면적이 넓어 장기간 교통이 불편하였고, 역사적, 정치적 원인 및 기타 원인으로 중국어에 많은 지역적 변체, 즉 지역 방언이 생겨났다. 언어학자들은 일반적으로 중국에 북방방언(北方方言), 오방언

---

1) 역자주 : 방언의 분화가 지리적 요인이 아닌 사회 계급(집단), 연령, 종교, 인종 등 사회적 요인에 의해 이루어진 방언이므로 계층 방언 또는 계급 방언이라고도 한다.

(吳方言), 민방언(閩方言), 상방언(湘方言), 감방언(贛方言), 월방언(粵方言)과 객가방언(客家方言)의 7대 방언이 있다고 생각한다. 방언 지역을 나누는 주요 근거는 음성인데, 위 방언 지역들의 음성은 모두 뚜렷한 차이를 보이며 심지어 서로 알아듣기 어려운 정도에 이르기도 한다. 예를 들어 북방방언과 오방언, 월방언, 객가방언 등은 음성의 차이가 상당히 커서 북방방언 지역의 사람들은 기본적으로 오방언, 월방언, 객가방언 지역 사람들의 말을 알아들을 수가 없다. 하지만 그들의 음성에는 또 뚜렷한 대응관계가 존재하며, 어휘와 문법의 차이는 비교적 작다.

북방방언은 북방관화(北方官话)라고도 하며 베이징 말을 대표로 한다. 사용 인구는 7억이 넘어 전체 한족 인구의 70%를 차지한다. 북방방언의 분포 지역은 비교적 넓어, 북으로는 동북3성까지이고, 남으로는 양쯔강 이북과 서북, 서남쪽의 광대한 지역까지 이른다. 이 때문에 북방방언 내부의 차이도 커서 이를 다시 4개의 차방언次方言(2차 방언)으로 나눈다. 차방언으로는 화북방언(华北方言), 서북방언(西北方言), 서남방언(西南方言)과 강회방언(江淮方言)이 있다.

오방언은 강절어(江浙话)(강소절강어)라고도 하며, 상하이 말이 대표이다. 주로 상하이시, 강소성 양쯔강 이남 전강(镇江) 동쪽 지역, 절강성의 대부분 지역 및 강서성의 일부 지역에 분포하며, 사용 인구는 대략 전체 한족 인구의 8.4%이다.

민방언은 푸조우(福州) 말이 대표이고, 주로 복건성과 광동성의 차오저우(潮州), 샨토우(汕头) 및 타이완 일부지역에 분포되어있으며, 사용 인구는 전체 한족 인구의 4.2%이다. 민방언 내부의 차이도 비교적 커서 일반적으로 다시 민남방언과 민북방언의 두 차방언으로 나눈다.

상방언은 호남어(湖南话)라고도 하며, 창샤(长沙) 말이 대표이다. 주로 호남성의 서북부와 동부에 분포하며, 사용 인구는 전체 한족 인구의 약 5%정도이다.

감방언은 강서어(江西话)라고도 하며, 난창(南昌) 말이 대표이다. 주로 강서성의 대부분 지역과 호북성의 동남지역에 분포하고 있으며, 사용 인구는 전체 한족 인구의 약 2.4%를 차지한다.

월방언은 광동어(广东话)라고도 하며, 광저우(广州) 말이 대표이다. 주로 광동성, 홍콩, 마카오 및 광서성, 복건성, 강서성과 타이완의 일부 지역에 분포하고, 사용 인구는 한족 인구의 약 5%이다.

객가방언은 객가어(客家话)라고도 하며, 광동 매이시엔(梅县) 말이 대표이다. 주로 광동성, 광서성, 복건성, 강서성, 타이완의 일부 지역에 분포하고 있으며, 사용 인구는 전체 한족 인구의 약 4%이다.

2. 사회 방언

중국어에는 지역 방언 뿐 아니라 사회 방언도 있다. 사회 방언은 중국어를 사용하는 사람들의 직업, 성별 및 연령에 따라 생기는 중국어 변체이다. 중국어의 사회 방언은 주로 직업 용어와 성별, 연령 차이에 따른 어휘의 차이 등 세 가지가 있다. 중국에 '隔行如隔山gé-hángrúgéshān(직업이 다르면 마치 산을 사이에 둔 것 같다)'라는 속담이 있다. 이는 원래 서로 다른 직업 간에는 본질적인 차이가 있어 서로 통하기가 어려움을 나타내는데, 실제로 직업이 다르면 공감대를 찾기 어렵다는 의미도 포함되어 있다. 직업이 다르면 접하는 대상 역시 다르므로 많은 특수한 어휘들을 만들어 낼 수밖에 없다.

수학 어휘	直角zhíjiǎo(직각) 正方体zhèngfāngtǐ(정육면체) 公倍数gōngbèishù(공배수) 微积分wēijīfēn(미적분) 概率gàilǜ(확률) 圆周率yuánzhōulǜ(원주율)
물리 어휘	原子yuánzǐ(원자) 分子fēnzǐ(분자) 离子lízǐ(이온) 粒子lìzǐ(입자) 能量守恒néngliàngshǒuhéng(에너지 보존) 热能rènéng(열에너지) 导体dǎotǐ(도체)
화학 어휘	化合物huàhéwù(화합물) 混合物hùnhéwù(혼합물) 化学反应huàxuéfǎnyìng(화학반응) 浓度nóngdù(농도) 价jià(값) 键jiàn(화학결합)2) 元素周期表yuánsùzhōuqībiǎo(원소주기표)
철학 어휘	辩证法biànzhèngfǎ(변증법) 唯物主义wéiwùzhǔyì(유물론) 唯心主义wéixīnzhǔyì(유심론) 世界观shìjièguān(세계관) 物质wùzhì(물질) 意识yìshí(의식)
언어학 어휘	语音yǔyīn(음성) 音位yīnwèi(음위) 音素yīnsù(음소) 音节yīnjié(음절) 音标yīnbiāo(음성 기호) 语素yǔsù(형태소) 义项yìxiàng(의미 항목) 区别特征qūbiétèzhēng(변별 특징)
군사 어휘	后勤hòuqín(후방 근무) 装备zhuāngbèi(장비) 围歼wéijiān(포위하여 섬멸하다) 导弹dǎodàn(미사일) 多弹头duōdàntóu(다탄두) 地对空dìduìkōng(지대공) 空对空kōngduìkōng(공대공) 巡洋舰xúnyángjiàn(순양함) 航空母舰hángkōngmǔjiàn(항공모함) 舰载飞机jiànzǎifēijī(함재기)

위의 어휘들은 해당 업종이나 전공에서 주로 사용하고 수량도 제한
적이며 폐쇄적이어서 일상생활에서는 거의 사용되지 않는다. 또 사용하

---

2) 역자주 : 화학구조식 중 원소의 원자가를 나타내는 짧은 횡선.

더라도 다른 사람이 이해한다고 할 수는 없으며, 이를 이해하고 사용하기 위해서는 전문적인 학습을 통해야 한다. 모든 직업에는 각각의 직업 용어가 있지만 이들 어휘는 제한적이다. 또 이를 사용할 때는 중국어의 문법규칙을 지켜야 하며 중국어의 공통 어휘를 사용해야 한다. 따라서 이를 하나의 언어라고 할 수는 없으며, 중국어의 일종의 사회 변체라고 할 수밖에 없다.

사회 집단이나 계층에 따라서도 언어의 차이가 나며 오랜 기간을 거쳐 특정한 풍격이 형성된다. 흔히 '学生腔xuéshēngqiāng(학생 말투)', '官腔guānqiāng(관료 말투)'라고 하는 것이 이에 해당된다. 따라서 한 사람의 말을 통해서도 그가 속한 계층을 판단할 수 있다. 작가도 주로 인물들의 말을 통해 인물의 형상을 그려냄으로써 진실성과 감화력을 강화한다. 라오서(老舍)의 유명한 연극 『찻집(茶馆)』은 이 방면의 역작이다. 『茶馆』에서는 인물들의 대화를 이용하여 인물의 개성과 특징을 만들어 냈는데, 이로써 한 번 보거나 들으면 바로 그 사람의 직업이나 지위를 알 수 있다. 실례를 통해 살펴보자.

难民 : 掌柜的, 行行好, 可怜可怜吧!
난 민 : 주인, 적선 좀 하시지요. 불쌍히 봐주세요.

王利发 : 走吧, 我这儿不打发, 还没开张!
왕리파 : 가세요. 여기는 적선 안 해요. 가게 문도 안 열었어요.

难民 : 可怜可怜吧! 我们都是逃难的!
난 민 : 불쌍히 봐주세요. 우리는 모두 피난민들이예요.

王利发 : 别耽误工夫, 我自己还顾不了自己呢!
왕리파 : 시간 낭비 말아요. 내 앞가림도 못하는구만!

巡警上。
순경이 등장한다.

巡警 : 走! 滚! 快着!

순 경 : 저리가! 꺼지라고! 빨리!

王利发 : 怎么样啊? 六爷! 又打得紧吗?

왕리파 : 어떤가요? 리우예! 전쟁이 치열한가요?

巡警 : 紧! 紧得厉害! 仗打得不紧, 怎能够有这么多难民呢! 上面
交派下来, 你出八十斤大饼, 十二点交齐! 城里的兵带着干
粮, 才能出去打仗啊!

순 경 : 치열하지.엄청나게 치열해. 전쟁이 치열하지 않으면 어떻게 난민이 이
렇게 많겠어? 상납이 내려왔는데, 자네는 밀빵 80근을 내야 하네. 12
시까지 모두 내게. 성안의 병사들이 비상식량을 가져가야 전쟁을 하러
나갈 수 있지 않겠소!

王利发 : 您圣明, 我这儿现在光包后面的伙食, 不再卖饭, 也还没
开张, 别说八十斤大饼, 一斤也交不出啊!

왕리파 : 현명하시니 아실겁니다. 저희 가게는 후방의 급식만 담당하고 더 이
상 밥을 팔지 않습니다. 또 아직 가게도 열지 않았습니다. 밀빵 팔십
근은커녕 한 근도 낼 형편이 못됩니다.

巡警 : 你有你的理由, 我有我的命令, 你瞧着办吧! (要走)

순 경 : 자네는 자네대로 이유가 있지만, 나는 나대로 명령이 있으니, 자네가
알아서 하게. 두고 보자고! (가려고 한다.)

王利发 : 您等等! 我这儿千真万确还没开张, 这您知道! 开张以后,
还得多麻烦您呢! 得啦, 您买包茶叶喝吧! (递钞票)您多美
言几句, 我感恩不尽!

왕리파 : 잠깐만요! 저희 가게는 정말 아직 문을 열지 않았습니다. 아시잖아요!
문을 열고나면 순경님께 부탁드릴 일도 많을 겁니다! 자, 이걸로 찻잎
이나 사 드세요! (돈을 건넨다.) 말씀 좀 잘 해주시면 은혜는 잊지 않겠
습니다.

巡警 : (接票子)我给你说说看, 行不行可不保准!

순 경 : (돈을 받으며) 내가 말은 해보겠네만, 될지 안 될지는 보장 못하네.

三五个大兵, 军装破烂, 都背着枪, 闯进门口。
허름한 군장을 한 병사 세 네 명이 총을 메고 안으로 뛰어 들어온다.

巡警 : 老总们, 我这儿查户口呢, 这儿还没开张!
순 경 : 형씨들, 여기 지금 호구 조사하고 있습니다. 이 가게는 아직 문도 안
　　　 열었습니다.

大兵 : 屌!
병 사 : 제길!　　　　　　　　　　　　　　　　　　老舍(라오서) 『茶馆(찻집)』

　위 대화는 각 인물들의 직업과 성격 등의 특징을 생동감 있게 나타내
었다. 찻집 주인 왕리파(王利发)는 난민을 거들떠보지도 않았지만, 순경
을 보고 나서는 아주 겸손해져서 상인의 교활함이 그대로 폭로된다. 순
경은 왕리파 앞에서 마음대로 부리다가 창을 짊어진 병사를 보자 쥐가
고양이를 만난 듯 금새 순해졌다. 약자를 무시하고 강자를 무서워하는
순경의 본성이 이로써 선명히 드러난다. 병사들은 입만 열면 욕을 하여
그들의 거칠고 무지하며 제멋대로인 성격을 드러낸다. 이들 인물들의
성격과 특징은 모두 그들의 말을 통해 형상화되어, 사람들에게 마치 그
사람을 직접 보는 것과 같은 생동감을 준다.
　직업뿐만 아니라 성별이나 나이도 마찬가지로 중국어에 영향을 미친
다. 성별의 영향 가운데 두드러진 예는 베이징의 젊은 남성들에게 흔히
나타나는 일종의 음을 삼키는 생략이나 혼음현상이다. 에너지나 시간을
절약하기 위해 어휘 중의 하나 혹은 여러 개의 음소를 생략하거나, 발음
기관이 발음을 하기 위한 준비만 하고 실제로 소리는 내지 않고 넘어가
버린다. 예는 다음과 같다.

　(1) 不知道他到底看了没有。그가 봤는지 안 봤는지 모르겠다.
　(2) 反正我不去。아무튼 난 안 갈거야.

(3) 爸爸是工程师。 아버지는 엔지니어이시다.

(4) 这东西多少钱? 이거 얼마예요?

(5) 他在图书馆。 그는 도서관에 있다.

(6) 买票, 买票。 표 사세요. 표.

(7) 哪儿上的? 어디서 탔어요?

위 문장에서 '不知道bùzhīdào(모르다)', '反正fǎnzhèng(어쨌든)', '工程师gōngchéngshī(엔지니어)', '多少钱duōshaoqián(얼마입니까?)', '图书馆túshūguǎn(도서관)', '买票mǎipiào(표를 사다)', '哪儿上的nǎrshàngde(어디에서 탔어요?)'의 두 번째 음절의 일부 음소는 보통 생략되거나 명확하게 발음되지 않는다.

중국어에 대한 성별의 영향은 주로 어휘와 문장에서 나타난다. 예를 들어, '哇wā(와)', '呀ya(야)', '哎呀āiyā(아차)', '啊a(아)', '咳hāi(아이고)', '唉āi(에이)' 등의 감탄사는 주로 젊은 여성이 즐겨 사용하는데, 이러한 어휘들을 사용하면 더욱 여성스러우며 겁이 많고 상냥해 보인다.

중국어의 문장 중에도 여성들이 자주 사용하는 것들이 있다.

(1) 哇, 真漂亮! 와, 정말 예쁘다!

(2) 天哪, 我该怎么办? 세상에, 나 어떡해?

(3) 该死的, 你吓我一大跳。 빌어먹을, 너 때문에 깜짝 놀랬잖아.

(4) 德行! 꼴불견!

(5) 吓死我了! 놀랬잖아!

(6) 瞧你那傻样儿! 너 그 멍청한 모습 좀 봐라!

(7) 我的妈呀! 엄마야!

(8) 我的心肝! 내 사랑!

(9) 我的宝贝! 내 보물!

위의 문장이나 표현은 일반적으로 남성들은 사용하지 않는다.

중국어에는 남성들을 위해 준비한 듯한 어휘들도 있다. 예를 들어, '他妈的tāmāde(제기랄)', '狗东西gǒudōngxi(개새끼)', '老东西lǎodōngxi(늙다리)', '王八蛋wángbadàn(개자식)', '孙子sūnzi(손자놈)', '龟儿子guīérzi(거북이새끼)', '杂种zázhǒng(잡종)', '野种yězhǒng(애비 없는 자식)' 등 사람을 욕하는 비속어들은 남성들이 흔히 사람을 욕할 때 사용하는 말들이다. 특히, 성과 관련된 비속어들, 가령 베이징의 일부 남자들의 입버릇이 된 '操cāo'와 '操cāo××', '傻shǎ×' 등은 여자들, 특히 교양 있는 여자들은 사용하기 부끄럽고 수치스러워 한다.

중국어에서 나이의 영향은 성별만큼 크지는 않지만 존재하는데 주로 어휘에서 나타난다. 노인들은 보통 보수적이어서 새로운 사물을 쉽게 받아들이지 못하고 독불장군일 때가 많다. 그들이 사용하는 어휘의 가장 큰 특징은 오래된 말이 많고 새로운 어휘가 적다는 것이다. 과거에 '洋yáng(서양)'이 포함된 어휘가 대량으로 출현한 적이 있음은 모두들 익히 알고 있다.

洋火(성냥) 洋钉(못) 洋布3)(양목. 서양목. 기계로 짠 평직물)
洋线(양실. 양사(羊絲). 외국에서 들여온 실)
洋油(등유. 처음에 외국에서 들여와서 붙여진 명칭)
洋蜡(양초) 洋车(인력거) 洋袜(양말) 洋碱(비누) 洋皂(비누)

이처럼 '洋'이 포함된 어휘가 나타내는 사물은 대부분 수입품이지만, 일부는 중국의 근대나 현대에 공예품으로 제조된 것도 있다. 예를 들어, '洋袜yángwà'는 실을 사용해 기계로 짠 양말로 전통적인 천 양말과는 구별된다. '洋火yánghuǒ'는 성냥을 가리키는데 '洋取灯yángqǔdēng'이라고도 하며, 대나무 조각의 한쪽에 유황을 묻힌 구식 인화 등불과는

---

3) 역자주 : 애초에 서방에서 들어왔기 때문에 유래한 명칭.

차이가 있다. 현재 젊은이들은 위의 어휘들을 아예 사용하지 않으며 이러한 어휘가 있다는 것도 모르는 이들도 있다. 하지만 나이가 든 사람들, 특히 낙후된 농촌 지역에 사는 노인들 중에는 아직 이러한 옛날 어휘를 사용하는 사람도 있다. 젊은 사람은 나이든 사람과 달리 호기심이 많고, 용감하게 새로운 것에 도전하려고 하며, 유행을 좇고 새로운 사물을 쉽게 받아들인다. 언어에서도 젊은 사람들의 언어는 변화가 빠르고, 항상 신조어를 만들어내고 일상생활에서 자주 사용한다. 인터넷의 보급으로 이러한 특징은 더욱 두드러졌다. 최근에는 인터넷 용어들이 우후죽순처럼 쏟아져 나와 따라 정신이 없을 정도이다. 나이든 사람들은, 심지어 별로 나이가 많지 않은 부모들도 세상의 변화가 너무 빠르며 아이들의 말을 이해할 수 없다고 탄식한다. 현재 젊은이들 사이에서 유행하는 어휘도 상당히 많다. 예를 보자.

网聊wǎngliáo(인터넷 채팅)
网虫wǎngchóng(인터넷 중독자)
冲浪chōnglàng(서핑)
飞信fēixìn(중국이동통신(china mobile)에서 내놓은 메신저 겸 무료문자 발
　　송 프로그램)
驴友lǘyǒu(배낭여행객)
丁克dīngkè(딩크족)
月光族yuèguāngzú(월광족, 매달 번 돈을 다 써 버리는 사람)
房奴fángnú(평생 대출금을 갚으며 주택의 노예로 사는 사람)
宅男zháinán(집남. 하루 종일 집에 있으면서 거의 밖으로 나가지 않는 남자)[4]
物联网wùliánwǎng(사물 기반 인터넷)[5]

4) 역자주 : 일본어의 '히키고모리', 즉 은둔형 외톨이와 비슷하지만 중국어의 '宅男'
　　은 부정적 의미가 강하지 않다.

云计算yúnjìsuàn(클라우드 컴퓨팅)[6]

给力gěilì(대박)

围脖wéibó(微博wēibó)('微型博客'의 줄임말. 미니 블로그)

蚁族yǐzú(개미족. 고등 교육을 받고 도시 외곽에 거주하며 도시로 출근하는
　　　　저소득층 젊은이)

蓝牙lányá(블루투스)

이 어휘들의 의미를 노인들은 이해하기 어려우며, 이를 사용하기는 더욱 어렵다. 사실 중국어의 많은 어휘들이 젊은 사람들의 입에서 먼저 탄생한 후 사람들이 수용함으로써 중국어의 상용어휘 안에 유입된 것들이다.

또한, '亲爱的'나 '我爱你', '吻我一下', '亲我一下' 등과 같은 일부 표현들은 대개 젊은 사람들의 전유물이며 노인들은 입 밖으로 내기가 어렵다.

중국어에 대한 직업, 성별, 나이의 영향은 객관적으로 존재하지만, 그 영향은 매우 제한적이다. 더 중요한 것은 직업과 나이에 상관없이 의사소통 중에 사용하는 대부분의 어휘와 문법은 동일하다는 것이다. 따라서 말을 할 때 다른 어휘를 사용하거나 어떤 경향성이 있다고 해도, 소통을 하는 데는 전혀 영향을 끼치지 않는다.

---

5) 역자주 : 정보 전송 설비를 통해 사물에 대한 지능화 식별, 위치 추적 등을 실현하는 네트워크를 말함.

6) 역자주 : 인터넷 기술을 활용하여 가상화된 정보 기술(IT) 자원을 서비스로 제공하는 컴퓨팅.

제8장 중국어의 문체

언어의 교제 방식과 기능에 따라 중국어를 구어체와 문어체의 두 가지로 나눌 수 있다. 구어체는 회화체라고도 하는데, 주로 사람들이 일상생활에서 이야기할 때 사용하는 문체로, 즉흥적인 말과 영화, 연극, 꽁트 및 기타 설창문학[1] 중에 주로 사용된다. 문어체는 주로 문어 형식으로 나타난 글에서 사용되는 문체이며, 다시 정론문체와 공문문체, 과학기술문체, 문예문체의 네 가지로 유형으로 대략 나눌 수 있다. 이들 문체도 각각의 특징이 있다.

1. 구어체

구어체는 주로 일상생활의 대화 중에 사용되는데, 쌍방의 대화와 서술이 모두 해당된다. 구어체는 일상생활을 나타내는 구체적인 의미의 어휘를 사용하는 경우가 많으며, 추상적인 의미의 어휘의 사용은 많지 않다. 구어체의 어휘는 대부분 생동감 있고 통속적이어서 이해하기가 쉽다.

---

1) 역자주 : 말하기도 하고 노래하기도 하는, 산문과 운문으로 꾸며진 민간 예술.

"这大雨天儿, 你来这儿来干吗?" "이렇게 비가 많이 오는 날, 여긴 왜 온 거야?"
"找人啊。 "사람 찾으러 왔지."

"找谁?" "누구?"

"金枝。金一趟的二小姐。"진즈(金枝). 진이탕(金一趟)의 둘째 딸."

陈建功(천젠궁)·赵大年(자오다녠)『皇城根(경성)』

위 예문의 '大雨天儿dàyūtiānr(비가 많이 오는 날)', '来lái(오다)', '干gàn(하다)', '找zhǎo(찾다)', '人rén(사람)' 등은 모두 구체적인 의미를 가진 어휘들이다.

구어에서는 감정색채를 나타내는 접미사와 주관적인 서법(情态)을 나타내는 중첩 성분, 어기와 어조를 나타내는 어기사와 감탄사의 사용이 많다.

黄胖子: (唐铁嘴告以庞太监在此)哟, 老爷在这儿哪? 听说要安份儿家, 我先给您道喜!
황팡쯔: (탕톄쮜이가 팡태감이 여기 있다고 말한다.)아이고, 어르신 여기 계셨습니까? 가정을 이루신다고 들었습니다. 우선 축하드립니다!

庞太监: 等吃喜酒吧!
팡태감: 결혼축하주나 기다리게!

黄胖子: 您赏脸! 您赏脸! (下)
황팡쯔: 영광입니다! 영광입니다! (퇴장한다.)

乡妇端着空碗进来, 往柜上放。小妞跟进来。
마을 부녀자가 빈 그릇을 들고 들어와서 계산대 위에 놓는다. 여자 아이가 따라 들어온다.

小妞: 妈! 我还饿!
여자 아이 : 엄마! 나 아직도 배가 고파요!

王利发: 唉! 出去吧!
왕리파 : 에이! 나가라고!

乡妇 : 走吧, 乖!
마을 부녀자 : 가자, 착하지!

小妞 : 不卖妞妞啦? 妈! 不卖啦? 妈!
여자아이 : 뉴뉴 안 파실거예요? 엄마! 안 팔아요? 엄마!

乡妇 : 乖! (哭着, 携小妞下)
마을 부녀자 : 착하지! (울면서 여자 아이를 데리고 퇴장한다.)

老舍(라오서) 『茶馆(찻집)』

위 대화에 나타난 어기사 '哪nǎ', '吧ba', '啦la'와 감탄사 '哟yāo/yōu', '唉āi/ài' 등은 문어에서는 보통 사용되지 않는다. 구어체에서는 방언과 비속어, 속담 등의 사용도 문어보다 많다. 베이징 사람들이 일상생활에서 자주 사용하는 다음 방언도 문학작품 외에는 일반적으로 문어에서는 거의 나타나지 않는다.

砸锅 일을 그르치다   刺儿头 까다로운 사람
没辙 방법이 없다   脑门儿 '이마'의 속칭   谱儿 표준, 규칙
二五眼 능력이 모자라다, 얼치기   消停 평온하다   裹乱 방해하다
倍儿 매우   盖帽儿 (농구)블로킹하다, 매우 좋다

'砸锅záguō'의 의미는 '실패하다(失败)'이고, '刺儿头cìrtóu'는 '대하기 어려운 사람(难对付的人)'을 가리킨다. '没辙méizhé'의 의미는 '방법이 없다(没办法)'이고, '脑门儿nǎoménr'의 의미는 '이마(额头)', '谱儿pǔr'의 의미는 '대략적인 확신(大致的把握)'('没谱儿méipǔér'는 즉 '확실하지 않음(没准儿, 说不定, 没把握)'을 뜻한다)이다. 또 '二五眼èrwuyǎn'의 의미는 '능력이 모자라는 사람(能力差的人)'이고, '消停xiāoting'의 의미는 '조용하다(安静)', '裹乱guǒluàn'의 의미는 '방해하다(添乱)'이다. '倍儿bèir'의 의미는 '매우(特别)'이고, '盖帽儿gàimàor'의 의미는 '매우 좋다(极好)'

이다. 이들 어휘는 베이징 사람들의 일상 구어에서 흔히 나타난다.

음절이 긴 전문용어도 구어에서는 약칭을 주로 사용하는데, 예를 들어 '中国共产党第十二次代表大会Zhōngguógòngchǎndǎng dìshí'èrcì dàibiǎodàhuì (중국공산당 제12차 대표대회)'는 약칭으로 '十二大shí'èrdà(12대)'라고 하며, '北京大学BěijīngDàxué(베이징대학)'은 약칭으로 '北大BěiDà(북대)'라 한다. '全国人民代表大会QuánguóRénmínDàibiǎoDàhuì(전국인민대표대회)'는 약칭으로 '人大RénDà(인대)'라고 하고, '全国人民政治协商会议QuánguóRénmínzhèngzhìxiéshānghuìyì(전국인민정치협상회의)'는 약칭으로 '政协zhèngxié(정협)'이라고 한다.

구어체는 문장에서도 특징을 가진다. 구어에서는 짧은 문장을 많이 사용하고 생략과 휴지, 중복 등이 비교적 많다. 이는 위에서 살펴본 라오서(老舍) 『찻집(茶馆)』의 대화에 잘 나타난다. 대화 속의 문장들은 모두 짧고 글자 수가 가장 많은 문장도 다섯 개의 단어를 초과하지 않으며 생략 또한 많이 출현한다. 예를 들어, '等吃喜酒吧děngchīxǐjiǔba(결혼축하주나 기다려)'에서는 주어 '你nǐ'가 생략되었고, '出去吧chūqùba(나가자)'와 '走吧zǒuba(가자)'는 모두 주어 '你们nǐmen(우리)'이 생략되었다. 그 밖에 중복도 두 군데 나타나는데, 각각 '您赏脸nínshǎngliǎn! 您赏脸!(체면 좀 봐주십시오! 체면 좀 봐주십시오!)'과 '妈mā! 不卖啦búmàila? 妈!(엄마! 안파실거예요? 엄마!)' 이다. 또 다른 예도 있다.

主人 : 慢走! 慢走!
주인 : 안녕히 가세요! 안녕히 가세요!
客人 : 留步! 留步!
손님 : 그만 들어가세요! 들어가세요!

위의 대화에서는 모두 중복 표현을 사용하였는데 이는 구어에서 흔히 나타난다.

구어체의 복문에는 연결사가 거의 나타나지 않고 의합법(意合法)[2]을 주로 사용한다. 예는 다음과 같다.

> 杏儿躺下了。沙发床太软，她觉得不舒坦。荀大妈在枕巾上洒了花露水，她闻着也不习惯。她自己也说不出是为什么，进京的兴奋感突然消失了。
>
> 싱얼(杏儿)은 누웠다. 소파침대가 너무 푹신해서 그녀는 불편했다. 순이모 (荀大妈)가 베개에 향수를 뿌려서 그녀는 냄새가 익숙하지 않았다. 자기도 이유를 말할 수는 없지만 베이징에 들어온 흥분이 갑자기 사라졌다.
>
> 刘心武(류신우) 『钟鼓楼(종고루)』

위 예문에서 '沙发床太软shāfāchuángtàiruǎn, 她觉得不舒坦tājuédebùshūtan (소파침대가 너무 푹신해서 그녀는 불편했다)'와 '荀大妈在枕巾上洒了花露水xúndàmāzàizhěnjīnshang sālehuālùshuǐ, 她闻着也不习惯tāwénzheyěbùxíguàn (순이모(荀大妈)가 베개에 향수를 뿌려서 그녀는 냄새가 익숙하지 않았다)'는 인과관계 복문인데, 앞 절에는 '因为yīnwèi(때문에)'를 사용하지 않았고, 뒷 절에도 '所以suǒyǐ(그래서)'를 사용하지 않았다.

구어체에서는 어순이 비교적 자유로워서 어순을 바꾼 문장이 자주 나타난다. 화자는 강조하고자 하는 성분이나 급히 전달해야 하는 정보를 앞에 두고, 일반적인 경우에 먼저 말하는 성분은 오히려 뒤에 둔다. 예를 보자.

(1) 不去了，我。안갈래, 나.
(2) 九点了，都。9시야. 벌써.
(3) 开门了，大概。문열었을 거야. 아마.
(4) 去打球，下了课。공놀이하자. 수업마치고.

---

2) 역자주 : 연결사를 사용하지 않고 의미에 따른 어순에 근거해 나열하는 복문형식.

예문(1)은 주어가 뒤로 이동했고, 예문(2)와 (3)은 부사어가 뒤로 이동했으며, 예문(4)는 이중술어구조의 앞부분이 뒤로 이동했다. 이와 유사한 도치문은 매우 많은데, 주어나 부사어, 이중술어의 앞부분이 뒤로 이동하는 것 외에 목적어나 보어도 필요에 따라 앞으로 이동할 수 있다.

(1) 饺子, 我想吃。 만두, 나 먹고 싶어.
(2) 很好, 说得! 잘 했어. 말을.

예문(1)의 목적어 '饺子(만두)'와 예문(2)의 보어 '很好(좋다)'는 이를 부각시키기 위해 앞으로 이동했다.

2. 문어체

문어는 구어와 달리 주로 이음절 어휘를 사용하고 어기사와 감탄사는 거의 사용하지 않는다.

拟定常用字表时, 还统计了汉字在不同学科的分布和使用度。统计汉字在不同学科的分布, 可以衡量某个字的使用分布是否均衡。如某一个汉字在单一学科中使用频度较高, 但在其他学科中却很少出现, 这说明它的分布是不均匀的。与此相反, 有的字不仅使用频率较高, 而且能在多学科中出现, 这说明它的分布是均匀的。

상용자 표를 작성 시, 상이한 학문분야에서 한자의 분포와 사용 빈도에 대해 통계를 내었다. 상이한 학문분야에서 한자의 분포에 대한 통계를 냄으로써 특정 글자의 사용이 균형을 이루는지 여부를 측정할 수 있다. 만약 어느 한자가 한 학문분야에서 사용 빈도가 비교적 높고 다른 학문분야에서는 거의 나타나지 않는다면, 이는 그 글자의 사용이 불균형하다는 것을 보여준다. 역으로, 어느 한자가 사용 빈도도 비교적 높고 다양한 학문분야에서 나타난다면 그 글자의 분포는 균형적임을 보여준다.

『现代汉语常用字表(현대한어상용자표)』出版说明(출판설명)

위 단락은 전형적인 문어체로, 글 속에는 '汉字hànzì(한자)', '使用 shǐyòng(사용)', '频率pínlǜ(빈도)', '均匀jūnyún(균형)' 등 대량의 이음절 어휘를 사용하고 있다. 하지만 어기사와 감탄사는 출현하지 않았다. 문장의 각도에서 보아도 문어와 구어의 차이는 확실하다. 예를 들면 다음과 같다.

由北京建工集团三建公司承建的首都图书大厦土建工程目前已全面完工, 大量书籍正源源不断地运进售书大厅。人们在5月即可到这座亚洲最大的图书销售中心购书。

首都图书大厦坐落于西单路口东北侧, 总建筑面积5万多平方米, 是北京市迎接建国50周年的重大工程之一。大厦地下三层, 地上八层, 是集售书, 阅览, 音像, 儿童知识乐园等于一体的综合性文化场所。

베이징졘궁그룹(北京建工集团) 산졘기업(三建公司)이 건설을 맡은 수도도서빌딩 건설 공사가 현재 완료되어, 대량의 도서가 끊임없이 건물 안으로 운반되고 있다. 사람들은 5월이면 아시아 최대의 도서판매 센터에서 도서를 구매할 수 있게 된다.

수도도서빌딩은 시단(西单) 입구 동북쪽에 위치하고 있으며, 전체 건축 면적은 5만여 제곱미터로 건국 50주년을 맞이하는 베이징시의 중대 공사 가운데 하나이다. 이 빌딩은 지하 3층, 지상 8층 규모로, 도서 판매와 독서, 음반, 아동 지식 놀이터 등이 하나로 합쳐진 복합 문화공간이다.

『首都图书大厦即将开张(『수도도서빌딩 오픈 임박)』,
『北京晚报(베이징완바오)』1998年4月23日

이 단락 역시 전형적인 문어로, 전체가 150자 가까이 되지만 문장의 개수는 단지 9개뿐이다. 한 문장 당 글자 수는 평균 16개 이상이며, 자수가 가장 많은 문장은 28자에 이른다. 문어는 또 복문을 자주 사용하며, 복문에는 '因为yīnwèi(왜냐하면)', '所以suǒyǐ(따라서)', '虽然suīrán(비록)', '但是dànshi(하지만)', '不但búdàn(~뿐 아니라)', '而且érqiě(게다가)', '即使jíshǐ(~하더라도)', '也yě(~도)' 등의 연결어를 많이 사용한다. 예를 보자.

> 事物发展过程的根本矛盾及为此根本矛盾所规定的过程的本质, 非到过程完结之日, 是不会消灭的;但是事物发展的长过程中的各个发展的阶段, 情形又往往互相区别。这是因为事物发展过程的根本矛盾的性质和过程的本质虽然没有变化, 但是根本矛盾在长过程中的各个发展阶段上采取了逐渐激化的形式。并且, 被根本矛盾所规定或影响的许多大小矛盾中, 有些是激化了, 有些是暂时地或局部地解决了, 或者缓和了, 又有些是发生了, 因此, 过程就显出阶段性来。如果人们不去注意事物发展过程中的阶段性, 人们就不能适当地处理事物的矛盾。
>
> 사물의 발전과정 중의 근본적인 모순과 이러한 근본적 모순이 규정하는 과정의 본질은 과정이 끝나지 않는 이상 소멸되지 않을 것이다. 하지만, 사물의 발전 과정에서의 각 발전 단계는 상황에 따라 서로 차이가 난다. 이는 사물의 발전 과정에서의 근본적 모순의 성격과 과정의 본질은 변화가 없지만 근본적 모순이 장기간 동안 각 발전단계에서 점점 격화된 형식을 취했기 때문이다. 또한, 근본적 모순에 의해 규정되었거나 영향을 받은 많은 크고 작은 모순들 중에서 일부는 격화되었고, 일부는 잠시 혹은 부분적으로 해결되었거나 완화되었고, 또 일부는 발생하였다. 따라서 과정은 단계적으로 일어난다. 사물의 발전과정에서의 단계성에 주의를 기울이지 않는다면 사물의 모순을 적절히 해결할 수가 없다.
> 毛泽东(마오쩌둥) 『矛盾论(모순론)』

이 논술적인 글은 문장이 길고 다량의 복문이 사용되었다. 또 복문의 각 절에는 '但是dànshi(하지만)', '因为yīnwèi(왜냐하면)', '虽然suīrán(비록)', '并且bìngqiě(게다가)', '如果rúguǒ(만약)' 등의 연결어를 사용하고 있다.

3. 정론문체

정론문체도 일종의 문어체이지만 일반적인 문어체와는 다소 차이가 있다. 정론문체는 주로 정치평론이나 사상평론, 문예비평, 신문기사 등에 사용된다. 정론문체의 주요 기능은 이치를 명확히 밝히고 상황을 소개하는 것이기 때문에 표현형식에서 논증 분석의 방식을 주로 사용하고, 설명과 소개를 보조수단으로 사용한다. 따라서 글의 개념이 명확하고 논증이 엄격해야 하며 논리성이 강해야 한다.

정론문체는 작성 방식에서도 일반적인 문체와는 차이가 있는데, 먼저 문제나 논점을 제시한 후 논거를 제시하며 논증을 하고 마지막에 결론을 도출한다. 예는 다음과 같다.

> 运动战还是阵地站? 我们的答复是 : 运动战。在没有广大兵力, 没有弹药补充, 每一个根据地打来打去仅只有一支红军的条件下, 阵地战对于我们是基本上无用的。阵地战, 对于我们, 不但防御时基本地不能用它, 就是进攻时也同样不能用。
>
> 기동전인가, 진지전인가? 우리의 답은 기동전이다. 거대한 병력이 없고, 탄약이 보충되지 않는다면 모든 근거지에서 싸우는 것은 홍군 1개 부대인 상황에서, 진지전은 우리에게 기본적으로 불필요하다. 진지전은 방어할 때도 소용이 없고, 공격할 때도 소용이 없다.
>
> 毛泽东(모택동) 『中国革命战争的战略问题(중국혁명전쟁의 전략문제)』

위 글은 논문의 한 단락이지만 마찬가지로 한 문제에 대해 논술하고 있다. 논술 과정은 다음과 같다. 작가는 우선 '运动战yùndòngzhàn(기동전)'이라는 논점을 제기하고, 그 다음으로 '兵力少bīnglìshǎo(병력이 적다)', '弹药没有补充dànyàoméiyǒubǔchōng(탄약이 보충되지 않았다)'라는 두 가지 기본 사실을 제시하면서 반대편에서 논술을 진행하였다. 그리고 마지막으로 '阵地战chèndìzhàn(진지전)'은 기본적으로 쓸모가 없다는 결론을 얻음으로써 역시 역으로 '运动战yùndòngzhàn(기동전)'을 주장하고 있는 것이다.

4. 공문체

공문체는 사람들이 일상생활 속에 흔히 사용하는 문체이며 범위도 넓다. 공문체는 내용에 따라 다시 세 가지로 나눈다. 첫째는 정부기관의 각종 공문으로 여기에는 명령, 결정, 지시, 공고, 통지, 통보, 보고, 서신 등이 포함된다. 두 번째는 규장 제도로, 여기에는 법률 공문, 조약, 공약, 수칙 등이 포함된다. 세 번째는 일상생활 문서로, 여기에는 서신, 신청서, 소개서, 감사편지, 광고문, 설명서 등이 포함된다.

공문체의 특징은 다음과 같다.

가. 명확하다.

공문체의 가장 큰 특징은 명확하다는 것, 즉 말하고자 하는 바를 명확히 표현한다는 것이다. 공문체에 사용하는 어휘의 내포와 외연은 반드시 명확해야 하며 그럴듯하지만 그렇지 않은 것은 피해야 한다. 특히, 법률이나 명령, 조약, 명령, 결정, 지시, 공고, 통지 등은 더욱 그렇다. 예를 들어, 『한어병음 정사법 기본규칙(汉语拼音正词法基本规则)』은 일종의 법률성을 가지는 것으로, 병음의 대문자 표기에 대해 자세하게 규정하고 있다.

大写 대문자 :
(1) 句子开头的字母和诗歌每行开头的字母大写。
　　문장을 시작하는 자모와 시가의 각 행을 시작하는 자모는 대문자로 쓴다.

(2) 专有名词的第一个字母大写。

　　고유명사의 첫 번째 자모는 대문자로 쓴다.

(3) 专有名词和普通名词连写在一起的,第一个字母要大写。

　　고유명사와 보통명사를 함께 적을 때, 첫 번째 자모는 대문자로 쓴다.

위 규칙을 보면 어떤 상황에서 대문자를 써야 하는지 아주 명확하여 결정하기 어려운 상황이 없음을 알 수 있다.

이 분야의 가장 대표적인 것은 법률 공문이다. 법률 공문은 어휘의 내포와 외연, 문장의 의미가 모두 명확해야 하고 중의(두 가지 의미)가 있어서는 안 된다. 예를 보자.

> 第十四条 已满十六岁的人犯罪, 应当负刑事责任。
> 已满十四岁不满十六岁的人, 犯杀人, 重伤, 抢劫, 放火, 惯窃罪或者其他严重破坏社会秩序罪, 应当负刑事责任。
> 已满十四岁不满十八岁的人犯罪, 应当从轻或者减轻处罚。
> 因不满十六岁不处罚的, 责令他的家长或者监护人加以管教; 在必要的时候, 也可以由政府收容教养。
> 제14조 만 16세가 된 자가 범죄를 저지르면 반드시 형사책임을 져야 한다.
> 만 14세가 되었지만 만 16세가 되지 않은 자가 살인, 중상, 강도, 방화, 상습절도죄를 저지르거나 기타 엄중한 사회질서를 파괴하는 죄를 저지르면 형사책임을 져야 한다.
> 만 14세가 되었지만 만 18세가 되지 않은 자가 범죄를 저지르면, 경처벌하거나 처벌을 감경한다.
> 만 16세가 되지 않아 처벌이 면제된 경우, 그 부모 혹은 후견인이 보호하도록 명령하며, 필요한 경우 정부에서 수용하여 교육할 수 있다.
>
> 『中华人民共和国刑法(중화인민공화국 형법)』

위 조항에서 사용된 어휘의 개념은 모두 매우 명확하다. 이는 나이의 규정에서 알 수 있다. 조항에서는 '十六岁以上的人犯罪shíliùsuìyǐshàng-derénfànzuì, 应当负刑事责任yīngdāngfùxíngshìzérèn(16세 이상인 자가 범죄를 저지르면, 형사책임을 져야 한다.)'을 사용하지 않고, '已满十六岁的人犯罪yǐmǎnshíliùsuìderénfànzuì, 应当负刑事责任(만 16세가 된 자가 범죄를 저지르면 반드시 형사책임을 져야 한다)'라고 말하고 있는데, 이는 '已满十六岁(만 16세가 된 자)'가 단순히 '十六岁以上(16세 이상인 자)'보다 외연이 더 명확하기 때문이다. '十六岁以上(16세 이상)'은 '16세'를 포함하는지 여부가 명확하지 않아 양형을 정할 때 어려움이 있을 수 있다.

나. 간결하다.

간결함은 공문체의 아주 중요한 특징이다. 공문체는 관공서의 일상 업무에서 사용하는 문체인데, 업무시간이 비교적 빠듯하기 때문에 반드시 가장 간결하고 최소한의 문자로 일이나 상황을 명확히 설명해야 한다. 이것이 가장 잘 드러난 것이 전보이다.

> 8日2次午11点到京接哥
> 8일 2호 낮11시 베이징도착, 마중 바람. 오빠.

위 전보는 11자만 사용하여 일을 명확히 설명하고 있다. 만약 이를 평소에 하는 말로 바꾸면, '8日, 坐2次火车11点到北京, 请到车站接我, 哥哥(8일 2호 기차로 11시에 베이징에 도착하니 기차역으로 나를 마중 나와 줘. 오빠가)'가 되어 글자가 배 이상 늘어난다. 이는 불필요할 뿐 아니라 비용도 더 많이 든다.

다. 소박하다.

소박함이란 어떤 일을 직접 서술하는 것으로, 일부러 신비스럽게 꾸미지 않고 화려한 미사어구를 추구하지도 않는다. 공문체는 다른 문체와 달리 감상하기 위한 글이 아니라 일이나 상황을 다른 사람에게 공시하는 것이 가장 큰 특징이다. 따라서 어휘의 사용에서 화려한 표현이나 수사법은 필요하지 않다. 다음 두 예를 보자.

寻物启事

　　本人昨天中午, 不慎将一黑色书包遗忘在食堂里, 包内有本人的学生证及一些学习资料, 如 有 拾 到 者, 请 留 尊 址 或 给 本 人 打电话(68857684), 本人将感激不尽!

失者×××
×月×日

분실물을 찾습니다.

　　어제 점심시간에 검정색 책가방을 식당에 두고 왔습니다. 가방 안에는 학생증과 스터디자료들이 들어있습니다. 습득하신 분은 주소를 남겨주시거나 전화(68857684)를 주신다면, 감사해 마지않을 것입니다.

분실자 ×××
×월×일

通　知

××学院:

　　经校教师职务评审委员会审议, 确认你单位×××自2011年×月×日起具备应聘担任××职务的资格。

××大学教师职务评审委员会
2011年×月×日

공 지

××학원:

　　교내 교사직무 심사위원회의 심의 결과, 귀 기관 ×××은 2011년 ×월 ×일부로 ××직무 담당 신청자격을 구비하였음을 확인함.

××대학교 교사직무 심사위원회
2011年×월×일

'寻物启事xúnwùqǐshi(분실물 광고)'는 분실 시간, 장소 및 구체적인 분실물을 설명하고, 분실과정을 기술하였다. 글은 평이하면서도 간결하다. 위의 '通知tōngzhī(공지)'는 두 마디의 말로 공지하려는 내용을 명확히 설명하고 있다. 화려한 미사여구도 없고 수사법도 사용하지 않았다.

제9장 수사와 중국어 학습

    외국인을 대상으로 하는 중국어교육은 일반적으로 수사(修辭)에 관한 교육은 중시하지 않거나 홀시하고, 언어지식과 기능의 훈련만을 중시한다. 유학생들에 대한 수사교육 분야의 연구 성과가 매우 적다는 점이 이를 잘 보여준다. 나아가 유학생이 중국어 수사를 학습할 수 있는 교재는 더더욱 부족하다. 그렇다면 이것은 외국인 대상 중국어교육에서 수사에 대한 교육이 불필요함을 의미하는 걸까? 물론 아니다. 한 언어를 배우기 위해서는 그 언어의 음성과 어휘, 문법 외에도 그 언어와 밀접한 관련이 있는 문화를 배워야 한다는 것은 점점 더 많은 연구 성과에서 주장하고 있다. 중국어 수사는 중국어의 뗄 수 없는 일부이자 중국 문화의 한 부분이기도 하다. 비유나 과장 등 많은 구체적인 수사표현습관들은 모두 장기간의 언어 사용 중에 형성된 것이다. 때문에 강한 문화적 색채와 민족적 색체, 역사적 색채와 시대적 색채를 띠며, 중국인의 인생관, 가치관, 심미관을 나타낸다. 따라서 이러한 의미에서 본다면, 수사도 역시 일종의 문화이며 당연히 학습 대상에 포함되어야 한다. 이론적으로 그럴 뿐만 아니라 실제 언어교육과 학습에서는 더욱 그럴 필요가 있다. 현재 출판된 중국어 중, 고급교재에서도 수사 현상이 다량 존재하지만, 일상생활 의사소통 중에 수사의 활용은 더욱 많아 외국 학생이 듣고 말하고 읽고 나아가 쓰는 것이 모두 수사를 떠날 수는 없다고 할 수 있다.

1. 중국어 학습은 수사를 떠날 수 없다.

가. 독해는 수사를 떠날 수 없다.

일선 교육현장에서 외국 학생들이 중국어 독해를 할 때 만나는 장애는 어휘와 문법, 문화 등 요소 외에 수사도 있다. 예를 들면 다음과 같다.

(1) 你们俩是半斤对八两, 谁也别说谁。
    너희 둘 다 거기서 거기야. 아무도 남 얘기 하지 마.

(2) 甭提他! 他回来, 我要不跟他拼命, 我改姓!
    걔 얘기 하지 마. 걔 돌아왔는데, 내가 안 싸우면 성을 간다!

(3) 她这个人是刀子嘴, 豆腐心, 别理她。
    그녀는 말은 독하게 해도 마음은 여려. 걔 신경 쓰지 마.

(4) 朱源达突然意识到他所处的地位, 像泄了气的皮球。
    주웬다(朱源达)는 문득 바람 빠진 공과 같은 자신이 처한 지위를 생각했다.

위 문장의 문법은 모두 간단하고 어휘도 어렵지 않다. 하지만 우리의 조사에 의하면, 외국 학생들은 모두 이 문장들의 의미를 이해할 수 없거나 잘못 이해했다. 예문(1)을 예로 들면, 어떤 학생은 '你们俩是半斤对八两nǐmenliǎshìbànjīnduìbāliǎng(너희 둘 다 거기서 거기다)'의 의미를 '너희 둘 중에 하나는 좋고 하나는 좋지 않다'라고 이해하였고, 또 다른 학생은 '너희 둘은 다르다'로 이해하였다. 즉, 글자만 보고 의미를 이해한 것이다. 사실 이 문장의 의미는 '너희 둘은 같다'인데, 외국 학생들은 '半斤对八两'의 의미를 잘못 이해한 것이다. 그들은 이를 단순히 어휘의 문제로만 보고 그 뒤에 숨겨진 문화적 배경을 이해하지 못했음을 알 수 있다. ('半斤八两'에 대한 설명은 중국어편 제4장 네 번째 부분을 참고하기 바람) 예문(2)는 라오서(老舍)의 『용수구(龙须沟)』에 나오는 문장이다. 우리는 중국어를 가르치면서 외국 학생들이 '我改姓wǒgǎix-ìng(내가 성을 간다)'의 의미를 이해하지 못하는 경우를 흔히 발견한다. 이는 이미 어휘와 문법의 범주를 넘어섰기 때문에 이상할 것도 없다. '我改姓'은 일종의 과장법으로, '만약 내가 그와 싸우지 않으면 성을 바꾸겠다'의 의미이다. 이로써 자기의 결심이 그만큼 확고함을 나타낸다. '改姓'은 한족에게는 가장 중요한 일이다. 성은 조상으로부터 전해 내려온 것인데 어떻게 마음대로 바꿀 수 있단 말인가? 성을 바꾸는 것은 조상을 모욕한다는 의미가 있으므로, 한족들은 이를 이용하여 단호히 어떤 일을 하거나 하지 않겠다는 굳은 결심을 나타낸다. 예문(3)의 '刀子嘴, 豆腐心dāozizuǐ, dòufuxīn(칼 마음, 두부 마음)'도 역시 외국 학생들은 '刀子dāozi(칼)'와 '豆腐dòufu(두부)'의 특징으로부터 '말은 독하나 마음은 여리다'라는 의미를 연상하기가 어렵다. 또 예문(4)의 '像泄了气的皮球xiàngxièleqìdepíqiú(바람 빠진 공 같다)'도 마찬가지로 그 진정한 비유의미를 연상하기가 어렵다.

외국 학생이 독해를 할 때 이러한 문제가 나타나는 이유는 중국어의 수사 방식과 구체적인 수사표현의 습관을 이해하지 못하기 때문이다.

나. 듣기는 수사를 떠날 수 없다.

수사는 일상 의사소통에서도 자주 사용된다. 그 가운데 가장 많이 사용하는 수사 수단은 비유이다. 외국 학생들이 중국어 듣기를 하는 과정에서 비유적 의미를 이해하지 못해 전체 의미를 이해하는데 어려움을 겪는 경우가 있다. 필자는 일본의 한 대학교 문과대 3학년 학생들에게 듣기연습을 실시한 적이 있는데, 모든 연습 문장에는 비유가 하나씩 포함되어 있었다. 텍스트는 다음과 같다.

(1) 回家的路上, 晓华带着哭得水蜜桃1)似的眼睛, 和小苏一起来到小时候常走的外滩。

집으로 돌아가는 길에, 샤오화(晓华)는 울어서 수밀도 같은 눈으로 샤오수(小苏)와 함께 어릴 때 자주 갔던 와이탄 바닷가로 왔다.

(2) (老寿)把鞭子插在车帮上, 任牲口自在地走着, 他则眯着眼, 肚子里推开了磨。

(라오서우는) 채찍을 수레 옆에 끼우고, 가축이 자유롭게 걷도록 했다. 그는 눈을 가늘게 뜨고는 속으로 저울질을 했다.

(3) 本来么, 这届大学生都是招生制度实行重大改革后考进来的, 谁没有三拳两脚的?

원래, 이번 대학생은 모두 초과 출생제도 실행 중대개혁 이후에 시험을 보고 들어온 학생들이다. 누가 주먹질과 발길질을 안했겠는가?

(4) 这时候, 那三个跟来的老头打退堂鼓了, 说"拉倒吧, 老寿……"

이 때 따라온 그 세 노인은 뒷걸음질 치며 말했다. "그만두게. 라오서우……"

(5) 在咱这个小厂, 司机可是个了不起的"二厂长"。

우리 이 작은 공장에서 기사는 대단한 '둘째 공장장'이다.

(6) 你把钱借给他, 这不是肉包子打狗吗?

그 사람에게 돈 빌려주는 것은 고기만두로 개를 때리는 것 아닌가?

(7) 他们俩一个鼻孔出气, 谁都不是好东西。

그들 두 사람은 한통속이어서 하나도 좋은 사람이 없다.

(8) 你怎么哪壶不开提哪壶2)?

너 어찌 말로 다른 사람의 아픈 곳을 건드리느냐?

---

1) 역자주 : '水蜜桃'는 복숭아의 한 품종으로 껍질이 얇아 잘 벗겨지며 살과 물이 많고 맛이 닮.
2) 역자주 : '哪壶不开提哪壶'는 다른 사람의 결점이나 약점, 꺼리어 하는 곳을 건드림을 의미한다.

예문(1)의 '水蜜桃似的眼睛shuǐmìtáoshìdeyǎnjing(수밀도 같은 눈)', 예문(2)의 '肚子里推开了磨dùzilǐtuīkāilemó(속으로 저울질을 하다)', 예문(3)의 '三拳两脚sānquánliǎngjiǎo(주먹질 발길질을 하다. 재능이 있다)', 예문(4)의 '打退堂鼓dǎtuìtánggǔ(중도에서 뒷걸음치다. 물러나다)', 예문(5)의 '二厂长érchángzhǎng(둘째 공장장. 권력자)', 예문(6)의 '肉包子打狗ròubāozidǎgǒu(고기만두로 개를 때리다)', 예문(7)의 '一个鼻孔出气yígèbíkǒngchūqì(하나의 콧구멍으로 숨을 쉬다. 한통속이다)', 예문(8)의 '哪壶不开提哪壶nǎhúbùkāitínǎhú(끓지 않는 주전자를 들다. 약점을 들추다)'는 모두 비유이다. 이들 비유 속의 어휘는 대부분『한어 수준 어휘 및 한자 등급 대강(汉语水平词汇与汉字等级大纲)』의 갑甲. 을乙. 병丙세 등급의 상용어휘이며, 정丁 등급의 어휘는 매우 적다. 어휘의 각도에서 보면, 난이도가 그리 높지 않아 중문과 3학년 학생들에게는 문제가 되지 않는다. 하지만 연습 결과는 완전히 예상을 벗어났다. 6명의 참가 학생 중에 위 문장의 의미를 모두 알아맞힌 학생은 한 명도 없었다. 예문(1)을 예로 들면, 비유 '水蜜桃似的眼睛'에 대해 '눈동자가 있다'라고 하는 학생도 있고, '눈 속에 아름다운 눈물이 있다'라고 하는 학생도 있었다. 또 어떤 학생은 '눈 속에 눈물이 있어 반짝반짝 빛나는 모습'이라고 보았다. 6명의 학생 중에 이 문장의 비유 의미를 정확히 이해한 학생은 한 명도 없었다. 예문(2)의 '肚子里推开了磨'는 한 명만 '마음속으로 계산을 하다'라는 비유적 의미를 정확히 이해할 뿐 나머지는 모두 글자 그대로 '뱃속에서 왔다갔다 빙 돌다'로 이해하였다. 예문(3) '三拳两脚'의 의미에 대해 학생들은 '이번 학년 대학생들은 체육이 좋지 않다'거나 '이번 학년 대학생은 모두 무술을 할 수 있다'라고 생각하였다. 사실 이 문장은 이번 학년 대학생들이 모두 '능력이 있다'는 것을 비유한다. 요컨대, 외국 학생들이 범한 오류는 상당히 많았다. 나머지 문장들의 경우도 모두 이와 유사하다.

사실 이러한 상황의 출현이 전혀 예상 밖은 아니다. 이 학생들은 이전에 문법과 어휘의 학습만 중시하고 수사는 거의 접해보지 못했기 때문이다. 따라서 그들은 한 문장을 들으면 우선 대뇌에서 문법적인 해독을 진행한다. 하나의 문장을 각각의 어휘로 분해한 다음, 그것이 대뇌에 이미 저장되어 있는지를 찾아보고는 해독을 하여 이해한다. 표면적으로는 그들도 이해했다고 생각하지만, 각 문장의 의미를 말해보라고 하면 상황은 완전히 달라진다. 이는 듣기 훈련 중에 발음과 어휘, 문법 외에 수사에 대한 훈련도 강화함으로써 학생들이 어감과 함께 수사감도 가지도록 해야 함을 보여준다. 이렇게 해야만 진정으로 비유적 의미를 알아들을 수 있고 중국어 실력도 향상될 수 있다.

다. 언어의 사용은 수사를 떠날 수 없다.

언어를 사용하면서 사람들은 수사 수단을 자주 활용하는데, 이 중에는 사용 빈도가 상당히 높은 것도 있다. 필자는 『중국신문예대계 · 단편소설집(中国新文艺大系 · 短篇小说集)』(上)[3]에 사용된 비유에 대해 대략적인 통계를 내어보았는데, 전체 책은 55편, 676쪽, 92만5천자인데, 사용된 비유는 528개에 이른다. 거의 매 페이지마다 하나의 비유를 사용하였는데, 비유의 수는 각 편당 평균 10개, 많은 것은 20여 개에 이른다.

2. 외국 학생들이 사용하는 수사의 문제점

외국 학생들이 수사를 사용할 때, 흔히 나타나는 문제점들은 주로 다음 몇 가지이다.

---

3) 저자주 : 唐达成主编, 中国文联出版公司, 1986년 참조.

가. 모국어의 수사 표현을 그대로 중국어로 번역한다.

모국어의 수사 표현을 중국어로 번역하는 것은 외국 학생들이 가장 쉽게 범하는 실수이다. 한 러시아 여학생이 다음과 같이 말을 하였다. 어느 날 그녀의 중국 친구가 자기를 보러왔는데 매우 힘이 없어보였다. 그래서 러시아 여학생이 중국 친구에게 물었다. "오늘 어떤 파리가 너를 물었니?" 이를 듣고 중국 친구는 아주 황당하게 생각하여 물었다. "무슨 파리? 한겨울에 파리가 어디 있어?" 설명을 듣고 나서야 중국 친구는 러시아 여학생이 말하고자 한 것이 "너 약 잘못 먹었니?"였음을 알았다. 그 러시아 여학생은 러시아의 비유를 그대로 중국어로 번역한 것이다.

필자는 일본 학생들에게 '안달하다(초조해하다)', '마르다(여위다)', '목소리가 작다', '방이 작다', '키가 크고 건장하다', '간이 작다', '멍청하다' 의 7가지 경우에 대해 각각 하나의 중국어 비유를 쓰게 하는 실험을 진행한 적이 있다. 실험 결과, 10여 명의 학생 중에 비유를 모두 써낸 학생은 극히 소수였고, 특히 중국어의 수사 습관에 따라 비유를 써낸 학생은 더욱 극소수였다. 그들은 대부분 일본어의 수사 습관에 따라 비유를 썼다. 어떤 학생은 '마르다'를 '骨头皮筋gǔtoupíjin(뼈 고무줄)'(중국어의 '皮包骨头píbāogǔtou(피골이 상접하다)'와 유사하다)이라고 하였고, '목소리가 작다'는 '像虫鸣xiàngchóngmíng(벌레가 우는 것 같다)'라고 하였다. 또 '방이 작다'는 '兔子的小屋一样tùzidexiǎowūyíyàng(토끼집 같다)'이라고 하고, '키가 크고 건장하다'는 '像山一样xiàngshānyíyàng(산과 같다)'이라고 하였으며, '간이 작다'는 '像麻雀一样xiàngmáquèyíyàng(참새와 같다)'라고도 하였다. '멍청하다'를 '脑袋是空的一样nǎodaishikōngdeyíyàng(머리가 빈 것 같다)'이라고 한 학생도 있었다. 이 비유들은 일본어의 영향을 받은 것으로 보인다. 일본어에 이와 유사한 비유가 있기 때문에 학생들은 이를 그대로 중국어로 번역한 것이다.

언어가 달라도 유사한 혹은 동일한 수사 습관이 존재한다. 특히 일본어나 한국어 등 중국어와 깊은 관계를 가진 언어는 그러하다. 예를 들어, 한 사람의 말이 빠른 경우에 중국어, 일본어, 한국어는 모두 '기관총을 쏘는 것 같다'로 비유할 수 있다. 또 세 언어 모두 '여우'는 '요염한 여자'를 비유한다. 하지만 언어가 다르면 동일한 수사표현 역시 많지 않기 때문에 모국어의 수사표현을 그대로 중국어로 번역하면 오류를 범하기가 쉽다.

나. 상상력에 의존하여 수사를 사용한다.

일부 외국 학생은 수사를 사용할 때 모국어의 수사표현습관이 중국어와 다르다는 것을 알고 있지만, 중국어의 수사를 접하거나 학습한 적이 없기 때문에 맹목적으로 상상에 의지해 수사를 사용하기도 한다. 예를 들어 초조하다고 할 때 한 일본 학생은 '像耗子一样xiànghàoziyíyàng (쥐 같다)'라고 하였는데, 이는 중국어나 일본어의 수사표현이 아니라 자기가 당연히 그럴 것이라고 지레짐작한 것이다.

또 두 사람의 관계가 매우 좋은 경우에 한 일본 학생은 '他们俩好得住在一个屋子里tāmenliǎhǎodezhùzàiyígèwūzilǐ(그 둘은 한 방을 쓸 정도로 사이가 좋다)'와 같은 아주 이상한 비유를 말하였다. 하지만 이것은 일본어와 중국어 두 언어의 표현습관에 모두 맞지 않다. 이 역시 마찬가지로 상상에 의해 만든 문장인 것이다. 왜냐하면 일본인들은 다른 사람, 특히 낯선 사람과는 같은 방 쓰기를 좋아하지 않기 때문이다. 아마도 아주 친한 친구일 때만 같은 방을 쓸 수 있기 때문에, '他们俩好得住在一个屋子里'라는 표현이 나왔을 것이다. 이 같은 경우는 외국 학생이 중국어를 사용할 때 보편적으로 나타난다.

다. 다양한 문장형식을 사용하지 않는다.

  문장형식의 선택에 관한 문제도 비교적 많다. 외국 학생들은 흔히 어느 상황에서 어떤 문장형식을 사용해야 하는지 모르는 경우가 많다. 그들은 문장 형식은 달라도 의미는 대략 같으므로 의사소통의 목적에만 도달하면 된다고 여긴다. 사실 필자도 외국인 대상 중국어교육 과정에서 이와 유사한 생각을 한다. 즉, 외국 학생에게 너무 많은 것을 요구할 수는 없기 때문에, 중국어를 가르치면서 의식적으로 그들에게 다양한 문장형식의 사용을 강조하지는 않는다.

  객관적으로 말해 각종 문장 형식들은 의미가 유사한 경우도 있지만 대부분은 차이가 있기 때문에, 문장형식을 잘못 사용함으로 인해 오해를 낳기도 한다. 다음은 한 일본 학생이 보고서에서 적은 내용이다. 어느 일본인이 중국 친구와 펜팔을 했는데, 중국 친구가 일본친구에게 가족사진을 우편으로 보내달라고 하였다. 그래서 일본 친구는 가족사진을 중국 친구에게 부쳐주면서, 이 가족사진은 자기에게 매우 소중하므로 가능하면 보고 나서 돌려달라고 편지에 적었다. 하지만 아무리 기다려도 그 사진은 돌아오지 않았다. 일본 친구는 화가 나서 중국 친구는 신뢰할 수 없다고 생각했다. 편지에 분명히 사진을 돌려달라고 적었는데도 기어이 돌려주지 않았기 때문이다. 하지만 사실 이것은 전형적인 문장형식의 선택 오류로 인한 오해이다. 중국어 문장 '可能的话, 请还给我kěnéngdehuà, qǐnghuángéiwǒ(가능하다면, 나에게 돌려주세요)'는 의미가 명확하지 않다. 돌려주나 돌려주지 않으나 그다지 중요하지 않아 보이기 때문이다. 하지만 이에 대응하는 일본어는 비교적 완곡한 표현을 썼지만 그 의미는 '반드시 나에게 돌려주세요'가 된다. 이러한 의미를 만약 중국어로 나타내려면 '一定yídìng……'이나 '必须bìxū……'와 같은 표현을 사용해야 한다.

라. 어휘의 선택에 주의하지 않는다.

중국어는 음악성이 강한 언어이다. 어휘의 사용에서도 리듬과 대칭을 중시하며, 음절의 결합과 조화에 신경을 쓴다. 예를 들어, 이음절 어휘는 이음절 어휘와 결합해야 하므로 언어 사용 중에 주의를 기울여야 한다. 하지만 외국 학생들 중에 이 부분에 신경을 쓰는 학생은 거의 없다. 그들은 어휘와 문법에 더 많은 주의를 기울이며 '맞는 문장'을 사용하는 것이 목적이다.

(1) 日本学生不喜欢学。
일본 학생들은 공부를 좋아하지 않는다.

(2) 你再仔细找。
다시 잘 찾아봐.

(3) 有一个姑娘帮助了他, 他真感激。
어느 아가씨가 그를 도와주어 그는 너무 고마웠다.

예문(1)의 '喜欢学xǐhuanxué(공부하기를 좋아하다)'는 문법적으로는 문제가 없지만 아무래도 자연스럽지가 않다. 이는 주로 음절의 문제인데, '喜欢xǐhuan(좋아하다)'은 이음절어이고 '学xué(공부하다)'는 일음절어이므로 어울리지 않기 때문이다. 이는 '学'를 '学习xuéxí(공부하다)'로 바꾸면 자연스러워진다. 예문(2)의 '仔细找zǐxìzhǎo(자세히 찾다)'역시 마찬가지로 이음절인 '仔细zǐxì(자세하다)'와 일음절인 '找zhǎo(찾다)'를 함께 사용하면 어울리지 않는다. 이 역시 '找'를 '找找zhǎozhao(찾아보다)'로 바꾸면 자연스럽다. 예문(3)의 '真zhēn(정말)'도 '非常fēicháng(매우)'나 '十分shífēn(상당히)'로 바꾸는 것이 더 좋은데, 그 이유는 '感激gǎnjī(감격하다)'가 이음절이기 때문이다.

중국어의 일부 어휘에도 구어와 문어의 구분이 있다. 예를 들어, '谈

话tánhuà(이야기하다) : 聊liáo(한담하다)', '锋利fēnglì(날카롭다) : 快kuài
(날카롭다)', '归还guīhuán(반환하다) : 还huán(돌려주다)', '熟练shúliàn
(능숙하다) : 熟shú(잘 알다)', '练习liànxí(연습하다) : 练liàn(연습하다)',
'帮助bāngzhù(원조하다) : 帮bāng(돕다)'의 각 쌍에서 앞의 어휘들은 공
식적인 장소나 공문서에 주로 사용되고, 뒤의 어휘들은 일반적으로 비
공식적인 장소나 구어 색채가 짙은 대화에 주로 사용된다. 하지만 외국
학생들은 이러한 차이를 홀시하여 두 종류의 어휘를 혼용하는 경우가
있다. 이 점에 대해서는 제8장에서 자세한 설명을 하였기에 여기서는
생략하기로 한다.

마. 어휘의 색채를 경시한다.

중국어의 어휘는 감정색채의 구분이 있다. 여기에는 긍정적 의미와
부정적 의미도 있지만, 중성적 의미가 대다수를 차지한다. 따라서 대화
의 대상과 상황, 화자의 취향에 따라 그에 상응하는 색채의 어휘를 선
택해야 한다. 하지만 외국 학생들은 이를 경시함으로써 어휘사용의 오
류를 자주 범한다.

이상으로 외국 학생들에게 있어 수사를 학습하는 것은 상당히 중요
하며 반드시 필요하다는 것을 알 수 있다. 중국어를 제대로 배우기 위
해서, 외국 학생들은 음성과 어휘, 문법 외에 중국어 수사표현의 습관도
학습하고 익혀야 한다.

제10장 중국어의 수사 방식

중국어의 수사 방식은 매우 다양하다. 주로 비유(比喩), 환유(借代), 비의(比拟)[1], 대비(对比), 과장(夸张), 쌍관(双关)[2], 반어(反语), 인용(引用), 대구(对偶)[3], 배열(排比)[4], 첩용(叠用) 등이 있다. 이 수사 방식들은 다시 분류를 할 수 있는데, 비유, 환유, 비의, 대비, 과장, 쌍관, 반어는 내용에 따른 분류이고, 인용, 대구, 배열, 첩용은 형식에 따른 분류이다. 어느 쪽이든 그 기능은 언어의 표현 력을 높여 더욱 생동감 있게 표현하는 것으로 동일하다. 다음은 몇 가지 수사 방식에 대해 중점적으로 소개하고자 한다.

1. 비유(比喩)

비유는 익숙한 사물을 사용하여 익숙하지 않은 사물을 나타내는 수

---

1) 역자주 : 무생물을 유생물로 비유하거나 역으로 유생물을 무생물로 비유하는 수사 방식.
2) 역자주 : (하나의 말이)두 가지의 의미를 가지는 수사 방식.
3) 역자주 : 글자 수가 같고 평측(平仄)이 상반되며, 구의 구조가 같거나 비슷한 어구로 상관되거나 반대되는 내용을 표현하는 수사 방식.
4) 역자주 : 구조가 동일(유사)하고 내용상 관련되며 같은 어기로 된 3개 이상의 어구나 문장을 배열하는 수사 방식.

사 방식이다. 비유의 기능은 추상적인 사물을 구체화하고 심오한 이치를 쉽게 나타내며 개괄된 것을 형상화하는 것이다. 비유는 중국어에서 사용 빈도가 가장 높은 수사 방식으로 문어뿐 아니라 구어에서도 자주 사용된다.

(1) 他身强力壮, 站在那里像一座铁塔。
   그는 몸이 건장하고 힘이 세서, 그 곳에 서있으니 마치 철탑과 같다.

(2) 她泪如泉涌。
   그녀는 눈물이 샘처럼 솟아났다.

예문(1), (2)의 '像一座铁塔xiàngyízuòtiětǎ', '泪如泉涌lèirúquányǒng'은 모두 비유로, 각각 '그'의 신체가 건장하다는 것과 '눈물'이 흘러내리는 모습을 형상적으로 나타낸다. 비유는 주로 직유(明喩)와 은유(隐喩)의 두 가지로 나뉜다. 직유는 '像xiàng…(마치…같다)', '像…似的shide(마치…같다)', '…似的(비슷하다)', '如rú…(…같다)'와 같은 비유를 가리킨다. 예를 보자.

(1) 他的家像狗窝。 그의 집은 개집 같다.
(2) 这孩子像猴似的。 이 아이는 원숭이 같다.

은유는 암유(暗喩)라고도 하며, 주로 '…是shì…(…은 …이다)', '…变成biànchéng…(…이 …로 변하다)', '…成为chéngwéi…(…이 …가 되다)' 등의 표현형식이 사용된다. 예는 다음과 같다.

(1) 年轻人是八九点钟的太阳。 젊은이는 8, 9시의 태양이다.
(2) 广场上变成了人的海洋。 광장은 사람들의 바다로 변했다.

2. 환유(借代)

환유는 두 사물 간의 어떤 연결성을 이용하여 한 사물로 다른 사물을 가리키는 수사 방식이다. 환유는 대다수가 명사가 명사를 대신한다. 예를 보자.

(1) 有事就找大胡子。
    무슨 일 있으면 텁석부리를 찾아라.

(2) 警察抓住了那个"小白脸"。
    경찰은 그 '꽃미남'을 잡았다.

(3) 白大褂进来以后就开始给病人看病。
    흰 가운은 들어와서 바로 환자에게 진료를 하기 시작했다.

예문(1), (2)의 '大胡子dàhúzi(텁석부리. 털보)'와 '小白脸xiǎobáiliǎn(꽃미남)'은 사람의 생김새를 빌어 그 사람을 지칭하는 것으로, 각각 긴 수염을 기른 사람과 얼굴이 희고 깨끗한 사람을 가리킨다. 예문(3)의 '白大褂báimāguà(흰 가운)'는 사람의 옷차림으로 그 사람을 지칭하는 전형적인 예로, 여기서는 의사를 가리킨다. 환유는 주로 다음 두 가지가 있다.

가. 부분이 전체를 대신한다.

사물의 한 부분을 사용하여 그 사물 자체를 가리킨다.

(1) 不拿群众的一针一线。
    군중의 바늘 하나, 실 하나도 가져가지 않는다.

(2) 几度风雨, 几度春秋, 风霜雪雨搏激流。[5)]
    여러 차례의 비바람과 세월을 거쳐, 인생의 온갖 고난의 격류에 부딪치다.

예문(1)의 '一针一线$_{yìzhēnyíxiàn}$(바늘 하나, 실 하나)'은 부분으로 전체 사물을 대신한다. 예문(2)의 '春秋$_{chūnqiū}$(봄가을. 세월)'은 '한 해'를 뜻하는데, 역시 사물의 일부로 전체를 대신한다. 1년 중에는 '봄'과 '가을' 외에도 '여름'과 '겨울'도 있기 때문이다.

나. 특징이 사물을 대신한다.

사물의 특징이나 속성으로 그 사물을 대신하는 경우이다.

(1) 给一张"大团结"就行了。
'대단결(大团结)' 한 장만 주시면 됩니다.

(2) 你盯住前面那个"国字脸"。
저 앞에 '나라 국자 얼굴(国字脸)'을 잘 지켜봐라.

예문(1)의 '大团结$_{dàtuánjié}$(대단결)'는 실제로 '단결'을 뜻하는 것이 아니라 전국 각 민족들이 대단결하는 모습이 그려진 10위안권 인민폐를 가리킨다. 예문(2)의 '国字脸$_{guózìliǎn}$(나라 국자 얼굴)'은 네모난 얼굴의 사람을 가리킨다. 환유의 주요 기능은 언어를 생동적으로 형상화함으로써 사람들에게 강렬한 인상을 주는 것이다. 하지만 때로는 유모와 완곡 등의 효과도 있는데, 예는 다음과 같다.[6]

(1) 他特别怜惜这些孩子, 和光脚丫自然更亲热。
그는 이 아이들을 매우 불쌍히 여겼다. 자연히 '맨발'이랑 더 친밀하다.

柯灵(커링) 『团圆(단원)』

---

5) 역자주 : 중국의 유명 가수 刘欢(류환)의 노래 '少年壮志不言愁(청춘의 포부는 근심을 말하지 않는다)' 중의 가사이다.

6) 저자주 : 다음 두 예는 姚殿芳, 潘兆明의 『实用汉语修辞』, 北京大学出版社, 1987에서 인용함.

(2) 然后, 几个馋人, 一顿就把一件新棉袍吃掉了。
　　그리고 나서, 걸신 몇 명이 새 두루마기 한 벌을 한 끼에 먹어치웠다.

汪曾祺(왕쩡치) 『落魄(낙백)』

　　예문(1)의 '光脚丫guāngjiǎoyā'는 맨발의 아이를 가리키는데, 생동감 있고 형상적이어서 단번에 청자나 독자의 마음을 사로잡을 수 있다. 예문(2)의 '一件新棉袍yíjiànxīnmiánpáo(새 솜두루마기 한 벌)'은 새 두루마기 한 벌의 값을 가리키는데, 유모의 수사효과뿐 아니라 청자나 독자의 주의를 끌 수 있다.

3. 비의(比拟)

　　비의는 무생물을 유생물로 묘사하거나 역으로 유생물을 무생물로 묘사하는 것이다. 이는 다시 사람에 비유하는 의인(拟人)과 사물에 비유하는 의물(拟物)의 두 가지로 나눌 수 있다. 의인은 사물을 사람으로 묘사하는 것이고, 의물은 사람을 사물로 묘사하는 것이다. 예를 보자.

　　(1) 祖国啊, 母亲!
　　　　조국이여, 어머니!

　　(2) 马路旁的路灯, 也无精打采的, 像瞌睡人的眼。
　　　　길가의 가로등도 기운이 없다. 졸리는 눈처럼.

　　(3) 他废物一个!
　　　　그는 완전 폐물이다.

　　예문(1)에서는 '祖国zǔguó(조국)'를 '母亲mǔqīn(어머니)'에 비유했다.

예문(2)의 '无精打采wújīngdǎcǎi(기운이 없다)'는 원래 사람을 묘사하는데 사용되는데 여기서는 '路灯lùdēng(가로등)'을 묘사하고 있다. 예문(3)의 '他tā(그)'는 사람이지만 '废物fèiwù(폐물)'에 비유함으로써 사람을 물건으로 보았다.

비유, 특히 의인법은 일반적으로 시가나 동화, 우언, 서정소설 등 문체에서 주로 사용된다. 이러한 수사 방식을 사용하면, 사물이 사람의 특징을 가지게 됨으로써 사실성과 형상성을 높여, 정(情)과 경(景)이 조화를 이루고 시문의 감화력을 증가시키는 효과가 있다. 의물법은 의인법과 달리 주로 부정적인 색채를 가진다. 예문(3)에서 사람을 '废物'에 비유함으로써 욕하는 의미가 있다.

4. 대비(对比)

대비는 글자 그대로 비교이다. 상이한 사물이나 동일한 사물의 상이한 부분을 서로 비교함으로써 사물의 어떤 특징을 부각시켜 청자나 독자의 마음속에 있는 사물의 이미지를 강조한다.

(1) 只许州官放火, 不许百姓点灯。
   관리는 방화도 할 수 있지만, 백성은 등불을 켜는 것조차 허락되지 않는다.[7]

(2) 先下手为强, 后下手遭殃。
   선수를 치면 유리하고, 후수를 쓰면 피해를 입게 된다.

(3) 人要实心, 火要空心。
   사람은 마음이 차야 하고, 불은 속이 비어야 한다.

7) 역자주 : 통치자나 권력자가 제멋대로 전횡을 부리면서 백성들에게는 조금의 자유도 주지 않음을 말함.

(4) 虚心使人进步, 骄傲使人落后。

겸손을 사람을 나아가게 하고, 교만은 사람을 뒤떨어지게 한다.

예문(1)은 '只许zhǐxǔ(···만 허락하다)'와 '不许bùxǔ(허락하지 않다)', '州官zhōuguān(주의 관리)'와 '百姓bǎixìng(백성)', '放火fànghuǒ(방화하다)'와 '点灯diǎndēng(점등하다)'이 각각 대비를 이루고, 예문(2)는 '先xiān(먼저)'과 '后hòu(나중에)', '为强wéiqiáng(우월하다)'과 '遭殃zāoyāng(불행을 당하다)'이 대비를 이룬다. 예문(3)은 '人rén(사람)'과 '火huǒ(불)', '实心shíxīn(속이 차다)'과 '空心kōngxīn(속이 비다)'이 대비를 이루고, 예문(4)에서는 '虚心xūxīn(겸손)'과 '骄傲jiāoào(자만)', '进步jìnbù(진보하다)'와 '落后luòhòu(낙후되다)'가 대비를 이룬다. 대비를 통해 사물의 특징이나 우열이 더욱 선명해지고, 독자나 청자에게 깊은 인상을 남긴다. 대비의 수사 방식은 이성적이거나 정론적 성격의 글에서 자주 사용되며, 이를 통해 논리를 더욱 분명하고 완전하게 만든다.

5. 과장(夸张)

과장은 객관적인 사물의 정도를 고의로 더욱 확대시켜 사람들에게 깊은 인상을 남기고, 연상 작용을 통해 사물의 형상을 부각시키고 감정을 극대화하는 효과에 도달한다.

(1) 白发三千丈, 缘愁似个长。

백발이 삼천 장 길이로 자랐거늘, 이는 오직 슬픔 때문에 이렇게 길게 자랐으리라. 　　　　　　　　　　　　李白(이백) 『秋浦歌(추포가)』

(2) 飞流直下三千尺, 疑是银河落九天。

폭포가 삼천 척 아래로 나는 듯이 곧게 떨어지며 흐르는 모습은 가장 높은 하늘에서 은하수가 쏟아지는지 의심스럽다.李白(이백) 『望庐山瀑布(망려산폭포)』

(3) 燕山雪花大如席, 片片吹落轩辕台。

연산의 눈송이가 큰 것은 자리만 한데, 조각조각 나부끼며 헌원대 위로 떨어지네.

李白(이백) 『北风行(북풍행)』

(4) (孔乙己)身上的长袍似乎十多年没有洗。

(쿵이지가) 몸에 걸친 긴 두루마기는 10년 넘게 씻지 않은 것 같다.

鲁迅(루쉰) 『孔乙己(쿵이지)』

(5) 你即使满身长上了嘴也说不清楚。

너는 온 몸에 입이 있어도 할 말이 없다.

예문(1), (2), (3)은 모두 대대로 전해 내려오는 아름다운 시 구절로, 오랫동안 널리 전해지는 이유는 시 구절 자체의 예술적인 매력 외에도 매우 형상적이고 정확하면서도 절묘하게 사용한 과장과도 관련이 있다. '白发三千丈báifàsānqiānzhàng(백발삼천 장)'은 마치 사람들에게 온갖 고초를 겪은 노인의 모습을 보여주는 듯하고, '飞流直下三千尺fēiliúzhíxiàsānqiānchǐ(물줄기가 날아 곧바로 아래로 삼천 척이나 떨어진다)'은 기세가 드높고 소리가 백 리나 진동하는 루산(庐山)의 폭포를 보는 듯하며, '燕山雪花大如席Yànshānxuěhuādàrúxí(연산의 눈송이가 방석만 하다)'은 사람들에게 엄청난 눈꽃의 느낌을 준다. 예문(4)의 '十多年没有洗shíduōniánméiyǒuxǐ(십여 년간 씻지 않았다)'는 두루마기의 더러움을 나타내고, 예문(5)의 '满身长上了嘴mǎnshēnzhǎngshanglezuǐ(온 몸에 입이 있다)'은 아무리 설명을 해도 해명이 되지 않음을 형용한다.

하지만 과장도 전혀 근거가 없이 임의로 사용하는 것은 아니다. 과장이 사실보다 과장되게 말하기는 하지만, 어느 정도 객관성이 있어야 하며 과장을 위한 과장을 해서는 안 된다. 그렇지 않으면 사람들의 공감을 얻지 못하여 기대한 효과에 이를 수 없을 것이다.

6. 반어(反语)

반어는 역설적으로 하는 말로, 화자가 말하고자 하는 바는 문자적 의미와 반대되는 것이다.

(1) 可是"友邦人士"一惊诧, 我们的国府就怕了, "长此以往, 国将不国了"……
   그러나, '우방인사'가 한번 놀라자, 우리나라 정부는 바로 두려워졌다. '계속 이대로 가다가는 나라꼴이 나라가 아닐 것이다.'
   鲁迅(루쉰) 『"友邦惊诧"论('우방이 놀란'것에 관한 이야기)』

(2) 读书人"拿"了书店几本书, 怎么叫偷呢?
   학자가 서점에서 책 몇 권을 '가져갔다고', 어떻게 훔쳤다고 할 수 있는가?

(3) 我不好, 你好! 你好怎么也挨老师批评了呢?
   나는 안 좋고, 너는 좋구나! 좋은데 어떻게 선생님께 야단을 맞았니?

예문(1)의 '友邦yǒubāng(우방)'은 사실은 '敌人dírén(적)'의 의미이고, 예문(2)의 '拿ná(가져가다)'도 사실은 '偷tōu(훔치다)'의 의미이다. 예문(3)의 '你好nǐhǎo(너는 좋구나)'도 역시 반어로 '你不好nǐbùhǎo(너는 안 좋구나)'의 의미이다. 구어에서는 반어에 주로 강세를 두어 읽으며, 문어에서는 주로 인용부호를 첨가한다. 반어는 일반적으로 강한 멸시나 풍자의 색채를 띠므로 정치평론이나 논설문에 주로 사용된다.

7. 인용(引用)

말을 하거나 글을 쓸 때 흔히 성어나 속담, 다른 사람의 말 등을 인용하여 자기의 관점을 뒷받침하거나 설득력을 높인다.

(1) 任何人都有长处，都可以做自己的老师。孔子不是说过："三人行，必有我师"吗?

사람은 누구나 장점이 있어, 자기의 스승이 될 수 있다. 공자님도 "세 사람이 길을 가면, 반드시 나의 스승이 있다"고 하지 않았는가?

(2) 古人云："两情若是久长时，又岂在朝朝暮暮。⁸⁾" 我们现在虽然天各一方，不能生活在一起，但并不影响我们的感情。

옛말에 "두 사람의 사랑이 영원하다면, 또 어찌 아침저녁으로 굳이 만날 것 있겠는가?" 우리가 지금은 비록 멀리 떨어져 있어서 함께 생활할 수 없지만, 이것이 우리 사랑에 영향을 미치지는 않아.

(3) 毛主席说过："虚心使人进步，骄傲使人落后。我们一定要戒骄戒躁，争取取得更大的胜利。

모(택동) 주석이 말씀하셨지. '겸손은 사람을 발전하게 하고, 교만은 사람을 뒤떨어지게 한다' 우리도 교만함과 성급함을 경계하여 더 큰 승리를 얻도록 하자.

예문(1)의 '三人行sānrénxíng, 必有我师焉bìyǒuwǒshīyán'은 『논어(论语)』에서 인용하였고, 예문(2)의 '两情若是久长时liǎngqíngruòshìjiǔchángshí, 又岂在朝朝暮暮yòuqǐzàichāochāomùmù'는 송대 사인(词人) 진관(秦观)

---

8) 역자주 : 북송시기의 완약파(婉约派) 사인(词人) 진관(秦观)의 『鹊桥仙(작교선)』의 마지막 두 구절. 이 사는 칠석날 밤에 견우와 직녀가 만나는 전설을 아름답게 묘사하고 있다. 남녀의 사랑을 노래한 것으로, 상편은 견우와 직녀의 만남을, 하편은 이별을 노래하고 있다. 전체적으로 기쁨과 슬픔이 교차하며 여운이 아름답다. 전체 내용은 다음과 같다. '纤云弄巧，飞星传恨，银汉迢迢暗度。金风玉露一相逢，便胜却、人间无数。柔情似水，佳期如梦，忍顾鹊桥归路! 两情若是久长时，又岂在、朝朝暮暮!'(가느다란 실과 같은 구름은 교묘히 아름다운 무늬를 만들고, 유성은 이별의 한을 전하려고, 은하수를 몰래 건넌다. 가을바람 부는 백로 무렵에 단 한 번 만남은, 인간 세상의 숱한 만남보다 더 낫네. 부드러운 사랑은 흐르는 물과 같고, 만나자는 기약은 꿈만 같은데, 오작교에서 돌아오는 길을 차마 볼 수가 없구나. 두 사람의 사랑이 영원하다면, 또 어찌 아침저녁으로 굳이 만날 것 있겠는가?)

의 유명한 사 구절이다. 예문(3)의 '虛心使人进步xūxīnshǐrénjìnbù, 骄傲使人落后jiāoàoshǐrénruòhòu'는 마오쩌둥(毛泽东)의 말에서 인용하였다. 이처럼 유명한 사람의 말이나 시 구절의 인용을 통해 글의 설득력을 높임과 동시에 간결한 말로 심오한 의미를 나타내는 효과를 거둔다. 인용을 활용할 때는 두 가지 문제를 주의해야 한다. 하나는 단장취의 없이 반드시 완정해야 한다는 것이고, 또 하나는 성어나 속담, 고대의 고사 등을 인용할 때 자기의 필요에 따라 형식이나 내용에 약간의 수정을 가할 수 있다는 것이다.

제11장 비유의 민족 차이

　언어에 따라 서로 동일(유사)한 비유와 그렇지 않은 비유가 있다. 중국어는 '狐狸húli(여우)'를 교활한 사람에 비유하는데, 이와 유사한 비유는 일본어에도 존재한다. 하지만 중국어는 '巴掌大bāzhangdà(손바닥만 하다)'로 장소가 협소함을 비유하지만, 일본어는 같은 의미를 'ウサギの小屋(토끼의 작은 집)'에 비유한다. 또 중국어는 '铁石心肠tiěshíxīncháng(목석간장木石肝腸)'을 사용하여 감정에 흔들리지 않음을 형용하는데, 영어에도 이와 유사한 비유(He has a heart of stone.)가 있다. 중국어는 '瓢泼大雨piáopōdàyǔ(비가 억수같이 퍼붓는다)'라고 하지만, 영어는 같은 상황을 두고 'It rains cats and dogs.(고양이가 개가 내린다)'라고 한다.

　비유는 주체와 객체를 포함하는데, 예를 들어 A가 B로 비유되면, A는 주체가 되고 B는 객체가 된다. 다음은 객체의 각도에서 중국어의 비유 특징 및 중국어와 영어, 일본어 비유의 공통점과 차이점에 대해 이야기해보기로 한다.

1. 사물 비유

　객관적인 사물은 인류가 공통으로 인식하는 대상이므로 국가에 따라 차이가 나지 않는다. 또 객관적인 사물은 상대적으로 안정적이어시 이에 대해 사람들이 갖는 연상도 같거나 유사하다. 중국어와 영어에는 모두 다음 비유가 있다.

(1) 雷鸣般的掌声 —— a thunder of applause 우레와 같은 박수소리
(2) 迅雷不及掩耳 —— at lightning speed 번개 같은 속도
(3) 大震荡, 大变动 —— earthquake 큰 진동. 지진
(4) 水中捞月 —— fish up the moon in the water 물에서 달을 건져 올리다
(5) 顺水推舟 —— push the boat with the current 물길 따라 배를 밀다[1]

중국어와 일본어도 동일한 비유가 많이 있다.

(1) 像一阵风一样——風のよぅな速さ 한 줄기 바람과 같다
(2) 火海——火の海 불바다
(3) 像水晶一样透明——水晶のよぅに透き通った 수정처럼 투명하다

하지만 이처럼 언어 사이에 동일한 비유가 차지하는 비율은 높지 않으며, 동일한 사물이 각 언어에서 서로 다른 사물이나 상황으로 비유되는 경우가 더 많다. 이는 민족마다 문화와 역사, 가치관, 인생관, 심리 등의 차이가 있으므로, 서로 다른 사물현상), 심지어 같은 사물(현상)에 대해서도 사람들이 생각하는 연상이 다르기 때문이다. 예는 다음과 같다.

(1) 节日的王府井人山人海。 명절의 왕푸징(王府井) 거리는 인산인해이다.
(2) 现在是东风压倒西风[2]! 지금은 동풍이 서풍을 압도한다.

----

1) 역자주 : 추세에 따라 행동하다, 즉 순풍에 돛을 달다의 의미.
2) 역자주 : (주로 부부끼리) 엎치락뒤치락하다, 새로운(진보적인) 세력이 낡은(보수

(3) 弟弟把妈妈的话当成了耳旁风。 남동생은 엄마 말씀을 귓가의 바람으로 여긴다.

(4) 他是一个大草包。 그는 속빈 강정이다.

(5) 你真是木头脑瓜子! 그는 정말 나무 머리이다.

(6) 他就喜欢开空头支票。 그는 공수표 날리는 걸 정말 좋아한다.

위 예문에서 '人山人海rénshānrénhǎi(인산인해)', '东风压倒西风dōngfēngyādǎoxīfēng(동풍이 서풍을 압도하다)', '耳旁风ěrpángfēng(소귀에 경 읽기)', '草包cǎobāo(머저리)', '木头脑瓜子mùtóunǎoguāzi(나무머리. 돌 머리)', '空头支票kōngtóuzhīpiào(공수표)'는 모두 비유이다. 이들은 이미 고정된 형식이 있어 이를 임의로 바꿀 수는 없다. 예를 들어, '人山人海'를 '人山人水'나 '人星人木'으로 말할 수는 없다. 마찬가지로, '东风压倒西风'을 '南风压倒北风'이라 할 수는 없는데, '东风压倒西风'에는 특정한 함의가 있기 때문이다. 이 비유는 『홍루몽(红楼梦)』제 82회에 나온다.

> 但凡家庭之事, 不是东风压倒西风, 就是西风压倒东风。
> 하지만 가정에서의 모든 일은 동풍이 서풍을 압도하지 않으면, 서풍이 동풍을 압도한다.

'不是东风压倒西风búshìdōngfēngyādǎoxīfēng, 就是西风压倒东风jiùshìxī-fēngyādǎodōngfēng'은, 가정에서 대립하는 쌍방 간에 이쪽이 저쪽을 압도하지 않으면 저쪽이 이쪽을 압도하는 두 가지 경우 중 하나임을 의미한다. 후에 사람들은 '东风'을 혁명세력에 비유하고 '西风'을 반동세력에 비유하여 혁명세력이 반동세력을 이긴다는 의미를 나타낸다. 반면, 서양에서 '东风'과 '西风'은 순수한 자연바람일 뿐이다.

....
적인) 세력을 압도함을 뜻함.

중국어에서 객관적인 사물을 비유하는 객체가 분명하여, 바로 이해할 수 있는 비유들도 있다.

    (1) 今天天气特别热, 太阳像一团火。

        오늘 날씨가 너무 더워 태양이 불덩어리 같다. 徐孺(쉬루)『竹叶青(죽엽청)』

    (2) 他告诉我妈妈打球很努力, 像只猛虎。

        그는 우리 엄마에게 용맹스러운 호랑이처럼 농구를 열심히 한다고 알려주었다. 姚明(야오밍)『我的世界我的梦(나의 세계, 나의 꿈)』

    (3) 给她写来长长的, 热情的信, 约她出去, 她却像木头人一样无动于衷。

        그녀에게 길고 열정적인 편지를 썼지만, 그녀는 목석같이 아무 반응도 없었다. 王朔(왕쉬)『空中小姐(스튜어디스)』

예문(1)의 '像一团火xiàngyituánhuǒ(마치 불덩어리 같다)'는 사람들에게 쉽게 '열'을 연상시키고, 예문(2)의 '像只猛虎xiàngzhīménghǔ(용맹스러운 호랑이 같다)'도 쉽게 '대단하다'를 연상시킨다. 예문(3)의 '像木头人一样xiàngmùtourényíyàng (나무인간 같다)'도 '냉정하다'를 연상시킨다. 하지만, 사물의 비유에서 객체를 쉽게 이해하기 어려운 경우도 있다.

    (1) 这一间不到九平米的小南房, 地上是床铺, 立柜, 碗橱, 箱子; 墙上, 挂着大包小包, 烟筒, 凉席; 头顶上, 是孩子们睡觉的小暗楼, 小窗户像枪眼。

        9제곱미터가 채 되지 않는 이 작은 남향집에, 바닥에는 침대와 옷장, 찬장, 궤짝이 있고, 벽에는 크고 작은 가방과 굴뚝, 돗자리가 걸려 있다. 천정에는 아이들이 잠자는 다락이 있는데, 작은 창문은 마치 총 구멍 같다. 齐平(치핑)『米兰(밀라노)』

    (2) 这老师一向也是个精明强干的, 说话像打机关枪。

        이 선생님도 줄곧 똑똑하고 유능한데, 말하는 것이 꼭 기관총을 쏘는 것 같다.　　　　　　　　　　　　　王朔(왕숴)『看上去很美(보기에 아름답다)』

(3) "别动!" 哥哥两只胳膊像门杠, 把二嫂拦住。

"꼼짝 마!" 오빠는 두 팔을 문빗장처럼 하고는 둘째 형수님을 가로막았다.

齐平(치핑)『米兰(밀라노)』

(4) 头发烫得像鸡窝, 能孵小鸡么? 曲线美, 直线美又几个钱一斤?

머리를 닭장같이 파마했는데, 병아리를 깔 수 있나? 곡선미, 직선미는 또 한 근에 얼마야?　　　　　　　　　　老舍(라오서)『新年醉话(신년취화)』

(5) 二哥张开着两只蒲扇似的大手, 脸上仍挂着憨笑。

둘째 오빠는 부들부채 같이 큰 손을 펼친 채 얼굴은 여전히 천진난만한 미소가 걸려있다.　　　　　　　　　　　　齐平(치핑)『米兰(밀라노)』

(6) 在高加林这样胡思乱想的时候, 他前面的巧珍内心里正像开 水锅那般翻腾着。

가오쟈린(高加林)이 이렇게 터무니없는 생각을 할 때, 그 앞의 챠오전(巧 珍)의 마음은 끓는 솥처럼 용솟음쳤다.　　　　　路遥 (루야오)『人生(인생)』

위에서 비유의 객체는 '枪眼qiāngyǎn(총구)', '机关枪jīguānqiāng(기관 총)', '门杠méngàng(문빗장)', '鸡窝jīwō(닭장)', '蒲扇púshàn(부들부채)', '开水锅kāishuǐguō(물 끓는 솥)'으로 외국 학생들의 생활과는 거리가 멀 어서 이해하기가 어렵다.

특히 주의할 점은, 중국어의 비유에는 일종의 뚜렷한 경향성이 있다 는 것이다. 즉, 음식과 관련된 사물을 사용한 비유가 많다는 것이다. 이 에 관해서는「음식과 중국어」장에서 이미 자세히 살펴보았다. 여기서 는 몇 가지 예를 더 들어보기로 한다.

(1) 你这么做是抓了芝麻, 丢了西瓜。

그가 이렇게 한 것은 깨를 잡느라 수박을 놓치는 격이다.

(2) 芝麻大的一点事他都要亲自过问。

깨알 같이 작은 일도, 그는 모두 직접 묻는다.

(3) 包子馅多不在褶上。³⁾
만두 속이 많은 것은 주름에 있지 않다.

(4) 他昨天做的报告像白开水一样。
그가 어제 한 보고는 맹탕과 같다.

(5) 他想一口吃个胖子。
그는 한 술 밥에 배부르고 싶어 한다.

위의 예문에서 '抓了芝麻zhuālezhīma, 丢了西瓜diūlexīgua(깨를 잡고, 수박을 잃다)'은 경중을 구분하지 못함을 형용하고, '芝麻大zhīmadà(깨알만하다)'는 아주 작음을 비유한다. '包子馅多不在褶上bāozixiànduōbúzàizhěshang(만두 속이 많은 것은 주름에 있지 않다)'는 사물을 볼 때 겉모습만 보아서는 안 됨을 비유하고, '像白开水一样xiàngbáikāishuǐyíyàng(마치 맹탕과 같다)'은 보고가 재미없음을 비유하며, '一口吃个胖子yìkǒucīgepàng(한술 밥에 뚱뚱해지다)'는 서둘러 목적을 이루려고 함을 비유한다. 이들 비유 중에는 음식으로 비유한 것도 있고, 음식의 특징으로 비유한 것도 있으며, 음식과 관련된 동작으로 비유한 것도 있다. 요컨대, 이들은 모두 음식과 관련이 있다.

---

3) 역자주: 사물이나 사람의 진면목은 쉽게 드러내지 않음을 비유하며, 유사한 표현으로 '包子有肉不在褶上', '包子有馅不在褶上'이 있다.

2. 동물 비유

나라마다 동물들은 대개 비슷하지만 이와 관련된 비유는 천차만별이라 할 수 있다. 중국어에는 다음과 같은 동물 비유들이 있다.

(1) 昨天下雨淋了个落汤鸡。
어제 비로 물에 빠진 생쥐가 되었다.

(2) 对他这种落水狗手下不能留情。
물에 빠진 개 같은 그에게는 사정을 봐줄 수 없다.

(3) 他是一个铁公鸡。
그는 구두쇠이다.

(4) 你狗拿耗子[4]!
너는 개가 쥐를 잡는구나!(쓸데없는 일에 참견을 하는구나!)

(5) 他急得就跟热锅上的蚂蚁似的。
그는 뜨거운 솥 위의 개미같이 조급했다.

위의 각 예에서 '落汤鸡luòtāngjī', '落水狗luòshuǐgǒu', '铁公鸡tiěgōngjī', '狗拿耗子gǒunáhàozi', '热锅上的蚂蚁règuōshangdemáyi'은 모두 객체가 동물인 비유이다. 이들이 나타내는 것은 문자적 의미가 아닌 특별한 비유 의미이다. '落汤鸡'는 국에 빠진 닭을 가리키는 것이 아니다. 여기서 '汤'은 고대 중국어 어휘로, '끓인 물'을 뜻한다. '落汤鸡'는 비를 맞거나 물에 빠진 후 옷과 머리가 모두 흠뻑 젖어 난처한 모습을 비유한다. '落水狗'는 즉 '물에 빠진 개'인데, 권세를 잃은 나쁜 사람을 비유한다. 루

---

4) 역자주 : 헐후어로 쥐를 잡는 것은 고양이이므로, 개가 쥐를 잡는 일은 쓸데없고 부질없는 일임을 뜻한다. 따라서 뒤에 '多管闲事(쓸데없는 일에 참견하다)'와 함께 사용하기도 한다.

쉰(鲁迅) 선생은 한때 '落水狗'(『论"费厄泼赖"应该缓行('페어플레이' 는 시기상조다)』, 1926년)를 잡아야 함을 제창하였는데, 그가 말한 '落 水狗'가 바로 이를 가리킨다. '铁公鸡'는 매우 인색함을 비유한다. 이는 철로 만든 수탉의 털은 한 개도 빠지지 않기 때문으로, 털 하나도 남에 게 주지 않음을 의미한다. '狗拿耗子'는 쓸데없는 일에 참견하기를 좋 아함을 비유하고, '热锅上的蚂蚁'는 초조하고 불안한 모습을 형용한다.

위의 비유들은 일본어에는 없으므로, 번역을 할 때는 설명을 하는 수 밖에 없다. 예를 들어, '铁公鸡'는 일본어로 '철로 만든 수탉—털 하나 도 뽑히지 않음. 구두쇠를 비유'라고 설명을 할 수밖에 없다. 또 '狗拿 耗子'는 '개가 쥐를 잡는 것처럼 쓸 데 없는 일에 참견하다'라 말할 수밖 에 없다. 동물 비유가 많다는 것도 중국어 비유의 매우 뚜렷한 특징이 다. 이와 관련한 자세한 내용은 제2편「중국어와 문화」제1장 '재수 없 는 개와 기타 동물'편에서 설명하였기에, 여기서는 몇 가지 예만 들기로 한다.

  (1) 他是癞蛤蟆想吃天鹅肉。
      그는 두꺼비가 백조 고기를 먹으려고 하는 것이다.

  (2) 你是黄鼠狼给鸡拜年。
      너는 고양이가 쥐 생각하는 것이다.

  (3) 他们这是杀鸡给猴看。
      그들이 이렇게 하는 것은 닭을 죽여 원숭이에게 보이려는 거야.(일벌백계 하려는 거야)

  (4) 那孩子猴似的。
      그 애는 너무 설친다.

  (5) 你这么给孩子讲课简直是对牛弹琴!
      너 이렇게 아이에게 수업하는 것은 정말이지 소귀에 경 읽기야.

위의 예에서 '癩蛤蟆想吃天鹅肉làihámaxiǎngchītiān'éròu(두꺼비가 백조 고기를 먹으려 하다)', '黄鼠狼给鸡拜年huángshǔlánggěijī bàinián(족제비가 닭에게 세배를 하다)', '杀鸡给猴看shājīgěihóukàn(닭을 죽여 원숭이에게 보이다)', '猴似的hóushìde(원숭이와 같다)', '对牛弹琴duìniútánqín(소귀에 경 읽기)'은 모두 흔히 보이는 비유들이다. '癩蛤蟆想吃天鹅肉'에서 '癩蛤蟆(두꺼비)'는 아주 못생기고 사람들이 싫어하는 동물이고, '天鹅(백조)'는 세상에서 가장 아름다운 동물이다. 이는 불가능한 일을 비유한다. '黄鼠狼给鸡拜年'은 상식에 맞지 않아 보인다. 닭이 족제비에게 세배를 올린다(鸡给黄鼠狼拜年)면 몰라도 어떻게 족제비가 닭에게 세배를 올릴(黄鼠狼给鸡拜年) 수 있겠는가? 따라서 이 비유는 나쁜 생각을 품고 갑자기 다른 사람을 방문함을 나타낸다. '那孩子猴似的(그 아이는 원숭이 같다)'는 그 아이의 외모가 원숭이를 닮았음을 말하는 것이 아니라 움직이는 것을 지나치게 좋아하여 통제가 어려움을 말한다. '对牛弹琴'은 상대방을 잘못 골라 말함을 비유한다.

중국어에 동물비유가 많은 것처럼 다른 언어에도 이러한 비유가 존재한다.

(1) Black sheep. (집안이나 조직의) 골칫덩어리, 말썽꾼
(2) She is a social butterfly. 그녀는 사교성 있는 사람이다.
(3) As hungry as a bear. 배가 몹시 고프다.
(4) Ass in a lion's skin. 사자의 탈을 쓴 나귀, 강한 체 하는 비겁자

예문(1)의 문자적 의미는 '검은 양'인데, 실제로는 '무리를 해치는 말. 말썽꾼'을 의미한다. 예문(2)의 문자적 의미는 '그녀는 사회의 나비이다'이나, 진정한 의미는 '그녀는 사교계의 꽃이다'이다. 예문(3)의 문자적 의미는 '배고픈 곰'이지만, 중국어로 번역한다면 '배고픈 늑대(饿狼)'가 자연스럽다. 예문(4)의 문자적 의미는 '사자의 탈을 쓴 나귀'이나, 실

제 의미를 중국어로 번역하면 '여우가 호랑이의 위세를 빌리다'가 된다. 일본어에도 동물 비유가 많이 있는데, 비유의 객체는 중국어와 다르다. 예는 다음과 같다.

  (1) 馬の耳に念仏。말의 귀에 경 읽기
  (2) 犬の遠吠ぇ。개의 먼 울음
  (3) さるも木から落ちる。원숭이도 나무에서 떨어진다.
  (4) 猿に烏帽子。원숭이에게 새 모자

위의 예들은 일본어의 비유로 객체는 모두 동물이다. 예문(1)의 '말의 귀에 경 읽기'는 '对牛弹琴'의 의미를 나타내고, 예문(2)는 '개의 먼 울음'을 사용하여 뒤에서 위세를 떨침을 비유한다. 예문(3)의 '원숭이도 나무에서 떨어질 때가 있다'는 중국어로 '马有失蹄mǎyǒushītí(말도 발을 헛디딘다)'에 해당되고, 예문(4)는 '원숭이가 모자를 쓰고 있다'로 자기 신분에 걸맞지 않는 말을 하거나 옷을 입음을 비유한다.

3. 색채 비유

비유의 객체로서 색채는 색채어와 마찬가지로 언어마다 공통점이 있다. 중국어와 영어의 동일한 비유를 보자.

  (1) 白纸黑字—in black and white 흰 종이, 검은 글씨
  (2) 颠倒黑白—call black white 주객이 전도되다.
  (3) 白色恐怖—the white terror 백색테러
  (4) 开绿灯—give somebody green light 푸른 신호등을 켜서 통행 허락을 나타내다.
  (5) 气得脸通红—bered with anger 화가 나서 얼굴이 시뻘겋다.

일상생활에서 민족마다 각종 색채의 특징과 색에 대한 인식이 다름으로 인해, 사람들의 머릿속에 떠오르는 연상에도 차이가 있다. 이 때문에 동일한 색채에 상이한 비유 의미를 부여한다. 중국어를 예로 들면, 같은 '红hóng(붉다)'이라도 연상에 따라 의미가 달라진다.

(1) 他们俩没红过脸。 그 둘은 얼굴을 붉힌 적이 없다.
(2) 你脸红了。 너 얼굴이 빨개졌다.
(3) 我发财了, 她眼红。 내가 부자가 되니, 그녀가 질투를 한다.

'没红过脸méihóngguoliǎn'은 결코 얼굴이 붉은 적이 없음을 가리키는 것이 아니라 '화를 내지 않았다'나 '사이가 틀어진 적이 없다'를 비유한다. 『고급구어(高级口语)』[5](上) 제6과 「눈치가 있다(知趣)」에 다음과 같은 글이 있다.

就这么着, 我们邻里之间, 不敢妄说亲如一家吧, 却也多年相安无事, 彼此从没红过脸。
이렇게 하여 우리는 이웃들 간에 함부로 말하지 않고, 한 가족처럼 친하여 몇 년간이나 아무 일 없이 화목하게 지냈고, 서로 얼굴을 붉힌 적도 없었다.

글에서 '没红过脸méihóngguoliǎn(얼굴을 붉힌 적이 없다)'은 중의문이다. '脸红了liǎnhóngle(얼굴이 붉어지다)'는 문자적 의미 외에 비유적으로 부끄러워하거나 수줍어함을 나타내고, 거짓말을 하는 경우를 가리킬 때도 있다.

(1) 别跟她开玩笑了, 人家的脸都红了。
그녀를 놀리지 마라. 얼굴이 다 빨개졌다.

----

5) 저자주 : 陈如외 편저, 华语教学出版社, 1989.

(2) 你一定是说假话了，你看你的脸红了不是?
　　너 분명히 거짓말 했어. 얼굴 봐라. 빨개졌지?

예문(1)의 '脸都红了'와 예문(2)의 '脸红了'는 모두 부끄러워함을 나타낸다.

'眼红yǎnhóng(눈이 빨개지다)'은 잠을 잘못 잤거나 술을 많이 마셔서 눈이 충혈 된 경우이다. 하지만 이는 표면적 의미이고, 실제는 비유적으로 질투를 의미한다. 예를 보자.

　　我发财了，你眼红是不是? (내가 부자 되니까 너 질투나지?)

영어에서 '红'이 생성하는 이미지는 중국어와 차이가 있다.

(1) see red 몹시 화를 내다, 붉으락푸르락하다
(2) caught red-handed 현행범으로 잡히다
(3) red tape 불필요한 요식
(4) red rain 붉은 비

예문(1)은 노발대발하다의 의미이고, 예문(2)는 나쁜 일을 하는 도중에 발각됨을 뜻한다. 예문(3)은 번거롭고 불필요한 예절과 틀에 박힌 글을 말하고, 예문(4)는 영화나 소설에서 갈등의 줄거리를 가리킨다. 이러한 비유 용법은 모두 중국어에는 찾아볼 수 없는 것들이다.

중국어나 영어와 달리, 일본어에서는 '红'이 특별한 비유 의미가 없다.

제12장 한자와 문화

　한자는 창조에서부터 지금까지 수 천 년의 역사를 걸어왔다. 하지만 한자가 언제 창조되었는지에 대해서는 현재까지도 통일된 결론이 없다. 문자로 기록된 가장 빠른 한자는 샨시(陝西) 시안반포(西安半坡)와 린통쟝자이(临潼姜寨)의 도기문(陶器文)이라고 하는 사람도 있지만, 일반적으로 사람들은 허난(河南) 인쉬(殷墟 : 은허)에서 출토된 갑골문(甲骨文)으로 보는 경향이 있다. 甲骨文(갑골문)이란 거북이 등(龜甲)이나 동물의 뼈(兽骨)에 새긴 문자이며, 줄여서 '甲骨文'으로 부른다. 예를 보자.

日
月
水
火
人
山

　갑골문을 보면, 한자는 아직 상형문자의 형태에서 아직 완전히 벗어나지 못했으며 대부분 그림의 성격을 가지고 있다. 하지만 이미 추상적인 자체가 생겨났다.

1. 한자의 조자(造字) 방법

조자의 각도에서 보면, 한자는 상형자(象形字), 지사자(指事字), 회의자(会意字), 형성자(形声字)의 4가지로 분류할 수 있다. 상형자는 사물의 형상을 본떠 만든 한자로, 앞에서 언급한 '日', '月', '水', '火', '山'이 이에 해당된다. 이러한 조자 방법의 큰 단점은 구체적인 사물을 나타내는 글자만 만들 수 있고, 추상적인 사물에 대해서는 글자를 만들 수 없다는 것이다. 이러한 단점을 보완하기 위해 지사자가 생겨났다. 지사자는 사물의 주요 특징을 근거로 상징적인 부호나 그림을 사용하거나 그림에 부호를 추가하는 방식으로 어떤 어휘를 나타내는 것이다. 예는 다음과 같다.

'上'은 갑골문에서 'ᗢ'로 쓰는데, 곡선 위에 짧은 가로선이 있으며 의미는 '위'이다. '下'는 이 와 반대로 'ᗡ'로 쓰는데, 짧은 가로선이 곡선 아래에 있으며 의미는 '아래'이다. '刃'는 갑골문에서 'ᅿ'로 쓰는데, 'ᅿ'은 한 자루의 칼이고, 짧은 선 하나를 그려 칼날을 가리킨다. '本'은 금문(金文)에서 'ᛉ'으로 쓰는데, '木' 아래에 짧은 선을 그어 나무의 뿌리, 즉 가장 중요한 부분을 나타낸다. '末'은 금문에서 'ᛉ'으로 쓰는데, 여기서는 짧은 선이 '本'자와 상반되게 '木'자의 위에 있어 나무의 꼭대기, 즉 나무에서 중요하지 않은 부분을 나타낸다. 지사자는 상형자보다 한 단계 더 발전되었지만, 여전히 상형자를 기초로 하고 있으며 아직 이의 범위를 완전히 벗어나지 못했다. 따라서 상형자와 같은 단점을 가지고 있다.

회의자는 상형자나 지사자보다 더 많이 발전하였으며, 한자는 그림의 단계에서 완전히 벗어났다. 회의자는 두 개 혹은 그 이상의 형방(形旁)이 하나로 합쳐져서 이루어진 글자로, 이들 형방은 함께 그 한자의 의미를 나타낸다.

林 明 休

'林'은 두 개의 '木'이 병렬로 연결되어 있으며, 의미는 많은 나무(숲)이다. '明'은 '日'과 '月' 두 글자의 합체자인데, '日'은 태양이고 '月'은 달이다. 태양과 달이 함께 있으니 당연히 밝음을 뜻한다. '休'를 보면 왼쪽은 사람이고 오른쪽은 나무로, 사람이 나무에 기대고 있음은 곧 휴식을 나타낸다.

형성자의 생성은 한자의 또 다른 비약으로, 이는 한자의 수를 대폭 늘려놓았다. 통계에 따르면, 현재 한자의 80% 이상이 형성자이다. 형성자는 한자가 독음을 나타내는 성방(声旁)과 의미 혹은 이와 관련된 사물을 나타내는 형방의 두 부분으로 구성된다.

补 饭 糖 泳 猫
按 案 桉 鞍 氨
较 饺 郊 皎 胶

첫 번째 줄의 한자는 모두 두 부분으로 구성된다. 이는 간단하게 '补=衤+卜, 饭=饣+反, 糖=米+唐, 泳=氵+永, 猫=犭+苗'로 정리할 수 있다. 매 글자의 앞부분은 모두 한자의 의미나 이와 관련 있는 사물을 나타내는 형방이고, 뒷부분은 모두 한자의 독음을 나타내는 성방이다. 예를 들어, '饭'에서 'ⴏ'은 '食', 즉 양식을 뜻하고 '反'은 '饭'의 독음을 나타낸다. 두 번째 줄의 한자도 모두 두 부분으로 구성되는데, 그 중에 '扌', '木', '革', '气'은 모두 형방이고 성방은 모두 '安'이다. 세 번째 줄의 한자는 각각 '车', 'ⴏ', '阝', '白', '月'이 형방이며, 성방은 모두 '交'이다.

생성부터 현재까지 한자의 형체는 많은 변화를 거쳤다. 한자의 발전 과정은 대략 다음과 같다.

갑골문 →	금문 →	전서 →	예서 →	해서 →	번체자 →	간체자
			兒	兒	兒	儿
		國	國	國	國	国
		歲	歲	歲	歲	岁
		魚	魚	魚	魚	鱼
		馬	馬	馬	馬	马
		齒	齒	齒	齒	齿

한 단계를 지날 때마다 한자의 숫자에도 끊임없이 변화가 발생하였는데, 일반적으로 적은 것에서 많은 것으로 변화하였다. 중국에서 가장 오래된 자서인 동한(东汉)의 『설문해자(说文解字)』는 9,353개의 한자를 수록하였는데, 청대의 『강희자전(康熙字典)』에 와서는 47,035개로 급증하였다. 하지만 현재의 『한어대자전(汉语大字典)』에 수록된 글자는 60,000개에 이른다. 전체 한자 수는 6만 여개나 되지만 실제 상용하는 한자는 3천여 개이며, 나머지 한자는 모두 가끔 사용하거나 거의 사용하지 않는 글자이다.

2. 한자의 특징

한자는 어떤 특징이 있나? 구조상으로 보면, 소수의 독체자(独体字)[1]를 제외하고 한자는 대부분 편방(偏旁)의 조합으로 이루어져 있다. 편방이란 한자의 형체에서 주로 나타나는 구성 성분이다. 한자는 절대 다수가 두 개 혹은 여러 개의 편방을 합쳐 이루어지는데, 이는 한자의 경제성과 규칙성을 잘 보여주며, 한자의 학습에도 편의를 제공한다. 현재 사용하는 한자 중에 부수가 되는 편방은 모두 251개가 있지만, 이들 부수의 사용 빈도에는 큰 차이가 있다.

한자의 구조에는 규칙이 있는데, 일반적으로 상하구조, 좌우구조, 상중하구조, 좌중우구조이다. 다음은 예이다.

花　苗　室　食　(상하 구조)
清　请　晴　情　(좌우 구조)
草　裏　算　莫　(상중하 구조)
淮　掰　辡　辩　(좌중우 구조)

하지만, 많은 한자들이 모두 이처럼 단순하지는 않으며, 종종 두 가지 이상의 구조로 이루어진다. 예는 다음과 같다.

但　胆　解
蒲　寝　筷

첫째 줄의 한자는 모두 먼저 좌우구조로 구성되고, 다시 상하구조로 이루어져 있다. 두 번째 줄의 한자는 먼저 상하구조로 구성되고, 다시

---

1) 역자주 : 하나의 부속요소로만 이루어져 있어 그 자체만으로 완전한 글자를 형성하는 글자.

좌우구조로 이루어져 있다.

한자의 부건(部件)도 기능이 각각 다른데, 보통 성방과 형방의 두 종류로 나눌 수 있다. 한자는 표음문자가 아니어서 한자의 구성으로부터 그 독음을 직접 알 수는 없지만, 한자에서 음을 나타내는 부분을 완전히 부정할 수도 없다. 사실, 일부 한자는 음을 나타내는 성분이 아주 분명하여, 자형구조만으로도 그 한자의 독음을 대략 알 수 있다.

情　请　清　蜻
抱　饱　胞　苞

첫 번째 줄의 한자는 모두 두 부분으로 구성되어 있는데, 왼쪽은 한자의 의미나 이와 관련된 사물을 나타내는 형방이다. 예를 들어 '情'은 '忄'과 '青'으로 구성되는데, 이때 '忄'은 '心'으로 이 한자의 뜻인 '心'과 관련된다. 오른쪽의 '青'은 성방으로 독음을 나타낸다. 즉, '情'의 독음은 '青'과 유사한 것이다.

두 번째 줄의 한자도 두 부분으로 구성되는데, 앞의 세 글자의 왼쪽 부분은 모두 형방이고 오른쪽 부분은 모두 성방이다. 이들과 달리 마지막 글자는 윗부분이 형방이고, 아랫부분이 성방어다. 하지만 이미 몇천 년의 역사를 거치면서 한자는 형체도 여러 차례 큰 변화를 거쳤고, 또 독음도 끊임없이 변화하였기 때문에 한자의 표음부분은 그렇게 명확하지 않게 되었다.

拣　练　炼
河　呵　舸

'拣', '练', '炼'의 성방은 모두 '东'이다. 하지만, '东'은 근본적으로 글자를 이룰 수 없으므로 이들 한자의 독음이 될 수 없다. 사실 이 세 한

자의 성방은 모두 '柬'이며, '东'은 '柬'의 간화 기호이다. '河', '呵', '舸'
의 성방은 모두 '可'이지만, 이들의 독음은 같지가 않다.[2] 이는 한자음
의 발전과 변화의 결과이다.

3. 한자의 오락성

한자는 대부분 두 가지 이상의 부건으로 이루어져 있어 분리가 가능하
므로, 사람들은 종종 이러한 특징을 이용하기도 한다. 유의경(刘义庆:
403~444)[3]의 『세설신어(世说新语)』에는 다음 고사가 기록되어 있다.

> 人饷魏武帝一杯酪, 魏武啖少许, 盖头上题"合"字以示众。众
> 莫能解, 次至杨修, 修便啖, 曰: "公教人啖一口也, 复何疑?"
> 어떤 사람이 위나라 무제(曹操)에게 우유를 한 잔 바치자, 위 무제는 조금
> 맛보고는 잔 두껑에 '合'자를 써서 사람들에게 보였다. 사람들은 무슨 뜻인지
> 이해하지 못하였는데, 양수의 차례가 되자 양수는 곧바로 먹고는 말하였다.
> "주공께서는 사람들에게 한 입씩 먹어보라고 하신 것인데, 또 어찌 머뭇거리십
> 니까"라고 하였다.

위(魏)나라 무제(武帝)가 군신에게 우유를 내렸는데, 한 잔밖에 없어
서 많은 사람들이 먹을 수가 없었다. 위 무제는 명확히 설명하지 않고,
뚜껑에 '合'이라는 한 글자를 썼다. 그러자 대신들이 곤란해졌다. 그들
은 우유를 받고 나서 누구도 감히 먹지를 못했다. 무제의 의도를 알 수
없었기 때문이다. 양수(杨修)의 차례가 되자, 그는 잔을 들고서 한 입
먹은 후 대신들에게 말했다. "무제의 뜻은 모두 한 입씩 먹으라는 것입

---

2) 역자주 : '河', '呵', '舸'의 독음은 각각 'hé', 'hē', 'gě'이다.

3) 역자주 : 중국의 위진남북조(魏晋南北朝)시대 송(宋)나라의 문학가.

니다. '合'이라는 글자는 '人', '一', '口'의 합체자로, 모든 사람이 한 입씩 먹음을 나타내기 때문입니다."

이러한 글자나누기 게임은 잘 알려진 글자 수수께끼이다. 이는 한자의 조합 특징을 이용하여 글자를 알아맞히는 것으로, 교육과 오락을 한데 융합하여 사람들이 즐기면서 교육을 받을 수 있도록 하였다.

四个山字尖对尖, 四个口字紧相连。
산 산자 네 개가 끝을 접하고 있으며, 입 구자 네 개가 서로 밀접하게 연결되어 있다. (田)

大王头上两只角。
큰 임금님의 머리에 뿔 두 개가 있다. (美)

口木不是呆, 莫把困字猜, 若把杏字猜, 不算是秀才。
입 구, 나무 목으로 이루어졌는데, 呆는 아니고 困자도 아니다. 만약 杏자로 생각한다면 아직 수재가 아니다. (束)

千里相逢。
천 리가 상봉한다. (重)

一边一点。
한 쪽에만 점 하나 (卜)

七十二小时。
72시간 (晶)

위는 한자를 구성하는 부건으로 글자를 만드는 수수께끼이다. 또 한자를 이루는 부건을 이용하여 사물의 특징을 나타냄으로써 글자를 만드는 수수께끼도 있다. 예는 다음과 같다.

上面在水里, 下面在天上。
위는 물속에 있고, 아래는 하늘 위에 있다. (鲁)

左边绿, 右边红, 绿的怕火, 红的怕水, 怕火的喜肥, 怕水的喜风。
왼쪽은 초록이고, 오른쪽은 붉으며, 초록은 불을 무서워하고, 붉은 것은 물을
무서워한다. 불을 무서워하는 것은 거름을 좋아하고, 물을 무서워하는 것은
바람을 좋아한다. (秋)

한자에는 많은 동음자(同音字)가 있어 구분이 어려울 때도 있으며
오해가 생기기도 쉽다. 따라서 사람들은 종종 한자의 분리 가능성을 이
용하며 성(姓)을 말한다. 예를 들어 이름을 말할 때 오해를 피하기 위
해, '陈chén'씨 성은 흔히 '耳东陈ěrdōngchén(귀 이, 동녘 동, 진)'이라고
말하고, '李lǐ'씨 성은 '木子李mùzǐlǐ(나무 목, 아들 자, 이)'라고 하거나
'十八子李shíbāzǐlǐ(열 십, 여덟 팔, 아들 자, 이)'라고 말한다. 또 '徐xú'씨
는 '双人徐shuāngrénxú(두인 변, 서)'라고 말하고, '张zhāng'씨는 '弓长张
gōngchángzhāng(활 궁, 길 장, 장)'이라고 하며, '章zhāng'은 '立早章
lìzǎozhāng(설 립, 이를 조, 장)'이라고 한다. 상하이 사람들은 '吴wú'와
'胡hú', '王wáng'과 '黄huáng'을 구분하지 않아, 종종 '口天吴kǒutiānwú(입
구, 하늘 천, 오)', '古月胡gǔyuèhú(옛 고, 달 월, 호)', '三横王sānhéng-
wáng(석 삼, 가로 횡, 왕)', '草头黄cǎotóuhuáng(풀 초, 머리 두, 황)'으로
글자를 분리한다.

한 개의 한자는 하나의 전체로서, 한 문장을 적어놓고 읽을 때에 한
자 자형의 제한을 받지 않는다. 즉 한 문장을 왼쪽에서 오른쪽으로나
오른쪽에서 왼쪽으로 모두 읽을 수가 있다. 바로 이 때문에 문인들은
이러한 특징을 이용하여 소위 '回文诗huíwénshī(회문시)[4]'와 '回文词
huíwéncí(회문사)', '回文曲huíwénqǔ(회문곡)'이라고 하는 문자 놀이를 위
한 작품을 쓰기도 하였다.

---

4) 역자주 : 옛날 시 형식의 하나. 앞에서 읽으나 거꾸로 읽으나 뜻이 통하는 시구.
주로 옛날 문인들의 문자 놀이의 한 형식임.

송나라 때 혹자는 「그리움을 부치다(寄怀一首)」라는 회문시를 썼다.[5]

儿忆父兮妻忆夫, 아들은 아버지 걱정, 아내는 남편 생각에,
寂寞长守夜灯孤; 쓸쓸히 긴 밤 지새우며 홀로 야등 지키네.
迟回寄雁无音讯, 더디게 돌아오는 서신 배달 기러기에 당신 소식 없음은,
久别离人阻路途; 오래 이별한데다 길이 막혀서인가.

诗韵和成难下笔, 시운 맞춰 화답시 지었지만 붓을 대기 어렵고,
酒杯一酌怕空壶; 술잔 들어 한잔 하려니 술 주전자 비어있을까 두렵네.
痴心几见曾来往, 애타는 마음은 오간 것 몇 번이나 본 것 같지만,
水隔山遥望眼枯。 강물은 갈라놓고 산은 멀어 바라만보다 눈물이 말랐네.

이 시는 각 행을 거꾸로 읽어도 역시 시가 된다.

孤灯夜守长寞寂, 외로운 등불 밤새 지키며 오랜 쓸쓸함에 젖은 것은,
夫忆妻兮父忆儿; 남편은 아내 생각 아버지는 자식 걱정 때문이네.
途路阻人离别久, 머나먼 먼 길이 막혀 사람 이별이 오래인데,
讯音无雁寄回迟; 소식 전하는 기러기가 없어 편지 부치는 것이 더디어지네.

壶空怕酌一杯酒, 술주전자 비어가니 한 잔 술 따르지 못할까 걱정되고,
笔下难成和韵诗; 차운하여 화답시를 지어놓고도 붓 들어 써내기 어렵네.
枯眼望遥山隔水, 눈물 말라버린 눈은 먼 산 가로 막은 강물 바라보는데,
往来曾见几心痴。 오가는 사람들은 내 마음 얼마나 어지러운지 보았으리.

그 밖에, '神智体shénzhìtǐ(신지체)[6]'라 하는 시도 있다. 이 시는 자형

---

5) 역자주 : 이 작품은 송대 시인 이우(李禹)가 쓴 것으로, 「부부가 서로 그리워하다 (夫妻互憶)」라는 제목으로도 알려져 있다.
6) 역자주 : 글자의 모양으로 장난을 치고, 그 글자를 통하여 시의 의미를 읽어 내는 재미있는 시를 보통사람의 머리로는 이해할 수가 없다고 하여 신지체(神智体)라

의 변화와 크기, 굵기, 길이, 배열의 간격, 필획의 증가와 감소, 필획의 누락, 위치의 높이, 정반(正反), 분리 후 가차 등의 방법을 이용하여 특수한 모습을 형성함으로써 시문의 기교를 나타내는 것이다. 신지체 시로는 소식(苏轼)의 유명한 「만조(晩眺)[7]」라는 시가 전해진다.

亭景畫老罘筇首雲暮江巤峰

이 시가 함축하는 시문은 다음과 같다.

长亭[8]短景[9]无人[10]画, 긴 정자 짧은 햇살은 그림 그리는 이 없고,
老大横拖瘦竹筇。 늙은이가 마른 대지팡이 옆으로 들었네.
回首断云斜日暮, 돌아보면 끊어진 구름에 해 저무는 저녁,
曲江倒蘸侧山峰。 굽은 강에는 옆 산봉우리 거꾸로 잠겨 있네.

한다.

7) 역자주 : 이 시의 각 글자 모양을 하나씩 설명하면 다음과 같다. '亭(정)'은 길고 (长亭), '景(영)'은 짧고(短景), '畫(화)'에는 사람 인(人)이 없다(无人画). '老(노)'는 크고(艺大), '拖(타)'는 옆으로 누웠고(横拖), '筇(공)'은 가늘고 길다(瘦竹筇). '首(수)'는 돌려져 있고(回首), '雲(운)'은 가운데가 끊어져 있으며(断云), '暮(모)'에는 日(일)이 비스듬하다(斜日暮). '江(강)'은 工(공)이 구부러져 있고(曲江), '蘸(잠)'은 거꾸로 되어 있고(倒蘸), '峯(봉)'은 山(산)이 옆으로 붙어 있다(侧山峰).

8) 역자주 : 옛날에 길 가에 10리마다 정자를 만들어 길가는 사람이 쉴 수 있도록 하였는데, 이를 '长亭'이라 하며, 10리마다 설치하였기에 '十里长亭'이라고도 한다.

9) 역자주 : 겨울은 밤이 길고 낮이 짧기 때문에 '短景'이라 한다. 여기서 '景'은 '影'과 통하고, '영'으로 읽는다.

10) 역자주 : 원문에서 '人'을 '一'로 적었지만, 일반적으로는 '人'으로 보아 '长亭短景无人画'가 된다. '画'는 번체자로 '畫'인데, 이체자 '畵'로 적을 수도 있기 때문에 '人'자가 생략되면 '无人畵'가 된다. 여기서는 원문을 따르지 않고 이를 따르기로 한다.

제13장 중국어의 특징

중국어는 언어의 일종으로, 영어, 일본어, 한국어와 마찬가지로 그만의 음성체계와 어휘체계, 문법체계와 문자 체계를 가지고 있다. 그 중에는 다른 언어와의 공통점도 있고 차이점도 있다. 즉, 중국어는 자기만의 특징을 가지고 있으며, 이러한 특징은 음성, 어휘, 문법 등에서 모두 나타난다.

1. 음성

현대중국어의 음성은 다음 몇 가지 특징이 있다.

첫째, 복자음이 없다. 현대중국어는 음절의 시작과 끝에서 모두 여러 개의 자음이 합쳐진 현상은 없다. zh, ch, sh, -ng는 표기상 두 개의 자모로 구성이 되어있지만 실제로는 하나의 음소를 대표한다. 바로 이 때문에 중국어의 음절구조는 가지런하고 경계도 분명하다.

둘째, 음절구조에서 원음(元音)[1]이 우세를 차지한다. 중국어의 음절은 보음(辅音)[2]은 없어도 되지만 원음은 반드시 필요하다. á(啊)처럼

---

1) 역자주: 모음에 해당된다. 모음이 우세하고 기본적인 음소이므로, 중국어에서는 이를 '원음(元音)'이라 칭한다. 한글에서는 이를 근원적인 음소라는 의미의 '모음(母音)'이라는 용어로 지칭한다.

하나의 원음이 한 음절을 구성할 수도 있고, ōu(欧)와 yóu(油)처럼 두 개 혹은 세 개의 원음이 복원음(复元音)[3]이 되어 하나의 음절을 구성할 수도 있다.

셋째, 원음으로 끝나는 음절이 많다. 보음은 주로 음절의 머리에 출현하는데, -n과 -ng 둘을 제외하면 나머지 보음은 음절의 끝에 출현할 수 없다.

넷째, 모든 음절에 성조가 있다. 성조는 상승과 하강, 하강 후 상승의 변화가 있으며, 성조들 간에 서로 조화를 이루어 음악성을 형성한다.

2. 어휘

현대중국어의 어휘는 다음 특징을 가진다.

첫째, 이음절화의 추세에 있다. 예를 들어, '国guó(국가)'는 '国家 guójiā(국가)'로, '目mù(눈)'는 '眼睛yǎnjing(눈)'으로, '耳ěr(귀)'은 '耳朵 ěrduo(귀)'로 각각 대체되었다. 또 다음절 어휘도 이음절화로 간략화 되기도 한다.

北京大学 베이징대학 — 北大 북대
清华大学 칭화대학 — 清华 칭화
人民代表大会 인민대표대회 — 人大 인대
记者协会 기자협회 — 记协 기협

---

2) 역자주: 자음에 해당된다. 중국어에서는 자음이 모음을 보조하는 음소라고 보아, 이를 '보음(辅音)'이라 칭한다. 한글에서는 이를 종속적인 음소라는 의미의 '자음(子音)'이라는 용어로 지칭한다.

3) 역자주: 중국어에서 하나의 원음을 '단원음(单元音)'이라 하고, 두 개 이상의 원음을 '복원음(复元音)'이라 한다.

둘째, 현대중국어는 분석형 언어로, 형태변화가 거의 없으며 어순이 문법을 나타내는 주요 수단으로 매우 중요하다. 예를 들어, '花红 huāhóng(꽃이 붉다)', '脸白liǎnbái(얼굴이 희다)', '树大shùdà(나무가 크다)'는 주술구조로, '红hóng(붉다)', '白bái(희다)', '大dà(크다)'가 각각 '花huā(꽃)', '脸liǎn(얼굴)', '树shù(나무)'를 설명한다. 하지만, '红花 hónghuā(붉은 꽃)', '白脸báiliǎn(흰 얼굴)', '大树dàshù(큰 나무)'는 수식구조로, '红', '白', '大'는 각각 '花', '脸', '树'성질을 나타내며 이들을 한정한다.

셋째, 중국어에서 허사(虚词)의 기능은 매우 중요하다. 허사가 다르면 문법 의미와 기능도 다르다. 예를 들어, '打得好dǎdehǎo(잘 칠 수 있다/ 잘 쳤다)'와 '打的好dǎdehǎo(잘 쳤다)'는 한 글자밖에 차이가 나지 않지만 의미는 다르다. 전자는 술보구조이고 후자는 주술구조이다. 중국어의 시태(时态)역시 허사를 통해 표현된다.

(1) 吃了一只烤鸭。 오리구이 한 마리를 먹었다.
(2) 吃着烤鸭。 오리구이를 먹고 있다.
(3) 吃过烤鸭。 오리구이를 먹은 적이 있다.

위의 세 문장은 동사 뒤에 각각 서로 다른 동태조사 '了', '着', '过'가 출현하였으므로 의미도 완전히 다르다. 예문(1)의 '了le'는 완성이나 실현을 나타내고, 예문(2)의 '着zhe'는 진행을 나타내며, 예문(3)의 '过guo'는 경험을 나타낸다.

넷째, 양사가 매우 풍부하다. 수사와 명사가 결합할 때 일반적으로 수사 뒤에 양사를 사용하는데, 명사에 따라 사용하는 양사도 달라진다. 예는 다음과 같다.

一张桌子 책상 한 개　　一把椅子 의자 한 개
两只鸡 닭 두 마리　　一个鸡蛋 계란 한 개
十块钱 10위안　　一条裤子 바지 한 벌

양사는 문법적 기능 외에도 수사와 명사를 연결하는 기능을 하며 수사적 기능도 있다. 양사가 다르면 수사적 효과도 다르다. 비교해보자.

(1) 一朵白云 흰 구름 한 송이
(2) 一片⁴⁾白云 흰 구름 한 조각. 온통 흰 구름.

위의 예에서 '朵duǒ(송이)'와 '片piàn(조각 형태의 풍경을 나타내는 수량사. 넓은 면적을 나타내는 수량사)'은 나타내는 '양' 차이 날 뿐 아니라 서로 다른 이미지를 가지고 있다. '朵'은 사람들에게 '꽃'을 연상시키지만, '片'은 이러한 기능이 없다.

다섯째, '吧ba', '吗ma', '呢ne', '啊a', '了le' 등의 많은 어기사가 있다. 이들 어기사는 미세한 어감의 차이가 있다.

(1) 走吧! 가라!
(2) 可以看书吗? 책을 봐도 되나요?
(3) 人家睡觉呢! 그 사람 자고 있어요!
(4) 多好的孩子啊! 얼마나 좋은 아이인가!

예문(1)의 '吧'는 의논의 어기를 나타내고, 예문(2)의 '吗'는 의문의 어기를 나타낸다. 예문(3)의 '呢'는 진행과 일깨워줌을 나타내고, 예문(4)의 '啊'는 감탄을 나타낸다.

---

4) 역자주 : '片'은 수량사로 쓰였을 때 '작은 조각'의 의미 외에 지면이나 수면에 넓게 펼쳐진 평면을 뜻하기도 함.

3. 문법

언어학계에서 일반적으로 중국어는 SVO(즉, 주술목)형 언어로 생각하지만, 실제 일상생활에서 '주술목'형 문장이 차지하는 비율은 상당히 낮다. 달리 말해, 중국어는 무주어문이나 주술목이 완전하지 않은 문장이 상당히 많이 존재한다. 예를 보자.

(1) 下雨了。비 온다.

(2) A : 去过上海吗? 상하이 가봤니?
     B : 去过。가봤어.

(3) 她低着头走得很快, 进村, 回家, 返手关门。
    그녀는 머리를 숙이고 빨리 걸었다. 마을로 들어와 집에 와서는 문을 잠갔다.

예문(1)은 무주어문이고, 예문(2)의 의문문에는 주어가 없고, 대답에는 주어도 목적어도 없다. 예문(3)의 네 절은 첫 번째 절에만 주어가 있고, 나머지 세 절은 없다.

중국어는 무주어문이 상당히 많으며 술어 동사가 없는 문장도 아주 많다.

(1) 今天星期一。오늘은 월요일이다.
(2) 弟弟六岁。남동생은 6살이다.
(3) 那孩子大眼睛, 高鼻梁。그 아이는 눈도 크고, 콧대도 높다.

이들은 모두 술어 동사가 없지만 문법에 맞는 문장이다. 만약 이를 영어로 번역한다면 반드시 술어 동사나 be동사를 추가해야 한다.

문장들 간의 관계로 보면, 중국어의 문장은 '의합법(意合法)'을 통해 연결된 것이 많다. 각각의 문장들은 논리적 순서나 사건의 선후 관계에 따라 배열된다. 원(元)나라 마치원(马致远 : 1250~1321)[5]의 『천정사(天净沙) · 추사(秋思)』편은 중국어의 이러한 특징을 가장 잘 보여준다.

枯藤老树昏鸦, 마른 등나무, 늙은 나무, 저녁 까마귀
小桥流水人家, 작은 다리, 흐르는 물, 인가
古道西风瘦马, 오래된 길, 쓸쓸한 바람, 야윈 말
夕阳西下, 석양은 서편으로 지는데
断肠人在天涯。 애끓는 사람 하나 하늘가에 있네.

이 곡은 모두 다섯 구인데 앞의 세 구는 모두 동사가 없다. '枯藤老树昏鸦kūténglǎoshùhūnyā'와 '小桥流水人家xiǎoqiáoliúshuǐrénjiā'는 각각 세 개의 명사구로 구성되어 있는데, 매 구절의 세 사물은 그다지 밀접한 관계가 있어 보이지 않는다. 하지만 사실 이들은 상식적으로 연결된다. '枯藤(마른 등나무)'이 '老树(늙은 나무)'를 감싸고 있고, '老树'의 위에는 '昏鸦(저녁 까마귀)'가 앉아 있기 때문이다. 뿐만 아니라 '枯(시들다)'와 '老(늙다)', '昏(황혼)'도 의미적으로 관련이 있다. 마찬가지로, '小桥(작은 다리)' 아래에는 '流水(흐르는 물)'가 있고, '流水' 옆에는 '人家(인가)'가 있다. 즉, 이들 세 사물도 상식적으로 연결된다. 첫 번째 구의 세 사물은 함께 하나의 복문을 구성하는데, 이것이 나타내는 것은 환경이다. 이는 근거리의 환경으로, 마침 두 번째 구의 '小桥流水人家'라는 원거리의 환경과 연결되는데, 이로써 이 두 구가 다시 이치상 하나로 연결되는 것이다. '古道西风瘦马gǔdàoxīfēngshòumǎ'의 세 사물 '古

---

5) 역자주 : 중국 원나라의 잡극 작가. 관한경(关汉卿), 왕실보(王实甫), 백박(白朴) 등과 함께 원곡4대가(元曲四大家)라고 불렸으며, 격조 높은 세련된 문장으로 원곡 작가 중 굴지의 문채가(文彩家)임. 주요 작품으로는 잡극 중에서 손꼽는 명작 『한궁추(汉宫秋)』등 120수가 넘는 작품이 있다.

道(오래된 길)', '西风(서풍)', '瘦马(야윈 말)'도 얼핏 보면 연관성이 없는 것 같다. 하지만 자세히 생각해보면 '古道'와 '西风'이 '瘦马'가 출현하는 장소와 자연 환경을 말해주고 있어서, 마치 황량한 옛 길에 삐쩍 야윈 말 한 마리가 서풍을 맞으며 힘겹게 걷고 있는 모습을 실제로 보는 듯하다. 따라서 전후 세 개의 절이 전혀 상관없는 몇 가지 사물이 한데 쌓여 있는 것이 아니라 한데 합쳐져서 하나의 환경, 한 폭의 그림을 나타내고 있다. 아마도 이것이 이 짧은 곡이 사람들의 입에 오랫동안 회자된 원인일 것이다.

정보 초점의 각도에서 보면, 서양의 언어는 일종의 초점식 언어이다. 즉, 술어 동사가 문장의 핵심이며 다른 성분들은 모두 이를 중심으로 조직되고 구성되는 것이다. 하지만 중국어는 이와 달리 유동적이어서 각 성분이 모두 문장의 초점이 될 수 있다.

我去过一次北京。나는 베이징에 한 번 가봤다.

이 문장은 네 부분으로 구성되는데, 이론적으로 네 부분 중 어느 것도 문장의 초점이 될 수 있으며, 실제로도 그러하다. 초점의 방식은 다음과 같다.

(1) ´**我**去过一次北京。 ´**나는** 베이징에 한 번 가봤다.
(2) 我´**去**过一次北京。 나는 베이징에 한 번 ´**가봤다**.
(3) 我去过´**一次**北京。 나는 베이징에 ´**한 번** 가봤다.
(4) 我去过一次´**北京**。 나는 ´**베이징에** 한 번 가봤다.

예문(1)의 초점은 '我wǒ(나)'이며, 이는 전체 문장이 전달하려는 주요 정보이다. 예문(2), 예문(3), 예문(4)의 초점은 각각 '去过qùguo(가봤다)', '一次yícì(한 번)', '北京běijīng(베이징)'이다.

중국어의 서술문은 일반적으로 시간 순서에 따라 전개된다.

(1) 古铜色的围巾围了又围, 低着头走得很快, 进村, 回家, 返手
    关门, 心虚气短。
    갈색 머플러를 겹겹이 두른 채, 고개를 숙이고 빨리 걸어갔다. 마을로 들
    어와서는 집으로 돌아온 후 문을 닫았다. 마음이 불안하고 숨이 가빴다.

    吴金良(우진량)『春嫂(춘사오)』

(2) 她打定主意, 明天就这么挺着胸, 抬着头, 出村, 上车站, 气气
    派派地回娘家。
    그녀는 결심했다. 내일은 가슴을 펴고, 고개를 들고, 마을을 나서 정류장
    에 가서는 당당하게 친정집으로 가기로 했다.

    吴金良(우진량)『春嫂(춘사오)』

위의 두 예를 보면, 절은 많지만 혼란스럽지 않고 서로 동작이나 사
건의 발생시간 선후에 따라 순서대로 배열되어 있다. 각 절들은 서로
자연스럽게 연결되어 하나의 전체를 형성한다.

중국어에 어떤 주제에 대해 평론을 하는 기능을 가진 동사문의 시점
은 보통 방사성 형태, 즉 하나의 화제에 대해 다각도의 평론을 전개하
는 형태를 취한다. 하지만 이러한 평론이 무질서하지 않은 이유는 공통
된 하나의 주제가 있어 이를 중심으로 여러 문장들을 하나로 모을 수
있기 때문이다.

他这个人吧, 说多了不爱听; 不说吧, 一点眼力见儿都没有。
그 사람은 말이야. 말을 많이 하면 듣기 싫어하고, 말을 안 하면 또 눈치가
하나도 없어.

이 문장에서 '他这个人tāzhègerén'은 평론의 대상인 화제이며, 뒤의 절
들은 모두 이를 설명하고 있다. 이러한 주제문은 항상 문두에서 설명이

나 평가, 판단의 대상인 사람, 사물, 사건 등을 제시한 후, 이 주제를 둘러싸고 단일 방향 혹은 여러 측면에서 평론을 진행하는데, 이는 마치 달을 에워싸고 별들이 일주하는 형국이다. '몸(形)'은 분산되어도 '정신 (神)'은 분산되지 않은 것이다.

중국어 평론문의 또 다른 형식은, 먼저 여러 방면이나 각도에서 평론을 전개하고 마지막에 앞의 평론에 대해 종합적인 결론을 내리는 방식이다.

嘴甜心苦, 两面三刀, 头上笑着, 脚底下使绊子, 明是一盆火, 暗是一把刀, 他都占全了。
말은 달콤하나 속이 검어, 겉과 속이 다르다. 머리로는 웃으면서 발아래서는 올가미를 건다. 겉은 불처럼 열정적이나 속에는 칼이 있는데, 그는 이 모든 걸 다 갖췄다.

위 예문에서 앞의 6개 절은 각각 입, 마음, 머리, 발, 겉과 속의 6개 부분에서 평론을 하고 있으며, 마지막에 '그는 모두 다 갖췄다'라는 결론으로 이들을 하나의 주제로 모아서 전체를 형성하였다. 이 역시 '몸'은 분산되어도 '정신'은 분산되지 않은 것이다.

4. 복문

중국어의 복문을 형성하는 방식으로는 주로 다음 몇 가지가 있다.

가. 시간 순서

각 절이 시간 순서에 따라 배열되어 있다. 먼저 발생한 사건이 앞에 오고, 뒤에 발생한 동작은 뒤에 놓인다. 이는 중국어 복문과 텍스트의 가장 기본적인 구성 방식이다.

 (1) 先吃饭, 再去玩。
    먼저 밥 먹고 나서 놀러 가자.

 (2) 我们在美国停留一周, 之后就飞到法国。
    우리는 미국에서 일주일을 머무른 후 프랑스로 날아갔다.

 (3) 昨天晚上, 我们看了场电影, 还去酒吧喝了一点啤酒。
    어제 저녁에 우리는 영화를 보고 바에 가서 맥주를 좀 마셨다.

나. 인과

앞 절이 뒤 절의 원인이 되기도 하고, 뒤 절이 앞 절의 원인이 되기도
한다. 이러한 복문에는 주로 '因为yīnwèi…, 所以suǒyǐ…(…때문에, 그래
서…)', '既然jìrán…, 就jiù…(이미 …인 이상, …하다)' 등의 연결어가
사용된다.

 (1) 因为明天下雨, 所以就不去了。
    내일 비가 오므로 안가기로 했다.

 (2) 因为没有复习, 所以没有考好。
    복습을 하지 않았기 때문에 시험을 잘못 봤다.

 (3) 没有必要再讨论了, 既然事情已经解决了。
    더 이상 토론할 필요가 없다. 일이 벌써 해결되었기 때문이다.

예문(1), (2)의 앞 절은 원인, 뒤 절은 결과이다. 예문(3)은 앞 절이
결과이고 뒤 절이 원인이다.

다. 가설

앞 절에서 가설을 제시하고 뒤 절에서 결론에 이른다. 그 역도 가능하다. 복문에서는 주로 '如果rúguǒ…, 就…(만약…한다면, …하다)', '假如jiǎrú…, 就…(가령…한다면, …하다)', '倘若tǎngruò…, 就…(만약…한다면, …하다)' 등의 연결사를 사용한다.

- (1) 如果明天下雪, 我们就另找时间。
  내일 눈이 온다면 우리 다른 시간을 찾아보자.

- (2) 假如你认识他, 事情就好办了。
  만약 네가 그를 안다면 일처리는 쉽지.

- (3) 倘若有问题, 你们就来找我。
  만약 문제가 있으면 너희들은 나를 찾아와라.

라. 병렬

여러 개의 절이 각각 관련 있는 여러 가지 일이나 혹은 동일한 한 가지 일의 다른 방면을 서술한다. 각 절의 관계는 평등하며 경중의 차이가 없다. 복문에서는 주로 '一边yìbiān…, 一边…', '既jì…, 也yě…' 등의 연결사를 사용한다.

- (1) 她会说汉语, 我也会说汉语。
  그녀 뿐 아니라 나도 중국어를 할 줄 안다.

- (2) 大家一边吃, 一边说。
  모두들 먹으면서 말한다.

- (3) 我们既不愿意看到这种结果, 也不愿意看到那种结果。
  우리는 이러한 결과와 그러한 결과를 모두 원하지 않는다.

마. 점층

뒤 절의 의미는 앞보다 한 단계 더 나아간다. 주로 가벼운 것에서 무거운 것으로, 작은 것에서 큰 것으로, 얕은 것에서 깊은 것으로, 쉬운 것에서 어려운 것으로 나아가지만, 반대의 경우도 있다. 복문에서는 주로 '不但búdàn…, 而且érqiě…(…뿐만 아니라 …이다)', '不仅bùjǐn…, 而且…(…뿐만 아니라 …이다)' 등의 연결사를 사용한다.

(1) 她不但会英语, 而且会说法语。
그녀는 영어뿐 아니라 프랑스어도 할 줄 안다.

(2) 飞机不但快, 而且很安全。
비행기는 빠르고 안전하다.

(3) 她没上过大学, 甚至连高中都没毕业。
그녀는 대학을 다닌 적이 없다. 심지어 고등학교도 졸업하지 못했다.

바. 전환

뒤 절이 주요 문장이고, 뒤 절과 앞 절의 의미는 상반되거나 상대적이다. 이러한 복문의 앞 절에는 주로 연결사 '虽然suīrán(비록…이지만)'이 사용되고, 뒤 절에는 주로 '但是dànshi(그러나)', '可是kěshi(그러나)', '不过búguò(그러나)' 등이 사용된다.

(1) 虽然天上下着大雨, 大家还是按时赶来了。
하늘에서 비가 많이 내렸지만, 모두들 제 시간에 맞춰 왔다.

(2) 贵是贵点, 不过质量倒不错。
비싸긴 좀 비싼데, 품질은 괜찮다.

(3) 大家早就想去看看, 只是没有时间。
모두들 진작부터 가보고 싶어 했지만, 시간이 없었을 뿐이다.

사. 조건

앞 절에서 조건을 제시한 후, 뒤 절에서 이 조건을 만족한 경우에 나타나는 결과를 설명한다. 복문에서는 주로 연결사 '只要zhǐyào…, 就…(…하기만 하면, …하다)', '除非chúfēi…, 否则fōuzé…(오직 …하여야 …하다)', '无论wúlùn…, 都dōu…(…을 막론하고 모두…)', '不论búlùn…, 都…(…을 막론하고 모두…)' 등을 사용한다.

(1) 只要努力学习, 就一定能学好。
    열심히 공부하기만 하면 잘 배울 수 있다.

(2) 除非你亲自去, 否则事情就不好办。
    네가 직접 가지 않는 한, 일을 처리하기는 어렵다.

(3) 无论走到哪里, 都能看到这种花。
    어디를 가든 이런 꽃은 다 볼 수가 있다.

아. 해설

뒷부분은 앞부분에 대한 설명이나 해석이다. 해설 관계는 보통 절의 순서와 의미를 통해 나타나며, 연결사는 거의 사용하지 않는다.

(1) 我有两个哥哥, 一个在大学学法律, 一个在中学当老师。
    나는 오빠가 두 명 있다. 한 명은 대학에서 법률을 공부하고, 한 명은 중학교 선생님이다.

(2) 文艺批评有两个标准, 一个是政治标准, 一个是艺术标准。
    문예비평에는 두 가지 기준이 있다. 하나는 정치적 기준이고, 하나는 예술적 기준이다.

위의 두 예는 앞에서 전체를 설명하고 뒤에서 나누어 설명하는데, 반대의 경우도 있다.

(1) 你看不起我, 我看不起你, 这怎么行?
너도 나를 무시하고, 나도 너를 무시하면 되겠니?

(2) 去也好, 不去也好, 都应该告诉我一声。
가도 좋고 안가도 좋으니, 나에게 알려줘.

자. 목적

복문의 두 절 중 하나는 어떤 목적에 도달하기 위한 행위를 나타내고, 다른 하나는 이 행위가 도달하려는 목적을 나타낸다. 목적을 나타내는 절에는 주로 연결사 '为了wèile(…를 위하여)', '以免yīmiǎn(…하지 않도록)', '免得miǎnde(…하지 않도록)' 등을 사용한다.

(1) 为了了解中国, 他决定到中国来留学。
중국을 알기 위해, 그는 중국에 유학을 가기로 결정했다.

(2) 带着雨伞, 以免下雨淋湿了衣服。
우산을 가져가라. 비가 와서 옷이 젖지 않게.

(3) 我们到中国来, 为的是学习汉语, 了解中国。
우리가 중국에 온 이유는 중국어를 배우고 중국을 알기 위해서이다.

제2편
중국어와 문화

제1장 재수 없는 개와 다른 동물

중국인은 동물을 좋아하고, 또 기르기도 한다. 하지만 중국어에 나타난 동물들에 대한 중국인들의 태도는 이런 현실과는 거리가 상당히 멀다. 전체적으로 보면, 과반수이상은 부정적 의미이다. 이를 구체적으로 살펴보자.

1. 개

중국인은 개를 좋아하고 기른다. 또 개에 대한 이미지도 나쁘지 않아 개가 사람과 감정이 통하고(狗通人性) 주인에게 충성한다고 여긴다. 하지만 언어에 반영된 개는 사람들의 객관적인 태도와 커다란 차이가 있다. 『중국성어대사전(中国成语大词典)』(상하이사서출판사(上海辞书出版社), 1987)에 수록된 29개의 '狗gǒu(개)'자로 시작하는 성어를 보면 모두 부정적 의미이다. 대략적인 통계에 따르면, 중국어에서 '狗'를 포함한 어휘, 예를 들어 '走狗zǒugǒu(사냥개. 앞잡이)', '母狗mǔgǒu(암캐. 품행이 단정치 못한 여자)', '疯狗fēnggǒu(광견)', '狗脾气gǒupíqi(개 같은 성질)', '狗东西gǒudōngxī(개 같은 물건. 사람을 욕하는 말)', '狗杂种gǒuzázhǒng(개 잡종)', '哈巴狗hǎbagǒu(발바리. 무조건 순종하는 사람)', '狗腿子gǒutuǐzi(앞잡이)', '狗仗人势gǒu zhàngrénshi(개가 사람의 힘에 기대다. 세력을 등에 업고 남을 괴롭히다)', '狗屁不通[1]gǒupì-bùtōng(말이나 글이 조리가 없고 당치도 않다. 개똥고집)', '狗急跳墙 gǒujítiàoqiáng(개도 급하면 담을 뛰어넘는다. 쥐도 궁지에 몰리면 고양이 를 문다)' 등은 모두 기본적으로 부정적인 의미이다. 이들은 문학작품과 일상생활에서 흔히 보거나 들을 수 있는 것들이다.

(1) 这孩子的狗脾气我倒忘了, (走向中门, 回头) 你们好好在这屋 子里坐一会儿, 别乱动。

이 아이의 발끈하는 성격을 나는 잊었네. (가운데 문으로 가서 고개를 돌 린다) 너희들 방에 얌전히 앉아 있어. 함부로 움직이지 말고.

曹禺(차오위) 『雷雨(뇌우)』

(2) 您说我们同行的狗咬狗, 连这样我们还混不上饭吃呢!

동종업자들끼리 서로 물고 뜯으니, 이렇게까지 해도 우린 밥도 못 먹고 살 아!

老舍(라오서) 『方珍珠(방진주)』

(3) 我已经看出苗头, 咱们的庄稼比社里的强得多, 不能因为我这 几句狗屁话伤了和气, 破坏了咱们的互助组。

내가 싹수를 보아하니, 우리 농사 수확이 농협보다 훨씬 좋아요. 내가 한 쓸데없는 말 때문에 감정상해서 우리 품앗이반을 깨뜨리지 말아요.

刘绍棠(류샤오탕) 『运河的桨声(운하의 노 젓는 소리)』

'狗脾气gǒupíqi(개 같은 성질)'는 다른 사람에게 쉽게 화를 내는 사람 을 나타내고, '狗咬狗gǒuyǎogǒu(개가 개를 물다)'는 나쁜 사람들끼리 다 투는 것을 비유하며, '狗屁话gǒupìhuà(개소리)'는 아무 쓸모없는 말이나 글을 가리킨다.

---

1) 역자주 : 원래는 '狗皮不通'. '皮pí'와 '屁pì'는 해음이므로, 말이나 글이 통하지 않 는다는 의미를 더욱 분명히 드러내고자 어감이 좋지 않은 '屁pì'를 사용하여 '狗屁 不通'이라 함. 개는 땀구멍이 없어 혀로 열을 내보내는데, '狗皮不通'은 개의 피부 처럼 불통이란 뜻이다.

개는 속어에서도 대부분 부정적 의미이다. 쥐는 사회의 큰 해로운 동물로, '狗拿耗子(老鼠)gǒunáhàozi(개가 쥐를 잡는 것)'2)는 원래 좋은 일이지만 사람들은 이를 '多管闲事duōguǎnxiánshì(쓸데없는 일에 참견하다)'라고 생각한다. '肉包子打狗ròubāozidǎgǒu(고기만두로 개를 때리다)'3)는 물건이 가고는 돌아오지 않음을 나타내고, '狗咬尿脬, 一场空 gǒuyǎoniàopāo-yīchángkōng(개가 오줌보를 물 듯 아무 것도 없다)'4)는 마음을 쓰고도 아무런 수확이 없음을 나타낸다. '狗眼看人低gǒuyǎnkàn-réndī(개 눈이 사람을 낮게 보다)'는 사람을 업신여김의 의미이고, '狗咬吕洞宾gǒuyǎoLǚDòngbīn(개가 여동빈(吕洞宾)을 물다. 사람을 몰라보다)'5)은 좋은 사람과 나쁜 사람을 구분하지 못함을 나타낸다. '狗嘴里吐不出象牙来gǒuzuǐlitǔbuchūxiàngyálái(개 입에서 상아를 토해 낼 수는 없다. 하찮은 인간은 품위 있는 말을 못한다)'는 좋은 말을 하지 못함을 비유하고, '挂羊头guàyángtóu, 卖狗肉 màigǒuròu(양 머리를 걸고, 개고기를 팔다. 속과 겉이 다르다)'는 가짜 광고와 물건으로 사람을 속이는 것으로 명과 실이 부합되지 않음을 비유한다. '狗改不了吃屎gǒugǎibù-liǎochīshǐ(개는 똥을 먹는 버릇을 고칠 수 없다. 제 버릇 개 못준다)'는 본성은 바꾸기 어려움을 나타낸다.

---

2) 역자주 : 개는 주로 집을 지키는 일을 하고, 쥐를 잡는 일은 원래 고양이가 하는 일인데, 개가 고양이가 해야 하는 쥐를 잡는 일을 하는 것이니, 개는 부질없고 쓸데없는 일을 하는 것이다.

3) 역자주 : 고기로 속을 채운 만두로 개를 때리고자 집어던지면, 때리는 효과는 거의 없고, 개에게 오히려 맛있는 먹이를 제공할 뿐이라는 말로, 양심이 없는 사람을 비유하는데 사용된다.

4) 역자주 : 겉보기에 오줌보가 고기 덩어리 같아 개가 물었지만, 결과는 안에 먹을 것은 하나도 없고 오줌만 차 있다는 말로, 한 차례 헛되이 기뻐한다는 의미이다.

5) 역자주 : 헐후어로 '狗咬吕洞宾-不识好人心(개가 여동빈을 물다-호의를 모르다)' 가 전체 내용이다. '吕洞宾'은 전설 속의 여덟 신선 중의 한 명으로 선한 일을 많이 함.

이는 모두 어휘와 속어로, 공부할 때 별다른 어려움이 없다. 어려운
것은 거의 고정화된 표현들이다. 예를 들면, 송롄창(宋连昌)의 소설
『孺子马(아이들의 말)』에 다음의 단락이 나온다.

　　小光提出了马上骑, 老纪说：“爸爸现在做饭, 哪有工夫陪你
玩? 等吃完饭一定让你骑个够, 撒谎是小狗。
　샤오광이 말을 태워달라고 하자 라오지가 말했다. “아빠가 지금 밥을 하는
데, 너랑 놀아줄 시간이 어디 있니? 밥 다 먹고 나면 실컷 태워줄게. 거짓말하
면 강아지야.”

　여기서 ‘撒谎是小狗sāhuǎngshìxiǎogǒu(거짓말하면 강아지)’은 외국 학
생들이 읽을 때 상당히 어렵다. 그들은 강아지는 거짓말을 할 줄 모르
고 또 강아지와 ‘아빠’는 별 관계가 없다고 생각하기 때문이다. 이러한
어려움은 문화적인 요소 때문이다. 중국인들이 저주하거나 맹세를 할
때, 말이나 행동이 진짜임을 나타내기 위해 이러한 표현을 자주 하는지
를 그들은 모르는 것이다. 그 밖에도 이와 유사한 표현으로는 ‘小狗骗
人xiǎogǒupiànrén(강아지는 사람을 속인다)’, ‘骗人小狗piànrénxiǎogǒu(사
람 속이면 강아지다)’, ‘骂人是小狗màrénshìxiǎogǒu(남을 욕하면 강아지
다)’, ‘谁骂人谁是小狗shéimàrénshéishìxiǎogǒu(남 욕하는 사람은 강아지
다)’ 등이 있다. 현대 경극 『홍등기(红灯记)』에서 리위허(李玉和)의 집
앞에는 스파이가 감시를 하고 있다. 리위허가 집으로 돌아오자 그의 어
머니가 재빨리 말씀하셨다. “外面有狗wàimiànyǒugǒu!(밖에 개가 있어!)”
여기서는 ‘狗’가 스파이를 가리킨다. 또 두 사람이 싸울 때, 만약 상대방
을 “你这条狗nǐzhètiáogǒu!(이 개자식!)”이라고 한다면 분명히 큰 싸움으
로 번지고 말 것이다.
　하지만 서양인들의 눈에는 개가 나쁘지 않은 정도가 아니라 충성스
럽고 선량하며 사람과 정이 깊은 좋은 동반자이다. 중국인들이 말하는

'幸运儿xìngyùn'ér(행운아)'를 서양인들은 'a lucky dog'라고 한다.

2. 고양이

서양인들은 고양이에게 좋은 감정이 없다. 따라서 언어에서도 고양이는 전적으로 '마음이 악독한 여자'를 가리킨다. 사회 심리적 원인으로 서양인들은 고양이를 싫어하며 외출 시 고양이를 만나면 불길한 징조로 여긴다. 고양이를 사용한 비유는 배척의 색채를 포함하는데, 'catlike'는 고양이처럼 몰래 하는 것을 뜻한다.

중국어에서도 고양이의 의미는 별로 좋지 않다. 고양이와 관련된 많은 어휘 역시 모두 부정적인 의미를 나타낸다.

(1) 中文系学生是个夜猫子, 每晚在系图书馆夜读, 天亮才回来。
중문과 학생들은 모두 밤 고양이다. 매일 밤 도서관에서 밤새워 책을 보다가 날이 밝아서야 돌아온다.   汪曾祺(왕쩡치) 『鸡毛(닭털)』

(2) 只有赢得对方信任之后, 才能玩点小 "猫腻"。
상대방의 신임을 얻고 나서야 비로소 작은 '꿍꿍이'를 꾸밀 수가 있다.   老鬼(라오구이) 『血色黄昏(혈색황혼)』

위의 예에서 '夜猫子yèmā·zi(밤 고양이)'는 밤을 잘 새는 사람을 가리킨다. '猫腻māonì(꿍꿍이, 음모)'는 음모나 계략, 꿍꿍이, 불명확한 일을 가리키며, '猫匿māonì', '猫溺māonì'로도 쓴다. 혹자는 이것이 페르시아어 mani(함의, 의미)의 중국어 음역으로, 중국어에 차용된 후 부정적 의미로 사용되며, 어떤 의미를 있음을 나타낼 때는 '猫×'라고 쓴다고 보았다. 그 밖에 '馋猫chánmāo(먹보, 식충이, 밥벌레)', '懒猫lǎnmāo(게으름뱅이)' 등 고양이와 관련된 어휘들도 모두 좋지 않은 의미이다.

고양이와 관련된 속어, 예를 들면 '猫哭老鼠māokūlǎoshǔ - 假慈悲jiǎcíbēi(고양이가 쥐를 위해 울다 - 고양이 쥐 생각)', '猫眼儿māoyǎnér - 看时候变kànshíhoubiàn(고양이 눈 볼 때마다 변한다)', '猫咬尿脬māoyǎosuīpāo - 空欢喜kōnghuānxǐ(고양이가 오줌보를 물다 - 부질없는 기쁨)', '夜猫子(猫头鹰)进宅yèmāozi(māotóuyīng)jìnzhái - 无事不来wúshìbùlái(밤 고양이(부엉이 : 夜猫子는 부엉이의 속칭)가 집에 들어오다-목적이 없으면 오지 않는다)' 등도 모두 부정적인 의미이다.

3. 돼지

돼지의 명성은 가축 중에 가장 나쁘다. '猪zhū(돼지)'와 관련된 어휘는 일반적으로 모두 부정적이다. 만약 어떤 사람이 멍청하여 머리를 쓸줄 모르면 '蠢猪chǔnzhū(바보)' 혹은 '猪脑子zhūnǎozi(멍청이)'라 한다. 또 일부 지역에서는 심지어 '猪'를 사용하여 욕을 하기도 하는데, '猪猡zhūluó(猪)(돼지. 얼간이)'가 그 예이다. '猪'의 명성이 나쁜 것은 아마도 돼지의 형상과 관계가 있을 것이다. 왜냐하면, 돼지는 둔해 보이기 때문에 '猪'를 멍청하다고 하는 것도 이해하기 어렵지 않다. 중국인들은 그 외에도 '猪'가 게으르다고 생각하여, 흔히 '猪'로 늦잠자기 좋아하거나 아주 깊이 자는 사람을 비유한다. 예는 다음과 같다.

> 老婆不好意思地解释, "累了一天, 跟猪似的, 哪有不躺倒就睡着的道理!"
> 마누라가 부끄러워하며 설명했다. "하루 종일 피곤하다고 돼지처럼 드러눕기도 전에 잠드는 경우가 어디 있어요?"　刘震云(리우전윈)『一地鸡毛(닭털 같은 나날)』

돼지와 관련된 성어와 속어도 주로 부정적인 의미이다. '狼奔豕突

lángbēnshītū(낭분시돌. 이리처럼 내달리고 멧돼지처럼 돌진하다)'는 이리와 돼지처럼 이리 뛰고 저리 뜀을 나타내는데, 적이 무리를 지어 마구 날뛰며 도망가는 모습을 형용한다. '死猪不怕开水烫sǐzhūbúpàkāishuǐtàng(죽은 돼지는 뜨거운 물을 겁내지 않는다. 완고하여 어떠한 자극이나 비평에도 아랑곳 않다)'은 어떤 것에도 상관없음을 나타낸다. '猪鼻子插葱zhūbízichācōng－装相zhuāngxiàng(돼지 코에 파를 꽂다-코끼리인 척 하다)'는 허세를 부림을 나타낸다.

4. 소

'牛niú(소)'는 비교적 온순한 동물이며, 외모 또한 나쁘지 않아 당연히 명성이 좋아야 하지만 사실은 그렇지가 않다. '牛'가 포함된 어휘도 대부분 부정적인 의미이다. '吹牛chuīniú(허풍떨다)'는 허풍을 떠는 것을 나타내고, '牛马niúmǎ(소마)'는 생활이 어려워 힘든 노동에 종사하는 사람을 비유하며, '牛脾气niúpíqi(황소고집)'는 고집불통의 성격을 나타낸다. 또 '牛拉车niúlāchē(소가 수레를 끌다)'는 흔히 볼 수 있는 일인데, 중국어에서는 행동이 느리거나 동작이 신속하지 않음을 풍자하는데 사용한다. 이를 다른 말로 '老牛拉破车lǎoniúlāpòchē(늙은 소가 낡은 수레를 끌다)'라고도 한다.

소와 관련된 성어와 속어도 상황이 비슷하다. '对牛弹琴duìniútánqín(소귀에 거문고 뜯기, 소귀에 경 읽기)'는 말을 할 때 상대방을 잘못 선택했음(말해도 소용없는 사람이다)을 나타내고, '牛鬼蛇神niúguǐshéshén (소귀신과 뱀귀신)'은 사회에서 추악한 물건이나 온갖 나쁜 사람을 비유한다. '钻牛角尖zuānniújiǎojiān(소뿔의 끝을 파고들다)'는 해결할 수 없거나 연구할 가치가 없는 사소한 문제에 끝까지 매달림을 비유한다. '牛头不对马

嘴niútóu búduì mǎzuǐ(소머리는 말의 입에 맞지 않다)'는 두 개가 전혀 맞지 않음을 나타낸다. 소의 머리는 돼지, 개, 양 등의 모습과 비슷하지만 사람들은 굳이 '牛头马面niútóumǎmiàn((지옥의 두 옥졸인)우두 귀신과 마두 귀신)'을 사용하여 추악한 사람을 비유한다.

  소는 대개 '牛市niúshì(상승세인 주식 시장)', '老黄牛lǎohuángniú(늙은 황소)', '孺子牛rúzǐniú(아이들의 소)6)' 등에서만 그나마 명성이 좋은듯 하다. '牛市7)'는 주식시장이 큰 폭의 상승세임을 나타내고, '老黄牛'는 묵묵히 성실하게 열심히 일하는 사람을 비유하며, '孺子牛'는 대중을 위해 기꺼이 봉사하는 사람을 나타낸다. 예는 다음과 같다.

(1) "橫眉冷对千夫指, 俯首甘为孺子牛", 鲁迅先生的名句最能概括叶浅予先生的品格。
  "매서운 눈초리로 뭇 사람들의 질타에 맞서며, 기꺼이 백성들을 위해 봉사하리라" 루쉰(鲁迅) 선생의 유명한 이 말은 예첸위(叶浅予) 선생의 품격을 가장 잘 표현하고 있다.
          叶浅予(예첸위) 『最富爱心的"倔老头儿"(사람이 가장 많은 '고집쟁이 영감')』

(2) 在国内执行任务, 他当然想带一条负责吃喝拉撒睡不用领导操心的"老黄牛", 现在是出国当老外, 吃什么喝什么都是未知数。
  국내에서 임무수행을 한다면, 그는 당연히 먹고 마시고 싸고 자는 것까지 상사가 신경 쓸 필요가 없는 '성실한 사람'을 데리고 가고 싶어할 텐데, 지금은 외국에 나와서 외국인이 되었으니 뭘 먹을지 물 마실지가 모두 미지수이다.
          洪山(홍산) 『中国"蓝盔部队"在柬埔寨(캄보디아의 중국 '국제 연합 평화 유지군')』

----

6) 역자주 : 제(齐)나라 경공(景公)에게는 6명의 아들이 있었는데, 막내인 유자(孺子)를 특히 총애하여 환갑이 되어도 그와 자주 놀아주었다. 어느 날 유자가 경공에게 소가 되어 자기를 끌어주며 놀아달라고 하자, 경공이 기꺼이 끈을 물고 어린 아들에게 소처럼 끌려 다니며 놀았다. 그러다가 이빨이 빠져서 피가 났고, 이를 본 유자가 울음을 터뜨렸는데도 제공은 아무렇지 않게 아들을 달래고는 계속 놀아주었다. 나중에 루쉰이 이 말을 사용하였으며, 마오쩌둥이 이를 인용한 후 현재는 '인민을 위해 기꺼이 봉사하는 사람'의 의미로 사용된다.

7) 역자주 : 상승시세의 주식시장(多头市场 : bull market)을 '牛市'라고도 함.

5. 말

말의 명성은 상대적으로 좋다고 해도 그리 좋은 것은 아니다. '黑马 hēimǎ(다크호스)', '千里马qiānlǐmǎ(천리마)', '老马识途lǎomǎshítú (늙은 말이 길을 안다. 경험이 많으면 그 일에 능숙하다)', '马到成功mǎdào-chénggōng(군마가 오자마자 승리하다. 순조롭고 신속하게 승리를 쟁취하다)', '人高马大réngāomǎdà(사람의 체구가 크고 훤칠하다)', '马不停蹄mǎbùtíngtí(말이 말굽을 멈추지 않는다. 잠시도 쉬지 않고 계속 나아가다)' 등 일부 긍정적인 의미의 표현을 제외한 다른 어휘들은 거의 다 부정적이다. '落马luòmǎ(낙마하다)'는 관직을 잃음을 비유하고, '拍马屁 pāimǎpì(아첨하다)'는 남에게 아첨하여 이익을 얻음을 나타낸다. '马屁精mǎpìjīng(아첨쟁이)'은 아첨을 잘 하는 사람을 가리키고, 열심히 일하지 않고 건망증이 심해 이것저것을 잘 빠뜨리는 사람은 '马大哈mǎdàhā (덜렁대다. 덜렁꾼)'라 한다. 일이 일어난 후에 조치를 취하거나 방법을 강구하는 것은 '马后炮mǎhòupào(말이 뜬 후의 포)[8]'이다. 또 남을 대신하여 동분서주하거나 남을 위하여 힘쓰는 사람을 '马前卒mǎqiánzú(말 앞의 병사)' 싸움에서 '선봉', '앞잡이'라 하고, 은폐된 일의 진상이 드러나는 것은 '露马脚lòumǎjiǎo(마각이 드러나다, 탄로 나다)'라 한다.

'말'과 관련된 성어도 대부분 부정적인 의미를 띤다.

(1) 一阵炮弹，又被打得人仰马翻，附近的民兵也顺屁股打，又打伤了四五十个。
   한 차례 폭탄이 터지면서 사람과 말이 넘어져 나뒹굴었다. 가까이 있던 민병들도 덩달아 폭탄에 맞아서 또 4, 50명이나 다쳤다.

马峰(마펑) 『吕梁英雄传(여량영웅전)』

---

8) 역자주 : 장기에서 '马'가 뜬 후의 '炮'라는 말로, 일이 끝난 다음의 쓸데없는 언행, 즉 행차 뒤의 나팔을 뜻함.

(2) 俗话说：“淹死的是会游泳的，挨枪的是耍枪的。一次马失前蹄，收生猪时看走了眼，将嫩茬当正装收回。

물에 빠져죽는 사람은 수영을 할 줄 아는 사람이고, 총 맞는 사람은 총을 다룰 줄 아는 사람이다'라는 속담이 있다. 한 번은 실수로, 돼지를 구입하는데 잘못 보고 어미돼지를 정상 돼지로 알고 샀다.

陆步轩(루부쉬안)『屠夫看世界(정육점 주인이 본 세계)』

(3) 钥匙在你手里，你还到处找，你这不是骑马找马吗？

열쇠가 손에 있는데도 열쇠를 찾으니, 너 이거 말을 타고서 말 찾는 격 아니냐?

위의 예에서 '人仰马翻rényǎngmǎfān(사람이 머리를 젖히고 말이 뒤집히다)'은 아수라장이 되거나 혹은 전쟁에서 참패함을 나타내고, '马失前蹄mǎshīqiántí(말이 앞발굽을 놓치다)'는 일을 하는데 좌절을 겪거나 실패를 만남을 가리키며, '骑马找马qímǎzhǎomǎ(말을 타고서 말을 찾는다)'는 자기 손에 가지고 있으면서 찾지 못함을 비유한다.

6. 당나귀

당나귀는 말과 모습이 비슷하지만 명성은 말에 훨씬 못 미친다. 중국인들에게 당나귀는 '愚蠢yúchǔn(우둔하다)와 '笨拙bènzhuō (서투르다)'의 대표이다.

(1) 虽然是这么简单，可是显然的说出来他不再上她的套儿，他并不是个蠢驴。

이렇게 쉬워도, 확실히 말하면 그는 더 이상 그녀에게 속지 않았다. 그는 결코 멍청이가 아니다. 老舍(라오서)『骆驼祥子(낙타샹즈)』

(2) 一点不错，一对笨驴！芳蜜，叫进他们好不好？咱们一同进城去吃饭?

하나도 틀리지 않다. 멍청한 한 쌍! 팡미, 그들을 들어오라고 하게. 우리 같이 시내에 가서 밥 먹을까?

老舍(라오서) 『残雾(잔무)』

그 외에도 '禿驢tūlú(중놈. 까까중)'는 사람을 욕하는 말로, 머리가 대머리임을 조롱하는 것이고, '犟驢jiànglú(고집 센 당나귀)'는 고집이 셈을 말한다. '驢头不对马嘴⁹⁾lútóubúduìmǎzuǐ(당나귀의 머리와 말의 입은 맞지 않다. 동문서답하다)'는 동문서답이나 사물이 서로 맞지 않음을 나타내고, '驢脸lúliǎn(당나귀 얼굴)'은 얼굴이 긴 것을 말한다. '驢脸'과 관련된 유머가 있는데, 전설에 따르면 송나라 대시인 소식(苏轼 : 1037~1101)은 얼굴이 긴 '당나귀 얼굴'이었다. 이에 그의 여동생이 두 구절의 다음 시를 지어 그의 긴 얼굴을 놀렸다고 한다. '昨日一滴相思泪zuórìyìdīxiāngsīlèi, 今日方流到腮边 jīnrìfāngliúdàosāibiān(어제 흘린 한 방울 그리움의 눈물, 오늘 아직까지도 뺨까지 흘러내렸네)'

7. 양

양은 온순하고 약자의 모습이지만, 중국어에서 양과 관련된 말은 그렇게 좋은 의미는 아니다. '羊落虎口yángluòhǔkǒu(양이 호랑이 입으로 떨어지다)'는 약자가 위험한 경지나 강자의 손에 떨어짐을 비유하고, '一虎十羊yìhǔshíyáng, 势无全羊shìwúquányáng(호랑이 한 마리에 양 열 마리, 온전한 양이 하나도 없다)'는 약자가 많아도 강한 적수를 대적할 수는 없음을 비유한다. '五分加绵羊wǔfēnjiāmiányáng(5점(만점) 더하기

---

9) 역자주 : '驢唇不对马嘴' 혹은 '牛头不对马嘴'라고도 한다.

면양)'는 성적은 우수하지만 온순하고 남의 말을 잘 들어 자기 주관이 없는 학생의 대명사가 되었다. '羊肉没吃着yángròuméichīzháo, 反惹一身臊fǎnrěyìshēnsāo(양고기는 먹지도 못하고, 오히려 온몸에 비린내만 한가득 묻다)'은 이익은 얻지 못하고 성가신 일만 초래함을 비유한다. '挂羊头guàyángtóu, 卖狗肉màigǒuròu(양의 머리를 걸어 놓고 개고기를 판다)'는 가짜 표지나 가짜 물건을 사용하여 사람을 속이는 것으로, 겉과 속이 다름을 비유한다. '放羊fàngyáng(양을 방목하다)'은 손을 놓고 관여하지 않으며 제멋대로 내버려둠을 비유한다. '羊毛出在羊身上yángmáochū-zaiyángshēnshang(양털은 양의 몸에서 나온다)'은 손실 등이 결국 원래 사물에게서 나온 것임을 나타낸다. 이상의 어휘와 표현들은 모두 부정적인 의미를 띠고 있다.

8. 닭

닭도 역시 중국어에서 좋은 이미지가 아니며, '鸡jī(닭)'와 관련된 어휘는 대부분 부정적인 의미이다. '铁公鸡tiěgōngjī(쇠로 만든 수탉. 구두쇠)'는 매우 인색한 사람을 비유하고, '落汤鸡luòtāngjī(물에 빠진 닭)'는 비를 맞아 온몸이 젖은 채 곤경에 처한 모습을 형용한다. '鸡犬不宁jīquǎnbùníng(개나 닭조차도 편안하지 못하다)'은 매우 소란스럽고 마음이 불안한 모습을 형용한다. '鸡犬不留jīquǎnbùliú(개나 닭마저도 남겨두지 않다)'는 남김없이 모조리 죽임을 나타내고, '鸡毛蒜皮jīmáosuànpí(닭털과 마늘 껍질)'는 작고 쓸모없는 물건이나 중요하지 않은 사소한 일을 비유한다. '鸡飞蛋打jīfēidàndǎ(닭은 날아가고 달걀도 깨지다)'는 양쪽으로 도무 망침을 비유한다.

속어도 대부분 부정적인 의미이다. 예는 다음과 같다.

(1) 这惹恼了新任乡长田小东, 也是杀鸡给猴看的意思, 他想撤掉马村村长李老喜, 另换一个年轻的。

이는 신임 향장 티엔샤오동(田小东)을 화나게 했고, 또한 일벌백계의 의미도 있다. 그는 마촌의 촌장인 리라오시(李老喜)를 해임시키고, 젊은 사람으로 바꾸고 싶어 했다.　　刘震云(류사오원) 『故乡天下黄花(고향의 국화)』

(2) 当今眼目下时兴公鸡下蛋, 母鸡打鸣, 嘴像抹过蜜糖一样, "婶呀, 姨啊"地叫着。

지금 현재 수탉이 알을 낳고 암탉이 홰를 치는 게 유행이어서, 입에 꿀을 바른 듯이 "숙모, 이모"라며 부른다.

陆步轩(루부쉬안) 『屠夫看世界(정육점 주인이 본 세계)』

위의 예에서 '杀鸡给猴看shājīgěihóukàn(닭을 죽여 원숭이에게 보여주다. 일벌백계하다)'은 한 사람을 징벌함으로써 다른 사람을 경고함을 나타내고, '公鸡下蛋gōngjīxiàdàn, 母鸡打鸣mǔjīdǎmíng(수탉이 알을 낳고, 암탉이 홰를 치다)'은 신기한 일을 말한다. 이러한 속어는 또 있는데, '斗败的公鸡dòubàidegōngjī(싸움에서 진 수탉)'은 풀이 죽고 난처한 모습을 비유하고, '头发乱得像鸡窝tóufaluànděxiàngjīwō(머리카락이 닭장처럼 어지럽다)'는 머리카락이 매우 어지러움을 비유한다. 이와 유사한 예는 한둘이 아니다.

9. 쥐

쥐는 사해(四害)[10], 즉 네 가지 해로운 것 중의 하나로, 예로부터 지

---

10) 역자주 : 쥐, 참새, 파리, 모기를 말한다. 1955년 중국에서 한 농부가 참새가 농사에 피해를 주니 제거해 달라는 탄원서가 있었고, 며칠 후 마오쩌둥(毛泽东)이 전국의 쥐, 참새, 파리, 모기를 제거해야한다고 언급한 이후 대대적인 제거 운동이

금까지 사람들은 모두 쥐에 대한 증오가 극에 달하였다. 중국의 가장 오래된 시가집인 『시경(诗经)』에도 『석서(硕鼠)』편이 나온다.

硕鼠硕鼠, 无食我黍。 큰 쥐야, 큰 쥐야, 내 기장을 먹지 말아라.
三岁贯女, 莫我肯顾。 여러 해 동안 너를 섬겼는데, 나를 돌보지 않는구나.
逝将去女, 适彼乐土。 맹세코 너를 떠나 저 즐거운 땅으로 가리라.
乐土乐土, 爰得我所。 행복한 땅, 행복한 땅아! 내가 갈 곳이구나
硕鼠硕鼠, 无食我麦。 큰 쥐야, 큰 쥐야, 내 보리를 먹지 말아라.
三岁贯女, 莫我肯德。 여러 해 동안 너를 섬겼는데, 조금도 내게 고마워할
줄 모르는구나.
誓将去女, 适彼乐国。 맹세코 너를 떠나서 저 행복한 나라로 가리라.
乐国乐国, 爰得我直。 행복한 나라, 행복한 나라여! 내가 갈 곳이구나.
硕鼠硕鼠, 无食我苗。 큰 쥐야, 큰 쥐야, 우리 곡식 먹지 말아라.
三岁贯女, 莫我肯劳。 여러 해 동안 너를 섬겼는데, 나를 위해주지 않는구나
逝将去女, 适彼乐郊。 맹세코 너를 떠나 저 편안한 곳으로 가리라
乐郊乐郊, 谁之永号。 편안한 곳, 편안한 곳이여! 거기엔 긴 한 숨 없으
리라.

시의 대체적인 의미는 다음과 같다. 큰 쥐야! 큰 쥐야! 내 기장 먹지 마라. 삼 년 동안 너를 떠받들어 모셨는데, 너는 나를 거들떠보지도 않는구나. 나는 너를 떠나 저 행복한 곳으로 가야겠다. 행복한 곳으로 가면 편히 살 곳 찾을 수 있겠지. 큰 쥐야! 큰 쥐야! 내 보리 먹지마라. 삼 년 동안 너를 받들어 모셨는데, 너는 나에게 은혜를 갚지도 않았네. 나는 너를 떠나서 행복한 곳으로 행복의 나라로 가련다. 행복의 나라로 가면 편안한 곳을 찾을 수 있을 것이다. 큰 쥐야! 큰 쥐야! 내 곡식 먹지마라. 삼 년 동안 너를 받들어 모셨는데, 너는 나의 고생을 몰라주는

펼쳐졌다. 이로 인해 참새의 수가 대폭 감소하자 메뚜기를 비롯한 각종 해충의 수가 늘어나 흉년이 들게 되었다. 이로써 1960에는 참새를 빼고 쥐, 바퀴벌레, 파리, 모기로 '사해(四害)'의 개념을 새로이 정하였다.

구나. 나는 너를 떠나서 성 밖의 행복한 곳으로 가련다. 성 밖 행복한 곳에 가면 누가 긴 한숨을 쉬겠는가? 시에서 반복적으로 '大老鼠啊dà-lǎoshǔa, 大老鼠dàǎoshǔ(큰 쥐야, 큰 쥐야)'라고 부르는 것은 사실 큰 쥐에 대한 성토이다. 시에서 큰 쥐는 탐욕의 무리로, 시인은 큰 쥐를 사용하여 탐관오리를 비유하고 있다.

쥐는 탐욕 외에도 많은 문화적 특징을 가진다. '賊眉鼠眼zéiméishǔyǎn(도둑놈 상판)'에서 '鼠眼shǔyǎn(쥐 눈)'는 눈이 작음을 말하고, '鼠目寸光shǔmùcùnguāng(시야가 좁다)'은 안목이 좁음을 말한다. '老鼠过街lǎoshǔguòjiē(쥐가 길을 건너다)[11]'는 환영받지 못함을 비유하고, '一个老鼠坏一锅汤yígèlǎoshǔhuàiyìguōtāng(쥐 한 마리가 한 솥의 국을 망친다. 미꾸라지 한 마리가 흙탕물을 만든다)'은 한 사람의 잘못이나 문제로 인해 다른 사람에게 영향을 끼침을 비유한다.

현재 직위나 직업의 편의를 이용하여 국가나 기관의 재물을 횡령하거나 낭비하는 사람들이 있는데, 이들을 '耗子hàozi(쥐)' 즉, 쥐라고 부른다. '油耗子yóuhàozi(경유, 휘발유 등의 불법 판매상)'는 국가의 석유를 낭비하거나 훔치는 사람을 가리키고, '粮耗子liánghàozi(식량관련 부서에서 직권을 이용해 절도하는 사람)'는 국가의 식량을 낭비하거나 훔치는 사람을 가리킨다.

10. 여우

중국어에서 사람들은 여우에게 '狡猾jiǎohuá(교활하다)', '迷惑人míhuòrén(사람을 미혹시키다)'라는 문화적 특징을 부여하였다. 예는 다음과 같다.

---

11) 역자주: 속담의 앞부분으로, 전체 속담은 '老鼠过街-人人喊打(쥐가 길을 건너면, 모든 사람들이 때려잡으라고 소리친다)'이다.

(1) 这费小胡子也是老狐狸, 很知道吴荪甫早就不满意这位老舅父。

페이수염쟁이(费小胡子)도 늙은 여우여서 우순푸(吴荪甫)가 벌써부터 외삼촌에게 불만이 있다는 것을 잘 알고 있었다.　茅盾(마오둔) 『子夜(자야)』

(2) 其实原来还是挺好的, 就是因为被这个女人给迷住了, 这个女人是个狐狸精。

사실 원래 좋았는데 이 여자한테 홀렸기 때문이다. 그 여자는 여우이다.
李玲(리링) 『男权视角下的女性形象(남성 권력하의 여성 형상)』

위의 예에서 '老狐狸lǎohúli(늙은 여우)'는 매우 교활한 사람을 가리키고, '狐狸精húlijīng(여우같은 여자)'는 나쁜 여자를 가리킨다.

여우를 포함하는 성어와 속어도 주로 부정적인 의미가 많은데, 예를 들어 '狐假虎威hújiǎhūwēi(여우가 호랑이의 위세를 빌리다)'는 남의 권세를 빌려 다른 사람을 압박함을 비유한다. '狐朋狗党húpénggǒudǎng(못된 패거리)'은 나쁜 사람들의 무리를 가리키며, '狐狸的尾巴露出来了húli-dewěi·balòu(여우의 꼬리가 드러났다)'는 나쁜 사람이 본래의 진면목이 드러남을 형용한다.

11. 호랑이

호랑이는 용맹하며 동물의 왕이다. 사람들은 호랑이를 좋아하면서도 무서워하는데, 이러한 심리는 중국어에도 반영되었다. '虎毒不食子hǔdúbùshízǐ(아무리 잔인한 호랑이도 자기 새끼를 잡아먹지는 않는다)'는 호랑이가 흉악하고 잔인해도 자기 자식은 먹지 않음을 가리킨다. 또 '生龙活虎shēnglónghuóhǔ(생기발랄하다. 활력이 넘치다)'는 매우 생기 있고 활발함을 나타내고, '虎头虎脑hǔtóuhūnǎo(씩씩하고 늠름하다)'는 아이가 건장하고 씩씩하며 귀여운 모습을 형용한다. '龙腾虎跃lóngténghǔyuè(용이 날아오르고, 호랑이가 뛰어오르다)'는 동작이 씩씩하고 활력이 넘침을 비유하며, '下山猛虎xiàshānměnghǔ(하산하는 맹호)'는 기세를 막을 수 없음을 비유한다. 이들은 모두 긍정적인 의미로, 호랑이를 좋아하는 심리를 나타낸다. 하지만, 이보다는 호랑이를 무서워하는 예가 더 많다.

(1) 她根本就已经不怕乃文, 她甚至敢跟他对骂, 并不是因为乃文是纸老虎, 而是她很明白他之所以对她发火, 是因为他关心她。
그녀는 아예 나이원(乃文)을 무서워하지 않았고, 심지어 감히 그에게 욕도 하였다. 이는 나이원이 종이호랑이라서가 아니라 그가 자기에게 화를 내는 것은 관심이 있어서라는 걸 잘 알기 때문이다.
于晴(위칭)『红苹果之恋(붉은 사과의 사랑)』

(2) 为啥说她老实? 不是因为她的男朋友陶阿毛出事了吗? 老虎的屁股摸不得, 又是啥意思呢? 分明是讽刺她啊!
왜 그녀를 성실하다고 하는가? 바로 그녀의 남자친구 타오아마오가 사고가 났기 때문이 아닌가? 호랑이의 엉덩이는 만질 수가 없다는 말은 또 무슨 뜻인가?
周而复(저우얼푸)『上海的早晨(상하이의 아침)』

위의 예에서 '纸老虎zhǐlǎohǔ(종이호랑이)'는 표면적으로는 무섭지만 실제로는 무섭지 않음을 나타낸다. '老虎的屁股摸不得lǎohǔdepì gumōbudé (호랑이의 엉덩이는 만질 수 없다)'는 건드릴 수 없음을 비유한다.

유사한 어휘는 또 있다. '虎视眈眈hǔshìdāndān(호시탐탐 노리다)' 은 호랑이처럼 탐욕스럽고 무섭게 주시하고 있음을 형용하고, '虎口拔牙hǔkǒubáyá(범의 아가리에서 이를 뽑다)'는 극도의 위험을 무릅쓰고 목표나 대상을 탈취하거나 제압시키는 것을 비유한다. '虎口逃生 hǔkǒutáoshēng(호랑이 입에서 목숨을 구하다)'은 극도의 위험을 겪고 도망쳐 살아 돌아옴을 비유한다. 이들 어휘는 모두 부정적인 의미이며, 일종의 두려움의 심리상태를 나타낸다.

12. 거북이

　일본인들은 거북이를 좋아하여 길함과 장수의 상징으로 여긴다. 하지만 중국어에서는 '龟guī(거북이)'와 관련된 어휘, 예를 들어 '龟儿子 guīérzi(거북이 새끼)', '龟孙子guīsūnzi(거북이 손자. 개자식)', '龟头龟脑 guītóuguīnǎo(거북이 머리)', '龟缩guīsuō((거북의 목처럼) 움츠리다. 틀어박히다)', '缩头乌龟suōtóuwūguī(머리를 움츠리고 나오지 않는 거북. 겁쟁이)' 등은 모두 매우 듣기 거북한 사람을 욕하는 말들이다.

　사실, 명나라 이전에는 거북이의 명성이 그렇게 나쁘지 않았다. 중국 최초의 문자인 갑골문도 거북이 등뼈와 동물의 뼈에 새긴 것이다. 『좌전(左传)』에 '龟兆告吉guīzhàogàojí(거북이의 조짐이 길함을 알린다)'라는 말이 있는데, 거북이의 등껍질인 귀갑(龟甲)이 상당히 신비한 효험을 가진다고 여겼다. 거북이 깃발은 전국시대 대장군의 깃발이다. 당나라 초품관(初品官)은 거북이 부적을 패용하였다. 당나라 때 음률에 정통한 유명한 악사 이귀년(李龟年)처럼 중국 고대에는 사람의 이름에도 '龟(귀)'자를 사용하였다. 유명한 대시인 육유(陆游 : 1125~1210)[12]는 만년에 자신의 호를 '龟堂guītáng(귀당)'이라 하였다. 또 이는 성어에도 반영이 되어, '龟年鹤寿guīniánhèshòu(귀년학수)'는 장수를 나타내고, '龟龙麟凤guīlónglínfèng(귀룡린봉)'은 인품과 덕성이 고상한 사람을 비유하며, '龟毛兔角guīmáotùjiǎo(귀모토각. 거북이 털 토끼 뿔)'은 존재할 수 없는 물건을 비유한다. 뿐만 아니라, 그 밖에 거북이와 관련된 아름다운 전설 중에 모보방귀(毛宝放龟)가 있다. 진(晋)나라 때 모보(毛宝) 휘하의 한 병사가 시장에서 흰 거북이 한 마리를 사와서 집에 두고 길

---

12) 역자주 : 중국 남송(南宋)의 대표적 시인. 약 50년 동안에 1만 수(首)에 달하는 시를 남겨 중국 시 역사상 최다작의 시인으로 꼽힌다.

렀는데, 거북이가 자라자 강에 놓아주었다. 이후 그 병사는 전쟁에서 패하고 강에 뛰어들어 도망을 가려고 하였는데, 갑자기 자기가 바위 위로 뛰어내렸다는 느낌이 들어 아래를 내려다보니 자기가 놓아 준 그 흰 거북이였다. 거북이는 그를 태워 강가로 데려다 주었고, 그는 화를 면하게 되었다. 이는 전설에 불과하지만 거북이에 대한 사람들의 호감을 보여주고 있다.

명나라 이후에 거북이의 명성이 바뀌었다. 청나라 조익(趙翼 : 1727~1814)[13)의 『해여총고(陔余叢考)·휘귀(讳龟)』의 기록에 따르면, 당송시대에는 거북이를 기피하지 않았으나 원나라 때부터 거북이로 기생의 남편이나 혼외 남녀관계를 하는 남편을 모욕하기 시작하였다. 청나라 적호(翟灏 : 1736~1788)[14)는 그가 지은『통속편(通俗篇)·직어보정(直语补正)』에서는 관부에 예속되지 않는 기생은 '土妓tǔjì(토기)'라고 불렀으며, 속어로 '私巢子sīcháozi(사창)'라고 하였다. 부인에게 매춘을 시키는 남편을 '乌龟wūguī(거북이)'라고 하였다.

13. 용

고대 전설 속의 신비스러운 동물인 용은 '龙袍lóngpáo(용포)[15)', '龙子lóngzǐ(용의 아들, 훌륭한 자식)[16)', '龙孙lóngsūn(용의 손자, 훌륭

---

13) 역자주 : 중국 청나라의 시인 겸 학자. 대표저작으로는 언어와 사물 등의 기원과 전거典據를 기록한 『해여총고(陔余叢考)』와 중국 정사를 고증한 『이십이사차기(二十二史箚记)』가 있다.

14) 역자주 : 자는 대천(大川). 청대 장서가(藏書家)이자 학자.

15) 역자주 : 천자와 황태자가 입는 용무늬를 수놓은 예복.

16) 역자주 : 흔히 황제의 아들을 가리킨다.

한 손자)'에서처럼 중국 문화에서 황제를 대표하고 고귀함을 상징한다. 그 밖에, '龙'은 길함을 상징하고 생기가 있는데, '龙凤呈祥lóng-fèngchéngxiáng(용과 봉황은 상서로운 조짐을 나타낸다)'은 길함을 상징하고, '龙争虎斗lóngzhēnghǔdòu(용과 호랑이가 서로 싸우다. 투쟁이 매우 치열하다)', '龙腾虎跃lóng ténghǔyuè(용이 날아오르고 호랑이가 뛰어오르다. 기세가 등등하여 동작에 활력이 넘치다)', '生龙活虎shēnglóng-huóhǔ(용이나 범처럼 생기 있고 팔팔하다)'은 모두 분위기가 열렬하고 생기가 있음을 비유한다. 또 중국어는 심지어 '龙'을 사용하여 사람의 뛰어난 외모를 비유하기도 하는데, '龙眉凤眼lóngméi(길게 치켜 올라간 눈썹)'은 재능이 출중하고 소탈한 모습이 범상치 않음을 말한다. 고대에는 잉어가 용문(龙门)에 오른다는 아름다운 전설도 있다. 『태평광기(太平广记)·용문(龙门)』에서 인용한 『삼진기(三秦记)』에 다음과 같은 내용이 있다.

龙门在河东界。禹凿山断门, 阔一里余, 黄河自中流下, 两岸不通车马。每暮春之际, 有黄鲤鱼逆流而上, 得者便化为龙。
용문은 황하의 동쪽에 있다. 우임금이 산을 깎고 문을 만들어 물길을 막았는데, 그곳의 폭이 1리가 넘고 황하가 가운데를 지나 아래로 흐르니 강가 양쪽에 수레와 말이 다닐 길이 없었다. 해마다 늦봄이 되면 누런 잉어가 강물을 거슬러 올라가는데 용문을 넘는 놈은 용이 된다.

후에 '鲤鱼跳龙门lǐyútiàoLóngmén(잉어가 용문을 뛰어넘다)'은 지위가 대폭 상승함을 비유한다. 하지만, 영어에서 'dragon(용-)'은 흉악한 괴물이기 때문에 'dragon'으로 흉폭한 사람이나 엄격한 사람 또는 그러한 후견인을 가리킨다. 'His wife is a dragon'은 '그의 아내는 용이다'의 의미가 아니라 '그의 아내는 사납고 거센 여자다'의 의미이다.

제2장 신기한 숫자

숫자는 수를 세는 일종의 부호이다. 하지만 장기간 사용과정에서 사람들은 숫자에 특수한 함의를 부여하였다. 나라와 지역, 민족마다 모두 숫자에 대한 그들만의 독특한 해석이나 신앙이 있다.

1. '10' 이하의 숫자

중국에서 '4'는 발음이 '死si'와 비슷해서 '4'나 '4'가 포함된 숫자는 모두 불길한 색채를 가진다. 어느 유명한 바둑 기사는 한동안 '4'를 아주 무서워하였는데, 2년간 '4'를 만나면 항상 바둑에서 패하였기 때문이다. 그녀는 국내외 바둑 경기 중 모두 4국에서 패하였으므로, 사람들은 '4'가 그녀에게 불길하다고 말하였다. '4'가 불행을 가져올까 두려운 나머지 이를 피하기 위해서 일부 건물은 4층을 'A'층으로 바꾸기도 한다.

일본과 한국도 중국과 유사하다. 한국 군대에는 사망을 기피하기 때문에, 제4군단, 제4사단, 제4연대, 제4대대, 제4소대, 제4분대가 없다.[1] 일본의 병원에는 4층과 4호 병동이 없으며, 문병 온 사람들도 '4'

---

1) 역자주 : 현재 한국군의 편제상 제4군단, 제4사단, 제4연대는 없으나 제4대대, 제4소대, 제4분대는 있음.

를 말하기를 꺼린다. '4'가 불길함을 뜻하는 이유는 발음상의 원인 외에 글자의 형태와도 관련이 있을 것이다. 허신(許慎 : 약58~약149)[2] 의 『설문해자(说文解字)』[3]는 '4'에 대해 다음과 같이 해석하고 있다.

> 四 …… 象四分之形。段注 : "谓口像四方。八像分也。
> 사(四) ……넷으로 나누어진 모양을 본뜬 것이다. 단옥재 주(注)에서는 '에 워쌀 '위(口)'는 사방을 본뜬 것이고, '여덟 팔(八)'은 나누어진 모양을 본뜬 것이다.' 라고 했다.

즉, '四'는 이별의 의미를 가지므로, 사람들은 이로부터 파생하여 사망과 연결시킨 것이다. 하지만 고대에서 '4'는 길한 숫자였다. 『금병매사화(金瓶梅词话)』에 다음과 같은 기록이 있다.

> (西门庆)一面分付来兴儿拿银子, 早往糖饼铺, 早定下蒸酥点心。多用大方盘, 要四盘蒸饼, ……, 买四盘鲜果, ……, 四盘羹肴……, 四个金宝石戒指儿。
> (서문경)은 흥아를 오라고 해서 돈을 가지고 일찍 꿀떡가게로 가서 튀밥 간식을 주문하고, 큰 사각형 접시를 많이 사용하여 찐 떡 네 접시 ……, 신선한 과일 네 접시, ……, 국 요리 네 접시를 사고, ……, 금 보석 반지 네 개를 사라고 분부하였다.

옛날 사람들이 보낸 선물은 모두 4개였는데, 이는 '4'가 길한 숫자임을 설명한다. 현대 일상생활에서 '4'를 아주 중시하는 사람도 실제로 있

---

2) 역자주 : 동한(東漢)시기의 경학자, 문자학자. 자는 숙중(叔重). 대표 저작으로 한 자의 구조와 의미를 해설한 『설문해자(說文解字)』가 있다.

3) 역자주 : 한자(漢字)를 부수에 근거하여 배열한 최초의 자전(字典). 총 9,353자를 540부수로 나누어 수록하고, 한자 하나하나에 대해 본래의 글자 모양과 뜻 그리고 발음을 종합적으로 해설하고 있어 문자학(文字學), 성운학(聲韻學), 훈고학(訓詁學) 연구의 필독서이다. 원서(原書)는 전해지지 않고, 지금 전해지는 것은 송대(宋代) 판본이거나 청대(淸代) 단옥재(段玉裁)의 주석본이다.

다. 류신우(刘心武)의 『종고루(钟鼓楼)』에 다음 내용이 나온다.

请到的大师傅据说曾在同和居掌过红案, 他今天弄出来的
'四四到底'(十六个菜), 肯定谁也挑不出碴儿来!
초대한 사부님들은 듣자하니 동화거(同和居)에서 요리를 담당한 적이 있다
고 한다. 그가 오는 만든 '쓰쓰다오디(四四到底)[4]'의 16 가지 요리는 분명 누
구도 흠을 잡을 것이 없을 것이다.

위의 예에서 '四四到底sìsìdàodǐ'는 네 가지 요리씩 네 번에 걸쳐 상
에 올리는 것으로, '4'가 결코 나쁘지 않음을 알 수 있다. 그렇지 않으면
왜 요리를 상에 올릴 때 하필 4를 중시하겠는가? 베이징 사람뿐 아니라
(『종고루』는 베이징의 이야기이다) 동북 지역에서는 아직까지 '四盘礼
sìpánlǐ(네 가지 선물)[5]'가 있고, 민난(闽南)지역에서는 '吃四色chīsìsè
(네 가지 색깔의 음식을 먹다)'라고 말하며 허베이(河北), 칭하이(青海)
등 성(省)의 일부 지역에는 여자에게 옷을 사줄 때 처음에는 4벌 혹은
8벌을 산다. 20세기 7, 80년대의 '4대 필수품(四大件)'(손목시계, 자전
거, 재봉틀, 텔레비전)은 남녀가 결혼할 때 희망하는 목표였다.
중국인은 짝수를 숭배하는데, 이는 결혼 날짜의 선택에서 잘 드러난
다. 사람들, 특히 농촌 사람들은 혼인신고를 할 때 짝수를 선택하며, 결
혼식 날짜는 더욱 예외가 아니었다. 짝수 중에서는 '6'을 포함한 날짜를
가장 선호했는데, 이는 짝수이면서 순조로움을 의미하기 때문이다. 만

---

4) 역자주 : 성대한 잔치에서 요리를 네 접시씩 네 번에 걸쳐 내옴을 말함.
5) 역자주 : 중국 동북지역에서 결혼을 위해 남자가 여자 집에 인사차 갈 때 부모에
게 드리기 위해 준비하는 4 종류의 선물을 말한다. 상자에 넣어서 주므로 보통
'四盒礼'라고 하며, 색깔별로 계절을 의미하며 1년을 나타내는 '四色礼'라고도 한
다. 네 가지 선물의 종류는 시간과 지역에 따라 차이가 있으나, 일반적으로 70년
대에는 담배, 술, 과자, 통조림 등이었다.

약 '6'을 포함한 날짜를 선택하지 못했으면, '2', '4', '6', '0'을 포함한 날짜도 괜찮다고 여겼는데, 이는 이 숫자들도 짝수이면서 신랑신부가 한 쌍이 되어 백년해로하고 영원히 헤어지지 않음을 뜻하기 때문이다.

'6'은 매우 길한 숫자인데, 이는 서양과는 완전히 상반된다. 중국 진나라 때 이미 '6'을 숭상하였다. 진 이후에 많은 사물들을 모두 '6'을 사용하여 개괄하였다. 천지 사방을 '육합(六合)'(상, 하, 동, 서, 남, 북)이라 하고, 사람에게는 '육친(六亲)'(부, 모, 형, 제, 처, 자) 있으며, 가축에도 '육축(六畜)'(돼지, 소, 양, 말, 닭, 개)이 있다. 또, 신체는 '육신(六神)'(심心, 폐肺, 간肝, 신腎, 비脾, 담胆을 주재主宰하는 신)6)이 있고, 유가(儒家)의 경전도 '육경(六经)'이나 '육예(六艺)'인『시(诗)』, 『서(书)』, 『역(易)』, 『예(礼)』, 『악(乐)』, 『춘추(春秋)』)가 있고, 불교에도 '육진(六塵)'7)(눈, 귀, 코, 혀, 몸, 생각)이 있다. 제자백가 중에 가장 유명한 음양가, 유가, 묵가, 명가, 법가, 도가를 통틀어 '육가(六家)'라고 하며, 주나라 때 병서는 현존 6권이 전해지므로 이를 '육도(六韜)8)' 혹은 '육략(六略)'이라 한다. 주나라 때는 지역을 '육향(六乡)'으로 나누고, 관직에 '육부(六府)'를 설치하였으며, 한나라 때 관직에는 '육조(六曹)'가 있었고, 수나라 때는 '육부(六部)'가 있었다. 또한 황후의 침궁은 '육궁(六宮)'이라 하였으며, 조정의 군대는 '육군(六軍)' 혹은 '육사(六師)'라고 하였다. 고대에는 천간天干과 지지地支를 합하여 해를 기록했고, 60년을 1주기로 하여 '육십갑자'라고 하였으며, 여자가 임심을 하였

---

6) 역자주 : 이는 도교적 관념이다.
7) 역자주 : 심성을 더럽히는 육식(六识)의 대상계對象界. 곧 육식에서 생기는 '빛, 소리, 냄새, 맛, 감촉, 법'의 여섯 가지 욕정을 통틀어 이르는 말로, 이것에 더럽혀지지 않는 일을 육근 청정이라 한다.
8) 역자주 : 중국의 주나라 태공망 여상(呂尚)이 지었다는 병서. 문도文韜, 용도龍韜, 호도虎韜, 견도犬韜, 무도武韜, 표도豹韜 등 6권 60편으로 이루어져 있다.

을 때도 '身怀六甲shēnhuáiliùjiǎ(몸에 육갑을 품다, 임신하다)[9]'라고 하는 등 이러한 예는 수없이 많다. 후에, 언제부터였는지 명확하지 않지만 사람들은 '6'을 '순조롭다(順利)'와 연결함으로써, 젊은이들이 결혼할 때 주로 '6일', '16일', '26일' 등 '6'이 포함된 날짜를 선택하는데, 이는 만사형통과 순조로움을 상징한다. 만약, 음력과 양력에 모두 '6'이 포함된 날짜, 예를 들어 양력 6월 6일이 음력으로 5월 16일이라면 운수대통하는 날이 된다.

결혼뿐만 아니라 다른 일도 마찬가지다. 1993년 10월 25일의 『베이징완바오(北京晚报)』에 「六六大顺liùliùdàshùn(모든 일이 순조롭다)」이라는 글이 실렸는데, 내용은 다음과 같다.

> 赛前几天, 中国代表团内洋溢着欢乐的气氛。大家好像商量好了似的, 当着谢军的面谁也不谈"棋", 为的是不给她增加压力, 而坐在一起就海阔天空地侃大天, 还真侃出点"道道儿"来。这次中国代表团先期到达的是6个人, 大会正好负担6个人的费用, 随团来的中国记者也共是6个人, 而且饭店又把中国人都安排住在了六层楼。最妙的是23日晚上大家都到中国餐馆吃饭, 结账, 凑巧正是666法郎。这些一归纳, 大家不禁风趣地说, 预兆不错, 这正合了中国人的"六六大顺"!

경기 전에 중국대표팀 내에는 기쁨의 분위기가 넘쳤다. 마치 모두들 의논이나 한 듯이 셰쥔(谢军)의 앞에서 누구도 '바둑(棋)' 이야기를 하지 않았다. 그녀에게 스트레스를 주지 않기 위해서였다. 모두들 모여앉아 끝도 없이 수다를 떨다보니 정말 많은 '아이디어'들이 나왔다. 이번 중국팀은 먼저 도착한 선발대가 6명인데 대회 주최측에서도 마침 6명의 비용을 부담했으며, 또 함께 온 중국 기자도 모두 6명이고 호텔에서는 마침 이들을 6층 객실에 배정했다는 것이다. 가장 신기한 것은 23일 저녁 모두들 중국식당에서 밥을 먹은 후, 계산을

---

9) 역자주 : 전설 속의 육갑(六甲)이라고 하는 것은 甲子, 甲寅, 甲辰, 甲午, 甲申, 甲戌인데 이날은 천지신령이 만물을 창조한 날이라 하여 여자들이 잉태하기 쉽다 해서 임신을 육갑이라 한다는 견해가 있다.

하려고 보니 식사비용도 또 마침 666프랑이 나온 것이다. 이에 모두들 좋은 징조이며 이런 일들이 모두 중국인의 '六六大顺(모든 일이 순조롭게 잘 되다)' 과 딱 맞아떨어진다며 재미를 금할 수 없다는 듯 말했다.

'8'은 고대에서 좋지 않은 숫자이다. 허신(许慎)은 '8'의 자형을 설명 할 때, '分別fēnbié(나누다)'의 의미가 있다고 보았다.

> 八, 別也。象分別相背[10]之形。段注："今江浙俗语, 以物与人 谓之八。与人则分別也。
>
> 팔(八)은 나눈다는 의미이다. 나뉘어져 서로 등진 모양을 본떴다. 단옥재 (段玉裁)의 주는 다음과 같다. "쟝수, 저장 지방에서 물건을 다른 사람에게 주 는 것을 팔(八)이라 한다. 다른 사람에게 주는 것은 나눈다는 의미이다."

그의 견해에 동의하지 않는 사람도 있지만, '8'의 '이별'의미는 현재까 지도 일부 민속에 영향을 미치고 있다. 허베이(河北) 일대 노인들은 '8' 이 있는 나이가 되면 자신의 진짜 나이를 말하기 싫어하는데, 이는 이 기간에 세상 사람과 이별할 가능성을 두려워하기 때문이다. 쟝시(江西) 이창(宜昌) 지역의 노인들도 '팔', 특히 숫자 '8'이 있는 선물을 받는 것 을 금기하였다. 허난(河南), 후난(湖南), 푸지엔(福建) 등지에는 '七不 出, 八不归qībùchū, bābùguī(7일에는 집을 나서지 않고, 8일에는 집으로 돌아가지 않는다)'라는 말이 있다.

개혁개방 이후에 경제가 발전하면서 원래 환영을 받지 못했던 '8'도 점차 인기를 얻게 되어 다른 것과 비교할 수 없는 특별한 힘을 가지게 되었다. 광동어에서 '8'은 '发fā(부자가 되다)'와 발음이 유사하므로 부 자가 됨을 의미한다. 개혁개방 초기에 남들보다 한발 앞서나간 광동사 람들은 일반 사람들의 마음속에서 지위가 높았고 광동의 부자들은 각

---

10) 역자주 : 원서에는 "被"로 되어 있으나, 원전에 근거하여 있어 "背"로 고쳤다.

도시를 여유롭게 거닐면서 자연히 '8'도 양쯔강 남북으로 퍼져나갔다.

'8'이 이처럼 길한 함의를 가지게 되자, 눈치가 빠른 사람들은 자연히 달력에서 '8'이 들어간 날짜를 놓칠 리가 없었다. 설령 '8'을 놓치더라도 '18', '28'도 다시없는 '길일(黃道吉日)'[11]이었다.

1993년에 많은 회사가 우후죽순처럼 새로이 나타났는데, 규모에 관계없이 모든 회사가 '8'이 들어간 날짜에 맞춰 문을 열었다. 부자가 되기 위해서는 '8'이 아니면 안 되는 것이다. 그래서 한때는 '8일', '18일', '28일'만 되면 상하이의 신문들은 모두 평소보다 1~2배 편폭을 늘려 개업 축하를 위한 붉은색 광고가 전면에 실렸다. 이 날만 되면 신문사 편집자의 책상 위에는 회사의 개업 원고가 눈덩이처럼 쌓여 골머리를 앓는다. 모두 다 싣자니 아무도 신문을 안볼 것이고 일괄 싣지 않자니 기업들의 미움을 받을 것이기 때문이다. 결국에는 어쩔 수 없이 '뛰어난 것을 골라 게재(择优录取)'하기로 하였다.

사람들이 가장 감탄하는 것은, 개업일을 8일로 정하고 개업식을 아침 8시 8분에 하는 회사도 있다는 것이다. 하지만 시간이 너무 이르기 때문에 개업식에 참석하는 손님들이 거의 없어서 완전히 분위기를 망쳤다. 따라서 눈치 빠른 사람들은 또 시간을 8시 88분, 즉 9시 28분으로 정하기도 하는데, 이로써 근거도 없이 '8'이 하나 더 생겨나 말 그대로 '大发特发dàfātēfā(더욱 크게 번창한다)'가 된다. 특히 지적한 것은, 2008년 베이징 올림픽 개막식이 8월 8일 오후 8시에 시작되었다는 것

---

11) 역자주 : 중국 음력의 바탕위에서 나온 역법인 "황력(黃历 : 万年历)"에서 무슨 일을 하기에 가장 좋은 날을 가리킨다. "황력"은 황제가(黃帝) 헌원(轩辕) 이 창제한 것으로 전해지는데, 그래서 "황력"이라고 한다. 그리고 "황도(黃道)란 지구가 일 년에 태양의 주위를 한 바퀴 도는데, 지구를 기준으로 본다면 태양이 공중에서 한 바퀴 이동하는 것으로 보인다. 이렇듯 태양이 이동하는 길을 "황도(黃道)"라고 한다. 중국 사람들은 옛날부터 중요한 일을 하기 전에 반드시 길일을 택하였고, 이는 그들 생활에 있어 하나의 습속이 되었다.

이다. 조직위원회는 이렇게 하면 분명히 행운이 깃들고 경사스럽다고 여겼다.

'8'이 '发财fācái(부자 되다)'와 연결되면서 자연히 행운의 숫자가 되었다. 이뿐만 아니라 '8'이 들어간 숫자도 '8'의 덕을 받아 모두 길함을 뜻하는 숫자가 되었고, 실제로 일부 회사에서는 돈을 많이 벌기도 했다. '8'로 돈을 벌 수 있음을 가장 먼저 생각해낸 것은 상하이의 우편부문이라고 한다. 개혁개방 초기에 전화 설비가 부족할 때 전화 설치를 신청하는 기업과 개인이 눈덩이처럼 몇 배나 증가하자 통신부문에서는 이 기회를 놓치지 않고 행운의 전화번호를 경매하는 기발한 방법을 내놓았다. 나중에는 다른 지역의 통신부문도 이를 따라하여 '××××××××888', '×××××××8888', '××××××88888'와 같은 휴대폰 번호를 경매에 부쳤고, 심지어 일부 번호는 경매시장에서 수십만 위안의 높은 가격으로 낙찰되기도 하였다. 2002년 4월 12일자『징화스바오(京华时报)』[12]에는 광동롄통 CDMA의 행운의 번호 경매시장에서 '13332888888'이 28.5만 위안(元)이라는 천문학적인 가격에 낙찰되었다는 기사가 실렸다. 사람들은 전화번호 뒤에 숫자 8이 많을수록 더 '부자'가 된다고 생각한다. 하지만 꼭 '8'이 많지 않아도 번호 뒤의 숫자들을 해음에 따라 합쳐서 좋은 의미를 나타내면 이 역시도 좋은 번호가 된다. 예를 들어 '98'은 해음에 따라 '久发jiǔfā(오랫동안 부자가 된다)'와 발음이 유사하고, '78'은 '妻发qīfā(부인이 부자가 된다)'와 유사하며, '87'은 '发起fāqǐ(부자가 되기 시작하다)'와 유사하다. '28'은 '尔发ěrfā(즉, 你发이므로 당신은 부자가 된다)'와 유사하고, '918'은 '就要发jiuyàofā(곧 부자가 될 것이다)'와 유사하고, '1818'은 '要发要发yàofāyàofā(부자가 될 것이다)'와 유

---

12) 역자주 : 인민일보사(人民日报社)가 주관하는 뉴스 중심의 종합적 성질을 띤 신문으로 2001년 5월 28일에 창간되었다.

사하므로 역시 행운의 번호들이다. 이러한 '행운의 번호'들은 순식간에 동이 났고, 나중에는 사람들이 싫어하던 '4'도 운수가 트이게 되었다. 'XXXX4444'와 같은 번호도 악보에서는 '发发发发'로 읽기 때문이다.

행운의 전화번호와 휴대폰 번호 경매의 거센 회오리바람에 이어 개인 자동차 번호판의 구매열기도 일어났다. 'XXX888', 'XXX168', 'XXX518' 등의 번호판은 앞 다투어 구매하려는 인기상품이 되었다. 'XXX888', 'XXX168', 'XXX518'은 각각 '发发发fāfāfā(부자 되세요)', '一路发yílùfā(계속 부자 되세요)', '我要发wǒyàofā(나는 부자가 될 것이다)'를 의미하기 때문이다.

시장경제의 영향으로, 일부 상점과 상가는 고객의 이러한 심리에 부합하여 상품의 가격에도 '8'을 사용하는 머리를 쓰기 시작하였고, 현재 상점에서 8위안, 58.8위안, 81.8위안, 188위안, 298위안, 888위안 등의 가격은 어디서나 볼 수 있게 되었다. 상인들은 이를 빌려 고객들의 구매욕을 자극하기를 바라며, 효과도 나쁘지 않다고 한다.

하지만, 확실한 것은 '8'을 믿는 사람 중에 정말로 부자가 된 사람은 아직 소수에 불과하고 대다수는 아직 부자가 되지 않았고 일부는 파산까지 했다는 것이다. 그렇다고 누굴 탓하겠는가?

'9'는 한 자릿수 중 가장 큰 숫자이고 양수로, 중국에서 '9'는 지극히 높고 깊으며 넓고 큼을 상징하고, 사물의 극한을 나타낸다. 중국인들은 하늘에 9개의 층이 있다고 여기기 때문에 '九霄云外jiǔxiāoyúnwài(아홉 구름 밖. 하늘 끝 저 멀리. 아득히 먼 곳)'라는 말이 있고, 천탄일(天誕日 : 하늘이 태어난 날)은 정월 9일이고, 천자가 하늘에 제사를 지내는 횟수도 9차례이다. 그 밖에, '9'는 '久jiǔ'와 발음이 같아서 봉건 제왕들은 '9'를 상당히 좋아하였다. 그들은 오래오래 백세가 되도록 왕좌에 앉아 장수하기를 희망하였다. 바로 이 때문에 '9'도 역시 행운의 숫자인 것이다.

2. '10' 이상의 숫자

'10' 이상의 숫자 중에도 특수한 함의를 가진 것들이 많이 있다. '10'은 중국어에서 '완전하고 원만하며 길상하다'는 의미이므로, '10'을 기준으로 모든 것을 형량하기를 좋아한다. 중국 고대에 '十圣shísh-èng(10성)'은 '10대 현인'을 말하는데, 이는 문성 공자(文圣孔子 : BC551~BC479)13), 무성 관우(武圣关羽 : ?~219)14), 의성 장중경 (医圣张仲景 : 약150-154~약215-219年)15), 서성 왕희지(书圣王羲之 : 321~379)16), 사성 사마천(史圣司马迁 : BC145~미상)17), 초성 장욱 (草圣张旭 : 675~약750)18), 화성 오도자(画圣吴道子 : 680~759)19),

---

13) 역자주 : 중국 춘추전국시대 노나라 사람. 공자 이름은 구(丘), 자는 중니(仲尼). 유가(儒家)의 비조(鼻祖). 그의 사상은 제자와 제전 제자에 의해 정리된 『논어(论语)』에 잘 나타나 있다. 세계 3대 성인(聖人)의 한 사람.

14) 역자주 : 중국 삼국 시대, 촉한(蜀汉)의 명장군. 자는 운장(云长). 장비(张飞)와 함께 유비(刘备)와 의형제를 맺고 유비의 무장(武將)으로 활약하였다. 오나라와 싸우다가 여몽(吕蒙)에게 패하여 죽음을 당하였음.

15) 역자주 : 중국 후한(后汉)의 의학자인 장기(张机)를 가리키며, 중경(仲景)은 그의 자. 전염병 및 내과와 관련된 온갖 질병에 정통한 것으로 유명하다. 그의 의학 서적은 후세 사람들의 정리를 거쳐 『상한론(伤寒论)』과 『금궤요략(金匮要略)』으로 완성되어, 중의학 경전이 되었음.

16) 역자주 : 중국 동진(东晋) 때의 서예가. 자는 일소(逸少). 해서 · 행서 · 초서의 3 서체를 예술적으로 처음 완성함.

17) 역자주 : 전한(前汉) 시기의 사학가. 자는 자장(子长). 아버지의 뜻을 이어 태사령 (太史令) 지위에 있으면서 역사서 편찬에 주력. 흉노족에 투항한 장군 이릉(李陵)을 변호했다는 죄목으로 궁형(宫刑)을 당하는 불운을 겪었다. 중국 2천여 년 의 역사를 담고 있는 최고의 기전체 통사 『사기(史记)』를 완성함.

18) 역자주 : 당대(唐代) 초서(草书)로 유명한 서예가.

19) 역자주 : 당대(唐代) 현종(玄宗)유명한 화가. 이름은 도현(道玄). 인물 · 산수 · 초목 등을 그리는 데 뛰어났음. 제자들과 함께 그린 불교 사원 벽화는 300점이 넘었다. 생동적이고 양감에 넘친 표현으로 유명하나 아쉽게도 현존하는 작품은 없음.

시성 두보(诗圣杜甫 : 712~770)[20], 다성 육우(茶圣陆羽 : ?~804)[21], 주성 두강(酒圣杜康 : 미상)[22]이다. 또 10대 명화도 있는데, 서리를 견디고 눈과 싸우는 매화, 국색천향(国色天香)[23]의 모란, 자태가 다양한 국화, 천하 제일향인 난초, 화중황후(花中皇后) 월계화(해당화), 화중서시(花中西施)[24] 진달래꽃, 웅장하고 화려한 동백꽃, 흙탕물에서 나왔어도 오염되지 않은 연꽃, 십리표향(十里飘香)[25]의 계화(桂花), 능파선자(凌波仙子)[26] 수선화이다. 또 불교에는 '十方shīfāng(십방)[27]'(동, 서, 남, 북, 동남, 서남, 동북, 서북, 상, 하)이 있고, 베이징에는 '十里長安街shílǐchāng'ānjiē(십리장안가)'라는 거리가 있으며, 상하이에는 '十里洋行shílǐyángháng(십리양행)[28]', 난징에는 '十里秦淮shílǐqínhuái(십리진회)[29]'라는 지명이 있다. 해마다 언론계에서는 10대 뉴스를 선

---

20) 역자주 : 중국 당대(唐代)의 시인. 자는 자미(子美), 호는 소릉(少陵). 이백(李白)과 더불어 이두(李杜)라 병칭되는 중국 최고의 시인. 당대의 아픈 시대적 상황을 반영한 그의 시에는 사회의 부정에 대한 분노와 인간에 대한 애정이 잘 나타나 있다. 근체시의 모범이 되는 율시와 시대상을 담은 1,500여 수의 시가 남아 있음.

21) 역자주 : 중국 당대(唐代)의 학자. 차를 즐겼으며, 반생을 은거하였다. 770년경에 지어진 『다경(茶经)』은 중국 최초의 체계적인 다도서로, 상 · 중 · 하 3권에 걸쳐 차의 기원에서 부터 차의 도구와 끓이는 법, 마시는 법을 정신적, 미적인 감각에 대해 적고 있다.

22) 역자주 : 중국 역사상 술을 처음으로 만든 사람으로 전해짐.

23) 역자주 : 모란의 아름다움을 형용하는 말이었는데, 후에는 여성의 아름다움을 형용하는 말로 사용됨.

24) 역자주 : 서시는 중국 최고의 미녀를 가리킨다.

25) 역자주 : 향이 10리까지 날아감.

26) 역자주 : 습지에서 잘 자라는 수선화의 아름다움을 칭송하는 말.

27) 역자주 : 열 가지 방위로 우리말로는 보통 '시방'이라 하며, 사방(四方)과, 사방의 사이인 사우(四偶), 그리고 상하(上下)를 아울러 이르는 말.

28) 역자주 : 상하이의 번화가로, 십리에 걸쳐 외국계 은행이 늘어서 있는 와이탄(外滩)거리를 가리킨다.

29) 역자주 : 난징의 청계천 격인 진회하 일대는 난징의 최대 번화가 중 하나로, 십리

정하고 스포츠계에서는 베스트 10을 선정하며 재계도 10대 유명 브랜드 상품을 선정한다. 전국에서 우수 청년과 우수 기업가 역시도 '10명'을 선정한다. 하나라도 많거나 적으면 안 된다. 중국의 성어 '十全十美 shíquánshíměi(십전십미)가 이러한 관념을 잘 보여준다.

하지만 사물이 극에 달하면 반대가 되는데, '10' 역시 사물의 극한이라는 좋지 않은 상징 의미가 생겨났다. 중국어에 '十惡不赦shíèbúshè(죄가 너무 커서 용서할 수 없는 10가지 죄)[30]'는 죄가 크고 악에 극에 달해 용서할 수 없다는 의미이다. 민간에서는 노인이 생일을 쉴 때, '9'를 쇠고 '10'은 쇠지 않는 습관이 있다. 즉, '10'이 되는 생일, 예를 들어 60세, 70세 생일은 쇠지 않고 69세, 79세 생일을 거하게 축하를 하는데 이 또한 이러한 이유 때문이다.

'13'도 상하이 등 일부 지역에서는 역시 좋지 않은 숫자이다. 상하이 사람들은 흔히 '×××是十三点。×××shìshísāndiǎn(×××은 13시이다.)'라고 말하는데, 이 사람은 사리가 불분명하고 일처리를 잘못해서 '二百五 èrbǎiwǔ(얼치기)'같다는 의미이다. '13'이 이러한 의미를 가지게 된 데는 여러 가지 해석이 존재한다. 정이메이(郑逸梅 : 1895~1992)[31]의 고증에 의하면 '痴chī'자가 13획[32]인데서 유래되었다고 한다. 또 혹자는 '12'와 밀접한 관계가 있다고 한다. '12'는 명리학(命理学)에서 완벽과 원만함을 상징하는 행운의 숫자로, 1년은 12개월이고, 하루는 12시간이

에 걸쳐 상가들이 늘어서 있다고 해서 붙여진 이름이다.

30) 저자주 : 봉건사회에서 사면할 수 없는 10가지 죄행으로는 모반(谋反), 모대역(谋大逆), 모반(谋叛), 악역(恶逆), 부도(不道), 대불경(大不敬), 불효(不孝), 불목(不睦), 불의(不义), 내란(内乱)이 있다.

31) 역자주 : 중국 현당대의 유명한 작가이자 장고가(掌故家 : 국가의 고사·제도·관례 등에 조예가 깊은 사람).

32) 저자주 : 张德鑫『数里乾坤』, 北京大学出版社, 1999 참조.

며, 시계 바늘이 한 바퀴 도는 것도 12시간이다. 또 인간의 몸에는 12속(属)[33]이 있고, 뇌신경과 안외근도 12쌍이 있으며, 흉추와 척수 흉절도 12쌍이다. 띠도 12지지(地支)가 있고, 고대 음악에는 12평균율이 있다. 12가 완벽한 숫자이기 때문에 이보다 하나 많은 13은 좋지 않은 숫자가 되었다.

73과 84도 불길한 숫자인데, 특히 노인들 사이에는 '七十三qīshísān, 八十四bāshísì, 阎王不叫自己去yánwángbùjiàozìjǐqù。(칠십삼 세와 팔십사 세에는 염라대왕이 데리러 오지 않아도 스스로 간다)[34]'라는 속담이 있다. 1995년『서연(书缘)』창간호에 다음과 같은 글이 있다.

미색米色 침대차 한 대가 굽을 길을 달리다가, 갑자기 차색 큰 유리창이 있는 병원 문 앞에 멈춰 섰다. 환자는 38도의 열이 있어, 의사는 그를 집으로 돌려보내지 않았다. 다음날 첸중수(钱钟书: 1910~1998)[35]가 입원했다는 소식이 경비가 삼엄한 입원실에서 갈대꽃이 날듯이 조용히 퍼져나갔다. 이는 작년 지루한 폭염이 지속되던 여름에 일어난 일이었다. 중국 노인들은 73세, 84세가 인생의 큰 고비라는 말이 있기 때문에, 첸중수의 친구와 지인들은 다른 사람 앞에서 그의 실제 나이를 말하기를 꺼려하여 집에서 세는 나이만 말하였다. 이는 아마도 84의 '4'와

---

33) 역자주 : 중국에서는 사람의 몸은 머리, 얼굴, 턱, 어깨, 엉덩이, 팔(어깨부터 팔꿈치), 팔(팔꿈치에서 손목), 손, 허벅지, 정강이, 발의 12개 부위로 나누며, 이를 속칭 12속(十二属)이라 한다.

34) 역자주 : 여기서 73세와 84세는 두 번의 불길한 '고비'를 뜻하며, 이는 중국 고대의 두 성현인 공자와 맹자가 각각 73세와 84세에 세상을 떠난 데서 유래한다. 즉, 사람들은 위대한 성인도 넘지 못한 '고비'의 나이이니 일반인이야 오죽하겠는가라고 생각하여서 노인들은 이 나이가 되면 특별히 주의를 기울이고 가족들도 이 나이에는 노인들에게 생신 축하를 하지 않는다고 한다.

35) 역자주 : 중국의 현대작가이자 학자. 부인은 양장(杨绛). 저서로는 단편소설집 『인간 · 짐승 · 귀신(人 · 獸 · 鬼)』, 장편소설 『위성(围城)』등이 있음.

'死sǐ(죽다)'와 발음이 같아서일 것이다. 그들의 마음 씀씀이가 참으로 감동적이다.

글에서 첸중수는 중국의 유명한 학자로 1995년에 그의 나이는 84세였다. 하지만 그의 친구와 지인들은 그의 실제 나이를 말하기 꺼려하였다. 즉, 84세라고 하지 않고 85세라고 한 것이다. 왜 그럴까? 위 글의 저자는 84의 '4'와 '死'와 발음이 같기 때문이라고 하였다. 하지만, 이보다 좀 더 깊은 원인이 있는데, 중국의 두 성인 공자와 맹자가 각각 73세와 84세에 돌아가셨기 때문이다. 성인도 이 두 고비를 넘기 어려운데 일반인이야 오죽 하겠는가?

'二百五ērbǎiwǔ(멍청이)'는 매우 듣기 거북한 표현으로, 주로 사람을 욕할 때 사용하는데 의미는 정신이 비정상이고 뇌에 문제가 있음을 나타낸다. 그런데 왜 '二百五'를 사용하여 사람을 욕할까? 여기에는 여러 가지 견해가 있다.

청대의 돈은 모두 오 백량을 한 '封fēng(봉)'으로 했으므로, 이백 오십량은 '半封bànfēng(반 봉)'이 된다. 그런데 중국어에서 '半封'은 '半疯bànfēng(반 미치다)'과 해음이므로 '二百五'도 반미치광이, 바보의 대명사가 되었다. 이것이 하나의 견해이다. 두 번째는, 고대의 고사에서 유래한다. 소진(苏秦)은 전국시대 유명한 달변가로, 몸에 6국[36]의 관인(官印)을 지니고 다녔다. 당시에는 매우 위풍당당하였으나 많은 원한을 샀고 훗날 제나라에서 암살당하였다. 이에 제나라 왕이 크게 분노하여 소진을 위해 복수를 하려고 하였으나 범인을 잡을 수가 없어 한 책략을 생각해냈다. 그것은 소진의 시체에서 머리를 잘라 성문 앞에 걸어두고 그 옆에는 다음과 같은 방을 써 붙였다. "소진은 내부 첩자임. 그를 죽인 자는 황금 천 냥을 얻을 수 있으니 와서 받아가길 바람." 방을 써서

---

36) 역자주 : 여기서 6국이란 초, 제, 연, 한, 위, 조를 가리킨다.

붙이니, 소진을 죽였다고 하는 자가 네 명이 나왔다. 제나라 왕이 말했다. "이것은 속임수를 쓰면 안 된다!" 네 사람은 모두 자기가 한 것이라고 극구 우겼다. 제 나라 왕이 물었다. "황금 천 냥은 너희 네 명이 얼마씩 나누느냐?" 그러자 네 사람이 동시에 대답했다. "한 사람당 二百五(이백 오십)씩입니다." 제나라 왕이 크게 노하여 책상을 치며 말했다. "여봐라, 이 네 '二百五'를 데려가 참수하여라!" 이로부터 '二百五'라는 말이 전해지게 되었다. 최근에는 이와 유사한 새로운 표현이 출현했는데, '二百五'를 대체하려는 경향이 강하다. 예를 보자.

(1) 那人挺二的。 그 사람 매우 멍청하다.
(2) 你真二! 너 정말 바보구나!

여기서 '二'는 '二百五'의 의미이지만, 이보다는 훨씬 간단하고 용법도 넓다.

제3장 중국인 마음속의 색깔

색채는 일종의 자연 현상이다. 민족마다 색채에 대한 인식이 다르지만, 대체로 일치한다. 중국인들이 흰색이라고 하는 것을 일본인들이 검은 색이라고 하지는 않을 것이다. 마찬가지로, 일본인들이 빨간색이라고 하는 것을 중국인과 미국인, 혹은 다른 나라의 사람들이 노란색으로 여기지는 않을 것이다. 일반적으로 언어마다 모두 홍색, 황색, 녹색, 흑색, 백색 등의 기본 색채가 있다.

자연 색채에 대한 사람들의 인식은 대체로 유사하지만, 이들 색채어와 한 민족의 문화, 가치관, 신앙 등이 결합하면 각각의 색채어에 서로 다른 문화적인 함의를 부여한다.

1. 황색

황색은 봉건사회에서 법으로 정한 존귀한 색으로, 숭고와 존엄을 대표한다. 이는 중국 고대의 황제가 황색 옷이나 황색 바탕의 옷을 입는 것에서 알 수 있다. 왜 황색이 이러한 함의를 갖게 되었을까? 이에 대한 대답은 황제로부터 시작해야 한다.

혹자의 연구[1]에 의하면, 음양오행설에 따라 황제는 동서남북의 사방을 통치하는 최고 통치자이다. 황제는 중원지역, 즉 중앙에 거주하는데,

중원지역의 토지색깔이 황색이므로 황제라 칭하였다. 한 대에 이르러 음양오행설이 '군권신수(君权神授)²⁾'의 유학사상에 유입된 후, 황색의 의미에도 신학과 유학의 관점이 들어왔다. 한대(汉代) 반고(班固 : 32~92)³⁾의 『백호통의(白虎通义)』에 나오는 황색에 대한 설명은 다음과 같다.

> 黃者, 中和之色, 自然之性, 万世不易。
> 황색은 치우침이 없는 조화로운 색으로 자연의 성질을 지니고 있어, 오래도록 변하지 않는다.

위 글에 대한 『통전(通典)』의 해석은 다음과 같다.

> 黃者, 中和美色, 黄承天德, 最盛淳美, 故以为谧也。
> 황색은 치우치지 않고 조화로운 좋은 색으로, 하늘의 덕을 잇고, 순수한 아름다움이 가장 왕성하기 때문에 시호로 삼은 것이다.

즉, 황색은 만년이 되어도 변하지 않는 천지자연의 색이고, 천덕(天德 : 하늘의 덕)의 아름다움을 대표하므로 존귀한 색이 되었다. '黃帝 huángdì(황제)⁴⁾'라는 명칭은 바로 이 존귀한 색을 사용하여 지은 시호이다. 고대 사람들은 황색에 특수한 의미를 부여하였음을 알 수 있다.

중국어에서 제왕의 색과 밀접한 관련이 있는 어휘로는 다음과 같은

---

1) 저자주 : 高亚彪 · 吴丹毛, 『在民族灵魂的深处』, 中国文联出版公司, 1988 참조.
2) 역자주 : 군주의 권리는 신에게서 받은 절대적인 것이다.
3) 저자주 : 중국 동한(东汉)시기 역사가로, 『한서(汉书)』의 저자. 부친인 반표(班彪)를 이어 16년에 걸쳐 편찬한 『한서』는 철저한 고증과 완벽한 객관성이 돋보이는 정사류(正史类)의 전형이 되었음.
4) 역자주 : 중국 중원 지방 각 부족 공통의 시조로, 성은 공손(公孫), 이름은 헌원(軒轅)이다.

것들이 있다. 고대 제왕이 타는 수레는 '黃屋huángwū(황옥)'이라 하고, 황제의 조서(诏书)를 '黃榜huángbǎng(황방)'이라 하며, 한나라 때에 천자를 위해 봉직하는 관서를 '黃门huángmén(황문)'이라 한다. 당나라 때 궁정에서 직위가 높은 환관은 황색 옷을 입었는데, 이는 당나라 시인 백거이(白居易)의 시에 나타나 있다.

> 翩翩两骑来者谁? 黃衣使者白衫儿。
> 말 두 마리 경쾌하게 누가 몰고 오시는가? 황색 옷 태감나리와 흰 저고리 수하
> 로군.　　　　　　　　　　　　　　　　　　　　　　『卖炭翁(석탄을 파는 노인)』

시에서 '黃衣使者huángyīshǐzhě(황색 옷의 사신)'이 바로 환관을 가리킨다. 그러나 흰옷을 입은 사람은 직위가 없는 환관이다.

천자가 입는 옷은 '黃袍huángpáo(황포)'라고 한다. 송나라 태조 조광윤(赵匡胤 : 960~1279)이 진교병란(陈桥兵变)을 일으켰고 부하들이 그를 황제로 옹립했는데, 이를 역사적으로 '黃袍加身huángpáojiāshēn(황포가신 : 황포를 몸에 걸쳐주다)5)'이라 부른다.

한대에서 청대에 이르기까지 황제들은 모두 황포를 입었으나, 시대에 따라 황색 색채에도 차이가 있다. 수나라와 당나라의 천자는 적황색을 입었고, 송나라 때는 황토색과 담황색을 입었으며, 청나라의 천자는 밝은 황색을 입었다. 천자는 최고의 통치자로서 중국을 대표하므로 황색

---

5) 역자주 : 후주(后周)의 절도사(节度使) 조광윤(赵匡胤)이 요(辽)의 침임을 저지한다는 구실로 960년 금군(禁軍)을 통솔하여 수도 변경(汴京)의 동북 약 40여 리 떨어져 있는 진교역(陈桥驿, 지금의 하남 봉호현)에 도착하였을 때, 조광윤의 부하인 석수신(石守信), 왕심기(王审琦), 조보(赵普) 등이 모의하여 조광윤에게 황포(黃袍 : 황제의 옷)를 입힌 것을 '黃袍加身'이라 하고, 이와 함께 군대를 이끌고 회군한 사건을 진교병란(陈桥兵变)이라 함. 이어 조광윤은 후주(后周)의 공제(恭帝)를 퇴위시키고 송나라를 건국함.

역시 고대 중국의 상징이 되었다.

하지만 황색은 현대 중국어에서 운이 나쁘게도 부정적인 의미가 되어 '실패'와 자주 연결된다. 예를 들어 일이 성사되지 않았거나 실패하면 '黄了huángle(망했다)'라고 말한다.

(1) 买卖黄了。장사가 파토났다.
(2) 去上海旅游黄了。상해 여행이 취소되었다.
(3) 这笔生意八成又黄了。이 사업은 십중팔구 또 망했다.

이 외에도 황색은 불결하고 저속한 일과도 관련된다. 예를 들어, 성행위를 묘사하는 서적을 '黄色书刊huángsèkānwù(선정적인 출판물)'이라고 하고, 성행위가 포함된 영상이나 영화를 황색 영상이나 황색 영화라고 한다. 또 음란물을 전파하는 사이트는 황색 사이트라 하고, 휴대폰에 저속하고 선정적인 문자 메시지는 '黄段子huángduànzi(음란한 농담)6)'이라 하며, 정부의 성매매 단속활동은 '扫黄sǎohuáng(음란물 소탕)'이라고 하는데, 즉 음란물을 소탕하고 제거함을 말한다. 이를 위해 각 지방정부는 전담기구인 '扫黄办sǎohuángbàn(음란물 소탕실)', 즉 '扫黄办公室sǎohuángbàngōngshì(음란물 소탕 사무실)'을 설립하였다.

중국인들은 왜 음란물을 황색이라고 할까? 이에 대해서는 서방에서 들어온 것이라는 설이 있다. 예전에 서방에서 일부 염가의 통속 소설은 표지가 황색이었고, 당시에 대중에게 인기 있는 타블로이드 신문과 소형 잡지도 황색의 거친 종이로 표지를 했기 때문에 19세기 서방에서는 '황색'을 사용하여 저속한 간행물을 형용하였다. 중국의 문인들은 이러한 개념을 받아들인 후에 한 걸음 더 파생과 확대를 거쳐 저급하고 속된 물건을 가리키게 되었고, 이것이 오늘날까지 계속해서 사용되고 있다.

---

6) 역자주 : 段子는 '相声(만담), 评书(강설), 大鼓(민간 노래이야기)' 등의 한 단락.

그 밖에, '黃脸婆huángliǎnpó(황색 얼굴의 부녀자, 마누라)'는 여자가 나이를 먹어 자색이 쇠퇴하였음을 나타내고, '人老珠黄rénlǎozhūhuáng (사람은 늙으면 쓸모가 없어지고, 옥구슬은 누렇게 퇴색되면 가치를 잃게 된다)'는 여자가 늙어서 멸시를 받음을 비유하고, '黄牌huángpái(옐로카드(yellow card))'는 경고를 의미한다.

按照这一规定, 河南省技术监督局根据国家监督抽查情况, 对新乡县油厂, 汤阴粮油加工厂等14家企业出示"黄牌"警告。

이 규정에 따라, 허난(河南)성 기술감독국은 국가감독표본조사 상황에 근거하여 신샹(新乡)현 기름공장과 탕인(汤阴) 양유(粮油) 가공공장 등 14개 기업에 대해 '옐로카드'를 제시했다. 『北京晚报(베이징완바오)』 1995年12月24日

중국에서 일부 사람들은 술을 좋아하는데, 술에 대해 호감이 없는 주부들은 술을 '黄汤huángtāng(누런 국, 황주)'이라고 하며, 술을 마시는 것은 '灌黄汤guànhuángtāng(누런 국을 들이붓다)'이라고 한다. 요컨대, 중국인들은 황색이라면 안색이 변한다.

2. 붉은색, 자주색

붉은색과 자주색은 중국 고대에서 모두 존귀한 색깔이다. 『논어(论语)·향당(乡党)』편에는 '朱紫不以为亵服zhūzǐbùyǐwéixièfú(붉은색과 자주색으로 평상복을 만들지 않았다)'라는 말이 있다. 양보쥔(杨伯峻：1909~1992)[7]은 이에 대해, 고대에 붉은색을 '朱zhū'라고 하였는데 이는 아주 고귀한 색이며, '紅hóng(붉은색)'과 '紫zǐ(자주색)'는 모두 이에

---

7) 역자주 : 유명한 언어학자.

속하여서 함께 중시되어 평상시 집에서 있을 때 입는 옷의 색으로는 사용하지 않았다고 해석하였다.

상고시기부터 사람들은 붉은색을 좋아하였다. 고고학자들의 고증에 따르면, 지금으로부터 18, 000년 전의 산정동인(山顶洞人)[8]도 이미 붉은색을 숭상하였으며, 그들이 사용했던 장신구에 뚫은 구멍 주위를 모두 붉은색으로 염색하였다. 『시경(诗经)·패풍(邶风)·정녀(静女)』 편에 붉은색을 노래한 구절이 있다.

贻我彤管, 彤管有炜。
나에게 붉은 붓대롱(피리)를 주었네. 붓대롱 붉그레하구나.

이 두 구절은 아가씨가 준 장식품이 붉으며 광택이 있음을 찬송하고 있다.

전설 속의 상고시대 임금 요(尧)는 어머니가 적룡(赤龙)에 감응하여 임신을 하고 낳았다고 한다.[9] 따라서 붉은색은 자연히 제왕의 색이기도 하다. 『여씨춘추(吕氏春秋)』에 다음 기록이 있다.

天子居明堂太庙, 乘朱辂, 驾赤骝, 载赤旗, 衣朱衣, 服赤玉, 食菽与鸡, 其器高以粗, 养壮狡。
천자는 명당태묘에 거처하며, 주로를 타고 적류마를 멍에하며 붉은 기를 세우고, 붉은 옷을 입으며, 붉은 옥을 착용하고, 콩밥에 닭고기를 먹으며, 그 그릇은 높고 소박한 것을 사용하며, 체격이 장대하고 건장한 자를 양성한다.

----

8) 역자주 : 1933년에 지금의 베이징시 팡산(房山)현 저우커우뎬(周口店)에 있는 룽구산(龙骨山) 정상에서 발견된 약 18,000년 전의 인류 화석.
9) 저자주 : 王充,『史论』: '尧母庆都野出, 赤龙感己, 遂生尧。

이 단락의 대의는 다음과 같다. 천자는 붉은 가마를 타고, 붉은 말을 몰아 붉은 깃발을 꽂고 붉은 옷을 입고 붉은 옥을 착용했다.

천자와 관련된 모든 것이 붉은 색임을 알 수 있다. 이는 붉은색이 존귀함을 대표하며 제왕의 색임을 설명한다.

제왕 이외에 궁중에 있는 달관귀인(达官贵人)[10]들도 붉은색을 좋아하였는데, 당(唐)나라의 시인 두보(杜甫 : 712~770)의 시가 그 증거이다.

朱门酒肉臭, 路有冻死骨。
붉은 문(부잣집)에는 술과 고기가 썩고, 길에는 얼어 죽은 시체가 널려있다.
『自京赴奉先县咏怀五百字(수도 장안에서 봉선현으로 가며 시로 읊은 오백자)』

여기서 '朱门zhūmén(주문)'은 붉은색 문이며, 부자 관리의 집안을 대표한다.

붉은색이 나타내는 관료 색채는 현재까지도 중국어에 남아있다. 중국어에 '红头文件hóngtóuwénjiàn(홍두문건 : 중국의 당정(党政) 지도부에서 하달하는 문건. 중앙 정부의 문건)'은 실제로 관방의 문건을 가리키며, '红顶商人hóngdǐngshāngrén(홍정상인 : 관방상인)'은 관방의 배경이 있는 상인을 가리킨다. 또 대학생이 직업을 선택할 때의 '走红线zǒuhóngxiàn(붉은 노선으로 가다)'은 정치에 종사함을 가리킨다. 최근에는 또 '红领hónglǐng(붉은 스카프)'라는 어휘가 출현했는데, 2010년 9월의 『대국보도(大国报道)』 제12기에 다음 기사가 실렸다.

『中国新闻』近日报道说, 继"白领"和"金领"后, "红领"成为最受青睐的行当。
『중국신문』 최근 보도는, '바이링(白领, 흰 스카프)'와 '진링(金领, 금색 스

---

10) 역자주 : 고관과 귀인.

카프)'의 뒤를 이어 '홍링(红领, 붉은 스카프)'가 가장 인기 있는 직업이 되었다고 하였다.

여기서 '红领'은 정부 공무원계층을 가리킨다.

하지만, 현대 중국어에서 붉은색은 주로 상서롭고 뜻하는 바와 같이 되는 것을 상징한다. 바로 이 때문에, 많은 지역에서는 결혼을 할 때 신부는 붉은색 상의와 붉은색 바지를 입고, 머리에는 붉은 수건을 쓴다. 또 붉은색 가구, 붉은색 침대, 붉은색 이불, 붉은색 희(喜)자, 붉은색 대련 등등 신혼방의 구석구석을 모두 붉은색으로 장식한다. 손님들의 축의금도 붉은 봉투에 넣어서 주며, 아이를 낳거나 아이가 생일을 지낼 때에는 붉은 계란을 먹는다. 또한 설날에 중국인들은 '春联chūnlián(춘련)[11])'을 즐겨 붙이는데 이 또한 붉은 종이에 쓴 것이다.

중국인들은 '本命年běnmìngnián(본명년)[12])'이 고생스러운 해이며 불길한 일이 발생할 것으로 여긴다. 따라서 본명년이 되었을 때, 붉은색 허리띠를 하거나 붉은색 내의를 입거나 붉은색 양말을 신으면 액땜을 할 수 있어 본명년을 순조롭게 보낼 수 있다고 믿는다. 또한 한때 병원에서 '红包hóngbāo(홍바오, 즉 붉은 봉투)'을 받는 현상이 나타났는데, 사실 붉은 봉투는 '돈'을 말한다. 이를 붉은 봉투라고 하는 것은 돈을 붉은 봉투에 담았기 때문에 얻어진 이름이다.

붉은 색은 또 순조로움과 성공 혹은 다른 사람의 중시를 받음을 나타낸다. 어떤 사람이 운이 좋으면 '走红运zǒuhóngyùn(붉은 운으로 가다, 운수대통하다)'라고 한다. 한 해의 시작이나 어떤 일을 시작하고 나서 바로 뚜렷한 성과가 있는 경우를 '开门红kāiménhóng(문을 열자 붉은 색

---

11) 역자주 : 중국에서 음력설에 대문과 기둥에 붙이는 대련(対联).
12) 역자주 : 12년에 한 번씩 돌아오는 자신이 태어난 띠의 해, 이것이 바로 그 사람의 '본명년(本命年)'이다.

이다, 좋은 출발을 하다)'라고 하고, 영화나 드라마, 가요계 등 연예계에서 순조롭게 발전을 하고 지명도가 날로 높아지는 경우, 사람들은 '红起来了hóngqǐláile(붉어지기 시작했다. 뜨기 시작했다)', '走红了zǒuhóngle(인기가 있다)', '成了大红人了chéngledàhóngrénle(인기 있는 사람이 되었다)'라고 한다. 이는 연예인뿐만 아니라 일반인들도 마찬가지다. 『고급구어(高级口语)』(上)13)의 「벽을 사이에 둔 대화(隔墙对话)」 중에 다음 대화가 나온다.

我要问你! 上边拿你当香饽饽, 生产上不去要找你, 自动线坏了要找你, 进口设备检验要找你, 倒像个大红人似的!
내가 묻겠는데요. 위에서 당신을 구미에 맞는 떡으로 여겨서 생산량이 안 올라가도 당신을 찾고, 자동 작업 라인(line)이 고장 나도 당신을 찾고, 수입 설비 검사도 당신을 찾는군요. 대스타가 따로 없네요.

여기서 '大红人dàhóngrén'은 외국 학생들이 일반적으로 이해하기 어려운데, 사실 이는 상사의 특별한 주목을 받는 사람을 말한다. 그 외에도, 노인이 신체가 건강하고 체격이 건장한 것은 '红光满面hóngguāngmǎnmiàn(얼굴의 혈색이 좋다)'라고 형용한다. 말을 할 때 혹은 낯선 사람을 앞에서 얼굴이 붉어진 경우에도 다른 사람들은 이에 호감을 가진다. 왜냐하면 '脸红hóngliǎn(얼굴이 빨갛다. 부끄러워하다)'은 진실되고 거짓말을 할 줄 모름을 의미하기 때문이다.

하지만 붉은색이라도 완벽하고 흠이 없는 것은 아니다. 중국어에 '红'자가 포함된 어휘 중에는 부정적인 것도 있는데, 예를 들어 '亮红牌liànghóngpái(레드카드를 내보이다)'는 엄중한 경고를 나타내고, '赤字chìzì(적자)'는 경제활동 중 지출이 수입보다 많은 차액을 가리킨다. '脸红'

13) 저자주 : 陈如等 编著, 华语教学出版社, 1989 참조.

은 좋은 현상이지만, '红脸hóngliǎn(얼굴을 붉히다. 화를 내다)'과 '眼红 yǎnhóng(질투하다)'은 그렇지 않다.

(1) 婶娘的侄儿虽说年轻, 却也是他敬我, 我敬他, 从来没有红过脸儿。

숙모의 조카는 나이는 어려도 나와 서로 존경하며 얼굴을 붉힌 적이 한 번도 없다. 　　　　　　　　刘心武(류신우)『秦可卿生存之谜(친커칭의 생존수수께끼)』

(2) 两年工夫就净赚两三万, 惹得不少人手痒心动眼红。

2년간의 노력으로 2, 3만 위안을 벌었는데, 많은 사람들이 이 때문에 손이 근질거리고 질투를 하였다. 　　　　　　张胜利(장성리)『八舅(여덟째 삼촌)』

위의 예에서 '红过脸儿hóngguoliǎnr(얼굴을 붉혔다)'는 화를 내거나 사이가 틀어짐을 가리키고, '眼红'은 질투를 나타낸다.

자주색도 역시 고대에서 존귀한 색깔이다. 기록에 의하면, 춘추시대 제(齐)나라 환공(桓公 : BC?~BC643)과 노(鲁)나라 환공(桓公 : BC731~BC694)은 모두 자주색 옷을 좋아하였다. 『한비자(韩非子) · 외저설좌상(外储说左上)』편에 다음 고사가 나온다.

　　齐桓公好服紫, 一国尽服紫。当是时也, 五素不得一紫, 桓公患之, 谓管仲曰:"寡人好服紫, 紫贵甚, 一国百姓好服紫不已, 寡人奈何?"管仲曰:"君欲止之, 何不试勿衣紫也?"谓左右曰:"吾甚恶紫之臭。……公曰:"诺。于是日, 郎中莫衣紫; 其明日, 国中莫衣紫; 三日, 境内莫衣紫也。

　　제나라 임금 환공이 자주색 옷을 즐겨 입으니, 온 나라 사람들이 모두 자주색 옷을 입었다. 이 당시에는 다섯 벌의 흰색 옷으로도 한 벌의 자주색 옷을 얻을 수 없었다. 환공이 이를 걱정하여 관중에게 물었다. "과인이 자주색 옷을 즐겨 입으니 자주색 옷이 매우 비싸졌는데도 온 나라 백성들이 자주색 옷을 즐겨 입기를 그치지 않으니 과인이 어떻게 하는 게 좋겠소?" 이에 관중이 말하였다. "왕께서는 그것을 멈추고자 하시면서도 어찌 자주색 옷을 입지 않으려고 해보지 않으십니까?" 주위의 사람들에게 "나는 자주색 옷이 냄새가 나서 아주 싫어한다고 말씀 하십시오." 환공이 "그렇게 하겠노라"고 하였다. 그러자 이날 시종관들로 자주색 옷을 입은 자가 없었고, 그 다음 날에는 왕이 사는 성안에 자주색 옷을 입은 사람이 없었으며, 사흘째는 나라 안에 자주색 옷을 입은 사람이 없었다.

중국 고대 복식은 자주색을 가장 존귀한 것으로 쳤다. 남북조(南北朝)이래로 자주색은 봉건 관료 가운데 최고위층을 대표하였다. 당대(唐代) 조정에서 임명한 3품 이상의 관리는 자주색 관복을, 5품 이상의 관리는 붉은색 관복을 입었다. 당대(唐代) 시인 최호(崔顥 : 704~754)의 「강가 떠도는 노인의 시름(江畔老人愁)」에는 다음과 같은 시구가 있다.

自言家代仕梁陈, 垂朱拖紫三十人;
两朝出将复入相, 五世叠鼓乘朱轮。
혼자말로 집안은 대대로 진나라와 양나라에서 벼슬살이,
붉은 색 관복을 드리우고, 자주색 관복을 끄는 이가 서른 명이나 되었다네.
두 왕조에서 나가면 장군이오, 다시 들어오면 재상이고,
다섯 대에 걸쳐 붉은색 고급 수레 타고 북 울리며 행차 했었네.

이 시는 지난날 명성을 날렸던 가족에 대한 한 노부인의 추억을 쓴 것이다. 노부인의 가족 가운데에는 양(梁)나라와 진(陈)나라 두 왕조에서 '붉은 관복을 드리우고 자주색 관복을 끄는(垂朱拖紫)' 지위를 누린 사람이 서른 여명이나 있었다.

백거이의 「가무(歌舞)」 시 가운데에도 유사한 시구가 있다.

雪中退朝者, 朱紫尽公侯。
눈 속에 조회 마치고 대궐을 나오는 사람들, 붉은색 자주색 관복 모두 고관대작들이네.

이 글의 의미는 대궐에서 조회 마치고 나올 때, 주홍색과 자주색 관복을 입은 사람은 모두 고관대작이라는 것이다. 자주색의 물품은 존귀함을 나타내기 때문에, 제왕은 늘 다른 사람에게 물건을 하사하는데 사용한다. 『삼국지(三国志)』[14] 배송지(裴松之 : 372~451)의 주에는 '후에 손권(孫权 : 182~252)이 설종(薛综 : ?~243)에게 끈이 있는 자주색 주머니를 하사하니, 설종은 자주색은 입어서는 안 되는 것이라고 말하며 사양하였다(后权赐综紫绶囊, 综陈让紫色非所宜服)'라고 적혀 있다. '紫绶囊zīshòunáng(자주색 끈 주머니)'은 끈이 있는 자주색의 주머니이다.

『서경잡기(西京杂记)』[15]에도 이와 유사한 기록이 있다.

帝大悦, 赐青羔裘, 紫丝履, 服以朝觐。
성제(成帝)께서 크게 기뻐하시며 푸른색의 어린 양 가죽으로 만든 털옷과 자주색 비단으로 만든 신발을 하사하시니 아침 조회 때 입고서 알현하였다.

'紫丝履zīsīlǚ(보라 비단 신발)'은 바로 보라색의 비단으로 만든 신발이다.

현대중국어도 존귀함을 나타내는 '紫色'의 의미를 그대로 이어받았지만, 사용하는 표현은 '红得发紫hóngdefāzǐ(붉은 색이 자줏빛을 띠다. 능력보다 한 층 더 총애를 받게 되다)', '大红大紫dàhóngdàzǐ(총애를 한 몸에 받게 되다)' 정도이다.

---

14) 역자주 : 서진(西晉)의 진수(陈寿)가 쓴 중국 후한 말에서 서진 초기까지의 역사를 기록한 역사서. 남송의 사학자 배송지(裴松之)가 내용을 보충하고 주석을 달았음.

15) 역자주 : 한대(刘歆) 유흠(劉歆)이 지은 중국 고대 역사필기소설집. "서경(西京)"은 서한(西汉)의 수도 장안(長安)을 말한다. 서한 시기의 잡다한 역사 기록과 함께 각종 애피소드도 기록하고 있다.

3. 흑색과 백색

고대에는 흑색의 평가가 그다지 나쁘지는 않았다. 『시경』의 「검은 비단옷(緇衣)」에는 다음 글이 있다.

> 緇衣之宜兮! 敝予又改为兮! 适子之馆兮! 还予受子之粲兮!
> 緇衣之好兮! 敝予又改造兮! 适子之馆兮, 还予授子之粲兮!
> 검은 옷이 어울리네요, 해어지면 제가 다시 만들어 드릴게요.
> 그대 관청에 가시네요, 돌아오시면 그대에게 음식을 만들어 드릴게요.
> 검은 옷이 어울리네요, 해어지면 제가 다시 만들어 드릴게요.
> 그대 관청에 가시네요, 돌아오시면 그대에게 음식을 만들어 드릴게요.

이 시는 '緇衣zīyī(검은 옷)'라고 반복적으로 읊조리고 있는데, 이는 사실상 검은 비단옷에 대한 찬미이다. 당시에 검은 비단옷은 경대부(卿大夫)의 조복(朝服 : 관원이 조정에 나아가 의식을 시행할 때 입는 예복)이었다.

『예기(礼记)・옥조(玉藻)』에 '天子佩白玉而玄组绶tiānzǐpèibáiyùér-xuánzǔshòu(천자는 흰색 옥을 찼는데, 끈을 검은 색으로 짰다)'라는 말이 있다. 의미는 천자가 흰색의 옥을 찼는데, 옥을 메는 끈은 검은 색이라는 것으로, 이 역시 검은 색은 일종의 존귀한 색임을 증명한다.

진대(秦代)에도 검은색을 숭상하였지만 검은색 옷은 제왕만 입는 것으로 제한하였고, 입는 자리 또한 매우 제한적이어서 제사를 지낼 때만 입었다. 서한(西汉)때 검은색 도포(袍服)는 제왕과 관리가 조정에 나갈 때 입는 예복이었다.

그런데 복식에서 '黑hēi(검은 색)'의 고귀한 의미가 어휘의 의미에는 그다지 많은 영향을 미치지 않았다. 예부터 지금까지 '黑'의 상징적 의의는 일반적으로 부정적인 것이었다. 따라서 굴원(屈原 : BC340~

BC278)16)의 『구장(九章) · 회사(怀沙)』에 나오는 '变白以黑兮biàn-báiyǐhēixī, 倒上为下dàoshàngwéixià。(검은 색이 흰색으로 변했네, 위가 거꾸로 아래가 되었네)'는 '颠倒黑白diāndǎohēibái(검은 색과 흰색이 거꾸로 뒤집어 졌다)'를 나타내는 것으로, 굴원이 처한 정치 환경이 옳고 그름과 선악을 구별하지 못하는 상황이었음을 비유하는 데 쓰였다.

중국 역사상 '黑'자가 들어있는 어휘가 크게 발전하였던 시기는 바로 '문화대혁명(文化大革命)' 때이다. 이 시기에는 '黑'자가 들어있는 어휘가 대량으로 나타났는데, 이것이 이 시기의 문학작품 속에 반영되어 이러한 어휘가 자주 출현한다.

(1) 王沪生说："我可是黑五类子女, 来接受再教育的, 这合适吗?"
刘惠芳说："黑五类　子女就不是人了?! 你别黑五类黑五类的老挂在嘴上!"
왕후성이 "난 그렇지만 흑5류 자식으로 재교육을 받으러 왔는데, 이거 괜찮겠죠?"라고 하였다. 그러자 리우후이팡이 "헤이우레이 자신은 사람 아닙니까! 당신, 헤이우레이 헤이우레이 라는 소리 늘 입에 달고 다니지 말아요!"
郑万隆·李晓明(정완룽·리샤오밍)『渴望(갈망)』

(2) 连里有人在整党中混水摸鱼, 搞黑串联, 企图搞垮党支部。
마을에서 조차도 당의 기풍을 정돈하는 가운데에 자신의 이익을 취하려고 반혁명 패거리를 조직하여 당 지부를 무너뜨리려 하는 자가 있다.
老鬼(라오구이)『血色黄昏(혈색황혼)』

위 예문에서 '黑五类hēiwǔlèi(흑5류)17)', '黑串联hēichuànlián(반혁명 패

---

16) 역자주 : 전국시대 초(楚)나라의 정치가이자 시인. 시가총집인 『초사(楚辞)』의 대표적인 작가로, 초나라 특유의 색채를 담은 낭만적인 시풍을 확립시켰다. 주요 작품으로는 「이소(离骚)」, 「어부사(渔父辞)」등이 있다.

17) 역자주 : 문화대혁명시기의 용어로 흑5류는 마오쩌둥 사상에 반하는 지주, 부농, 반혁명 분자, 악질분자, 우파 분자 또는 그 자녀를 가리키며, 이들은 공산당입당,

거리)'는 바로 그 시대에 가장 상용되었던 어휘 가운데 하나이다. 이러한 어휘와 유사한 것으로는 또 '黑会hēihuì(불법적인 비밀회의. 불법모임)', '黑钱hēiqián(뇌물 등 부정한 수단으로 얻은 돈)', '黑帮hēibāng(반동조직이나 그 구성. 암흑가의 조직)', '黑文hēiwén(반동적인 문장)', '黑旗hēiqí(검은 깃발. 반동적인 깃발)', '黑后台hēihòutái(막후 실력자)', '黑纲领hēigānglíng(반동적인 강령)', '黑笔记hēibǐjì(반동적인 필기내용)', '黑干将hēigànjiàng(검은 인재)', '黑秀才hēixiùcái(반동지식인)' 등 셀 수 없이 많다. 이러한 어휘에서 '黑'자의 주 의미는 반동 또는 불법이며, 현재도 '黑'자가 들어있는 어휘와 표현이 많이 사용된다.

(1) 大约除了情感, 没有什么是不可以盗窃, 不可以掠夺的, 只要心黑手辣。
아마도 감정을 제외하고 훔칠거나 빼앗을 수 없는 것은 없을 것이다. 마음이 못되고, 수단이 악랄하기만 하면.　　张洁(장지에)『漫长的路(머나먼 길)』

(2) 哥走后我把他的话转告了母亲, 母亲万分心痛地说, 这个人黑了良心, 一世也改不了了。
형이 간 다음 내가 형의 말을 어머니께 전하자 어머니는 매우 가슴아파하시면서 그 놈의 못된 마음, 한 평생 못 고칠 거야라고 하셨다.
蒋子丹(지앙즈단)『大哥(큰형)』

(3) 这么多年来, 城市里面没有单位, 农村里面没有土地, 活生生的黑人黑户, 社会闲杂人员。
이렇게 오랫동안 도시에는 회사가 없었고, 농촌에는 토지가 없어, 멀쩡하게 살아있지만 호구가 없는 사람과 호구가 없는 세대, 사회적으로 불필요한 사람.　　陆步轩(루부쉬안)『屠夫看世界(백정이 본 세상)』

졸업 후 직업분배, 취업, 연애, 결혼 등 모든 부분에서 차별을 받았다. 반면, 마오쩌둥을 지지한 학생 조직인 홍위병의 구성 멤버인 노동자·빈농이나 하층 중농·혁명 열사·혁명 간부 및 해방군 또는 그 자제를 '홍5류(红五类)'라 한다.

위의 예문에서 '心黑xīnhēi(속이 음흉하다)'는 마음씨가 악랄한 사람을 형용하고, '黑了良心hēiliángxīn(나쁜 마음을 먹었다)'는 좋은 마음씨가 나쁘게 된 것을 가리키며, '黑人hēirén(흑인. 호적에 이름이 등기되지 않은 사람)'은 호적이 없는 사람을 가리키고, '黑户hēihù(호적이 없는 주민)'는 농촌에서 경작지가 없고 호적이 없는 가정을 가리킨다.

이와 유사한 단어들은 그 외에도 아주 많은데, 예를 들면 '黑市hēishì (암시장)', '黑话hēihuà(은어. 반동적인 말)', '黑帮hēibāng(반동조직. 암흑가의 조직)', '黑社会hēishèhuì(마피아. 암흑가)', '黑老大hēilǎodà(암흑가 조직의 보스)' 등이 있다. 요컨대, 현대중국어에서 '黑'자와 관련이 있는 단어는 대부분 부정적인 의미를 담고 있다. 만약 꼭 긍정적인 의미의 단어를 찾는다면, 아마도 '黑马hēimǎ(다크호스)'뿐일 것이다.

고대 평민의 의복은 색깔을 넣을 수 없었기 때문에, 평민을 '白衣 báiyī(백의)'라고 부르기도 하였다. 고대에 과거를 통해 취득한 칭호나 관직이 없는 사람을 '白丁báidīng(백정)' 또는 '白身báishēn(백신)'이라 불렀고, 이들 가운데 지식인이 사는 집을 '白屋báiwū(백옥. 띠 풀로 지붕을 덮은 집으로, 가난한 선비가 사는 집)'이라 불렀다.

바로 이 때문에 현대중국어에서 흰색은 보통 불길함, 공포와 관련이 있는데, 이는 붉은 색과 정반대이다. 붉은 색은 혼례에 쓰이나, 흰색은 장례에 쓰인다. '白区báiqū(백색구역)'[18], '白匪báifěi(흰 도적)'[19], '白色 恐怖báisèkǒngbù(백색테러. 백색 테러로 인한 공포 분위기)'에서의 '白'는 사람들에게 소름끼치고 두려운 느낌을 준다. '白'는 이외에도 좋지

---

18) 역자주 : 백색 지구. 1927~1937년 제2차 중국 국내 혁명전쟁 당시 국민당 통치하의 지구. '红区(홍색 지구)'와 구별됨.

19) 역자주 : 중국 공산당이 1927년에서 1937년까지 제1차 국공내전(国共内战)기간 동안 국민당 군대를 부르던 명칭. 국민당 백군(白军)을 '白匪'라 불렀으며, 공산당의 홍군(红军)은 '红匪'라 함.

않는 의미가 또 있다. '白眼báiyǎn(눈의 흰자위, 무시하는 태도로 보다)' 은 사람을 흰 눈으로 보는 것을 가리키는데 무시하고 싫어함을 나타낸 다. 또 '唱白脸chàngbáiliǎn(악역을 맡다)[20]'는 다른 사람을 대하거나 일 을 처리할 때 원칙을 따르지 않음을 가리키고, '吃白食chībáishí(남의 음 식을 거저 먹다)'는 밥을 먹고 돈을 내지 않음을 나타낸다. '一穷二白 yìqióngèrbái(기초가 약하여 아무것도 없다)'는 기초가 약함을 형용하며, '小白脸xiǎobáiliǎn(곱상한 젊은 남자)'은 얼굴이 희고 깨끗하며 청순한 젊은 남자를 가리키는데, 여기에는 풍자의 의미도 포함되어 있다.

4. 녹색

녹색은 자연의 색으로 생명을 상징하지만, 현대 중국어에서 녹색은 사람들에게 호감을 주지 않는데, 이는 관련 어휘에서도 알 수 있다. 중 국어에서 '绿lǜ(푸르다)'자를 포함하는 많은 어휘들은 모두 부정적 의미 이다. '脸都绿了liǎndōulǜle(얼굴이 파래졌다)'는 안색이 좋지 않다는 의 미이고, '眼都绿了yǎndōulǜle(눈이 파래졌다)'의 의미도 이와 유사하다. 중국어에서 또 하나 아주 듣기 거북한 표현으로 '戴绿帽子dàilǜmàozi(녹 색 모자를 쓰다)'가 있는데, 이는 아내가 바람을 피운 남편을 가리킨다. 이는 중국인들이 가장 용납할 수 없는 일이며, 바로 이런 이유 때문에 상점에서 온갖 모자는 다 팔아도 녹색모자는 없다. 만약 있다 해도 영 원히 팔리지 않을 것이다.

녹색의 명예가 좋지 않은 데는 연원이 있는데, 『시경』에 '녹의(绿衣)' 편을 보면 이를 알 수 있다.

---

20) 역자주 : 중국의 전통극에서 악역을 맡은 이가 얼굴을 하얗게 분장한 데서 유래함.

綠兮衣兮, 綠衣黃里, 心之憂矣! 曷維其已?
綠兮衣兮, 綠衣黃裳, 心之憂矣! 曷維其亡?
푸른색 옷, 푸른색 옷, 노란색 안감, 마음의 아픔이여!
언제 잊을 수 있을까?
푸른색 옷, 푸른색 옷, 노란색 치마, 마음의 아픔이여!
언제 잊을 수 있을까?

이 시에서 반복적으로 '綠衣lǜyī(녹색 옷)'을 노래하고 있는데, 이는 찬미하는 것이 아니라 녹색 옷을 노래함으로써 마음속의 근심을 해소하려는 것이다. 옛날 사람들은 녹색과 근심을 연결시켰음을 보여준다.

붉은색은 고대에 고귀함을 상징하지만 녹색은 신분이 비천하고 낮음을 상징한다. 당나라 때 관제에 따르면 6품과 7품은 녹색 옷을 입도록 규정하고 있는데, 백거이의 시 「미지를 그리워하며(忆微之)」와 「상양궁 백발궁녀(上阳白发人)」가 이를 증명한다.

分手各抛沧海畔, 折腰俱老绿衫中。
헤어져서 제각기 푸른 바닷가 마을에서,
녹색 관복 미관말직에게 허리 구부리며 함께 늙고 있네.

「忆微之(미지를 그리워하며)」

红颜暗老白发新, 绿衣监使守宫门。 21)
아리땁던 얼굴 몰래 늙어 흰머리 새로 나는데,
녹색 옷의 태감이 상양궁 문을 지키고 있네.

「上阳白发人(상양궁 백발궁녀)」

'折腰俱老绿衫中zhéyāojùlǎolǜyīzhōng'은 벼슬길이 순탄하지 못함을 형용하고, '绿衣监使lǜyījiānshǐ(녹의감사)'는 궁엄(宫阉)22)업무를 관장하

---

21) 역자주 : 원서에는 "空"으로 되어 있으나, 원전에 근거하여 "宫"으로 고쳤음.
22) 역자주 : 궁에서 진행하는 거세.

는 환관을 가리키며, 관직은 종6품하下 혹은 종7품하下[23)로 낮았다.

원(元), 명(明) 양대에 악인과 기녀는 반드시 녹색 옷, 청색 옷을 입고 녹색 두건을 쓰는 것으로 비천한 직업에 종사하는 표시로 삼았다. 『원전장(元典章)』[24)에서는 기녀의 부모나 친척남자는 청색두건을 쓰도록 규정했다. 이로부터 '청색 두건'은 기녀의 남성 친척과 연결이 생겨났고, 청색과 녹색이 유사하기에 사람들은 습관적으로 '绿头巾lùtóujīn(녹색두건)'이라 불렀다. 바로 이러한 이유로 나중에 '绿头巾'은 아내가 바람을 피운 남편을 가리키는 용어가 되었고, 점차 앞 절에서 말한 '戴绿帽子dàilùmàozi(녹색 모자를 쓰다)'로 변하였다.

---

23) 역자주 : 당나라의 관제는 9품品으로 나누고, 1품과 2품은 정正과 종從의 두 등급으로 나누고, 3품에서 9품은 정, 종, 상, 하의 네 등급으로 나눈다. 예를 들어, 정3품은 종3품보다 높고, 정3품상은 정3품하보다 높다.

24) 역자주 : 원나라의 법률서.

제4장 음식과 중국어

    중국의 음식문화는 세계적으로 유명하다. 이는 중국의 식재료가 상당히 풍부하고 종류가 매우 많다는 데서도 나타나지만 중국 특유의 다양한 조리법에서도 드러난다. 또한 각 지역마다 특색이 있으며, 유명한 8대 요리(八大菜系)와 만한전석(满汉全席)[1]을 형성하였다. 8대 요리란 쓰촨 요리(川菜), 산둥 요리(鲁菜), 광둥 요리(粤菜), 화이양 요리(淮扬菜)[2], 후난 요리(湘菜), 저장 요리(浙菜), 푸젠 요리(闽菜), 안후이 요리(徽菜)를 가리킨다. 이 중에서 쓰촨 요리, 산둥 요리, 광둥 요리, 화이양 요리가 가장 유명하여 세계적으로도 잘 알려져 있다. 그 밖에, 중국에는 만한전석이 있다. 이는 청나라 때 궁중에서 연회를 열 때 만주족과 한족이 함께 만든 연회석의 일종으로, 한족과 만주족의 유명한 요리를 모두 모아 놓았다. 전체 108개의 요리(남방 요리와 북방 요리 각각 54개)로 구성되며, 사흘에 걸쳐 먹는다.

    중국 요리는 색과 향, 맛과 형태를 추구할 뿐 아니라 재료와 불의 세기, 칼 사용법과 모양까지 따지므로 하나의 예술이라 할 수 있다. 하지만, 요리에 따라 중점을 두는 바도 차이가 있다.

    쓰촨 요리(四川菜)의 가장 큰 특징은 맛을 내는데 뛰어나서, '一菜一

---

1) 역자주 : 만주족과 한족 요리의 정화를 흡수하여 만들어 낸 요리로, 각종 진귀한 요리가 다 모인 중국 최대의 호사함과 고급스러움이 극치를 이루는 대연회식.
2) 역자주 : '장쑤 요리(蘇菜)'라고도 한다.

味yícàiyíwèi, 百菜百味bǎicàibǎiwèi(일재일미, 백채백미 : 한 가지 요리에 한 가지 맛, 백 가지 요리에 백 가지 맛)'라고 한다. 산둥 요리는 민물 어패류와 해산물 요리가 뛰어나고 탕 요리도 유명하다. 광둥 요리는 식재료가 다양한 것으로 유명하여, 위로는 날아다니는 새에서 아래로는 걸어 다니는 짐승까지 요리로 사용되지 않는 것이 없으며 먹지 않는 것이 없을 정도이다. 화이양 요리는 불의 세기와 요리의 모양을 중시하고, 탕의 고유의 맛에 신경을 쓰며 맑고 담백한 것으로 알려져 있다. 후난 요리는 북방의 짠 맛뿐 아니라 남방의 단맛, 고소하고 부드러우며 담백하고 바삭한 것이 특색이다. 저장 요리는 식재료 선택 시 정교하고 특별하며 신선하고 연한 것을 추구하고, 남쪽의 재료를 북쪽의 조리법으로 요리하는 것에 능하다. 맛은 담백하고 신선하며 고소하면서도 부드러운 것이 특징이고, 모양은 정교하고 섬세하며 우아하고 아름답다. 푸젠 요리는 각종 해산물과 육지에서 나는 귀한 재료가 주요 식재료가 되고, 칼 솜씨가 정교하며 특히 탕 요리를 깊이 연구하여 다양한 요리를 만들어낸다. 조리법이 정교하고, 특히 맛을 내는데 신경을 쓴다. 안후이 요리는 끓이고 푹 고는 요리에 매우 능하고, 불의 세기에 신경을 쓴다. 또 훠퇴이(火腿 : 중국식 햄)를 보조 조미료로 즐겨 사용하고, 원재료의 맛을 그대로 살리는 데 뛰어나다.

만한전석은 신맛, 단맛 등 온갖 종류의 맛이 있고, 육류와 야채 등이 모두 포함되어 있다. 식재료가 광범위하고 조미료 사용이 세심하여 모든 산해진미가 다 들어있다. 궁중요리의 특색 뿐 아니라 지방 풍미의 정화까지 모두 포함되어 있다. 만주족 요리의 바비큐, 훠궈(火锅), 산궈(涮锅) 등 특징을 강조하였으며, 동시에 한족 요리의 扒pá(삶다)[3],

---

3) 역자주 : 반쯤 익힌 재료와 물, 양념을 함께 넣고 약한 불로 오랫동안 푹 삶는 것을 말함.

炸zhá(튀기기), 炒chǎo(볶다), 熘liū(볶은 후 소스 끼얹어 다시 볶다)[4], 烧shāo(끓이다)[5] 등의 특징을 드러내어 중국 요리 문화의 보배이자 최고봉이다.

독특한 중국의 음식문화는 중국어에도 잘 나타나 있다. 음식과 관련된 어휘나 표현은 수도 없이 많으며, 사람들은 먹는 것과 마시는 것에 너무나 익숙하여 언제어디서나 하나의 어휘를 가져다가 파생시키거나 비유적으로 사용한다. 세상의 모든 일이 음식으로 비유된다고 해도 전혀 과장이 아닌 것이다.

1. 식재료

중국어에서는 흔히 식품의 형태나 특징, 속성을 이용하여 비유, 과장, 환유의 방법을 통해 사람의 외모나 심리, 행위, 좋아함과 싫어함 등을 나타낸다. '脸像橘子皮liǎnxiàngjúzipí(얼굴이 귤껍질 같다)'는 얼굴에 주름이 많아 보기 싫음을 형용하고, '豆芽菜dòuyácài(콩나물)'는 몸이 매우 말랐음을 형용한다. '三块豆腐高sānkuàidòufugāo(두부 세 덩어리만큼 높다)'는 키가 작음을 가리키고, '西葫芦脑袋xīhúlunǎodai(호박 머리)'는 머리가 호박처럼 못생겼음을 가리킨다. '倭瓜脸wōguāliǎn(호박 얼굴)'은 얼굴이 호박처럼 긴 모습을 비유하고, '蒜头鼻子suàntóubízi(통마늘 코)'는 코가 통마늘 같음을 비유한다. 이들은 모두 식품의 모습에 비유한 것들이다.

뿐만 아니라 식품의 특징이나 속성도 마찬가지로 비유로 사용될 수

---

4) 역자주 : 뜨거운 용기에 기름을 붓고 뜨거워졌을 때 재료를 넣고 볶은 후 녹말가루 갠 것 등을 부어 몇 차례 섞어가며 다시 볶는 것을 말함.
5) 역자주 : 기름으로 튀기거나 볶은 후, 국물을 붓고 다시 볶거나 고는 것을 말함.

있다. '软面团ruǎnmiàntuán(부드러운 밀반죽 덩어리)', '菜包子càibāizi(야채 만두)'는 성격이 나약하고 무능한 사람을 가리키고, '闷葫芦mènhúlu(쪼개지 않은 조롱박)'는 과묵한 사람을 가리키며, '奶油小生nǎiyóuxiǎoshēng(버터 소생. 얼굴은 준수하나 남성미가 부족한 청년)6)'은 얼굴이 희고 고운 젊은 남자를 가리킨다. '空心萝卜kōngxīnluóbo(속 빈 무)7)'는 겉으로는 강한 것 같지만 속으로는 여린 사람을 비유하고, '滚刀肉gǔndāoròu(자르면 돌돌 말리는 고기. 막무가내인 사람)'는 말이 통하지 않고 막무가내로 트집을 집는 사람을 가리킨다. 또 '裝蒜zhuāngsuàn(마늘인 체 하다. 짐짓 시치미 떼다)8)'은 모른척함을 나타내고, '包子好吃bāozihǎochī, 不在褶儿上 búzàizhěérshang(만두가 맛있는 것은 주름에 있지 않다.)'은 사물을 볼 때 겉모습만 보아서는 안 됨을 나타낸다. '刀子嘴dāozizuǐ, 豆腐心 dòufuxīn(입은 칼인데, 마음은 두부다)'은 말은 독하게 해도 마음은 여림을 형용하고, '姜是老的辣jiāngshìlǎodelà(생강은 늙은 것이 더 맵다)'는 노인이 경험이 풍부함을 비유한다. '女人四十豆腐渣nǚrensìshídòufuzhā(여자는 40이면 콩비지 같다)9)'은 여자가 40살이 되어 청춘이 사라지고 별 소용이 없게 됨을 비유하고, '萝卜白菜luóbobáicài, 各有所爱gèyǒusuǒài(무와 배추도 각기 좋아하는 바가 있다)'는 사람마다 좋아하는 것이 다름을 가리키며, '一个萝卜一个坑

---

6) 역자주 : '小生'은 중국 전통극의 젊은 남자배역을 말함.

7) 역자주 : 이는 헐후어로 뒤에 '中看不重用(보기는 좋으나 쓸모는 없다)'이 연결된다.

8) 역자주 : 이의 유래는 다음과 같다. 청나라 건륭황제가 남방 어느 지역으로 순시를 나갔는데, 마늘잎이 푸르른 것을 보고 찬사를 보냈다. 다음 해 겨울에 다시 그 곳으로 순시를 나갔는데, 겨울이라 아직 마늘잎이 나오지 않았다. 그 지역 관리가 황제에게 잘 보이기 위해 마늘과 비슷한 수선화를 심어놓았고, 건륭황제는 멀리서 이를 보고 마늘인 줄 알고 기뻐했고, 그 관리는 높은 관직을 얻었다.

9) 역자주 : 주로 앞에 '男人四十一枝花(남자는 40이면 한 송이 꽃이다)'와 함께 쓰어 남녀차별과 여성비하의 의미를 나타낸다.

yígeluóboyìgekēng(무 하나에 구덩이 하나)'은 여분의 빈자리가 없음을 나타낸다.

'肥féi(살지다, 비계)'와 '油yóu(기름)'은 생활이 풍족함의 표현이다. 이 때문에 중국인들은 자연히 '肥'와 '油'에 대해 '호감'을 가진다. 중국어에서 '肥'와 '油'는 의미가 확대되어 '이익'과 '좋은 점'을 나타낸다. 예를 보자.

(1) 机关是"清水衙门", 终年戴着顶贫困帽子, 看看左右富得流油, 工作人员强烈要求上级领导予以"扶贫"。
비영리기관이어서 일 년 내내 돈이 없었다. 주변에 기름이 흐를 정도로 돈이 많은 것을 보고는 직원들은 상사에게 '빈곤구제'를 해 줄 것을 강력하게 요구하였다.
阿一(아이)『扭亏(손실 만회)』(外三则)

(2) 别说两虎相争已成定局, 何况相争的不只是事业上的一口肥肉, 现今还加添一重私怨。
호랑이 두 마리(두 강자)의 싸움이 이미 확정적임은 말할 것도 없다. 하물며 싸우는 이유가 사업상의 기름진 고기(이익)뿐만이 아니라 지금은 사적인 원한까지도 더해졌다.
梁凤仪(량펑이)『激情三百日(격정의 300일)』

위의 예에서 '富得流油fùdeliúyóu(기름이 흐를 정도로 부자다)'는 매우 부유함을 형용하고, '肥肉féiròu(기름진 고기)'는 좋은 점이나 이익이 많은 직위 혹은 일을 가리킨다.

이와 유사한 표현은 상당히 많은데, '捞油水lāoyóushuǐ(기름기를 건지다)'는 이익을 얻음을 비유하고, '揩油kāiyóu(기름을 묻히다)'는 이익을 챙김을 비유하며, '油水大yóushuǐdà(기름기가 많다)'는 좋은 점이나 이익이 많음을 형용한다. '肥水不流外人田féishuǐbùliúwàiréntián(영양분이 있는 물은 남의 밭으로 흐르지 않는다)'은 이익은 자기편에게 줌을 나타내고, '他找了个肥缺tāzhǎolegeféiquē(그는 부수입이 짭짤한 일자리를 구했다)'는 '그는 수입이나 이익이 많은 직업을 구했다'의 의미이다.

'油'의 또 다른 특징은 사물에 기름이 묻으면 광이 난다는 것이다. 따라서 이로부터 '油滑yóuhuá(빤질거리다. 교활하다)'라는 비유의미가 파생되었다. '那家伙真油nàjiāhuozhēnyóu(그 사람은 정말 능글맞다)'에서 '油'는 바로 이러한 의미이다. 중국어에는 또 '油条yóutiáo(교활한 사람)[10]'과 '老油条lǎoyóutiáo(늙은 여우)'라는 말이 있는데, 모두 세상일을 잘 파악하고 명철보신明哲保身하는 사람을 가리킨다.

밀가루는 흩어지고 부드럽기 때문에 느린 성격을 비유하는데 자주 사용된다. '你真面nǐzhēnmiàn(너 정말 굼뜨다)', '面瓜miànguā(미련한 놈, 어리석은 놈)'에서의 의미는 모두 동작이나 반응이 느리고 일하는데 조급해하지 않음의 의미이다.

'醋cù(식초)'는 일종의 조미료인데, 언제부터인지 사람들은 이를 여자와 연관시켰다. 여자들은 천성이 질투하기를 좋아하므로 이를 우스갯소리로 '吃醋chīcù(식초를 먹다)'라고 한다. '醋坛子cùtánzi(식초단지)'는 질투심이 아주 강한 여자를 가리키고, '醋性大发cùxìngdàfā(질투심이 크게 생기다)'는 질투심이 불쑥 생김을 비유한다.

중국어는 흔히 음식을 여자에 비유한다. 고대 중국인들은 미녀를 '杏仁眼xìngrényǎn(살구 같은 눈)', '樱桃小嘴yīngtáoxiǎozuǐ(앵두 같은 작은 입)', '瓜子脸guāziliǎn(해바라기 씨 같이 갸름한 얼굴)[11]', '项如嫩藕xiàngrúnènǒu(연한 연근 같은 목덜미)', '乳似馒头rǔsìmántou(찐빵 같은 가슴)', '指如葱根zhǐrúcōnggēn(파뿌리 같은 손가락)', '口若含贝kǒur-

---

10) 역자주 : 원래는 밀가루 반죽을 발효시켜 소금으로 간을 한 후, 길이 30센티미터 정도의 길쭉한 모양으로 만들어 기름에 튀긴 푸석푸석한 식품이지만, 비유적으로 교활한 사람을 나타낸다.

11) 역자주 : '瓜子'는 수박씨, 해바라기씨, 호박씨 등을 통틀어 일컫는 말임.

uòhánbèi (조개를 문 듯한 입)' 등으로 즐겨 묘사하였다. 이러한 묘사는 아주 적합하면서도 생동감 있고 형상적이어서 마치 살아 움직이는 듯한 생동감이 든다. 실제로 이들 비유는 이미 명구가 되어 현대인들이 여성을 묘사하는데도 흔히 사용되고 있다.

음식은 모두 생숙(生熟), 즉 날것과 익은 것의 문제가 있다. 중국어에서도 '生shēng(날것이다)'과 '熟shú(익다)'에는 많은 파생 용법이 있다. '熟悉shúxī(익숙하다)', '熟人shúrén(잘 아는 사람)', '熟思shúsī(심사숙고하다)', '熟练shúliàn(능숙하다)', '熟手shúshǒu(숙련자)', '熟路shúlù(익숙한 길)', '陌生mòshēng(낯설다)', '生人shēngrén(낯선 사람)', '生分shēngfen(관계가 소원하다)', '生硬shēngyìng(딱딱하다)', '生疏shēngshū(생소하다)', '生米煮成熟饭shēngmǐzhǔchéngshúfàn(생쌀이 익은 밥이 되었다. 앞질러진 물이다)' 등이 모두 이에 해당된다. 날것을 싫어하고 익힌 것을 좋아하는 중국 한족들의 식습관은 중국어에도 나타난다. 어떤 일을 할 때 꼭 적합한 경우는 '把握好火候bǎwòhǎohuǒhou(화력을 잘 조절하다)'라고 하고, 일이 이상적인 상황에 이르지 못했을 경우는 '欠火候qiànhuǒhou(화력이 부족하다)'나 '火候不到huǒhoubúdào(화력이 못 미치다)'라고 한다. '夹生饭jiāshēngfàn(덜 익은 밥)'은 먹을 수 없고, '不生不熟bùshēngbùshú(음식이 반숙이다, 미숙하다)'는 아주 귀찮은 일이다.

2. 맛과 감각

맛에는 신맛, 단맛, 쓴맛, 매운맛, 짠맛, 싱거운 맛, 고소한 맛, 구린 맛 등이 있는데 중국어에서 흔히 인생의 온갖 모습을 비유하는데 사용된다.

'酸suān(시다)'는 주로 사람의 선비 기질을 묘사하는데 사용되는데,

예를 들면 '寒酸hánsuān(궁상맞다)', '穷酸qióngsuān(가난하고 고리타분하다)', '酸溜溜suānliūliū(냄새, 맛 등이 시큼하다, 마음이 아프다)' 등이 있다. '酸'은 사람의 신체 감각을 나타내기도 하는데, 예를 들면 '腰酸yāosuān(허리가 시큰거리다)', '他鼻子一酸tābíziyìsuān，就哭了起来jiùkūleqǐlái(그는 코가 시큰거리더니 울기 시작했다)'등이 이에 해당된다. '酸'은 또 파생되어 슬픈 감정을 나타내기도 한다. '辛酸xīnsuān(맵고 시다. 괴롭고 슬프다)', '悲酸bēisuān(마음이 슬프고 쓰리다)', '酸楚suānchǔ(슬프고 괴롭다)' 등은 모두 마음이 편하지 않음을 나타낸다.

'甜tián(달다)'은 아주 좋은 맛이므로, 이로부터 '좋다' 등의 의미가 파생되었다.

(1) 你错了，我们这个工作不是嘴甜就能干的。我们也不要没有文化的人。我建议你还是先回学校上学。
네가 틀렸다. 우리 이 일은 말만 달콤하게 잘 한다고 할 수 있는 일이 아니다. 우리는 또 못 배운 사람도 원치 않는다. 그러니 너는 먼저 학교부터 다니도록 해라.　　　　王朔(왕쉮)『你不是一个俗人(너는 속인(俗人)이 아니다)』

(2) 解净冲着刘思佳笑了，笑得很甜，很知心。
지에징은 이우쓰지아를 향해 마음을 잘 이해한다는 듯 달콤하게 예쁜 웃음을 지었다.　　　　蒋子龙(장즈룽)『赤橙黄绿青蓝紫(빨주노초파남보)』

'嘴甜zuǐtián(입이 달콤하다, 말을 잘하다)'은 말이 듣기에 편안함을 가리키고, '笑得很甜xiàodehěntián(달콤하게 웃는다)'은 웃는 모습이 아주 달콤하고 즐거움을 형용한다.

이러한 어휘와 표현은 그 밖에도 많은데, '甜言蜜语tiányánmìyǔ(감언이설)', '睡得很甜shuìdehěntián(달게 자다)', '生活甜美shēnghuótiánměi(생활이 즐겁다)', '大有甜头dàyǒutiántou(좋은 점이 많다)', '苦尽甜来kǔjìn-tiánlái(고진감래)' 등이 모두 이에 해당된다. '甜'은 또 사람의 외모를 묘

사하는데 사용되기도 하는데, 여자의 용모가 아름다우며 사랑스러움을 형용할 때 '长得很甜zhǎngdehěntián(달콤하게 생겼다)'이라 말할 수 있다.

'苦kǔ(쓰다)'는 좋지 않은 맛이므로 '苦'자가 포함된 어휘는 '甜'자가 포함된 어휘와는 반대로 주로 '고생', '좌절' 등의 의미가 들어있다. 예를 들면 '甘苦gānkǔ(단맛과 쓴맛, 즐거움과 괴로움)', '辛苦xīnkǔ(고생스럽다)', '苦难kǔnàn(고난)', '苦头kǔtóu(고생)', '苦酒kǔjiǔ(쓴 술, 고배)', '吃过很多苦chīguohěnduōkǔ(많은 고생을 했다)' 등이 있으며, 여기서 '苦'는 모두 이러한 의미이다.

'辣là(맵다)'는 자극이 강한 맛으로 주로 성격이 불같고 언어가 신랄함 등을 비유하는데 주로 여자를 형용하는데 사용된다. '泼辣pōlà(심술궂다)', '辣货làhuò(지독한 년)', '小辣椒xiǎolàjiāo(작은 고추)', '辣妹子làmèizi(활달한 젊은 여성)' 등은 여성을 묘사하는 어휘들이다. '辣'에 '火辣辣huǒlālā(몹시 뜨겁다)'와 '热辣辣rèlàlà(뜨거워서 얼얼하다)'의 느낌이 있기 때문에 이로부터 또 '毒辣dúlà(악랄하다)', '心狠手辣xīnhěnshǒulà(마음이 독하고 수단이 악랄하다)'에서처럼 '狠毒hěndú(잔인하다)', '厉害lìhai(사납다)' 등의 의미가 파생되었다.

'咸xián(짜다)'은 상대적으로 비유 용법이 많지 않다. '咸鱼翻身xiányúfānshēn(소금에 절인 생선이 다시 살아나다. 절망에서 다시 회복하다)'은 불리한 상황을 바꾸거나 운명이 근본적인 변화함을 나타낸다. 또 '他说话不咸不淡bùxiánbúdàn(짜지도 싱겁지도 않다. 미온적이다)'은 말에 풍자가 포함되어 있음을 나타낸다.

'淡dàn(싱겁다. 담백하다)'이 포함된 어휘도 상당히 많은데, '平淡píngdàn(평범하다)', '冷淡lěngdàn(냉담하다)', '淡漠dànmò(희미하다. 냉담하다)', '淡忘dànwàng(기억이 희미해지다)', '淡季dànjì(비수기)', '轻描淡写qīngmiáodànxiě(가볍게 묘사하다)', '淡妆浓抹dànzhuāngnóngmǒ(옅은 화장과 짙은 화장)' 등이 이에 해당된다.

'香xiāng(향기롭다. 고소하다)'은 사람들의 환영을 받음을 말하므로, '香'을 포함하는 많은 어휘들이 중시를 받거나 인기가 많음을 나타낸다.

(1) 女的名誉越大, 越吃香! 你明白这个? 我的小铁牛!
여자는 명예가 높을수록 인기가 있어! 너 그거 알아? 이 고집불통!

老舍(라오서) 『赵子曰(조자왈)』

(2) 你拿了博士, 博士后, 年轻力壮, 兴许是个香饽饽。
너는 박사학위에 박사후까지 했고, 젊고 건장하니까 어쩌면 인기최고일 수 있겠다.

白帆(바이판) 『那方方的博士帽(네모난 박사학위모)』

위의 예에서 '吃香chīxiāng(환영을 받다)'은 중시와 환영을 받음을 나타내고, '香饽饽xiāngbōbo(맛있는 과자. 인기 있는 사람)'는 인기가 많은 사람을 말한다. '香'은 또 '踏实tāshi(착실하다. 성실하다)'의 의미도 있다.

你这老东西, 就知道要食吃! 人家正睡得香, 你又来搅闹。
이 늙은이, 먹을 줄만 아는군! 남 곤히 자고 있는데 또 와서 소란을 피우는군.

(冯德英(펑더잉) 『迎春花(영춘화)』)

여기서 '睡得香shuìdexiāng(잠을 달게 자다)'은 잠을 아주 곤하게 잠을 나타낸다.

'臭chòu(구리다)'는 '香'과 반대로 중국어에서 '싫어하다', '멸시하다'의 의미를 나타내는데, '臭架子chòujiàzi(꼴사나운 언동이나 태도)', '臭老九chòulǎojiǔ(아홉 번째로 냄새나는 놈)12)', '臭手chòushǒu(재수 없

---

12) 역자주 : 극단적인 계급투쟁이 유행하던 문화대혁명 기간에 교사를 중심으로 한 이른바 '지식인'들은 지주, 부농, 반혁명분자, 불량분자, 우파분자, 반동파, 특무(스파이), 주자파(자본주의 추종 세력) 다음으로 '구린내 나는 아홉 번째(臭老九)'로 불리며 비하의 대상이었다.

다. 운이 나쁘다)', '臭文章chòuwénzhāng(수준이 낮은 글)', '臭名远扬 chòumíngyuǎnyáng(악명 높다)', '臭不可闻chòubùkěwén(냄새가 지독하여 코로 맡을 수 없다. 추악하기 짝이 없다)' 등이 이에 해당된다.

또 '臭'에는 '差chà((수준이나 질이) 떨어지다)'의 의미도 있다. 예를 보자.

(1) 韩公这类文章无疑臭得很, 只能存于'全集'供研究用, 根本无 法选出做'范文'示人。
한공(韩公)의 이런 글은 두말할 것 없이 아주 수준이 낮아 '전집'에 넣어 연구용으로만 사용할 수 있을 뿐 '모범적인 문장'으로 뽑아 세상에 내놓는 것은 아예 불가능하다.

(2) 那么好的一个球都让他踢飞了, 真臭!
그렇게 좋은 볼을 그가 차서 날려버렸으니, 정말 개발이야!

(3) 大城市BP机臭了一条街, 可家庭装电话依然是老大难。
대도시에는 곳곳에 삐삐가 널렸지만, 가정에 전화를 설치하는 것은 여전히 어려운 문제이다.

위의 예에서 '臭得很chòudehěn(매우 수준 낮다)'은 수준이 아주 낮음을 나타내고, '真臭zhēnchòu(정말 엉망이다)'는 기술이 너무 낮음을 나타내며, '臭了一条街chòuleyìtiáojiē(온 거리에 가득 차다)'는 곳곳에 모두 있음을 형용한다.

'骚sāo(노리다)13)', '馊sōu((음식이) 쉬다)', '腥xīng(비리다)' 역시 좋은 맛이 아니므로 파생 용법도 모두 좋지 않은 의미이다. '骚货sāohuò(바람둥이)'는 사람을 욕하는 말이고, '羊肉没吃着yángròuméichīzháo, 反惹一身骚fǎnrěyìshēnsāo(양고기는 먹지 못하고, 오히려 온 몸에 노린내만 진

---

13) 역자주 : '臊(sāo)'와 같음.

동하다)'는 이익은 얻지 못하고 오히려 자신에게 난처함만 가져왔음을 나타낸다. '馊主意sōuzhǔyi(현명하지 않은 방법)'는 좋지 않은 생각이고, '一条鱼腥一锅汤yìtiáoyúxīngyìguōtāng(물고기 한마리가 온 탕을 비리게 한다)'은 나쁜 일은 작지만 영향이 매우 커서 전체 집단에 영향을 미침을 비유한다.

먹는 느낌에는 질림을 나타내는 '腻烦nìfán(싫증나다. 물리다)', '腻味 nìwèi(아주 귀찮다. 싫다)', '玩腻wánnì(노는 것이 지겹다)'가 있고, 먹기 싫음을 나타내는 '令人作呕lìngrénzuòǒu(구역질나게 하다)', '叫人恶心 jiàoréněxīn(메스껍게 하다)'이 있다. 또 호감을 나타내는 '合口味hékǒuwèi (구미에 맞다)', '对口味duìkǒuwèi(구미에 맞다)', '胃口很大wèikǒuhěndà (식욕이 좋다)', '胃口大开wèikǒudàkāi(식욕이 좋다)', '吊胃口diàowèikǒu (상대방의 비위를 맞추다. 맛있는 음식으로 식욕을 돋우다)', '反胃 fǎnwèi(구역질이 나다)' 등도 있다.

3. 조리법과 식재료의 익힘 정도

중국의 조리법은 상당히 복잡한데, 주로 사용하는 것으로는 '煎jiān ((적은 기름에) 지지다. 부치다)', '炒chǎo(볶다)', '爆bào(끓는 기름에 살짝 튀기거나 끓는 물에 잠깐 데치다)', '煮zhǔ(삶다)', '熬áo(오랫동안 끓이다. 달이다)', '蒸zhēng(찌다)' 등이 있다. 이들 어휘는 중국어에서 흔히 파생되거나 혹은 차용되어 사용된다.

'煎'은 일종의 조리법으로 생선이나 두부를 부칠 수 있는데, 이로부터 '煎熬jiān'áo'가 파생되었다. 삼국시대 조식(曹植 : 192~232)[14]은 형

---

14) 역자주 : 조조(曹操)의 셋째 아들. 삼국시대 위(魏)나라의 저명한 문학가로 건안

인 조비(曹丕 : 187~226)[15]의 박해를 받아 일찍이 '本是同根生bĕnshì-tónggēnshēng, 相煎何太急xiāngjiānhétàijí(본래 같은 뿌리에서 나왔는데, 들볶는 일이 왜 이리 급한가)'라는 시구를 썼다.

'炒'도 역시 파생 용법이 많은데 '炒卖chǎomài(투기 목적으로 전매專賣하다)', '炒外汇chǎowàihuì(외환 투기하다)', '炒股票chǎogǔpiào(주식을 투기하다)', '炒鱿鱼chǎoyóuyú(해고당하다)', '炒冷饭chǎolěngfàn(찬밥을 데우다. 재탕하다)' 등이 있다. 예는 다음과 같다.

(1) 经济不景气, 很多大公司裁员, 就算你已有几个学位也避免不了被炒鱿鱼的可能。
경제도 불경기이고 많은 회사에서 감원을 하고 있으니, 네가 학위를 몇 개나 갖고 있다 해도 해고당할 가능성을 피할 수는 없다.

(2) 现在再来重复这个问题和答案, 实在有点像炒冷饭。
지금 다시 이 문제와 답을 반복하려니 정말 좀 찬밥을 재탕하는 것 같다.

'炒鱿鱼'는 직장에서 해고됨을 나타내고, '炒冷饭'이미 한 말이나 행동을 다시 반복함을 비유한다.

현재, '炒'는 특히 주목을 받는데, '炒股票', '炒外汇', '炒黄金chǎohuángjīn(황금 투기하다)', '炒地皮chǎodìpí(부동산 투기를 하다)', '炒绿豆chǎolǜdòu(녹두를 투기하다)', '炒大蒜chǎodàsuàn(마늘을 투기하다)' 등의 표현에 사용될 뿐 아니라 '炒老板chǎolǎobǎn(사장을 해고하다)', '炒经理chǎojīnglǐ(사장을 해고하다)'에서도 사용되며 심지어 '炒新闻

칠자(建安七子) 중의 한 사람이다. 어려서부터 문학 공부를 하였으며, 글도 잘 써 조조가 여러 번 태자로 삼으려고 하였으나, 뒤에 형 조비가 왕위에 오르자 박해를 받는다.

15) 역자주 : 조조(曹操)의 차남이지만 장남이 일찍 죽어 조조가 죽은 다음 그 아버지의 자를 계승하여 위(魏)나라 문제(文帝)가 되었다.

chǎoxīnwén(이슈화하기)', '炒话题chǎohuàtí(화제꺼리 만들기)'처럼 '炒'가 사용되지 않는 곳이 없을 정도이다.

'爆'는 끓는 기름에 잠깐 튀기거나 끓는 물에 잠깐 삶음을 가리키는데, 여기에서 '爆冷门bàolěngmén(의외의 결과가 나타나다)', '爆棚bàopéng(대만원이다)', '爆满bàomǎn(만원이다. 꼭 차다)', '火爆huǒbào(성급하다. 거칠다)' 등이 파생되었다. 예는 다음과 같다.

(1) 这次比赛, 爆了一个大冷门, 一名新手淘汰了上届世界冠军。
이번 경기에서는 엄청난 이변이 일어났다. 신인이 지난 경기 우승자를 이긴 것이다.

(2) 昨天的演唱会爆棚了, 根本买不到票。
어제 공연은 만원이어서 아예 표를 살 수가 없었다.

'爆了一个大冷门bàoleyígedàlěngmén'은 갑자기 예상 밖의 일이 일어났음을 나타낸다. '爆棚bàopéng(대만원이다)'은 사람이 많아 빈자리가 없을 정도임을 형용한다.

'煮'도 역시 비유적 용법이 있는데, '煮饺子zhǔjiǎozi(만두를 삶다)'는 사람이 아주 많음을 비유하고, '生米煮成了熟饭shēngmǐzhǔchéngleshóufàn(생쌀이 밥이 되었다)'은 일이 이미 이루어져 바꿀 수 없음을 비유한다.

'熬'는 시간과 노력을 들여야 하므로, 여기에서 '熬夜áoyè(밤을 새우다)', '这些年总算熬过来了zhèxiēniánzǒngsuànáoguòláile(지난 몇 년간을 겨우 견뎌냈다)', '熬年头áoniántóu(대충대충 시간을 때우다)', '三十年的媳妇熬成婆sānshíniándexífu áochéngpó(며느리 노릇을 30년을 참고 견디면 시어머니가 된다)' 등의 표현이 파생되었다.

'蒸'은 수증기의 힘으로 음식을 익게 함을 가리키는데, 이 때문에 '蒸蒸日上zhēngzhēngrìshàng(날로 번영하다. 빠르게 진보하다)', '人间蒸发rénjiānzhēngfā(인간 증발)', '不蒸馒头争口气bùzhēngmántóuzhēngkǒuqì(만

두는 찌지 못하고 김만 찐다. 사람은 배짱이 있어야 한다)16)' 등의 표현
이 있다.

4. '吃'와 관련된 동작

'吃'와 관련된 동작은 아주 많다. 예를 들어 '谗chán(혐담하다)', '垂涎
chuíxián((먹고 싶어) 침을 흘리다)', '尝cháng(맛보다)', '吃chī(먹다)', '啃
kěn(갉아먹다)', '嚼jiáo(씹다)', '品pǐn(음미하다)', '吞tūn(삼키다)'(咽
yàn), '噎yē(목이 메다)', '饱bǎo(배부르다)', '撑chēng(꽉 채우다)' 등이
있으며, 이들 어휘는 모두 사람들에게 익숙하기 때문에 생산성이 높아
서 중국어에서 이들로 구성되는 어휘도 상당히 많다.

다른 사람이 음식을 먹는 것을 보고 자기도 먹고 싶은 것은 '嘴馋
zuǐchán(게걸스럽다. 식탐하다)'인데, 이로부터 '眼馋yǎnchán(보니 탐이
나다)', '垂涎三尺chuíxiánsānchǐ(먹고 싶어서 침을 석 자나 흘리다)', '垂
涎欲滴chuíxiányùdī((먹고 싶거나 탐나서) 침이 흘러 떨어지려 하다)'이
파생되었다. 또 '尝'으로 구성된 어휘나 표현도 많은데, '尝试chángshì
(시도해보다)', '尝尽了苦头chángjìnlekǔtóu(온갖 고생을 다 하다)', '尝尝
我的厉害chángchangwǒdelìhai(내 맛 좀 볼래)', '尝尽了甘苦chángjìn-
legānkǔ(온갖 고락을 다 맛보다)', '备尝艰辛bèichángjiānxīn(온갖 고통을
겪다)', '饱尝老拳bǎochánglǎoquán(매서운 주먹 맛을 보다)' 등이 이에 해
당된다.

---

16) 역자주 : 이는 민간 헐후어로 전체 문장은 '卖了孩子买蒸笼, 不蒸馒头争口气((가
난하여)아이를 팔아 찜통을 샀으니, (밀가루도 없어)만두는 찌지 못하고 김만 찐
다)'이다. 흔히 뒷부분 '不蒸馒头蒸(争)口气'만 이야기하는 경우가 많으며, 이때
'蒸'과 '争'은 해음이다.

중국어의 '吃'는 용법이 상당히 많아 먹을 수 없는 것이 없을 정도이다. 예를 보자.

(1) 我上大学的时候吃食堂。
대학 다닐 때 나는 식당에서 밥을 먹었다.

(2) 不过艾娥达夫人这一回总算是安然无恙，只有费克斯一个人代替福克吃了一拳。
하지만 아우다부인은 이번에 다행히 아무 일도 없었고, 파스파르투만 혼자서 포그를 대신해서 주먹 한 대를 얻어맞았다.

『八十天环游地球(80일간의 세계일주)』

(3) 什么话呢, 光棍还能怕吃官司? 她抿着嘴笑起来。
무슨 말이야? 노총각이 소송을 겁낸다고? 그녀는 입을 삐죽이며 웃었다.

老舍(라오서) 『四世同堂(사세동당)』

(4) 靠山吃山, 靠水吃水。
산에서는 산을 이용해서 먹고 살고, 물가에서는 물을 이용해서 먹고 산다.

(5) 真的, 这是他由一部历史提出的一个最妥当的结论：幼年吃父母; 壮年, 假若能做了官, 吃老百姓; 老年吃儿女。
정말, 이는 그가 역사로부터 얻은 가장 타당한 결론이다. 그것은 어려서는 부모에게 의지하고, 성인이 되어 만약 관직에 오르면 백성들에게 의지하고, 늙어서는 자식에게 의지한다는 것이다.

老舍(라오서) 『四世同堂(사세동당)』

'食堂shítáng(식당)' 뿐만 아니라 '一拳yìquán(한 주먹)', '官司guānsi(소송)'도 먹을 수 있고, 심지어 '父母fùmǔ(부모)'나 '儿女érnǚ(자녀)도 먹을 수 있음을 알 수 있다. 이와 유사한 표현은 많은데, '吃闭门羹chībì-méngēng(문전박대를 당하다. 헛걸음하다)17)', '吃现成饭chī xiànchéngfàn

---

17) 역자주 : 집안으로 들어가지 못하고 문밖에서 국만 먹고 돌아가는 것에서 파생된 의미.

(지어 놓은 밥을 먹다. 공짜로 향유하다. 남이 애써 해 놓은 것을 가만히 앉아서 누리다)', '吃鸭蛋chīyādàn((시험에) 빵점 맞다. 경기에 영패하다)[18]', '软硬不吃ruǎnyìng bùchī(얼러도 안 듣고 때려도 안 듣다. 어찌 할 도리가 없다)[19]', '不吃那一套bùchīnàyítào(그런 수단(방법)에 당하지 않다, 넘어가지 않다)', '一口吃个胖子yìkǒuchīgepàngzi(한 술에 뚱보가 되다)', '吃不了chībuliǎo, 兜着走dōuzhezǒu(다 먹을 수 없어서 싸가지고 가다. 끝까지 책임을 지다)', '吃人的嘴短chīrénjiādezuǐruǎn, 拿人家的手短nárénjiādeshǒuruǎn(남에게 먹을 것을 받거나 선물을 받아 이득을 취하면, 어떤 일을 행할 때 공정하게 할 수 없게 된다)' 등도 구어에서 흔히 보이는 표현들이다.

'啃'은 아주 힘이 드는 일이어서, 이로부터 '啃书本kěnshūběn(책의 내용을 한 글자 한 글자 이해하고 넘어가다. 책을 파고들다)', '敢啃硬gǎnkěnyìng(감히 딱딱한 것을 갉다. 과감히 어려움에 맞서다)', '蚂蚁啃骨头mǎyǐkěngǔtou(개미가 큰 뼈를 갉다. 적은 힘을 모아 큰 어려움을 극복하다)' 등의 표현이 파생되었다. '嚼'는 시간과 힘이 드는 일이며, '咀嚼jǔjué((음식물을) 씹다. (의미를) 음미하다)', '嚼死理jiáosǐlǐ(억지이론을 고집하다)', '嚼舌头jiáoshétou(이러쿵저러쿵 시비를 걸다. 함부로 지껄이다)', '咬文嚼字yǎowénjiáozì(일부러 어려운 문자를 쓰다. 글귀만 파고 따지다)', '贪多嚼不烂tānduōjiáobúlàn(지나치게 욕심을 부려 감당해내지 못하다)' 등이 이로부터 파생되었다. 자세히 맛을 보고 평가하는 것은 '品评pǐnpíng(품평하다)'이라 하고, 다른 사람에게 제멋대로 이러쿵저러쿵 말하는 것은 '评头品足píngtóupǐnzú((주로 부녀자의 용모에 대해) 이러쿵저러쿵하다)'이라 한다. '吞tūn(삼키다)'의 동작으로 파생된

---

18) 역자주 : 오리 알이 숫자 '0'과 비슷하게 생긴데서 유래한 말이다.
19) 역자주 : 부드러운 것도 딱딱한 것도 모두 먹지 않는 것에서 파생된 의미.

것으로 '吞并tūnbìng(겸병兼併하다. 삼키다)', '侵吞qīntūn((재물 등을) 착복하다. 횡령하다. 무력으로 다른 나라 영토를 차지하다)', '独吞 dútūn(독점하다. 독식하다)' 등의 어휘가 있으며, 성어로는 '囫囵吞枣 húlúntūnzǎo(대추를 통째로 삼키다. 기계적으로 받아들이다)', '生吞活剥 shēngtūnhuóbō(기계적으로 모방하다)', '吞云吐雾tūnyúntūwù(구름을 들이 마시고 안개를 내뿜다. 담배나 아편을 피우다)', '忍气吞声rěnqìtūnshēng (울분을 억누르고 감히 아무 말도 못하다)' 등이 있다. '噎'는 괴로운 느 낌이며, 이로부터 '噎人yērén(말문을 막히게 하다. 몰아붙이다)', '噎得 半死yēdebànsǐ(목이 메어 죽을 지경이다)', '因噎废食yīnyēfèishí(음식을 먹다가 목이 멘다고 다시는 그 음식을 먹으려 하지 않다. 구더기 무서 워 장 못 담그다)', '噎回去yēhuíqù((말로)상대방의 입을 봉하다)' 등이 파생되었다. '饱'로부터 파생된 어휘나 비유 표현은 더욱 많으며, 여기 에는 긍정적인 것과 부정적인 것이 모두 있다. '中饱私囊 zhōngbǎosīnáng(중간에서 사복私腹을 채우다)'은 개인이나 국가의 재물을 자기의 것으로 점유함을 비유하고, '大饱眼福dàbǎoyǎnfú(口福kǒufú)(실 컷 눈요기를 하다(맛있는 음식을 배불리 먹다))'는 식견을 넓힘을 비유 한다. '饱经风霜bǎojīngfēngshuāng(풍상고초를 다 겪다. 산전수전 다 겪 다)'은 온갖 고난과 어려움을 다 겪음을 비유하고, '饱学之士bǎox-uézhīshì(학식이 풍부한 사람)'는 학식이 깊은 사람을 비유한다. '吃饱了 撑的chībǎolechēngde(힘이 남아돌아 쓸데없고 어리석은 짓을 하다)'는 아 무런 이유없이 어떤 일을 함을 비유하고, '饱汉子不知饿汉子饥bǎohàn-zibùzhīèhànzijī(자기 배 부르면 남의 배 고픈 줄 모른다)'는 배가 부른 사 람은 배 고픈 사람의 고통을 헤아릴 수 없음을 뜻한다. 또 '饱食终日, 无所用心bǎoshízhōngrì, wúsuǒyòngxīn(하루 종일 무위도식하다)'은 하루종 일 배불리 먹고 아무것도 생각하지 않음을 가리킨다. '撑'의 동작으로부 터 파생된 것으로는 '撑死胆大的chēngsǐdǎndàde, 饿死胆小的

èsǐdǎnxiǎode(간 큰 사람은 배불러 죽고, 간이 작은 사람은 배고파 죽는다. 무엇이든 용감하게 도전하는 사람이 성공한다)'와 '这件衣服撑死一百块钱zhèjiànyīfuchēngsǐyìbǎikuàiqián(이 옷은 기껏해야 100위안이다)' 등의 표현이 있다.

5. 조리기구

중국어에서 '吃'와 관련된 조리기구도 흔히 여러 어휘나 관용표현을 만들어 각종 세태를 비유하는데 사용된다.

'锅guō(솥)'은 가장 흔히 사용하는 조리 기구이므로, 이와 관련된 비유와 파생용법도 상당히 많다. 예를 보자.

(1) 改革开放以前, 我们吃的是'大锅饭'.
개혁개방 전에 우리는 공동분배를 하였다.

(2) 刚才冤枉你的那个人, 一定就是放火的人, 想要你替他背黑锅.
방금 너에게 누명을 씌운 그가 불을 지른 사람임이 분명하다. 너에게 자기를 대신해서 누명을 씌우려는 것이다.　古龙(구롱) 『陆小凤传奇(육소봉전기)』

위의 예에서 '大锅饭dàguōfàn(공동취사. 평균 분배)'은 평균주의를 가리키고, '背黑锅bēihēiguō(검은 솥을 지다. 누명을 뒤집어쓰다)'는 다른 사람을 대신하여 누명을 씀을 비유한다.

이러한 표현은 많은데, '砸锅卖铁záguōmàitiě(솥을 부수어 철로 팔아 먹는다. 가지고 있는 모든 것을 내놓다)'은 모든 대가를 아끼지 않음을 형용하고, '砸锅了záguōle(솥을 부수다. 밥줄을 잃다. 실패하다)'는 실패를 뜻하며, '炸锅了zhàguō(솥의 기름이 튀다. 갑자기 흥분하다)'는 형세가 위태로워 통제가 어려움을 형용한다. '连锅端liánguōduān(송두리째 뽑아버리다. 완전히 소멸하다)'은 철저히 소멸시킴을 뜻한다. '一锅烩 yìguōhuì(여러 가지 성격이 다른 일을 한꺼번에 처리하다. 한데 묶어 처리하다)'은 좋고 나쁨 혹은 주와 부를 구분하지 못함을 비유하고, '吃着碗里chīzhewǎnlǐ, 看着锅里kànzheguōlǐ(밥그릇에 있는 음식을 먹으면서 눈으로는 솥에 있는 음식을 쳐다본다. 남의 떡이 커 보인다)'은 탐욕 혹은 욕심을 형용하며 '打破沙锅璺到底dǎposhāguōwèndàodǐ(질그릇을 깨뜨려 금이 바닥까지 가다)[20]'은 가치 없는 문제를 고집스럽게 파고들어 연구함을 비유한다. '热锅上的蚂蚁règuōshàngdemǎyǐ(뜨거운 가마 속의 개미 같다. 갈팡질팡하며 허둥대다)'는 초조하고 불안한 모습을 형용하고, '乱成一锅粥luànchéngyìguōzhōu(뒤죽박죽이 되다)'는 상당히 뒤죽박죽임을 뜻한다. 제대로 배우지 못했거나 기술이 뛰어나지 못한 경우는 '回回锅huíhuíguō(다시 솥에 넣어 데우다)'라고 한다. 이러한 예들은 수도 없이 많다.

'碗wǎn(사발. 공기)'은 개혁개방 이후에 중국어에서 가장 많이 사용하고 용법이 가장 활발한 어휘이다. 사람들은 '碗'의 제작 원료에 착안하여 '泥饭碗nífànwǎn(흙 밥그릇. 안정적이지 못한 직업)', '铁饭碗 tiěfànwǎn(철 밥그릇. 안정적인 직업)', '金饭碗jīnfànwǎn(금 밥그릇. 안정적이고 수입이 높은 직업) 등의 어휘를 만들어 냈다. '泥饭碗'은 직업이 안정적이지 않고 항상 실직의 위험이 있음을 나타내고, '铁饭碗'은 이와 반대로 직업이 안정적이고 실직이 없음을 나타낸다. 예를 들어 '老师吃的是铁饭碗lǎoshīchīdeshìtiěfànwǎn(교사가 먹는 것은 철밥통이다. 교사는 안정적인 직업이다)'에서 '铁饭碗'은 바로 이런 의미이다. '金饭碗'은

---

20) 역자주 : 이는 헐후어로 '璺'과 '问'이 해음임을 활용하여, 이를 '打破沙锅-问到底 (질그릇을 깨다-끝까지 묻다)'로 말하기도 한다.

대우가 높고 마음에 드는 직업을 뜻한다.

구어에는 '碗'이 사용된 관용표현이 상당히 많이 있는데, '吃这碗饭chīzhèwǎnfàn(이 그릇의 밥을 먹다. 이 직업에 종사하다)', '这碗饭不好吃zhèwǎnfànbùhǎochī(이 그릇의 밥은 맛이 없다. 이 직업은 좋지 않다)', '谁坏我的事shuíhuàiwǒdeshì, 我就砸谁的饭碗wǒjiùzáshuídefànwǎn(누가 내 일을 망치면, 나는 그 사람의 밥줄을 끊을 것이다)', '端人碗duānrénwǎn, 听人管tīngrénguǎn(다른 사람이 제공한 직업에 종사하면, 그의 말을 들어야 한다)[21]', '丢了饭碗diūlefànwǎn(실직하다)', '砸了饭碗zálefànwǎn(밥그릇이 깨졌다. 실직하다)', '你得罪他nǐdézuìtā, 饭碗就成问题了fànwǎnjiùchéngwèntíle(그에게 미움을 사면, 밥줄(직업)이 문제가 된다)' 등이 모두 그 예이다.

'瓢piáo(표주박)'의 특수 용법은 많지 않은데, '瓢泼大雨piáopōdàyǔ(억수같이 퍼붓는 비. 바가지로 퍼붓는 듯한 비)'는 비가 매우 많이 옴을 형용하고 '按下葫芦起了瓢ànxiàhúluqǐlepiáo(조롱박을 눌렀더니 표주박이 올라간다. 한 가지일이 끝나자 다른 일이 불거져 나온다)'는 하나의 문제를 해결하니 또 다른 문제가 나타남을 가리킨다.

'勺sháo(국자)'도 역시 비유 용법이 있다. '一勺烩yìsháohuì(한데 묶어 처리하다)'는 구분 없이 대함을 비유하고, '漏勺lòusháo(구멍이 숭숭 뚫린 국자)'는 원래 조리 기구이지만 흔히 건망증이 심하여 이 일 저 일 잘 잊어버리는 사람을 가리킨다.

'瓶píng(병)'은 용기의 일종으로, 각종 물건을 담는데 사용하기 때문에 '五味瓶wǔwèipíng(다섯 가지 맛이 섞인 병)'이라는 비유가 생겼는데 다섯 가지 맛이 섞여 있어 마음이 복잡하고 괴로움을 나타낸다. '半瓶醋bànpíngcù(반병만 차있는 식초병. 얼치기)'는 어떤 지식이나 기술에 대

---

21) 역자주 : 유사한 표현으로 '端人碗服人管' 혹은 '端人碗受人管'이라고도 한다.

해 아는 것이 아주 적음을 뜻한다. '新瓶裝老酒xīnpíngzhuānglǎojiǔ(새 병에 묵은 술을 담다)'는 외모는 바뀌었지만 내용은 변화가 없음을 비유하고, '一瓶子不满yìpíngzibùmǎn, 半瓶子晃荡 bànpíngzihuàngdàng(가득 차지 않고 반쯤 찬 병이 요동을 친다. 빈 수레가 요란하다. 반식자 우환이다)'은 지식이 얕은 사람은 드러내기를 좋아하지만 학문이 깊은 사람은 떠벌리지 않음을 형용한다.

'壶hú(주전자)'도 파생 용법이 있는데, '茶壶里煮饺子cháhúlǐzhǔjiǎozi (주전자 속에 만두를 넣고 삶다)22)'는 마음속으로 잘 알고 있음을 나타낸다. '哪壶不开提哪壶nǎhúbùkāitínǎhú (어느 주전자가 끓지 않는데 하필 그 주전자를 든다. (일부러) 말로 다른 사람의 아픈 곳(결점·약점)이나 꺼리어 하는 곳을 건드리다)'는 다른 사람의 단점을 일부러 들추어내는 것을 말한다.

'盘pán(접시)'(碟dié)도 비유 용법이 많다. '杯盘狼藉bēipánlángjí(술잔과 접시 등이 어지러이 널려 있다)'는 밥을 먹고 난 후 식탁 위가 어지러운 모습을 형용하고, '看人下菜碟kānxiàréncàidié(사람을 보고 대접하다)'는 사람에 따라 대우가 달라짐을 가리킨다. 또 '全盘quánpán(전체)'은 전부를 뜻하고, '翻盘fānpán(역전시키다)'은 패배를 승리로 바꿈을 비유하며, '小菜一碟xiǎocàiyìdié(아주 쉬운 일. 식은 죽 먹기)'는 매우 수월함을 뜻한다.

'桶tǒng(통)'은 물을 긷거나 담는데 사용하지만 역시 비유적인 용법도 있다. '十五个吊桶打水shíwǔgediàotǒngdǎshuǐ, 七上八下qīshàngbāxià (열다섯 개의 두레박으로 물을 길으니, 일곱 개는 올라오고 여덟 개는 내려

---

22) 역자주 : '茶壶里煮饺子'는 헐후어로 뒤에 '有嘴倒不出'가 연결되며, '주전자 속에 만두를 넣고 삶다. 주전자에 입이 있어도 만두가 밖으로 나오질 못함'을 의미한다. 비유적 의미로 '心里有数, 吐不出来(찻주전자 안에 교자를 삶다. 마음속으로는 잘 알고 있으나 입 밖에 내지 않는다)'를 뜻한다.

간다. 가슴이 두근거린다. 안절부절 못하다)'는 마음이 불안함을 비유하고, '饭桶fàntǒng((밥을 담는)밥통. 먹보. 식충이)'은 능력이 없는 사람을 가리키며, '酒桶jiǔtǒng(술통)'은 술을 많이 마시는 사람을 가리킨다.

'刀dāo(칼)'도 역시 비유적으로 자주 사용된다. '刀山dāoshān(칼산)[23]'은 매우 위험한 곳을 말하고, '二把刀èrbǎdāo(미숙한 사람. 엉터리)'는 기술이 나쁘거나 뛰어나지 않음을 비유한다. '软刀子ruǎndāozi(부드러운 칼. 부지불식간에 해치는 수단)'는 부지불식간에 사람에게 피해를 입히는 것을 가리키며, '刀子嘴dāozizuǐ, 豆腐心 dòufuxīn(입은 칼인데 마음은 두부다. 말씨는 (칼처럼) 날카로워도 마음은 (두부처럼) 부드럽다)'에서 '刀子嘴'는 말을 날카롭게 함을 형용하고, '刀架脖子上dāojiàbózishàng (칼자루가 목에 있다)'은 일이 매우 위태로움을 나타낸다. '游刃有余 yóurènyǒuyú(백정이 소를 잡는데, 칼놀림이 경지에 달하여 칼날이 소의 뼈 사이에서 자유롭게 이동하며 전혀 막힘이 없다. 힘들이지 않고 여유 있게 일을 처리하다)'은 기술이 뛰어남을 뜻한다.

'灶zào(부뚜막)'도 비유적으로 사용되는데, '开小灶kāixiǎozào((단체 급식에서)특별 식사를 하다. 특별 대우하다)', '吃小灶chīxiǎozào(특별 식사를 하다. 특별한 보살핌을 받다. 특혜를 받다)'는 특별 지도를 나타내고, '另起炉灶lìngqǐlúzào(분가하다. 새로 시작하다)'는 원래 것을 뒤엎고 새로 시작함을 가리킨다.

---

23) 역자주 : 지옥에 있다고 하는 칼이 삐죽삐죽 솟은 산.

6. 기타

　중국어에서 '吃'와 관련된 어휘와 용법은 위에서 언급한 보다 훨씬 더 많다. 예를 들면, '油嘴滑舌yóuzuǐhuáshé(말이 경망스럽고 번지르르하다. 말만 잘하고 실속이 없다)'는 말재주를 부려 사람들의 환심을 사는 사람을 나타내고, '老油子lǎoyóuzi(경험이 많고 처세에 능한 사람)'와 '万金油wànjīnyóu(만금유萬金油)24)'는 세상일에 밝고 명철보신하는 사람을 가리킨다. '鸡蛋里挑骨头jīdànlitiāogǔtou(달걀 속에서 뼈를 찾다. 억지로 남의 흠을 들추다)'는 고의로 문제점을 찾아냄을 말하고, '泡汤了pàotāngle(물거품이 되다. 수포로 돌아가다)'는 일이 실패했음을 말한다. '泡蘑菇pàomógu(버섯을 물에 담그다. 일부러 시간을 끌다)'는 일부러 시간을 늦춤을 비유하고, '软泡硬磨luǎnpàoyìngmó(부드러우면 물에 담그고 딱딱하면 간다)'은 부드러운 수단과 딱딱한 수단을 모두 사용함을 말하고, '远水不解近渴yuǎnshuǐbùjiějìnkě(먼 곳의 물은 가까운 곳의 갈증을 해소하지 못한다. 완만하고 시간이 드는 방법으로는 긴박한 문제를 해결할 수 없다)'는 위급한 상황에 대처하기에 방법이 너무 늦음을 형용한다. '露馅lòuxiàn(탄로 나다)'은 음모가 드러남을 가리키고, '心急吃不了热豆腐xīnjíchībuliǎorèdòufu(마음이 급하다고 뜨거운 두부를 먹을 수는 없다)'는 일을 조급하게 처리하면 일을 그르칠 수 있음을 나타내며, '生米做成了熟饭shēngmǐzuòchéngleshúfàn(생쌀이 이미 밥이 되었다)'은 일이 이미 이루어져 바꿀 수 없음을 말한다.

　'食shí(먹다)'와 '饮yǐn(마시다)'은 어원이 같으므로, '饮'과 관련된 많은 어휘도 파생으로 이루어진 것들이 있는데, '饮弹yīndàn(탄환을 몸에 맞다)', '饮恨yīnhèn(원한을 품다)'도 사용될 수 있다. '酒jiǔ(술)'의 관용

---

24) 역자주: 두통·화상·벌레 물린 데 등에 효과가 있는 연고.

어는 더욱 많다. '今朝有酒今朝醉jīnzhāoyǒujiǔ jīnzhāozuì(오늘 술이 있으면 오늘 취한다)'은 미래는 고려하지 않고 눈앞의 향락만 추구함을 비유하고, '酒香不怕巷子深jiǔxiāngbúpàxiàngzishēn(술이 향기로우면 골목이 깊은 걸 겁내지 않는다)'은 물건이 좋으면 사람이 모를까 두려워하지 않음을 비유한다. '敬酒不吃吃罚酒jìngjiǔbùchī, chīfájiǔ(권하는 술은 마시지 않고 벌주를 마시다. 잡수시오 할 때는 안 먹다가 처먹어라 할 때 먹다)'는 좋은 것과 나쁜 것을 구분하지 못함을 나타내고, '酒肉朋友 jiǔròupéngyǒu(술친구)'는 진정한 친구가 아님을 가리킨다. '酒逢知己千杯少jiǔféngzhījǐqiānbēishǎo, 话不投机半句多huàbùtóujībànjùduō(술은 지기를 만나면 천 잔도 부족하고, 말은 의기투합되지 않는 사람과 하면 반마디도 많다)'는 지기와의 만남을 비유한다.

'醉翁之意不在酒zuìwēngzhīyìbúzàijiǔ(취옹의 뜻은 술에 있지 않다. 본심은 다른 곳에 있다)'은 진짜 의도는 다른데 있음을 나타내고, '感情深 gānqíngshēn, 一口闷yìkǒumēn; 感情浅gānqíngqiǎn, 舔一舔tiányìtián(정이 깊으면 원 샷, 정이 없으면 입만 대다)'은 더욱 술 마시는 것을 사랑의 높이까지 올려놓았다.

'醉zuì(취하다)'도 역시 비유적 용법이 있는데, '醉人zuìrén(취하게 하다. 도취시키다)', '沉醉chénzuì(만취하다. 심취하다)', '陶醉táozuì(도취하다)', '醉心zuìxīn(심취하다. 몰두하다)', '醉生梦死zuìshēngmèngsǐ(취생몽사. 아무 의미 없이 이룬 일도 없이, 한평생을 흐리멍덩하게 보내다)', '一醉方休yízuìfāngxiū(코가 비뚤어지게 술을 마시다)' 등이 이에 해당된다.

제5장 중국어 속의 중용(中庸) 사상

　한족(汉族)은 오래된 민족으로 다른 민족과 마찬가지로 긴 발전 과정 속에서 독특한 민족 심리와 사상 관념을 형성하였다. 이러한 민족 심리와 사상 관념은 대대로 전해지면서 끊임없이 다듬어지고 승화되어 넓고 심오한 중화민족 문화의 한 부분이 되었다.

　민족 심리와 사상 관념의 차이는 한 민족의 언어에도 분명 영향을 미칠 것이다. 서로 다른 민족 간의 사상 관념 및 민족 심리의 차이는 어휘뿐만 아니라 문장의 구성방식에도 반영될 수 있다. 또 이 세상에 수많은 언어가 존재하는데, 이도 그 하나의 중요한 원인이다. 따라서 하나의 언어를 잘 배우기 위해서는 그 민족의 심리와 사상관념 등을 반드시 이해해야 한다.

　일상생활과 처세에서 하나의 두드러진 한민족의 사상이 바로 중용(中庸)이다. 중용사상은 유가 사상과 중국 전통사상의 매우 중요한 구성 요소이며, 중화민족의 사상 관념에 과소평가할 수 없는 영향을 미치고 있다.

　공자(孔子)는 중용을 최고의 경지로 여겨 『논어(论语)·옹야(雍也)』에서 "中庸之谓德zhōngyōngzhīwèidé, 其至矣乎!qízhìyīhū(치우침 없이 가운데 처하는 것을 덕이라 하는데, 그것은 지극하도다)"라고 하였는데, 이는 '중용'이 도덕의 극한이고 도덕의 최고 경지라는 의미이다. 공자는 또 다음과 같이 말했다.

張而弗弛, 文武弗能也; 弛而弗张, 文武弗为也; 一张一弛, 文武之道也。

(활시위를) 계속 팽팽히 당기기기만 하고 느슨하지는 않게 하는 것은 문왕과 무왕일지라도 하지 못하는 것이고, (활시위를) 느슨하게 풀어두기만 하고 당기지는 않는 것은 문왕과 무왕이 하고자 하지 않는 것이니, (활시위를) 당겼다가 풀었다 하는 것이 곧 문왕과 무왕의 치국의 도이다.

『礼记(예기)·杂记下(잡기하)』

이 단락의 의미는 다음과 같다. 활시위를 팽팽하게만 하고 느슨하지 않게 하는 것은 문왕과 무왕이라도 할 수 없는 일이고, 느슨하게 풀어만 두고 팽팽하게 당기지 않는 것은 문왕과 무왕도 원하지 않는 일이다. 활시위를 팽팽하게 당겼다가 느슨하게 풀었다가 하는 것이 바로 문왕과 무왕의 일처리 방법이다. 여기에서 말하는 '一张一弛yizhāngyīchí(활시위를 한번은 팽팽하게, 한번은 느슨하게 하다. 나라를 다스릴 때 느슨함과 엄격함을 병행하다)'가 바로 중용이다.

중국 고대의 '사서(四书)'와 '오경(五经)[1]'은 유가사상의 경전이다. 『중용(中庸)』은 '사서'에 포함되어 있다. '중용'에 대해 『중용』에서는 다음과 같이 해석하고 있다.

不偏谓之中, 不易谓之庸。中者, 天下之正道, 庸者, 天下之定理。
치우치지 않는 것을 '중(中)'이라 하고, 바뀌지 않는 것을 '용(庸)'이라 한다. '중(中)'은 세상의 바른 도리이고, '용(庸)'은 세상의 변함없는 이치이다.

주희(朱熹)는 한 발 더 나아가 다음과 같이 해석하였다.

---

1) 저자주 : '사서(四书)'란 『대학(大学)』, 『중용(中庸)』, 『논어(论语)』, 『맹자(孟子)』를 가리킨다. '오경(五经)'은 『주역(周易)』, 『상서(尚书)』, 『시경(诗经)』, 『예기(礼记))』, 『춘추(春秋)』를 말한다.

中者, 不偏不倚, 无过不及之名; 庸者, 平常也。
'중(中)'이라는 것은 치우치지 않고 기울지 않으며, 넘거나 모자라지 않는 것의
명칭이고, '용(庸)'이라는 것은 평상(平常)의 의미이다.

즉, 중간 상태를 유지하면서 어느 한 쪽으로 치우치지 않아야 한다는
것이다.

중용에 관해서는 예로부터 경계의 문구와 격언이 많이 있다. 예를 들
어, '木秀于林mùxiùyúlín, 风必摧之fēngbìcuīzhī; 堆出于岸duīchūyúàn, 流
必湍之liúbìtuānzhī; 行高于人xínggāoyúrén, 众必非之zhòngbìfēizhī(나무가
숲에서 높이 솟아올라 있으면 바람이 반드시 부러뜨리고, 흙무더기가
강가에서 튀어나와 있으면 흐르는 물이 반드시 그것을 쓸어버리며, 품
행이 다른 사람들보다 고상하면 뭇 사람들이 그를 틀림없이 비방한다)'
와 같은 것이다. 이러한 사상은 사람들의 심리에 깊게 뿌리박혀 있어
처세와 인품의 행위 준칙이 되었다. 일상생활에서 중국인들이 흔히 '话
不能说得太满huàbùnéngshuōdetàimǎn(말은 너무 꽉 차게 해서는 안 된
다)', '话不能说得太绝huàbùnéngshuōdetàijué(말은 끝장 보듯 해서는 안
된다)', '做事留点余地zuòshìliúdiǎnyúdì(일을 하면서 약간의 여지를 남겨
야 한다)'라고 하는데, 이러한 말들이 바로 중용사상의 표출이다. 중국
어에서 중용사상은 다음 몇 가지 영역에 반영되어 나타난다.

1. 어휘 영역

중국어 안에는 다량의 '不bù×不×(~도 아니고, ~도 아니다)'는 어휘
가 있다. 예를 들어 보자.

不偏不倚bùpiānbùyǐ 치우치지도 기대지도 않다

不大不小búdàbùxiǎo 크지도 작지도 않다

不长不短bùchángbùduǎn 길지도 짧지도 않다

不胖不瘦búpàngbúshòu 뚱뚱하지도 마르지도 않다

不前不后bùqiánbúhòu 앞도 뒤도 아니다.

不上不下búshàngbúxià 위도 아래도 아니다

不好不坏bùhǎobúhuài 좋지도 나쁘지도 않다

不方不圆bùfāngbùyuán 모나지도 둥글지도 않다

不快不慢búkuàibúmàn 빠르지도 느리지도 않다

不干不湿bùgānbùshī 마르지도 젖지도 않다

不明不暗bùmíngbúàn 밝지도 어둡지도 않다

不多不少bùduōbùshǎo 많지도 적지도 않다

不紧不慢bùjǐnbúmàn 급히 서두르지도 너무 여유를 부리지도 않다

不死不活bùsǐbùhuó 죽은 것도 산 것도 아니다. 생기가 없다

   이들 어휘의 특징은 두 끝을 모두 부정하고 그 중간 상태를 취하는 것인데, 이것이 바로 중용의 도가 창도하는 것이다. 사실 엄격히 말하면 어떤 사물은 중간상태가 존재하지 않거나 존재하기가 매우 어렵다. 예를 들어, '不方不圆', '不好不坏', '不快不慢', '不干不湿'와 같은 것은, 그 중간상태가 어떤 것인지 누가 명확히 말할 수 있겠는가? 아마 아무도 분명히 말하지 못할 것이다. 그러나 화자와 청자는 서로 아주 잘 이해하고 있는 듯한데, 마치 모종의 묵시적인 약속을 하여 말하지 않아도 마음으로 통하는 것 같다. 하지만 사실 이것은 중용심리의 작용 때문으로, 자기도 모르는 사이에 중용에 감화된 결과인 것이다.

2. 속어 영역

중국어의 속어에도 마찬가지로 중용사상이 반영되어 있다.

 (1) 出头的椽子先烂。 튀어나온 서까래가 먼저 썩는다.
 (2) 枪打出头鸟。 총은 머리를 내미는 새를 쏜다.
 (3) 树大招风。 나무가 크면 바람을 부른다.
 (4) 人怕出名猪怕壮。 사람은 이름날까 걱정하고, 돼지는 살찔까봐 걱정한다.

'出头的椽子先烂chūtóudechuánzixiānlàn'은 집의 서까래는 튀어나오면 비바람에 쉽게 침식당하여 먼저 썩는 것을 피할 수 없다는 의미이고, '枪打出头鸟qiāngdǎchūtóuniǎo'는 머리를 내미는 새가 먼저 총에 맞는다는 의미이다. '树大招风shùdàzhāofēng'는 큰 나무는 큰 바람을 불러오기 때문에 쉽게 부러진다는 의미이고, '人怕出名猪怕壮rénpàchūmíngzhūpàzhuàng'은 사람은 유명해지면 골치 아픈 일이 생기고 돼지는 커서 살이 찌면 도살된다는 의미이다. 이들은 사실 위 속어들의 문자적 의미이고 실질적인 함의는 어떤 일을 하든 너무 지나치게 하거나 극단적으로 치우쳐서는 안 되며, 만약 그렇지 않으면 오히려 역효과를 불러일으키게 됨을 나타낸다. 이는 중용사상의 또 다른 표현이다.

3. 표현 영역

중국인은 사람이나 사물에 대해 좋지 않는 견해를 표현할 때 보통 부정적인 의미의 표현을 선택하지 않는다.

(1) 她有些胖。그녀는 좀 뚱뚱하다.
(2) 他长得很难看。그는 아주 못생겼다.
(3) 这间教室很脏。이 교실은 아주 더럽다.
(4) 这个菜真难吃。이 요리는 정말 맛없다.

이상의 문장 속의 '胖pàng(뚱뚱하다)', '难看nánkàn(못생겼다)', '脏 zāng(더럽다)', '难吃nánchī(맛없다)' 등의 표현은 화가 나거나 기분이 나 쁠 때를 제외하고는 보통 거의 사용하지 않으며, 많은 경우에 주로 '不 ×(~하지 않다)'라는 표현을 사용한다. 따라서 위의 문장은 보통 다음과 같이 표현하게 된다.

(1) 她不瘦。그녀는 마르지 않았다.
(2) 他长得不好看。그는 잘 생기기 않다.
(3) 这间教室不干净。이 교실은 깨끗하지 않다.
(4) 这个菜不好吃。이 요리는 맛이 있지 않다.

이 문장들은 귀에 거슬리지 않으며 청자에게도 더 쉽게 받아들여진 다. 그 이유가 뭘까? 이 역시 중용사상이 작용하고 있기 때문이다. 위 의 두 종류의 표현은 의미에서 별 차이가 없지만 이들의 출발점은 다르 다. 전자는 극단적인 표현을 사용하였기 때문에 중용의 도를 신봉하는 사람들이 들으면 귀에 거슬린다고 느껴서 받아들이기가 어렵다. 하지만 후자인 '不×(~하지 않다)'의 표현 방식은 극단을 부정하는 것으로 사실 상 극단으로 치우치지 않고 중간으로 나아가게 하는 것인데, 이것이 중 용의 도가 아니겠는가?

중국어의 많은 완곡한 표현의 목적은 사물의 진상, 특히 사람들이 듣 고 싶어 하지 않는 사물의 언급을 피하기 위한 것이다. 표면적으로 보면 이것은 중용과 아무런 관계가 없는 것 같지만 사실 자세히 살펴보면 둘 사이에는 아주 큰 관계가 있음을 발견하게 된다. 중용의 정수는 치우치거나 기울지 않으며 극단을 피하려는 것이다. 사람들이 듣기 싫어하는 사물이나 상황이 사실 바로 이 극단이므로, 이를 직접 말하지 않는 것은 곧 극단을 피하는 것이고, 이는 중용사상에도 부합하기 때문이다.

어떤 사람은 중국인들의 자기 겸손도 중용의 표현이라고 본다. 예를 들어 친구를 집으로 초대하여 식사를 할 때 식사하기 전에 항상 '都是家常便饭doūshìjiāchángbiànfàn,　没什么好吃的méishénmechīde(모두　집에서 늘 먹는 반찬이어서 맛있는 것이 없어요)', '做得不好吃zuòdebùhǎochī, 你就将就着吃吧nǐjiāngjiuzhechība(맛이 없어도 그냥 있는 대로 드세요)' 와 같은 인사치례 말을 한다. 또 다른 사람이 칭찬을 할 때는 '谢谢xièxiè (감사합니다)'라고 대답하지 않고 '不好bùhǎo(모자랍니다)', '还差得远呢háichàdeyuānne(아직 한참 멀었습니다)', '比你差远了bǐnǐchàyuǎnle(당신보다 많이 부족합니다)' 등과 같은 늘 자신을 낮추는 인사치례 말을 한다. 그렇지 않으면 사람들에게 겸손하지 않다든가 거만하여 안하무인 격으로 여겨진다. 자기 겸손에 관해서는 이미 이 책「중국인의 자기 겸손」장에서 소개를 하였기에 여기서는 더 이상 설명을 생략한다. 다만 이러한 자기 겸손 현상도 역시 중용의 표현이라는 점을 말하고자 한다. 왜냐하면 이러한 표현도 치우치지 않고 한 쪽으로 기울지 않으며 극단으로 가지 않는 중용의 원칙에 부합하기 때문이다.

일상생활에서　우리는 '马马虎虎mǎmǎhūhū(그럭저럭하다)', '不太(大)× bútài(dà)×(별로 ~하지 않다)'와 같은 어구나 표현의 사용 빈도가 매우 높음을 발견하게 된다. 예를 들어보자.

(1) A : 最近怎么样? 요즘 어떻게 지내십니까?
　　 B : 马马虎虎。 그럭저럭 지냅니다.

(2) A : 这件衣服怎么样? 이 옷은 어때요?
　　 B : 马马虎虎。 그저 그러네요.

예문(1)의 '马马虎虎'는 자신에 대한 평가에 쓰였고, 예문(2)의 '马马虎虎'는 옷에 대한 평가에 쓰였다. 화자의 '马马虎虎'는 어떤 경우에는 사실 진정으로 '马马虎虎'를 의미하는 것이 아니라 일종의 겸손일 뿐이다. 예문(1)에서 아마도 B는 요즘 아주 잘 지내고 있지만 사람들은 보통 직접적으로 이렇게 말하지는 않는다. 예문(2)에서 B는 분명히 '不怎么样bùzěnmeyàng(별로)'이라고 여겼을 것이지만('不怎么样'도 일종의 완곡한 표현이다) 단지 분명히 말하기 곤란하였을 것이다. 이도 역시 중용의 표현이다.

중국어에서 또 '不太(大)×(그다지 ~ 않다)'라는 표현도 많이 사용한다. 예를 들어보자.

(1) 这么做不太(大)好。 이렇게 하는 것은 그다지 좋지 않다.
(2) 那件衣服不太(大)干净。 이 옷은 별로 깨끗하지 않다.
(3) 烤鸭不太(大)贵。 카오야(오리구이)는 별로 비싸지 않다.
(4) 那件上衣不太(大)漂亮。 그 윗옷은 별로 안 예쁘다.

이러한 격식이 자주 사용되는 것도 아마 중용사상에 부합하기 때문일 것이다. '不太(大)…'와 같은 표현 방식도 사실상 극단을 부정하고 중간으로 나가는 하는 것이다. '不太(大)…'의 표현 방식에 대응하는 것은 '太不……(너무 ~ 하다)'이다.

(1) 这孩子太不像话。 이 아이는 너무 말이 아니다.
(2) 他们太不客气。 그들은 너무 무례하다.
(3) 你太不谦虚。 너는 너무 겸손하지 않다.
(4) 这条裤子太不像样子。 이 바지는 너무 꼴불견이다.

이러한 표현들은 흔히 볼 수 없는데, 그 원인은 아마도 '不太(大)…'와는 반대로 극단으로 치우쳐 중용사상에 부합하지 않으므로 사람들에게 쉽게 받아들여지지 않기 때문일 것이다.

그 밖에도 중국어에는 이중부정문이 있다. 예를 들어보자.

(1) 明天你不能不来。 내일 오지 않을 수 없다.
(2) 父母不会不同意。 부모님은 동의하시지 않을 리 없다.

이러한 '不…不…(~하지 않는 것을 ~하지 않는다)'의 이중부정문도 결국은 중용사상의 체현이다. '不能不来bùnéngbùlái(오지 않을 수 없다)', '不会不同意búhuìbùtóngyì(동의하지 않을 리 없다)'의 의미는 각각 '一定来yídìnglái(반드시 온다)', '应当同意yīngdāngtóngyì(동의해야 한다)' 이다. '一定来', '应当同意'는 확실히 지나치게 절대적인 표현으로 약간 극단적인 데 비해 '不能不来'와 '不会不同意'는 훨씬 완곡하다.

제6장 중국어 속의 정치관

　언어는 일종의 문화이며, 정치, 경제, 역사, 세상 물정, 풍습 등 사회 생활의 여러 영역을 기록하고 반영한다. 중국은 사회주의 국가이므로 사회주의 정치제도와 의식형태 등이 분명 중국어 속에 어느 정도 반영되어 있을 것이다. 하지만 중국인들은 이미 익숙해져서 이를 살피지 못하는데, 그 이유는 초등학교에서부터 중·고등학교 그리고 대학교, 더 나아가 사회에 진출한 이후에 이르기까지 항상 이러한 것들을 배우거나 접촉하기 때문이다. 그러나 외국인은 다르다. 그들이 생활해 온 사회 환경과 국가의 정치제도는 중국과 큰 차이가 있고 또 그들이 받은 교육도 중국인들과 완전히 달라 중국 특유의 정치성을 띤 어휘나 표현을 접하게 되면 그들은 이해하기 어렵거나 정확히 이해하지 못해서 흔히 의사소통에 장애가 출현한다.

　중국어에 반영된 중국의 사회주의 정치제도와 의식형태는 주로 어휘와 표현 습관에서 나타난다.

1. 어휘

　어휘에는 정치제도와 의식형태 영역과 관련된 것이 상당히 많이 반영되어 있다. 중국어의 많은 단어와 어구는 영어나 일본어에 상응하는 번역어가 없으며, 또 있다고 해도 내포하는 의미는 다소 차이가 난다.
예를 들어보자.

정치제도	党的基本路线dǎngdejīběnlùxiàn(당의 기본노선) 人民代表大会rénmíndàibiǎodàhui(인민대표대회) 政协zhèngxié(정치협의회) 双百方针shuāngbǎifāngzhēn(쌍백방침)1) 民主集中制mínzhǔjízhōngzhì(민주집중제) 一元化领导(통일된 영도) 一个中心, 两个基本点2)(하나의 중심, 두 기본점) 三个'代表'(세 가지 대표)
정치조직	共青团gòngqīngtuán(공청단)3) 少先队shàoxiānduì(소년대)4) 总支zǒngzhī(총지부)5) 党委dǎngwěi(당위원회) 组织部zǔzhībù(조직부)6) 宣传部xuānchuánbù(선전부. 홍보부)7) 民主党派mínzhǔdǎngpài(민주당파)8)
행정기구	乡村xiāngcūn(농촌) 政策研究室zhèngcèyánjiūshì(정책연구실) 体改委tǐgǎiwěi(체개위)9) 纠风办jiūfēngbàn(비리시정실)10) 扫黄打非办sǎohuángdǎfēibàn(불법음란물 소탕사무실) 计划生育委员会jìhuàshēngyùwěiyuánhuì(산아제한계획위원회)
직위	股长gǔzhǎng(계장) 居委会主任jūwěihuìzhǔrèn(주민위원회 주임) 书记shūjì(서기) 乡长xiāngzhǎng(향(鄉)장) 村长cūnzhǎng(촌장) 纪检书记jìjiǎnshūjì(기율검사 서기) 教导主任jiàodǎozhǔrèn(훈육주임) 政委zhèngwěi(정위)11)
기타	政审zhèngshěn(정치 심사)12) 思想觉悟sīxiǎngjuéwù(사상. 의식) 思想作风sīxiǎngzuòfēng(사상 태도) 政治觉悟zhèngzhìjúéwù(정치의식) 一国两制yìguóliǎngzhì(일국양제) 调动diàodòng(이동) 分配fēnpèi(분배하다) 下岗xiàgǎng(퇴직하다) 户口hùkǒu(호적) 农转非nóngzhuǎnfēi(농업 호적에서 비농업(도시 주민)호적으로 전환하다) 以工代干yǐgōng dàigàn(노동자의 신분으로 간부를 맡다) 承包chéngbāo(하청을 받다) 大包干dàbāogān(전면 청부제) 联产责任制liánchǎnzérènzhì(농가 생산 청부제)13) 自我批评zìwǒpīpíng(자아비판) 先进xiānjìn(선진. 진보) 积极分子jījífènzǐ(열성분자) 评比píngbǐ(비교 평가하다)

이상의 단어와 어구는 모두 중국어 특유의 것으로 외국 학생이 학습할 때 이해하기 어려운 경우가 많다. 『한어중급교정(汉语中级教程)』(下)14) 제10과 「이 한 표를 누구에게 던질까(这一票投给谁)」에는 다음 문장이 있다.

> 有一天, 病房外贴着评选优秀护士的布告, 要求大家介绍先进事迹, 并且进行议论和评比活动。
> 어느 날 병실 밖에 우수 간호사 선정 공고문이 붙었다. 공고문은 사람들에게 진보적인 공적을 소개해 줄 것과 이에 대한 논의 및 비교 평가 활동을 진행해 줄 것을 요구하고 있었다.

---

1) 역자주 : '百'으로 시작하는 두 가지, 즉 '百花齐放, 百家争鸣(과학·문화·예술 사업을 번영시키는)' 기본 방침.
2) 역자주 : 하나의 중심은 경제 발전을 말하고, 두 개의 기본점은 네 가지 기본원칙(사회주의 노선, 인민민주정치, 중국공산당 지도, 마르크스레닌주의 및 마오쩌둥(毛泽东) 사상 견지, 개혁개방 견지를 말한다.
3) 역자주 : '共产主义青年团(공산주의청년단)'의 약어.
4) 역자주 : '少年先锋队(소년선봉대)'의 약어.
5) 역자주 : '总支部委员会(중국공산당의 기층 조직 총지부위원회)'의 약어.
6) 역자주 : '中国共产党中央组织部(중국공산당 중앙조직부)'의 약어.
7) 역자주 : '中国共产党中央宣传部(중국 공산당 중앙 선전부)'의 약어.
8) 역자주 : 중국 공산당이 영도하는 애국 통일 전선에 참가한 각 당파의 총칭.
9) 역자주 : '体制改革委员会(체제개혁위원회)의 약어.
10) 역자주 : '纠正行业不正之风办公室(업계비리시정사무실)'의 약어.
11) 역자주 : '정치위원(政治委员)'의 약칭.
12) 역자주 : 입학·군입대 또는 간부로 취임할 때에 실시하는 사상성이나 정치성에 대한 심사.
13) 역자주 : '联产承包责任制'를 말하며, 1978년 이후 중국 농촌에서 유행하는 일종의 농업 경영 방식으로 농가에 생산량을 할당하고 그 성과에 따라 포상하거나 책임을 물음.
14) 저자주 : 杜荣 主编, 北京大学出版社, 1992.

이 단락에서 '评比píngbǐ(비교 평가하다)'라는 말은 외국 학생들이 정확하게 이해하기가 쉽지 않다. 무엇이 '评比'인지, 어떻게 '评比'하는지에 대해 그들은 자신의 경험을 통해서는 정해진 답을 찾기가 매우 어렵다. 왜냐하면 그들의 생활 속에는 '评比'라는 개념이 전혀 없기 때문이다.

『한어고급교정(汉语高级教程)』 제6과 「결혼 현장(结婚现场会)」에는 이러한 단락이 있다.

> 有天上午, 我正在反复阅读不久前公布的『三中全会公报』,
> 县妇联主任武艾英兴冲冲地来找我……
> 어느 날 오전, 나는 얼마 전 공포된 「삼중전회공보(三中全会公报)」를 반복해서 읽고 있었다. 현(县)부녀연합회 우아이잉(武艾英) 주임이 매우 기뻐하며 나를 찾아왔다. ……

자오옌펑(赵延风)등의 조사[15]에 따르면, 외국 학생들은 '三中全会sānzhōngquánhuì(삼중전회)[16]'에 대해 모두 제대로 이해하지 못하였고 이를 한 차례 회의라는 정도로 간단하게 이해하는 것으로 나타났다. 그들이 '三中全会'가 도대체 어떤 회의인지 상상하기란 어려웠고, 또 '三中全会'가 중국의 정치와 경제생활에서 어떤 중대한 역할을 하는지를 깊이 있게 이해하는 것은 더더욱 어려웠다.

또 아주 일반적인 '党dǎng(당)'이라는 글자를 보자. '党'은 현대 중국에서는 특별히 중국공산당을 가리키므로, 평소에 '党'이라고 말하면 중국공산당을 의미한다. 중화인민공화국 헌법에는 중국공산당이 중국의 지도자이며 기타 민주당파는 중국공산당의 지도 아래 함께 사회주의를

---

15) 저자주 : 赵延风 · 袁冰「汉语中的意识形态词语」, 『汉外语言对比与偏误分析』, 北京大学出版社, 1999 참조.

16) 역자주 : '중국공산당 중앙위원회 전체회의'를 줄인 말. 중국공산당의 최고 권력기관인 전국대표대회가 공산당원 중 대표를 뽑아 중앙위원회를 구성해 소집하는 회의 중 3차 전체회의를 가리킨다. 5년에 한 번씩 개최된다.

건설한다고 규정하고 있다.

　중국어 독해를 할 때 이와 유사한 어휘 장애는 많이 나타난다. 주의해야 할 점은, 사회의 발전에 따라 이러한 어휘가 계속 증가하고 있다는 것이다. 예를 들면, '双规shuāngguī(지정된 두 가지)'[17], '两开liǎngkāi(두 가지 박탈)[18]', '裸官luǒguān(나체 관리)'[19] · '跑官pǎoguān (관직을 얻기 위해 뇌물 · 선물 등을 쓰고 다니다)', '带病提拔dàibìngtíbá(병이 있는데도 승진시킴. 문제가 있는데도 승진시킴)'[20] 등이 바로 최근 몇 년간 새로 나온 어휘들이다. 따라서 이 문제를 어떻게 해결할 것인가는 매우 절박해졌다. 가장 좋은 방법은 정치제도와 체제에 관한 중외사전(汉外词典)을 출판하여 이들 어휘에 대해 상세한 해석을 붙이고 시간의 흐름에 따라 정기 또는 비정기적으로 이를 수정하는 것이다. 이렇게 하면 문제를 근본적으로 해결 할 수 있을 것이다.

　또 하나 가능한 방법은 바로 이런 부류의 어휘에 대해 본문에서 상세한 해석을 덧붙이고 상응하는 외국어 번역을 추가하는 것이다.

---

17) 역자주 : 사법 기관이나 기율 검사 위원회가 비리 혐의로 조사받는 간부에 대하여 정해진 시간과 장소에서 문제에 대한 진술을 하게 하는 것.
18) 역자주 : 당원의 기율 위반에 대한 처벌. '双开'는 '开除党籍(당적 박탈)'과 '开除公职(공직 박탈)'을 의미한다.
19) 역자주 : 배우자 · 자녀 등 친속 그리고 재산의 대부분을 국외에 두고 국내에 단신으로 남아 있는 국가 관리.
20) 역자주 : '带病上岗'이라고도 하며, 간부선발 임용 시의 불공정 풍조를 말한다.

2. 표현습관

사회주의 정치제도와 의식형태 하에서 특유의 표현 습관이나 생활 방식도 적지 않다. 이러한 표현 습관이나 방식은 어휘에 비해 이해의 난이도가 조금 더 높다. 『한어고급교정(汉语高级教程)』 상(上) 제2과 「늘 이기는 가수(常胜的歌手)」에는 다음 단락이 있다.

> 群众的眼睛是雪亮的, 群众的心里有一杆秤的, 离开了群众的喜闻乐见, 就是不搞大众化, 只搞小众化, 就是出了方向性差错, 就是孤家寡人, 自我欣赏。
>
> 군중의 눈은 눈처럼 밝고 군중의 마음속에는 대저울이 있으니, 군중이 즐겨 보고 듣는 것을 떠나서는 대중화(大众化)를 하지 못하고 소중화(小众化)²¹⁾만 꾀할 뿐이다. 이것은 방향성의 착오이고 고립무원의 외톨이며 자기를 대견하다고 여기는 것일 따름이다.

그 가운데의 '出了方向性差错chūlefāngxiàngxìngcuòzù(방향성의 착오를 범하다)'은 외국 학생들을 아주 골치 아프게 하는 것이다. 그들은 보통 문자 표면상의 의미를 통해 이해하여, 자신이 길을 잘못 들었고 방향이 맞지 않다는 것으로 여긴다. 하지만 이렇게 이해하면 윗글과 연결이 되지 않는다. 사실 '出了方向性差错'은 정치적 방향이 잘못되었다는 것, 즉 정치적 관점에 오류가 나타났다는 의미이다. 다시 예를 들어보자.

(1) 领导干部要善于做思想工作。
    지도자급 간부는 사상 업무를 수행하는데 뛰어나야한다.

(2) 我们应该走群众路线。
    우리는 대중의 노선을 가야한다.

---

21) 역자주 : 대중화와 반대되는 개념으로 소수의 사람들이 남과 다른 특별함을 추구한다는 의미이다.

(3) 从群众中来, 到群众中去。

대중 속에서 와서 대중 속으로 들어간다.

(4) 领导干部应该改变思想作风。

지도자급 간부는 사상 기풍을 변화시켜야 한다.

(5) 不能上纲上线[22]认识这个问题。

정치적 강령, 노선의 관점에서 이 문제를 인식해서는 안 된다.

위의 예들은 모두 과거나 현재에 비교적 통용되는 표현으로 중국 특유의 정치적 색채를 띠고 있다. '做思想工作zuòsīxiǎnggōngzuò(사상개조를 하다)'는 것은 중국인들의 관점에서 보면 아주 평범한 것이지만 외국 학생들은 이해하기가 어렵다. 그들은 '做思想工作'를 '做家务工作zuòjiāwùgōngzuò(가사 일을 하다)'와 '做新闻工作zuòxīnwéngōngzuò (언론 업무를 하다)'등과 동일하게 보는데 이는 큰 실수이다. '做思想工作'는 사실 설득 교육을 한다는 것으로 상대방이 자신의 관점을 바꾸도록 하는 것이다.

'走群众路线zǒuqúnzhòngdelùxiàn(대중 노선을 걷다)'에서의 '群众qúnzhòng(대중)'이란 무엇이며, '群众路线(대중 노선)'은 또 무슨 의미인가? '走群众路线'은 또 무슨 의미인가? 사실상 '走群众路线'이라는 것은 바로 대중에 의지한다는 것이다.

'从群众中来cóngqúnzhòngzhōnglái, 到群众中去cóngqúnzhòngzhōngqù (대중 속에서 와서 대중 속으로 들어간다)'는 중국공산당의 우수한 전통이자 기풍이다. 즉, 대중들에게 분산된 채 체계가 없는 의견을 한 곳으로 모으고 연구를 거쳐 체계화된 의견으로 바꾸어 대중의 이익에 부합하는

22) 역자주: 정치적 강령·노선의 원칙적 관점에서 판단(비판)하다. (문화 대혁명 시기의 용어임) '上纲'은 정치 원칙의 입장에서 바라본다는 것이고, '上线'은 정치노선의 입장에서 바라봄을 말한다.

노선과 방침, 정책을 제정한 후 다시 대중 속으로 되돌아가는 것이다. 다시 말해, 당의 노선과 방침 그리고 정책을 대중에게 알려 그것을 대중의 행동으로 바뀌게 하고, 대중의 행동 에서 이러한 의견이 정확한지 여부를 확인한다는 것이다.

'改变思想作风gǎibiànsīxiǎngzuòfēng'은 일, 사상, 언행, 생활 등 모든 방면의 문제를 개선함을 말한다. '上网上线认识问题shàngwǎngshàngxiàn-rènshiwèntí'는 정치적 고도에서 문제를 인식함을 뜻하는데, 이는 문화대혁명 기간에 가장 유행하는 표현 중 하나이며 현재도 일부 상흔문학(伤痕文学)작품에서 주로 나타난다. 이러한 문학작품을 가르칠 때, 외국 학생들은 일반적으로 이해하지 못하며 교사도 수업시간에 정확히 설명하기가 어렵다. 그 이유는 교재의 설명이 너무 간단하거나 설명이 아예 없으며, 또 이런 어휘들은 일반적인 중외사전에도 수록되어 있지 않아 교사가 학생들에게 정확한 대답을 해줄 수가 없기 때문이다.

요컨대, 중국어 안에는 사회주의의 정치제도와 의식형태 영역을 반영한 어휘와 표현 습관 역시 아주 많다는 것이다. 외국 학생들은 중국어를 학습할 때 중국어의 어휘와 문법에 대한 공부뿐만 아니라 사회주의 정치제도와 의식형태를 적극적으로 이해함으로써 이 영역의 어휘를 파악하고 중국인들의 표현습관을 익혀야 한다. 이렇게 해야만 비로소 의사소통을 할 때 이해상의 어려움을 피할 수 있고 교류의 목적을 이룰 수 있다.

제7장 남녀불평등과 중국어

중국은 기나긴 봉건사회를 거쳐 왔다. 봉건사회의 부녀자는 어떠한 지위도 없었으며, 정치, 경제, 문화 및 일상생활에서의 각종 권리를 박탈당했고 순전히 대를 잇는 도구나 기계로 전락하였다. 이를 위해 봉건 이학자(理学者)들은 심혈을 기울여 이른바 '행위규범'이라는 것을 제정하여 부녀자들에게 실행할 것을 강요하였다. 이른바 '男女授受不亲 nánnǚshòushòubùqīn(남녀는 물건을 직접 주고받지 않는다)', '三从四德 sāncóngsìdé(삼종사덕)'[1), '从一而终cóngyī'érzhōng(일부종사(一夫從事) 하다)' 등이 그것이다. 이러한 남녀불평등의 관념은 중국어에서도 자연스럽게 반영되어 지금까지도 여전히 그 그림자를 쉽게 볼 수 있다.

1. 어휘 영역

중국어에는 아주 많은 겸칭(謙稱)이 있는데 그 가운데 부녀자에 초점을 맞춘 것도 적지 않다. 예를 들면, '妻子qīzi(아내)'의 경우에는 '内

---

1) 역자주 : 삼종지도(三從之道)와 사덕(四德)으로 옛날 여성의 미덕으로 여겨졌던 윤리 덕목. 삼종지도란 여자는 어려서는 아버지를, 결혼해서는 남편을, 남편이 죽은 후에는 자식을 따라야 한다는 것이고, 사덕이란 여자로서 갖추어야 할 마음씨, 말씨, 맵시, 솜씨를 가리킴.

人nèirén(안사람)’, ‘内子nèizi(내자)’, ‘贱内jiànnèi(집사람. 우처愚妻)’, ‘拙荆zhuōjīng(못난 집사람)’, ‘糟糠zāokāng(조강지처)’ 등으로 부르기도 하지만2), ‘丈夫zhàngfu(남편)’이라는 단어는 상응하는 겸칭이 없다.

겸칭을 통해서 가정에서 부녀자의 지위를 알 수 있다. 이른바 ‘内人’, ‘内子’는 그들의 활동범위를 제한하였음을 알 수 있다. 즉 아내의 행동은 자유롭지 못하며 가정 안에 한정된 것으로, 소위 말하는 가정주부라는 것이다. ‘贱内’는 ‘妻子’의 지위가 낮음을 숨김없이 그대로 드러내고 있으며 ‘拙荆’은 ‘拙’자 한 글자에도 역시 부녀자에 대한 경시의 의미를 담고 있다.

봉건사회에서 남편은 이혼 증서를 쓰면 아내와 헤어질 수 있었지만 아내는 남편에 게 그렇게 할 수 없었다. 또한 남자는 상처(喪妻) 후에 다시 장가를 들 수 있었고 이를 ‘填房tiánfáng(재취로 가다)’ 또는 ‘续弦xùxián(상처 후에 다시 장가들다)’이라 하였다. 하지만 아내 중심의 어휘는 없는데 이 역시 마찬가지로 봉건사회에서 부녀자는 지배당하는 지위에 처해있음을 보여준다.

중국어에는 ‘贞zhēn(지조가 굳다)’과 ‘节jié(절개·절조)’라는 두 개의 단어가 있지만 역시 부녀자를 위해 준비된 것이다. ‘贞女zhēnnǚ(지조가 굳은 여자)’와 ‘节妇jiéfù(절개를 지킨 부인)’라는 단어는 있지만 ‘节男jiénán(절개를 지킨 남자)’이라는 단어는 없다. 이는 봉건사회의 남녀관계에서 부녀자에 대한 속박만 있을 뿐 남자는 자유로워 상처한 후 다시 장가를 들 수도 있고 이혼 한 후 재혼할 수도 있었으며, 또 한 남자가 여러 명의 첩을 둘 수도 있었다. 봉건사회에서 남자는 주로 천하를 호령하는 지위에 있었고 생살여탈권(生杀予夺权)을 거머쥐고 있었으며

---

2) 역자주 : 그 외에도 아내를 칭하는 호칭으로는 ‘老婆’, ‘夫人’, ‘太太’, ‘媳妇儿’, ‘爱人’ 등이 있다.

부녀자를 속박하는 '제도'들을 제정하였으니, 이도 이상할 것이 없었다.

고대에는 심지어 남자와 여자는 태어나자마자 등급의 낙인이 찍혔고 본질적인 차이가 있었다. 중국 최초의 시가 총집인 『시경(诗经)』 「소아(小雅)・사간(斯干)」에는 이에 대해 상세히 기록하고 있다.

乃生男子, 載寢之床, 載衣載裳, 載弄之璋。
아들을 낳으면 침상에 누이고 고까옷을 입혀 손에는 구슬을 쥐어 준다.

乃生女子, 載寢之地, 載衣之裼, 載弄之瓦。
계집 아이 나으면 바닥에다 재우고 포대기에 둘러 손에는 실감개를 쥐어준다.

이 시의 대체적인 의미는 다음과 같다. 사내아이를 낳으면 침상에 재우고 옷을 입히며 예쁜 옥을 가지고 놀게 하지만, 계집아이를 낳으면 이불보자기에 싸서 바닥에다 재우고 방추(물레에서 여러 가닥의 실을 꼬아 직물을 만드는 도구)를 주고 놀게 한다. '床chuáng(침대)'와 '地dì(바닥)', '衣服yīfu(옷)'과 '被子bèizi(이불)', '美玉měiyù(예쁜 옥)'과 '纺锤fǎngchuí(방적기계의 방추)'는 정말이지 하늘과 땅 차이가 아닌가!

중국에는 또 '不孝有三búxiàoyǒusān, 无后为大wúhòuwéidà(불효에는 세 가지가 있는데, 자손이 없는 것이 가장 크다)'라는 옛 말이 있다. 옛 사람들은 후손이 없는 것을 불효 가운데 첫 번째 죄로 여겼다. 이때 후손이 없다는 것은 결코 아이가 없음을 가리키는 것이 아니라 혈통과 가업을 잇는 사내아이가 없음을 가리킨다. 옛 사람들의 관점에서 보면 여자아이는 아예 후손이 아니며 곧 남의 집 사람인 것이다.

현대중국어에도 부녀자를 경시하는 흔적이 여전히 남아 있다. 현대중국어 어휘에는 남성에 초점을 맞추었거나 남성을 중심으로 한 것들이 적지 않다. 예를 들어보자.

厂长chǎngzhǎng(공장장)　　经理jīnglǐ(사장)　　书记shūjì(서기)

处长chùzhǎng(처장)　　校长xiàozhǎng(교장)　　部长bùzhǎng(부장)

省长shěngzhǎng(성장)　　将军jiāngjūn(장군)

이들 직무는 사실 모두 남성을 위해서 만들어 놓은 것이다. 왜 그렇게 말할 수 있을까? 그 이유는 우리가 이 어휘들을 사용할 때 절대 다수의 경우에 모두 남성을 가리키며 만약 여성인 경우에는 '女厂长nǚchǎngzhǎng(여공장장)', '女经理nǚjīnglǐ(여사장)', '女书记nǚshūjì(여서기)', '女处长nǚchùzhǎng(여처장)' 등과 같이 직무 앞에 '女nǚ(여)' 자를 붙여야하기 때문이다.

어떤 경우에도 모두 이들 어휘의 앞에 '男(남)' 자를 붙이지는 않을 것이다. 이상할 것도 없는 것이, 중국에서는 개혁개방 이전에 공장장, 사장, 서기, 처장, 성장 등은 90% 이상이 모두 남성이었고 여성은 그야말로 매우 드물었기 때문에 '厂长', '经理', '书记', '处长', '省长' 등의 어휘가 '男厂长', '男经理', '男书记', '男处长', '男省长'을 특별히 지칭하는 것이 너무나 당연한 일이기 때문이다.

사실 이러한 경우는 직무영역에만 국한되지 않고 다른 영역에도 나타나는데, 예를 들면 '女强人nǚqiángrén(여장부)', '女豪杰nǚháojié(여호걸)', '女司机nǚsījī(여기사)', '女科学家nǚkēxuéjiā(여성과학자)' 등이 모두 이에 속한다.

사회와 경제가 발전하면서 여성의 지위도 역시 상당히 높아져서 그들은 '半边天bànbiāntiān(세상의 반쪽)'이라는 말도 가지게 되었고, 정치와 경제, 사회에서의 역할도 사람들의 인정을 받게 되었다. 이러한 변화는 마찬가지로 중국어에도 일부 반영되었다. 예를 들어 사람들은 남자가 아내를 무서워하는 것을 농담으로 '气管炎qìguǎnyán(공처가)'[3], '惧内症jùnèizhèng(아내를 두려워하는 병)'이라고 하고 가정을 이끌어가고 결정권이 있는 아내를 '内当家的nèidāngjiāde(안주인)'이라고 부른다. 그럼에도 불구하고 이러한 표현들은 아직도 정도는 다르지만 모두 부정적이거나 해학적인 색채를 띠며, 이러한 표현으로 불리는 남자는 무능하고 여자는 체면이 서지 않음을 의미한다.

2. 표현 영역

중국어의 일부 인칭대명사는 남성을 특별히 지칭하면서 여성에 대한 지칭을 겸하는 기능을 가지고 있다. 그 예로 '他tā(그. 그녀)'가 일반적인 경우에는 남성을 가리키지만 어떤 경우에는 겸하여 여성을 지칭하기도 한다. 예를 들어 수업시간에 선생님이 '谁不好好学习tāshéibùhǎohāoxuéxí, 我就批评wǒjiùpīpíngtā(누가 열심히 공부하지 않으면, 내가 그 사람을 야단 칠거야)'라고 말했다. 이 문장에서 'tā'는 한자로 쓰면 '她'가 아닌 '他'이다. '他'가 표면적으로는 남성을 가리키는 것이지만 실제로는 여성을 가리킬 수도 있다. 왜냐하면 실제 상황에서 공부를 열심히 하지 않는 사람은 남성일수도 있고 여성일수도 있기 때문이다. 그렇다면 이 문장의 'tā'를 '她'로 쓸 수는 없을까? 물론 가능하다. 다만 '她'가 가리키는 바는 모두 여성이며 남성일 리가 없다.

이처럼 남성을 가리키는 어휘가 일반적으로 여성도 함께 가리키거나 남성 지칭에 겸하여 여성을 지칭하는 경우는 중국어에 또 있다. 예를 들면 '其他人qítārén(그 밖의 사람)'과 '他人tārén(다른 사람)' 등은 남성이나 여성, 남성과 여성이 모두를 막론하고 모두 같은 어휘로 표현된다. 이 때문에 불필요한 번거로움이나 이해상의 어려움이 생기는 경우도 있다. 예를 들어보자.

---

3) '妻管严(qīguǎnyán)'과 발음이 같은 데서 비롯됨.

(1) 这事你知道就行了, 千万别告诉其他人。

　　이 일은 너만 알고 있으면 되니, 절대 다른 사람에게는 말하지 마.

(2) 你们说话小声一点, 不要影响他人休息。

　　너희들 좀 작은 목소리로 말해. 다른 사람 쉬는 데 방해되지 않게.

'千万别告诉其他人qiānwànbiégàosuqítārén'에서의 '其他人'이 남자인지 여자인지는 알 수가 없다. 단순히 문자적 의미로만 보면, 이 말은 남성에게 초점을 맞추어 것 같지만 사실은 남성과 여성 모두에게 모두 적용할 수 있다. '不要影响他人休息búyàoyǐngxiāngtárénxiūxi'의 '他人'도 상황이 비슷하다.

중국어에는 또 남존여비(男尊女卑)의 심리를 반영한 속어나 관용어도 있다. 예를 들면, '男不跟女斗nánbùgēnnǔdòu, 鸡不跟狗斗 jībùgēngǒudòu (남자는 여자와 싸우지 않고, 닭은 개와 싸우지 않는다)[4]', '女人头发长nǔréntóufacháng, 见识短jiànshiduǎn(여자는 머리카락은 길지만, 식견은 짧다)', '女人是祸水nǔrénshìhuòshuǐ(여자는 재앙의 근원이다)', '嫁出去的女儿泼出去的水jiàchūqudenǔérpōchūqudeshuǐ (시집간 딸은 엎질러진 물이다)', '女子无才便是德nǔziwǔcáibiànshìdé(여자는 재능이 없는 것이 미덕이다)' 등은 모두 여성에 대한 경시가 스며들어 있다.

호칭 습관에도 남존여비의 흔적이 뚜렷이 남아있다. 과거에는 도시든 농촌이든 여자가 출가한 이후에 자기 성을 바꾸지는 않지만 사람들이 부를 때는 습관적으로 남편의 성을 앞에 붙였다. '张大姐zhāngdàjiě (장씨 누님)', '王大嫂wángdàsǎo(왕씨 형수님)', '刘大妈liúdàmā(유씨 아주머니)', '赵大婶zhàodàshén(조씨 아주머니)'에서 '张', '王', '刘', '赵'는 이 여자 자신의 성이 아니라 남편의 성이다. 남편의 성을 앞에 붙이는

----

4) 역자주: '好鸡不跟狗斗, 好男不跟女斗(좋은 닭은 개와 싸우지 않고, 훌륭한 남자는 부녀자와 다투지 않는다)'라고도 한다.

호칭 방식은 현재도 농촌에는 아직 남아 있지만 주로 나이든 사람들이 사용하며, 도시에서는 거의 사용하지 않는다.

아내는 남편의 집에 시집간 이후에 독립성을 잃어버리고 남편의 사유재산으로 예속되는 존재이며 남편은 한 집안의 주인임을 이러한 호칭이 분명히 말해주고 있기 때문에 남녀 지위의 평등이란 논할 수가 없는 것이다.

호칭에 또 하나의 경우가 있는데, 그것은 아내의 나이나 서열에 상관없이 남편의 항렬이나 나이로써 상대방에 대한 호칭을 결정하는 것이다. 예를 들면, A가 B보다 한 항렬 높으면 B와 B의 아내는 모두 A를 '伯bó(아저씨)' 또는 '叔shū(삼촌)'이라 불러야 한다. 또 A와 B가 같은 항렬이고 A의 나이가 B보다는 많지만 B의 아내보다는 적으면, B의 아내는 사실상 A의 누님뻘이더라도 A를 '大哥dàgē(오빠)'라고 불러야 한다. 자녀가 타인을 부를 때에도 일반적으로 어머니가 아닌 아버지를 기준으로 한다. 이러한 경우도 가정에서 아내의 지위가 남편보다 낮고 남편에게 종속된 존재임을 설명한다.

3. 한자 영역

남존여비의 낡은 관념은 마찬가지로 한자에도 반영되어 있다. 주지하다시피 한자는 80% 이상이 형성자(形声字)이다. 형성자에는 형부(形符)와 성부(声符)가 있는데, '妓jì(기녀)', '娼chāng(창녀)', '嫖piáo(기생집 드나들다)', '奸jiān(간음하다)' 등의 형부가 '女(여)'자 편방인 많은 한자들은 모두 부정적인 의미를 포함하고 있다. 물론, 여성 중에는 '妓', '娼'과 같이 정말로 변변치 못하거나 품행이 단정하지 못한 사람도 일부 있다. 하지만 '嫖', '奸'처럼 부정적인 의미의 글자에도 '女'를 형부로 하고 있으니 다소 불공평하며, 여기에는 분명 남성우월주의가 스며들어 있다. 만약 '嫖'가 여성에게도 일부 책임이 있다고 한다면, '奸'은 순전히 남성의 책임으로 여성은 피해자인데도 결과는 오히려 피해자가 무고하게 누명을 쓰는 격이니 어떻게 이럴 수가 있는가!

이외에도 '女'자 편방의 한자로 부정적인 의미를 가지고 있는 글자들이 있다. 예를 들면, '妒dù(질투하다)', '嫉jí(질투하다)', '嫌xián(싫어하다)', '婪lán(탐욕스럽다)', '妄wàng(터무니없다)' 등의 한자에 반영된 심리는 여성만 갖고 있지 않고 남성들도 마찬가지로 가지고 있는데, 오히려 모두 '女'자를 형부로 하고 있느니 이 역시도 명백한 남녀 불평등이다. 또한 일부 좋지 않는 사물, 예를 들면 '妖yāo(요괴)', '奴nú(노예)', '媸chī(생김새가 추하다)'등도 역시 '女'자를 형부로 하고 있어 사람들에게 여성만이 이러한 상황을 가지고 있다는 착각을 하게 만든다.

또 '淫yín(음탕하다)', '愧kuì(부끄럽다)'자와 같은 일부 한자의 경우도 번체자는 모두 '女'자 편방이다. '淫'은 '婬'으로 쓰고 '愧'는 '媿'로 쓴다. 이처럼 옛사람들은 추악한 사물이나 상황을 모두 여성에게 돌렸음을 분명히 알 수 있다.

물론, 여성의 중요성 및 부녀자에 대한 존중이 일부 한자에서 나타나기도 한다. 예를 들면, '安ān(편안하다)', '好hǎo(좋다)', '姓xìng(성)'과 같은 경우가 이를 보여준다. '安'자는 집 아래에 한 '女'가 있는 것으로 ('宀'은 바로 '⌂', 즉 집 모양이다), 집 안에 여자가 있어야 비로소 안정되고 안전함이 느껴진다는 것을 설명한다. 이는 여자가 한 가정에서 없어서는 안 되는 요소임을 말한다. '好'는 '女'와 '子zǐ'의 합체자로 '女子(여자)', 즉 여성은 아름답다는 것을 설명한다. '姓'의 형부는 '女'인데, 이는 '姓'이 여성과 직접적인 관계가 있음을 보여주는 것으로, 원시 모계사회에서 여성의 중요성을 나타낸다. 하지만, 이처럼 여성에 대한 존중을 나타내는 경우는 한자 체계 내에서 비교적 드물다.

제8장 중국어 속의 가족관과 향토관

1. 중국인의 가족관과 향토관

가족은 2천여 년 동안 중국 봉건사회의 초석이었다. 이른바 '가족'에 대해 한대(汉代) 반고(班固 : 32~92)의 『백호통(白虎通义)』에는 이렇게 풀이하였다.

> 族者, 凑也, 聚也, 谓恩爱相流凑也。生相亲爱, 死相哀痛, 有[1]会聚之道, 故谓之族。[2]
> 족은 합치다, 모이다는 의미로, 은혜와 사랑이 물 흐르듯 흘러서 모이는 것을 말한다. 살아서는 서로 아끼고 사랑하고, 죽음에는 서로 슬퍼하고 마음 아파하면서 모여드는 관계가 있는 것을 족이라 한다.

이러한 해석은 아주 적절하다. 봉건사회에서 물질적인 생활이 주로 가정을 단위로 하였다면, 정신적인 생활은 주로 가족을 단위로 하였다. 봉건왕조는 끊임없이 겉모습이 바뀌었으나 하나의 완전한 사회문화적 실체로서 가족의 성격은 변함없이 상대적 안정성을 유지하고 있었다.

조직 형태에 있어 가족은 다음 특징을 갖는다.

----

1) 역자주 : 원서에는 '又'로 되어 있으나, 원전 확인 결과 '有'로 되어 있어 '有'로 고침.
2) 역자주 : 의미에 따라 원서의 문장부호를 약간 수정하였음.

가. 가족이 모여 산다.

한 가족은 보통 하나의 공통된 지역에서 살았고 다른 성씨가 섞여 살지 않았으며 오랫동안 한 집처럼 친하게 지냈다.

나. 사당이 있다.

한 가족은 보통 모두 하나의 사당을 지어 조상제사, 종친회의, 성인관례成人冠禮[3], 혼사婚事와 상사喪事, 후세의 출생과 양육 등과 같은 일에서 고향을 떠나는 일까지 가족의 모든 일을 사당으로 가서 종친에게 알렸다. 또한 종친의 공동소유 재산도 사당에 두었다.

다. 족보가 있다.

가족이 대대로 이어지고 조상을 빛내기 위하여 큰 집안이나 지위가 높은 집안에서는 모두 족보를 제작하여 가계(家系)와 중요한 인물들을 기록하였다. 공자(孔子) 일족의 이어 내려온 계통을 기록한 『공씨세가보(孔氏世家谱)』는 벌써 2천5백여 년의 역사를 가지고 있다.

라. 족전(族田)이 있다.

종족(宗族)의 사무를 보기 위하여 공유하는 토지를 가지고 있었고, 그 수익은 종족 전체의 소유이다.

---

3) 역자주 : 성인이 되었음을 인정하는 예식으로, 어른의 의복을 입히고 땋아 내렸던 머리를 올려 상투를 틀어 관을 씌우는 의식을 말한다.

마. 족장과 관리 기구가 있다.

종족마다 모두 족장이 있었고, 족장은 종친의 사무를 책임지고 관리하였다.

바. 제도가 있다.

종족의 구성원을 단속하고 관리하기 위하여 종족 내에는 종족 규약을 제정해 놓았다.

이외에도 일부 지위가 높은 집안은 개인 전투 장비를 가지고 있기도 하였다. 이상의 특징을 통해 가족이 국가의 체제와 놀랄 만큼 유사함을 알 수 있다. 중국 봉건사회에서 가족은 완전한 사회문화 체계를 갖춘 하나의 축소판으로, 하나의 축소된 국가이며 국가는 확대된 가족이라고 할 수 있다. 중국어에서 '國家guójiā(국가)'라는 단어는 바로 '国(나라)'와 '家(집)'으로 이루어졌는데, 이는 양자가 똑같이 중요하다는 것을 설명한다.

가족의 가장 중요한 가치는 '生相亲爱shēngxiāngqīn'ài, 死相哀痛sīxiāngāitòng(살아서는 서로 아끼고 사랑하고, 죽음에는 서로 슬퍼하고 마음 아파하는 것)'이다. 즉 혈육 간의 정과 혈연관계를 강조하는 것이다. 이러한 혈육 간의 정과 혈연 사상은 한족 사회 안에서 매우 강한 생명력을 가지고 있다. 그것은 한편으로는 통치자들이 백성들을 속박하는 도구가 되기도 하고 다른 한편으로는 중화민족이 한 데 응집하는 견고한 연결고리이기도 하다. 특히 중화민족이 위기와 생사존망에 직면한 결정적인 순간에 혈육 간의 정과 혈연 사상은 항상 커다란 역할을 하였다.

중국 역사상 통치권을 쟁탈하기 위하여 통치 계급은 아버지와 아들이 반목하고 형제가 서로 죽이는 비극을 연출하였다. 삼국시기 조식(曹植 : 192~232)의 「칠보시(七步诗)」가 좋은 증거이다.

煮豆持作羹, 漉豉以为汁;
其在釜下燃, 豆在釜中泣;
本是同根生, 相煎何太急!
콩을 삶아 국을 만들고, 콩자반을 걸러 즙을 만들려는데,
콩대는 솥 아래서 타고, 콩은 가마솥 안에서 울고 있구나.
본디 같은 뿌리에서 났는데, 불 때어 달이기를 왜 그리도 서두르는지!

조식과 조비(曹丕 : 187~226)는 본래 친형제로, 조조(曹操 : 155~220)는 조식의 재능을 좋아하였다. 조비는 그의 동생 조식이 자신과 황제 자리를 다툴까 두려워하여 그를 사지(死地)로 몰아넣으려고 하였다. 그래서 묘책을 하나 생각해냈는데, 조식에게 일곱 걸음 안에 시 한 수를 짓도록 하였다. 만약 짓지 못하면 조식을 사형에 처할 참이었다. 조식은 비분이 극에 달해 단숨에 시를 완성하여 대대로 전해지는 이 명작을 읊조렸다.

이와 유사한 일은 셀 수 없이 많았으나 한족의 가족관을 조금도 흔들어놓지는 못하였다.

가족관의 확대로 향토관이 생겨났다. 향토관이란 중국인들이 향토를 중시하고 고향 사람을 만나면 반가워하는 것이다. 하지만 그 내연과 외연이 모두 분명한 것은 아니고 때와 장소에 따라 변화하고 있다. 향(乡)[4]에서는 같은 마을(村) 사람이 '老乡lǎoxiāng(고향사람)'이고, 현(县)에서는 같은 향(乡) 사람이 '老乡'이며, 성(省)에서는 같은 현(县) 사람이 곧 '老乡'이다. 또 중국에서는 같은 성(省) 사람이 '老乡'이며 외국에서는 중국인이면 '老乡'이 된다.

중국인은 고향사람에게 일종의 특수한 감정, 즉 애정이 있다. 중국의 '老乡见老乡lǎoxiāngjiànlǎoxiāng, 两眼泪汪汪liǎnglèiwāngwāng(고향사람이

----

4) 역자주 : 현(縣)이나 구(區) 아래의 농촌 말단 행정 구획 단위.

고향사람을 만나면 두 눈에 눈물이 그렁그렁한다)'는 속어가 바로 이를 말한다.

　동향이라는 개념의 탄생에는 역사적, 지연(地緣)적 원인이 있다. 주지하듯이 가족은 일종의 혈연관계를 연결고리로 하는 조직이다. 처음에는 동일한 하나의 씨족이 한 지역에서 생계를 도모하였는데, 이들은 가족이면서 또 같은 지역에서 일을 하였다. 뒷날 생산의 발전과 인구의 이동에 따라 같은 촌락에 모여 사는 사람들이 반드시 같은 종친에 속하지는 않거나 종친은 같지만 종파가 다른 세대가 번성하면서 오복(五服)[5]의 범위를 넘어서서 같은 성(姓)이라도 가계(家系)는 다르게 되었다. 이로써 가족에서 촌락 향사(乡社)[6]로 확대되었다. 이들 촌락 향사는 서로 다른 가족 간의 혼인이나 그 지역 가족과 다른 성을 가진 이민족간의 결합으로 이루어진다. 동일한 향사의 사람이 장기간 같은 구역 내에서 생활하니 서로간의 왕래는 자연히 긴밀하였다. 고향사람에 대해 사람들은 주거지 간의 거리와 항렬의 높고 낮음에 따라서 호칭체계를 세웠고, 습관적으로 가족 내의 할아버지, 할머니, 큰아버지, 작은아버지, 오빠, 동생 등으로 호칭하였다. 고향사람은 곧 혈연관계와 같으며 또 바로 이런 이유 때문에 중국인들이 고향사람을 만나면 반가워하는 것도 당연한 것임을 이를 통해 알 수 있다.[7] 향토관은 중국에서 역사가 유구하며 뿌리가 깊고 견고하다. 당대(唐代) 시인 이백(李白)의 「고요한 밤 생각(静夜思)」가 이를 증명한다.

5) 역자주 : 오복(五服)은 바로 오복제도(五服制度)를 가리키는 말이다. 상례(喪禮)에서 망자와의 혈통관계의 원근에 따라 참최복(斬衰服), 자최복(齊衰服), 대공복(大功服), 소공복(小功服), 시마복((緦麻服)의 다섯 가지 종류로 나누어 입기 때문에 오복이라 한다.
6) 역자주 : 향의 사회조직으로 '村社(촌사)'라고도 한다. 옛날에 향사는 면적(사방 6리를 1社로 함)으로 나누기도 하고 인구(25가구를 1社로 함)로 나누기도 하였다.
7) 저자주 : 仲富兰, 『民俗与文化杂谈』, 上海教育出版社, 1992 참조.

床前明月光, 疑是地上霜;
침상 앞에 비친 하얀 달빛, 땅위의 서리인가 하였네.

举头望明月, 低头思故乡。
고개 들어 밝은 달 보고는, 그만 고개 숙이고 고향 그리네.

이 통속적인 짧은 시는 고향에 대한 그리움의 감정을 토로하였다.
향토관이 가장 직접적으로 나타나는 경우는 다음 두 가지이다. 국내
에서는 사람들이 경제가 발달하고 교통이 편리한 곳에 동향회관(同乡
会馆)을 지어 고향사람이나 고향 모임을 위한 장소로 제공하기를 좋아
한다. 베이징(北京)의 이름난 후광(湖广)회관은 후난(湖南), 후베이
(湖北), 광둥(广东), 광시(广西) 등에 호적을 둔 인사들이 출연하여 지
은 건물이다. 전해지는 바에 따르면, 근대 민주혁명가 순중산(孫中山
: 1866~1925)[8]선생도 이 곳에서 여러 차례 연설을 하면서 고향의 혁
명 역량을 모으고 고취하였다. 또 베이징사오싱(北京绍兴)회관의 경우
에도 저명한 작가인 루쉰(鲁迅 : 1881~1936)이 당시 중앙정부의 교육
부에서 근무할 때 그곳에서 살았었다.

외국에서는 해외에 거주하는 중국인들끼리 한 지역에 살면서 서로
보살피고 고향 말씨 듣기를 좋아한다. 이것이 시간이 지나면서 일정한
규모를 형성하게 되면 차이나타운(中国城)으로 변한다. 현재 차이나타
운은 이미 세계 각지에 널리 분포되어 있다. 2011년 1월 29일자 『베이
징완바오(北京晚报)』의 보도에 따르면, 영국의 최대 통신사인 로이터
(Reuters)사가 영국 관광업 검색 엔진 Cheap flights의 평가 결과를
근거로 뉴욕 맨해튼의 차이나타운, 프랑스 파리 13구역의 차이나타운,

---

8) 역자주 : 손문(孫文). 중국의 혁명적 민주주의자. 자(字)는 일선(逸仙), 중산(中
山)은 그의 호(號). 중국혁명의 선도자로 1911~12년 중화민국 초대 임시총통을
지냈고, 1923~25년 중국의 실질적인 통치자였다.

오스트레일리아 멜버른의 차이나타운 등을 포함한 세계 10대 차이나타운을 보도하였는데, 이들은 역사가 오래되었고 각기 다른 특징을 지니고 있다. 세계 각지에서 차이나타운의 출현도 역시 중국인들의 향토관의 직접적으로 나타난 것이다.

2. 중국어에 나타난 가족관과 향토관

중국어 속의 가족관과 향토관은 주로 아래의 몇 가지 영역에서 나타난다.

가. 어휘

중국어의 많은 어휘는 가족관을 나타낸다. 우리는 '海外同胞hǎiwài-tóngbāo(해외동포)', '港澳同胞gǎng'àotóngbāo(홍콩·마카오동포)', '海外侨胞hǎiwàiqiáobāo(해외교포)' 등과 같이 '同胞tóngbāo(동포)'라는 말로 해외에 있는 중국인을 부르기를 좋아한다. 사실은 이것이 바로 가족관의 표현이다. '同胞'나 '胞'란 같은 부모가 낳은 자녀를 가리키는 것으로, 중국인들은 이를 사용하여 해외의 중국인을 부른다. 이는 중국인들이 해외의 중국인을 자기 가정의 한 구성원으로 본다는 것을 보여준다. 중국어에는 이와 유사한 어휘들이 있는데, 예를 들면 '男同胞nántóngbāo(남자 동포)'와 '女同胞nǚtóngbāo(여자동포)'가 이에 해당된다. 전자는 남성에 대한 호칭으로 사용되고, 후자는 여성에 대한 호칭으로 사용된다. 이러한 호칭도 역시 불리어지는 상대방을 자기 가정의 한 구성원으로 여겨 친근감을 드러낸다.

중국어에는 또 '兄弟省xiōngdìshěng(형제성)', '兄弟单位xiōngdìdānwèi

(형제기관)', '兄弟院校xiōngdìxuéxiào(형제학교)', '兄弟厂xiōngdìchǎng(형제공장)', '姐妹城市jiěmèichéngshi(자매도시)', '姊妹城市zǐmèichéngshì (자매도시)'처럼 '兄弟××(형제××)'나 '姐妹××(자매××)'와 같은 부류의 표현도 있다. 사실 이것도 가족관의 확장 혹은 가족관의 일반화이다. 이른바 '兄弟省', '兄弟单位', '兄弟院校', '兄弟厂'은 사실 상대방을 형제로 보는 것으로 일종의 인간미를 담고 있으며 양자 간의 관계가 밀접함을 설명한다. '姐妹城市'와 '姊妹城市'는 두 도시 간의 관계가 자매와 같음을 말한다. 이는 두 도시 간의 거리를 가깝게 하고 우의를 증진함으로써 서로 돕고 상대방에게 편의를 주기 위한 것이다. 뿐만 아니라 심지어 불행한 처지를 같이 겪은 사람도 중국인들은 '难兄难弟nán-xiōngnándì'라고 여기는데, 이야말로 정말 험난한 처지에서 진정한 마음을 보여주는 것이다.

중국인민해방군(中国人民解放军)에는 또 '人民子弟兵rénmíngzǐdìbīng (인민자제병)'이라는 친근한 호칭이 있다. 이 단어는 '人民rénmín(인민)'과 '兵bīng(병사)'의 관계를 말해주는데, 즉 '兵'은 '人民'의 '子zǐ/孩子háizi (자식)' 또는 '弟dì(아우)'라는 것이다. 다시 말해 '军jūn(군대)'와 '民mín'은 한 집안 사람이고 혈육으로 이어진 관계인데, 단지 국가의 필요에 따라 잠시 헤어져 있을 뿐이라는 것이다.

중국인들은 지방 관리를 습관적으로 '父母官fùmǔguān(부모와 같은 관리)'9) 라고 불렀는데, 비록 봉건적 색채를 띠고 있기는 하지만 이 역시 가족관의 한 표현이다.

이와 유사한 표현은 또 많이 있다. 예를 들면 '祖国的好儿女zǔguó-dehǎoérnǚ(조국의 자랑스러운 아들 딸)', '党的好女儿dǎngdehǎonǚér (당의 자랑스러운 딸)', '党的好儿子dǎngdehǎoérzi(당의 자랑스러운 아들)'

---

9) 역자주 : 백성을 직접 다스리는 주(州)나 현(县)의 지방 장관에 대한 존칭.

등과 같은 것들도 역시 같은 심리에서 나온 것들이다.

나. 속어

중국어의 일부 속어에도 역시 가족관이 녹아있다.

(1) 无颜见江东父老。
강동 고향 어르신네를 뵐 낯이 없다.

(2) 美不美, 家乡的水; 亲不亲, 家乡的人。
좋든 좋지 않던 고향의 물이요, 친하든 친하지 않던 고향사람이 제일이다.

(3) 金窝银窝, 不如自己的穷窝。
금으로 만든 집이든 은으로 만든 집이든 초라한 자기 집 만은 못하다.

(4) 打虎亲兄弟, 上阵父子兵。
호랑이 잡는 데는 친형제가 최고요, 전쟁터에선 부자가 제일이라.

(5) 三个公章, 不如一个老乡。
세 개의 관인(官印)도 고향사람 하나만 못하다.

‘无颜见江东父老wúyánjiànjiāngdōngfùlǎo(고향 어르신을 뵐 면목이 없다)’는 고대의 한 유명한 고사에서 나왔다. 진(秦) 왕조가 멸망한 후 유방(刘邦 : BC256~BC195)과 항우(项羽 : BC232~202)가 천하를 두고 다투었다. 안하무인격이던 항우는 해하(垓下)[10]에서 한나라 군대와 제후들의 군대에게 포위당하였다. 비록 몇 차례 필사적으로 싸워서 겹겹이 에워싼 포위망을 뚫고 나왔지만 자신의 병사들이 대부분 죽거나 부상당하였다는 것을 발견하고는 자기가 도망쳐 고향인 강동(江东)[11]으

---

10) 역자주 : 지금의 안후이성(安徽省) 링비현(灵璧县) 남동쪽에 있음. 초(楚)나라와 한(汉)나라가 최후의 결전을 벌인 전장임.

로 돌아간다 하더라도 강동의 부모형제를 도저히 볼 낯이 없다고 생각하여 목을 베어 자결한다. 이 속어는 이로부터 생겨난 것이다.

'美不美měibùměi, 家乡的水jiāxiāngdeshuǐ; 亲不亲qīnbuqīn, 家乡的人jiāxiāngderén(아름다운가 아름답지 않은가, 고향의 물; 친한가 친하지 않은가, 고향사람)'은 중국인들의 고향에 대한 애정을 나타내고, '金窝银窝jīnwōyínwō, 不如自己的穷窝bùrúzìjǐdeqióngwō(금 둥지건, 은 둥지건, 자기의 가난한 둥지만 못하다. 내 집이 최고다)'는 밖이 아무리 좋아도 자기의 가난한 집만 못하다는 의미로 집의 중요성을 강조한 것이다.

'打虎亲兄弟dǎhúqīxiōngdì, 上阵父子兵shàngzhènfùzǐbīng(호랑이를 잡는 것도 친형제가 해야 하고, 전쟁에 나가는 것도 부자父子가 함께 나가야 한다)'은 하나의 비유로, 혈연관계라야 비로소 한마음으로 단결하여 동고동락하고 환난을 함께 한다는 의미이다.

'三个公章sāngegōngzhāng, 不如一个老乡bùrúyígelǎoxiāng(공인公印 세 개가 고향친구 하나만 못하다)'은 고향의 중요성을 형상적으로 표현하고 있다. 비록 이 말이 고향사람이라는 관계를 이용하여 옳지 못한 풍조를 야기함을 풍자한 것이지만 그 깊은 뿌리는 결국 역시 중국인들의 가족관을 나타낸다.

다. 호칭

중국어의 호칭은 친족 호칭과 비친족 호칭으로 나뉜다. 하지만 일상생활에서 사람들은 보통 친족 호칭을 사용하여 비친족을 부른다. 예를 들어보자.

---

11) 역자주 : 항우의 고향은 강동(江东), 즉 양자강 동쪽에 있는 쟝쑤성(江苏省) 쑤첸(宿迁)임.

大妈 : (立起) 大哥, 是发疟子吧?

큰어머니 : (일어나서) 큰 오빠, 학질에 걸렸어요?

赵老 : (点头) 唉! 刚才冷得要命, 现在又热起来啦!

조씨 노인 : (고개를 끄덕이며) 그래! 방금은 추워 죽을 뻔 했는데, 지금은 또
　　　　　 더워지기 시작했어!

疯子 : 王大妈, 给我桶。

미치광이 : 왕씨 아주머니, 제게 통을 주세요.

大妈 : 四嫂, 教妞子帮帮吧! 疯子笨手笨脚的, 再滑到沟里去!

큰어머니 : 넷째 형님, 계집애더러 도와주라고 해! 미치광이는 행동이 굼떠서
　　　　　 또 다시 도랑으로 미끄러져 내려갈 거야!

四嫂 : (迟顿了一下) 妞子, 去吧! 可留点神, 慢慢走!

넷째 형님 : (잠시 머뭇거리더니) 계집애야, 가봐! 조심 좀 하면서, 천천히 가!

小妞 : 疯大爷, 咱们俩先抬一桶; 来回二里地哪! 多了抬不动!……

작은 계집애 : 미치광이 어르신, 우리 둘이서 먼저 한 통 들고 가요, 왕복 2리
　　　　　　 길이잖아요! 많으면 들지도 못해요! ……

老舍(라오서) 『龙须沟(용수구)』

　　이상은 라오서(老舍)의 『용수구(龙须沟)』중의 한 대화 단락인데, 글
을 보면 극중의 인물 간에는 전부 친족 호칭을 사용하고 있음을 알 수
있다. 이는 사람들에게 극중 인물이 모두 친족이거나 한 집안 사람이라
는 인상을 주게 되며, 특히 외국 학생들은 더욱 쉽게 이러한 오해를 하
게 된다. 하지만 사실은 극중의 인물들이 모두가 다 친족은 아니며 다
섯 사람이 네 개의 가정에 속한다. 大妈dàmā(큰어머니)가 한 집이고,
赵老zhàolǎo(조씨 노인)이 한 집, 疯子fēngzi(미치광이)가 한 집, 四嫂
sìsǎo(넷째 형수)와 小妞xiǎoniū(작은 계집애)가 한 집이다. 그들 간에 친
족 호칭을 사용한 이유는 역시 가족적 심리에서 나온 것으로 일종의 가

족관의 확대인 것이다. 중국어의 친족 호칭은 매우 복잡한데 이는 이미 앞의 「호칭」장에서 소개하였으므로 여기에서는 더 이상 자세히 설명하지 않기로 한다.

생활 속에서 중국인들은 또 형, 동생이라 부르는 습관이 있다. 어느 사람을 만나면 서로 알던 모르던, 또 상대방이 원하던 원하지 않던 간에 항상 비슷한 연배거나 자기보다 연장자인 사람은 '大哥dàgē(형님)', '大姐dàjiě(누님)', '大嫂dàsǎo(형수님)' 등으로 부르고 자기보다 나이가 어린 사람은 '兄弟xiōngdi(아우. 동생)', '老弟lǎodi(자네/동생)', '大妹子dàmèizi(여동생)'이라고 부르기를 좋아한다. 중국의 전통적 습관을 잘 모르는 외국 학생은 아마도 불리어지는 사람이 정말로 부르는 사람의 친족이라고 여길 가능성이 다분하다. 또 정말로 매우 곤혹스러워하며 중국인들은 어떻게 이렇게 많은 형제와 자매가 있을까라고 여길지도 모른다. 하지만 사실은 형, 동생이라 부르는 습관도 역시 마찬가지로 가족관의 일종의 일반화인 것이다.

제9장 노인 공경과 노인 기피

'老lǎo(늙다)'라는 글자를 말하면 서양인들은 얼굴색이 변한다. 왜냐하면 그들의 마음속에서 '老'란 청춘이 이미 가버리고 쓸모가 없음을 의미하기 때문에, 어떤 의미에서는 '老'가 곧 '무용無用'과 같게 된다.

반면 중국에서는 이와 다르다. 중국은 예로부터 문명 고국이라 불렸고 예로부터 지금까지 줄곧 노인 공경의 전통과 습관이 있기 때문이다. 맹자(孟子 : BC372~BC289)가 2천여 년 전에 제창한 보편적인 인애(仁愛)의 관점 속에는 노인 공경의 내용도 포함되어 있다. 그는 「양혜왕(梁惠王)」편에서 다음과 같이 말하였다.

> 老吾老, 以及人之老; 幼吾幼, 以及人之幼, 天下可运于掌。
> 나의 어른을 어른으로 받드는 마음을 남의 어른에게 미치고, 내 아이를 아이로 아끼는 마음을 남의 아이에게 미친다면 천하를 손바닥 위에서 움직일 수 있을 것입니다.

이로써 맹자는 노인 공경을 국가를 잘 다스릴 수 있는지 여부와 결부시키고 있음을 알 수 있다. 뿐만 아니라 맹자는 또 노인 공경은 노인이 아주 좋은 봉양을 받게 하는 것이며, 이것이 '王天下wángtiānxià(왕이 되어 천하를 다스림)'의 아주 중요한 조건이라고 여겼다. 이러한 사상도 역시 「양혜왕」편에 나타나 있다.

五畝之宅, 树之以桑, 五十者可以衣帛矣; 鸡豚狗彘(zhì, 猪)
之畜, 无失其时, 七十者可以食肉矣; 百畝之田, 勿夺其时, 八口
之家, 可以无饥矣; 谨庠(xiáng, 古代的学校)序之教, 申之以孝悌
(tì, 敬爱哥哥)之义, 颁白者不负戴于道路矣。老者衣帛食肉, 黎
民不饥不寒, 然而不王者, 未之有也。

5무의 택지에 뽕나무를 심게 한다면 50세 된 사람이 비단옷을 입을 수 있
다. 닭과 돼지, 개와 큰 돼지 등의 가축의 새끼 낳을 때를 놓치지 않으면, 70세
된 노인이 고기를 먹을 수 있다. 100묘의 밭에 농사철을 빼앗지 않으면, 여덟
식구의 집안이 굶주림을 면할 수 있다. 학교의 가르침을 조심스럽게 시행하여
효도와 우애의 뜻을 편다면, 머리가 반쯤 흰 사람이 길에서 짐을 지거나 머리
에 이지 않을 것이다. 70세 된 노인이 비단옷을 입고 고기를 먹으며 머리 검은
백성들이 굶주리지 않고 추위에 떨지 않을 것이요, 그러고도 왕이 되어 다스
리지 못하는 사람은 없습니다.

이 글의 의미는 다음과 같다. 다섯 묘(畝)의 택지에 뽕나무를 심으면
쉰 살 된 사람이 비단으로 짠 옷을 입을 수 있다. 닭, 돼지, 개와 같은
가축은 먹이를 주는 시기를 놓치지 않으면 이른 살 된 사람이 고기를
먹을 수 있다. 백 묘의 토지에 경작하는 시기를 놓치지 않으면 여덟 식
구의 가정이 굶지 않게 될 것이다. 학교 교육을 중시하여 효도와 우애
의 도리를 반복하여 설명하고 가르친다면 머리카락이 반백인 사람이 물
건을 지고이고서 거리에 나타나지 않을 것이다. 노인은 비단 옷을 입고
고기를 먹게 되고 젊은 사람은 굶주리거나 추위에 떨지 않게 될 것이니,
이러한 상황 아래에서도 왕도(王道)를 실현하지 못한 경우는 이제까지
없었다. 이를 통해 맹자가 노인 공경을 매우 강조하였음을 알 수 있다.

옛 사람들은 노인을 공경하는 것을 매우 중요하게 여겼을 뿐만 아니
라 노인 공경에 대한 많은 행동 규정을 만들어 일종의 예절로 삼았는데,
이는 『예기(礼记)』를 통해 알 수 있다. 『예기(礼记)·향음주의(乡饮酒
义)』에는 다음과 같이 쓰여 있다.

乡饮酒之礼, 六十者坐, 五十者立侍, 以听政役, 所以明尊长
也。六十者三豆, 七十者四豆, 八十者五豆, 九十者六豆, 所以明
养老也。民知尊长养老, 而后乃能入孝弟(ti, 同 '悌')。民入孝弟,
出尊长养老, 而后成教, 成教而后国可安也。

향음주(乡饮酒)의 예의에 있어서 60세인 자는 앉고 50세인 자는 서서 정치
와 역사의 일을 듣는데, 이는 어른을 존중함을 밝히기 위해서이다. 60세인 사
람에게 3두(豆)[1]의 요리를, 70세인 자에게 4두의 요리를, 80세인 자는 5두의
요리를, 90세인 자에게는 6두의 요리를 주는 것은 노인을 봉양함을 밝히기 위
해서이다. 백성들은 어른을 존중하고 노인을 봉양하는 것을 알고 난 다음에야
비로소 집에 들어가 어른께 효도하고 형제간에는 우애롭게 될 수 있다. 백성
들은 집에 들어오면 어른께 효도하고 밖에 나가서는 노인을 봉양하게 된 이후
에야 가르침이 이루어지고, 가르침이 이루어진 다음에야 국가가 편안히 될 수
있다.

술을 마실 때 60세 이상의 사람은 앉아서, 50세 이하의 사람은 서서
분부를 기다린다. 60세 이상의 사람에게는 세 접시의 요리를, 70세 이
상의 사람에게는 네 접시의 요리를, 80세 이상에게는 다섯 접시의 요리
를, 90세 이상에게는 여섯 접시의 요리를 올린다. 나이가 많을수록 예
우가 높고 더욱 더 사람들의 존중을 받는다.

고대의 봉건 통치자는 항상 노인 공경을 제창하였고, 이를 통해 자신
의 통치 지위를 공고히 하였다. 청나라 건륭(乾隆)황제[2]는 연회를 열
어 1천 명의 노인을 대접하였는데, 「千叟宴诗(천수연시. 천 명의 늙은
이를 위한 연회를 읊은 시)」[3]가 이 사실을 뒷받침해 준다.

중국인의 마음속에서 '老'는 비록 신체와 기력, 얼굴색이 이미 쇠퇴하
였음을 의미하지만, 결코 쓸모가 없다는 의미와는 다르다. 중국에 '姜

---

1) 역자주 : 고대 음식을 담는 접시 또는 제기(祭器).
2) 역자주 : 이름이 홍력(弘曆, 1711~1799)이고, 옹정황제(雍正皇帝)의 넷째 아들..
3) 저자주 : 大藏省印刷局　印刷内閣文庫『汉籍分类目录』34卷　首卷(清刊(殿版)),
   昭和46(1971)3月30日　참조.

是老的辣jiāngshìlǎodelà(생강은 오래된 것일수록 맵다)'라는 말이 속담이 있는데, 이 말은 연로한 사람은 경험이 많고 식견이 넓으며 일 처리가 노련하다는 의미를 내포하고 있다. 공자도 이렇게 말하였다.

三十而立, 四十而不惑, 五十而知天命, 六十而耳顺, 七十而 从心所欲, 不逾矩。
서른 살에 자립하였고, 마흔 살에는 미혹되지 않았으며, 쉰 살에는 천명을 알게 되었고, 예순 살이 되어서는 귀로 듣는 대로 그 이치를 알게 되었으며, 일흔 살에는 마음속으로 하고 싶은 대로 해도 법도에서 벗어나지 않았다.

나이가 많아짐에 따라 사람의 정신적 경지와 도덕적 수양이 날로 높아지는데, 고희에 이르러야 비로소 하고 싶은 것을 하여도 규범에 어긋나지 않는 가장 높은 경지에 이르게 됨을 알 수 있다.

『예기(礼记)・곡례상(曲礼上)』에도 이와 유사한 사상이 나타나 있다.

人生十年曰幼, 学。二十曰弱, 冠。三十曰壮, 有室。四十曰 强, 而仕。五十曰艾(经验丰富), 服官政。六十曰耆(qí), 指使。七 十曰老, 而传。八十九十曰耄(mào), 七年曰悼(可爱), 悼与耄, 虽 有罪, 不加刑焉。百年曰期, 颐(保养)。
사람이 태어나 열 살이 되면 유(幼)라고 하고 배우기 시작한다. 스무 살이 되면 약(弱)이라 하고 관례(冠礼)를 한다. 서른 살이 되면 장(壮)이라 하고 가정을 가진다. 마흔 살이 되면 강(强)이라 하고 벼슬길에 나간다. 쉰 살이 되면 애(艾)(경험이 풍부하다는 의미)라고 하고 관청의 정무를 본다. 예순 살이 되면 기(耆)라고 하고 지시하여 시킨다. 이른 살이 되면 노(老)라고 하고 종묘주(宗庙主)의 지위를 적장자에게 넘긴다. 여든 살과 아흔 살이 되면 모(耄)라고, 일곱 살의 아이를 도(悼)(귀엽다)고 하는데, 도와 모는 비록 죄를 짓더라도 형벌을 주지 않는다. 백 살이 되면 기(期)라고 하고 부양된다.

이 단락의 의미는 다음과 같다. 사람이 태어나 열 살이 되면 어린아이가 되었다고 하며 학습을 시작한다. 스무 살은 비록 경험이 부족하나

이미 성년이 되었으므로 관을 쓰는 관례를 치른다. 서른 살은 체력이 이미 왕성하기 때문에 결혼을 하여 가정을 이룬다. 마흔 살이 되면 나이가 한창이고 힘이 왕성하여 사회를 위해 일을 할 수 있다. 쉰 살이 되면 경험이 풍부하여 관리가 될 수 있다. 예순 살이 되면 체력이 쇠퇴하여 체력 노동에 종사하기에는 부적합하니 경험을 근거로 다른 사람을 지도할 수 있다. 일흔 살이 되면 노령으로 퇴직할 나이가 되니 업무를 후임자에게 넘겨야 한다. 여든 살, 아흔 살이 되면 시력과 청력 그리고 기억력이 모두 이미 쇠퇴하였기 때문에 늙은이가 되었다고 한다. 일곱 살의 아이는 '悼dào'라고 하며, 일곱 살의 아이는 여든 살, 아흔 살의 노인과 같아서 설령 잘못을 저지르더라도 형벌을 받지 않는다. 백 살이 되면 인생의 극한에 달하였기 때문에 다른 사람의 공양을 받아야 한다. 이도 역시 노인이 가진 경험의 중요성을 강조하고 있음이 분명하다.

아마도 이러한 인식으로 인해 고대의 문인들은 늙음을 찬미하는 시와 글을 많이 썼는데, 일부는 대대로 전해져 세상에 널리 알려진 명언이 되었다. 조조(曹操)의 「단가행(短歌行)」도 그 가운데 하나이다.

老驥伏櫪, 志在千里, 烈士暮年, 壯心不已。
늙은 천리마는 마구간에 있어도 뜻은 천리 길에 있고,
열사는 늙어도 웅장한 마음 사라지지 않네.

이 시는 몸은 비록 늙었으나 정신은 늙지 않아 젊은 사람들과 똑같은 웅대한 기상과 장대한 포부를 가지고 있다는 연로한 사람의 마음의 소리를 읊었다. 이 때문에 지금까지도 여러 사람의 입으로 전해지고 읊어지며, 노인들의 강성해지려는 노력과 면려의 정신적 원동력이 되었다.

사실상 노인 공경은 중국인들의 가정관과도 관계가 있다. 노인은 일반적으로 어른을 말하며, 어른은 마땅히 존경을 받아야 한다. 이외에도 또 노인 공경은 중국인들의 '늙음(老)'은 곧 '복(福)'이라는 관념과도 직접적인 관계가 있다. 중국에는 '人生七十古来稀rénshēngqīshígǔláishī(사람이 일흔 살까지 사는 것은 예로부터 드물었다)'라는 옛말이 있다. 옛날 생산력이 지극히 낮았던 상황에서 일흔 살까지 산다는 것은 전생에 쌓아 놓은 복이자 전사회적인 영광이므로 마땅히 존경을 받아야 했다.

중국인들의 노인 공경의 전통은 중국어 속에도 많이 나타난다. 중국어에서 '老'자가 포함된 많은 단어나 표현에는 칭찬의 의미가 담겨 있다. 예를 들면, 명망이 있거나 중요한 공헌을 한 노인은 '耆老qílǎo(덕망이 높고 존경받는 노인)', '元老yuánlǎo(원로)'라고 부른다. 또 몸은 비록 늙었지만 정신은 늙지 않고 사업에 성공을 이룬 것은 '老有所为lǎoyǒusuǒwéi(나이가 들어도 이룬 바가 있다)' 혹은 '老当益壮lǎodāngyìzhuàng(나이가 들수록 기력이 더욱 왕성해진다)'이라고 한다. 경험이 풍부하고 일처리에 자신이 있으며 효율이 높은 것은 '老将出马lǎojiàngchūmǎ, 一个顶俩yígedǐngliǎ(백전노장百戰老將이 나서면 한 사람이 두 사람 몫을 한다)'라고 하고, '家有一老是一宝jiāyǒuyìlǎoshìyìbǎo(집안에 노인이 한 사람 있는 것은 보배를 하나 가지고 있는 것이다)'[4]는 노인의 중요성을 설명하였다. 특히 '老寿星lǎoshòuxīng(남극노인성)'[5]에서는 '星xīng'이라는 한 글자가 '老'의 귀하고 위대함이 일월성신(日月星辰)과 아름다움을 겨룰수 있음을 잘 말해준다. 또한 '老马识途lǎomǎshìtú(늙은 말이 길을 잘 안다)'[6]는 노인의 경험의 중요성을 말하였다.

중국어의 호칭도 노인 공경의 관념을 나타낸다. 우리는 나이가 많은

---

4) 역자주 : '家有一老如有一宝'라고도 말한다.
5) 역자주 : 민간에서 '남극노인성' 별자리를 형상화한 것으로, 이마가 튀어나오게 그린 노인.
6) 역자주 : 늙은 말은 길을 알고 있다. 『한비자(韩非子) · 설림상(说林上)』에 나오는, 관중(管仲)이 제환공(齐恒公)을 따라 출정을 나갔다가 길을 잃었을 때, 관중이 말을 대오 앞에 세워서 길을 찾았다는 고사에서 유래함.

사람을 보통 '老张lǎozhāng(장형)', '老刘lǎoliú(유형)', '老李lǎolǐ(이형)' 등과 같이 '老×'라고 부른다. 그런데 사실 이것은 바로 상대방이 자기보다 연장이고 자기보다 늙었다는 것을 부각시킨 말로, 일종의 존경심을 나타낸다. 중국에서, 특히 학계에서는 덕망이 높은 연로한 선배학자에 대해 항상 '某老mǒulǎo' 또는 '某老先生mǒulǎoxiānshēng'이라고 부른다. 예를 들어 문학계에서 사람들은 바진(巴金 : 1904~2005)을 '巴老bālǎo'라고 부르고 차오위(曹禺 : 1910~1996)를 '曹老cáolǎo'라고 부르는데, 이러한 호칭은 대단한 존경을 나타낸다. 중국에서 이러한 특별한 호칭을 얻은 사람은 손으로 꼽을 수 있을 정도이다.

어떤 사람을 소개할 때 우리는 흔히 '×××是一位老教师shìyī-wèilǎojiàoshī(老工程师lǎogōngchéngshī, 老科学家lǎokēxuéjiā)(×××는 노선생님(노기사, 노과학자)이다'라고 말하는데, 이때 '老'라고 말하는 것에는 부정적인 의미가 전혀 없고 존경과 추앙의 의미가 담겨있다. 또 '老教师', '老工程师', 老科学家'에서 '老'는 경험이 풍부하여 다른 사람이 본받을 만한 모범과 본보기가 되어야 한다는 의미도 담겨있다.

바로 이러한 중국인들의 노인 공경의 전통 때문에, 어떤 자리에서는 '老'를 놓고 다투거나 서로 차지하려는 현상이 나타나기도 한다. 예를 들면, 친구 몇몇이 함께 있으면 조금도 거리낌 없이 나이 얘기를 나누고 또 나이에 따라 서열도 정할 것이다. 연장자는 자연히 형님이 되므로 마땅히 연소자들의 존경을 받아야 한다. 『예기(礼记)·곡례상(曲礼上)』에는 다음과 같은 규정이 있다.

年长以倍则父事之, 十年以长则兄事之, 五年以长则肩随之。群居五人, 则长者必异席。
나이가 곱절로 많으면 아버지처럼 섬기고, 나이가 열 살이 많으면 형처럼 받들며, 다섯 살이 많으면 어깨를 나란히 하되 뒤에서 따른다. 다섯 사람이 모여 있을 경우에, 연장자는 반드시 자리를 달리해야 한다.

이 단락의 의미는 다음과 같다. 나이가 자기보다 곱절로 많은 사람을 만나면 부모같이 대해야 하고 열 살이 많은 사람을 만나면 형뻘로 대해야 하며 다섯 살이 많은 사람을 만나면 비록 같은 연배이지만 그 사람의 아래에 처신해야 한다. 다섯 사람이 같은 곳에 있을 경우 나이가 많은 사람은 반드시 따로 자리를 마련해 앉아야 한다. 지금도 '大哥说的算dàgēshuōdesuàn(형님이 말씀하신 대로 한다)', '听大哥的tīngdàgēde(형님의 말을 듣는다)'와 같은 부류의 말은 여전히 집단이나 조직 등에서 통용되는 표현이다.

'老'를 놓고 다투는 것은 비공식적인 자리에서뿐만 아니라 일부 공식적인 자리에서도 마찬가지로 출현한다. 예를 들어, 직장에서 직위(대학 교원의 직위는 : 조교, 조교수, 부교수, 교수)를 평정할 때 일반적인 경우에 높은 직위(부교수, 교수)의 정원은 매우 적어서 여러 사람이 경쟁하는 현상이 늘 나타나는데, 이때 누구를 부교수나 교수로 평정할 것인가? 과거에는 평정 기준 중에 학력과 교육성과, 연구 성과 외에 나이도 비교 항목에 포함되어 있었다. 만약 갑, 을 두 사람의 각 영역별 성과가 비슷한데 A가 B보다 나이가 많다면 A로 결정된 가능성이 매우 큰데, 이를 '论资排辈lùnzīpáibèi(자격을 따지고 연배에 따라 직급의 서열을 안배한다)'라고 한다. '论资排辈'가 젊은 사람들을 억누를 가능성도 있지만 그 긍정적인 일면은 연장자를 존중한다는 것이다.

한편, 중국인들도 무턱대고 노인을 공경하는 것은 결코 아니다. 노인을 기피하는 경우도 상당히 많은데 왜 그럴까? 앞에서 말한 것처럼 '老'가 신체와 기력이 쇠약해졌음을 의미한다는 것 외에도 중국인들의 마음속에는 쓸모없음을 의미한다. 『사기(史记)·염파인상여렬전(廉颇蔺相如列传)』에서 '廉颇老矣liánpōlǎoyǐ(염파는 늙었다)'[7]라고 한 말은 이미

---

7) 역자주 : 염파가 대량(大梁)에서 오랫동안 살고 있었지만, 위(魏)나라에서는 믿지

연로하여 쓸모가 없다는 의미의 대명사가 되었다. 일반적으로 어떤 사람의 나이나 외모를 말할 때 '老'자의 사용을 가장 기피하는 것이 바로 이 때문이다. 특히 여성을 대할 때는 더욱 그렇다. 여성을 만났을 때는 '你老了nǐlǎole(너 늙었네)' 또는 '你显得有点老nǐxiǎndeyǒudiǎnlǎo(나이가 좀 들어 보이네요)'라고 말해서는 안 되며, 설령 친한 친구라 하더라도 거리낌 없이 그렇게 솔직하게 말해서는 안 된다. 만약 그렇지 않을 경우, 사람을 불쾌하게 하거나 난감하게 할 것이다.

   노인 기피도 마찬가지로 중국어에 많이 나타난다. '老'자가 포함된 어휘는 대부분 부정적인 의미를 담고 있다. '人老色衰rénlǎosèshuāi(사람은 늙으면 얼굴빛이 시들어 윤기가 없어진다)', '人老珠黄rénlǎozhūhuáng(사람은 늙으면 쓸모가 없어지고, 옥구슬은 누렇게 퇴색되면 가치가 없어진다)'라는 말은 모두 여성들이 가장 듣기 두려워하는 글귀이고, '老气横秋lǎoqìhéngqiū(노색이 완연하다. 패기가 없고 무기력하다)', '老气lǎoqì'는 젊은 사람들이 듣기 두려워하는 글귀이다. 또 '老顽固lǎowángù(고집불통)', '老狐狸lǎohúli(여우같이 교활한 사람)', '老不死lǎobùsǐ(죽지도 않는 늙은이)' 등은 나이 든 사람을 욕하거나 모욕을 줄 때 자주 입버릇처럼 하는 말이며 '老生常谈lǎoshēngchángtán(나이 많은 서생들이 늘 하는 말. 상투적인 말)'은 아주 일상적인 상투어를 비유한다. 이러한

못해서 쓰지 않았다. 조(趙)나라가 여러 차례 진(秦)나라 군대에게 포위당하여 곤경에 처하자 조나라 왕은 염파를 다시 등용하고자 하였고, 염파도 조나라에 다시 쓰이게 되었으면 하고 생각했다. 조나라 왕은 사신을 보내 염파가 아직 쓸 만한지를 살펴보게 하였다. 염파의 원수인 곽개(郭开)는 사자에게 뇌물을 주어 돌아와서 염파를 비방하게 하였다. 조나라 사자가 염파를 만나보니 면전에서 한 끼의 식사로 쌀 한 말에다 고기 열 근을 먹고는 갑옷을 입고 말에 올라타는 등 아직 쓸 만하다는 모습을 보였다. 조나라 사자는 돌아와 조나라 왕에게 "염장군이 비록 늙었지만, 아직 밥은 잘 먹었사옵니다. 그런데 소신과 앉아 있으면서 잠깐 동안에 세 차례나 대변을 보았습니다"라고 하였다. 이에 조나라 왕은 늙었다고 여겨 마침내 불러들이지 않았다.

어휘는 그 밖에도 아주 많다. '老朽lǎoxiǔ(늙은이(노인이 스스로를 일컫는 말))', '老油子lǎoyóuzi(노련가. 경험이 많고 처세에 능한 사람)[8]', '老油条lǎoyóutiáo(경험이 많고 처세에 능한 사람)', '老古董lǎogǔdǒng(골동품)', '老脸皮lǎoliánpí(철면피)', '老妈子lǎomāzi(늙은 식모)', '老婆子lǎopózi(할망구)', '老头lǎotóu(영감)', '老头子lǎotóuzi(늙은이)', '老调lǎodiào(틀에 박힌 말)', '老脸lǎoliǎn(철면피)', '老掉牙lǎodiàoyá(케케묵다)' 등과 같은 어휘들도 일상생활과 문학작품에 자주 보인다.

(1) 至于讲价争座, 他的嘴慢气盛, 弄不过那些老油子们。
    흥정과 자리 쟁탈하는 데 있어서 그의 기세는 대단하지만 입은 느려서 경험이 많은 능구렁이 같은 그들을 당해낼 수 없었다.
    老舍(라오서) 『骆驼祥子(낙타상자)』

(2) 老人, 在王德想, 就是专凭势力不懂人情的老古董。
    노인은, 왕더가 생각하기로는, 오로지 권력에만 의지할 뿐 인정은 모르는 골동품이다. 老舍(라오서) 『老张的哲学(노장의 철학)』

(3) 又是你那老掉牙的爱情故事, 你讲了快有八百遍了。
    너 또 그 케케묵은 애정이야기군, 너 팔 백 번이 다 되게 했어[꼴 백 번도 더 하는군. 王朔(왕쉭) 『玩儿的就是心跳(노는 것은 심장 뛰는 일)』

---

8) 역자주 : '老油条'도 이와 유사한 의미를 가진다.

제10장 지명 속의 수수께끼

언어는 문화의 저장장치이므로 언어, 특히 어휘를 연구하면 한 민족의 역사뿐만 아니라 사회 풍속, 환경 변화, 인구 이동, 민족 분포, 종교, 신앙 등등에 이르기까지 다양한 영역에 대해서도 이해할 수 있다. 하지만 어휘는 하나의 방대한 체계이기 때문에 어휘 체계의 각도에서 중국어 어휘에 반영된 문화를 고찰한다는 것은 커다란 프로젝트이므로 한두 편의 글로 완성할 수 있는 것이 아니다. 이 절에서는 중국어 어휘의 한 영역인 지명 어휘를 선택하여, 그것에 반영되었거나 담겨있는 문화를 살펴보고자 한다.

1. 지명은 역사를 반영한다.

일부 지명들은 보기에는 아주 평범한 것 같지만 자세히 연구해보면 결코 평범하지 않으며, 이들 지명을 통해 종종 어떤 시기 그 지역의 역사 또는 그 지역에서 발생한 역사적 사건들을 알 수 있다.

베이징(北京) 하이디엔취(海淀区)에는 六郎庄liùlángzhuāng(리우랑 쫭)이라는 곳이 있는데, 이 마을 이름은 다른 많은 북방의 농촌과 마찬가지로 듣기에는 특별할 것이 없어 보이지만 사실은 빛나는 역사를 가지고 있다. 전하는 바로는 송대(宋代)의 양육랑(杨六郎 : 958~1014)[1]

이 부하들을 이끌고 이곳에서 금(金)나라 군대에 대항하였는데, 후세 사람들이 그를 기리기 위해 마을 이름을 '六郎庄'이라 지었다고 한다.

명대(明代) 만력연간(万历年间 : 1573~1619)에 만주족 수장인 누르하치(努尔哈赤 : 1559~1626)²⁾는 여진족 각 부족을 통일하는 과정에서 팔기제도(八旗制度)³⁾를 만들어 군사, 행정, 생산 세 개 부분의 직능을 겸유하였다. 사기(四旗)는 깃발의 색깔로 표시를 하는데, 순황(正黄), 순백(正白), 순홍(正红), 순남(正蓝)으로 나누어진다. 만력 43년(1615)에는 양황(镶黄), 양백(镶白), 양홍(镶红), 양남(镶蓝)을 추가하여 '팔기(八旗)'라 불렀다. 이 가운데 순황, 양황, 순백은 상삼기(上三旗) 혹은 내부삼기(内府三旗)라고 하며 청나라 초기에는 황제의 직속부대였다. 베이징에는 현재 '旗'자가 포함된 지명이 또 있는데 '藍旗營lánqíyíng(란치잉)', '西三旗xīsānqí(시산치)'가 그 예이다. 전하는 바에 따르면 이 두 곳이 바로 당시에 '남색기(蓝旗)', '삼기(三旗)'가 있던 곳이라 한다.

베이징은 세계에서 명승고적이 많은 곳으로 유명할 뿐만 아니라 골목이 많기로도 잘 알려져 있어서, '有名的胡同三千六yǒumíngdehútongsānqīnliù, 没名的胡同赛牛毛méimíngdehútongsàiniúmáo(이름이 있는

---

1) 역자주 : 본명은 양연랑(杨延朗)인데, 후에 양연소(杨延昭)로 개명하였고, 양육랑(杨六郎)은 그의 별명. 어릴 때부터 부친 양업(杨业)을 따라 전장에 나아가 요(辽)나라에 대항하여 싸우면서 용맹을 떨침. 29세 때 삭주성(朔州城) 전투에서 화살이 팔을 뚫고 지나갔는데도 더욱 용감히 싸워 마침내 삭주성을 함락시켰다. 부친이 죽자 하북(河北)과 연변(延边)지역에서 요나라 군대를 방어하는 중임을 맡았다.

2) 역자주 : 중국 후금(后金)의 초대 황제(재위 1616~1626). 본래 여진족의 추장으로 주변의 여진족을 통일하여 후금을 건립하였다. 만주 문자를 발명하고 팔기제도(八旗制度)를 만드는 등 청나라의 기틀을 세웠다.

3) 역자주 : 청나라 시대 특유의 제도로, 만주족이 주도가 된 군사 · 행정조직이다.

골목이 3천 6백 개, 이름 없는 골목은 수도 없이 많다)'라고 불린다. 장칭창(張淸常 : 1915~1998)[4] 교수의 1989년 통계에 따르면[5], 베이징에는 1320개의 골목이 있으며 이는 전체 거리와 골목의의 21.26%를 차지한다고 하니 그 수량이 상당함을 알 수 있다. 베이징에는 골목이 많을 뿐만 아니라 이름도 각양각색 기괴하고 온갖 없는 것이 없다. 예를 들면 '大拐棒胡同dàguǎibànghútòng(크게 굽은 몽둥이 골목)', '帽儿胡同mào'erhútòng(고깔모자 골목)', '烟儿胡同yānérhútòng(담배 골목)', '醋胡同cùhútòng(식초 골목)', '雨胡同yǔhútòng(비 골목)', '菊胡同júhútòng (국화 골목)' 등과 같은 것도 있으니, 세간 만물 중에 골목 이름에 들어가지 않은 것이 하나도 없다고 해도 전혀 과장이 아니다.

사실 '胡同'은 중국어 고유의 어휘가 아니라 몽고어에서 왔다. 그렇다면 왜 베이징에는 이렇게 많은 골목이 있을까? 고증에 따르면 '胡同'이라는 단어는 원(元)나라 때부터 있었다고 하는데, 이는 중국 역사를 아는 사람이라면 모두 알고 있다. 원나라는 몽고족이 세운 국가인데, 당시 몽고족은 매우 강대하여 한족이 권력을 쥐고 있던 송나라를 물리치고 중원의 주인으로 들어와 베이징에 도읍을 정하였다. 베이징의 골목이 그렇게 많은 것도 아마 몽고인들의 중국 통치와 관계가 없지는 않을 것이다.[6] 주지하듯이 홍콩은 중국의 영토이나 아편전쟁시기에 영국의 식민지가 되었다. 장장 백여 년에 달하는 식민통치 기간 동안 홍콩의 곳곳은 식민문화의 흔적으로 덮였는데, 이는 역사책을 보지 않고 지명만 보더라도 대략 알 수 있다. 홍콩의 많은 거리들이 모두 영어로 된 이름인데, 이는 분명히 식민지의 산물이다. 홍콩이 중국에 반환된 이후,

---

4) 역자주 : 중국의 저명한 언어학자. 난카이(南开)대학교, 칭화(清华)대학교, 베이징 사범대학교, 베이징어언대학교 등 여러 대학교에서 학생들을 가르쳤다.

5) 저자주 : 张清常, 『胡同及其他』, 北京语言学院出版社, 1990 참조.

6) 저자주 : 张清常, 『胡同及其他』, 北京语言学院出版社, 1990 참조.

어떤 사람들은 이러한 지명을 고치자고 건의하였다. 홍콩이 식민통치를 끝내고 중국의 품안으로 돌아왔으니, 식민지 문화와 굴욕적인 색채를 띠는 지명은 마땅히 폐기되어야 한다고 여겼기 때문이다. 반면 또 이에 반대하는 사람들도 있었다. 그들은 지명은 지명일 뿐 오랜 세월에 걸쳐 사회적으로 약속된 것이므로 고쳐서는 안 된다고 여겼으며, 또한 식민 시기에 지어진 지명들을 남겨두는 것이 후손들에게 경각심을 불러일으키기에도 좋다는 것이다. 이상의 상황들은 한 가지 사실을 설명하고 있는데, 그것은 지명이 단순히 지명일 뿐만 아니라 역사를 반영하고 있다는 점이다. 홍콩의 지명들을 통해서 우리는 마치 백 년 동안 온갖 풍파를 겪은 홍콩의 역사를 보는 듯하다.

2. 지명은 발전과 변화를 반영한다.

지명을 연구해 보면, 그 지역의 역사를 이해할 수 있을 뿐만 아니라 그 지방의 발전과 변화도 엿볼 수 있다. 예를 들면, 베이징 성(城) 안에는 '公主坟gōngzhǔfén(공주 무덤)', '八王坟bāwángfén(여덟 왕의 무덤)'처럼 '坟fén(무덤)'이라는 글자가 포함된 지명이 많다. 이들 지명은 듣기에도 현대 대도시와는 어울리지 않을 뿐더러 사람들에게 일종의 음산하고 무서운 느낌을 준다.

이 지명들은 외국인뿐만 아니라 외지 사람들, 심지어 베이징의 일부 젊은 사람들도 영문을 몰라 한다. 위풍당당한 베이징시에 어떻게 이렇게 듣기 거북한 지명이 출현한 것일까? 사실을 알고 보면 조금도 이상하지 않다. 이들 지역이 애초에는 베이징 성 안에 있지 않았기 때문이다. 이들 분묘는 왕공귀족(王公貴族)의 개인 묘지들인데, 베이징의 도시 발전이 빠르게 진행되면서 과거의 묘지가 도시 구역의 일부분으로 변한 것이다. 이들 지명은 바로 베이징이라는 도시의 발전과 변화를 반영하고 있음을 증명한다. 또 베이징시 안에는 '庄zhuāng(쨩. 촌락)'이나 '村cūn(춘. 촌락)" 또는 '屯tún(툰. 마을)'자가 포함된 지명도 적지 않은데, '车公庄chēgōngzhuāng(처궁쨩)', '黄庄huángzhuāng(황쨩)', '中关村zhōngguāncūn(중관춘)', '六里屯liùlǐtún(류리툰)' 등이 그 예이다. 이 지명들은 얼핏 들으면 전형적인 농촌으로 여기게 되고, 이들을 현대화된 대도시와 한데 연결시키기란 매우 어렵다. 왜냐하면 '庄', '村', '屯' 등이 중국에서는 전형적인 농촌의 이름이기 때문이다. 사실, 이 지명들도 역시 베이징이 발전했다는 하나의 아주 중요한 표시이다. 이러한 '庄', '村', '屯' 자가 포함된 지역은 원래 전형적인 농촌이었지만 도시의 발전과 확장에 따라 원래의 모습을 바꾸어 대도시의 일원이 되었다. 먼 곳은 생략하고 가까이 있는 '中关村'만 보더라도, 20세기 80년대 초기만 해도 아직까지 주위에 농토가 많이 있었다. 사오십년 전에는 순수한 농토여서 '中关村'이라고 부른 것이 그야말로 너무나 당연한 일이었다.

3. 지명은 자연환경을 반영한다.

지명을 통해 어느 한 지역의 자연환경과 그 변화를 알 수도 있다. 중국에는 강, 호수와 관계가 있는 몇 개의 성(省)이 있는데, '河南hénán(허난)', '河北héběi(허베이)', '湖南húnán(후난)', '湖北húběi(후베이)' 등이 이에 해당된다. '河hé(강)'와 '湖hú(호수)'로 명명한 성이 이렇게 많이 출현한 이유는 무엇일까? 이들 성은 그 이름처럼 분명 강, 호수와 직접적인 관계가 있다. '河南'을 '河南'이라고 부르는 까닭은 이 지역이 기본적으로 황허(黄河)의 남쪽에 있기 때문이고, '河北'를 '河北'라고 부르는 까닭도 이 지역이 대체로 황허의 북쪽에 있기 때문이다. '湖南'

과 '湖北'는 동팅후(洞庭湖 : 동정호)를 경계로 하여 하나는 그 남쪽에, 나머지 하나는 북쪽에 있기 때문이다. 따라서 '河南', '河北', '湖南', '湖北' 지역에 직접 가지 않고 단지 이름만을 보고도 이 지역의 자연환경을 대략 알 수가 있다.

베이징시에는 海淀hǎidiàn(하이디엔)구가 있는데, 처음 듣는 사람들은 이 지역이 바닷가에 있는 것으로 여기기도 한다. 사실 바다는 하이디엔구가 아니라 베이징시에서도 상당히 멀리 떨어져 있다. 그렇다면 왜 '海淀'이라고 부르는가? 이는 이름과 사실이 다르지 않은가? 물론 베이징은 바다와 직접적인 관계가 없다. 하지만 하이디엔은 물과 밀접한 관계가 있다. 전하는 말에 따르면, 옛날에 하이디엔 일대에는 호수가 아주 많아 현재의 모습과는 사뭇 달랐는데, 훗날 지구의 기후가 점차 따뜻해지고 강우량이 점점 감소하면서 결국 원래의 많은 호수가 마르게 되었다. 명대(明代) 원중도(袁中道 : 1570~1623)의 「서산에 놀러가서(游西山记)」에는 '出西直门, 过高粱桥, 杨柳夹道, 带以水溪, 流水清澈……水益阔, 是为西湖(시즈먼(西直门)을 나와 가오량챠오(高粱桥)를 지나니 길 양가엔 수양버들이 있고, 시냇물은 허리띠 같은데 흐르는 물 맑디맑다 … 물이 더욱 넓게 펼쳐지는데, 여기가 시후(西湖)이다)'라는 문구가 있다. 20세기 50년대 초에는 원래의 하이디엔(海淀)구 구청 건물 서남쪽으로 시에쉐이후(洩水湖)라는 커다란 물웅덩이 하나가 있었으며 옆에는 시에쉐이후 초등학교가 있었다.

베이징에는 '天桥tiānqiáo(티엔챠오)'라고 하는 곳이 있는데, 베이징 토박이라면 모르는 사람이 없다고 할 수 있다. '天桥'라고 부르는 이상 이 곳은 틀림없이 물과 관계가 있다고 생각할 수 있다. 만약 물이 없다면 왜 다리를 놓았겠는가? 장칭창(張淸常)교수의 고증7)에 따르면, 청

---

7) 저자주 : 张清常『胡同及其他』, 北京语言学院出版社, 1989 참조.

나라 건륭 황제 때 대략 지금의 후팡루(虎坊路) 남쪽 끝의 후팡리(虎坊里) 일대에 이름 없는 호수가 있었고, 작은 하천이 이 호수에서 동쪽으로 흐르다가 톈탄(天坛)의 북쪽 담 밖을 경유하여 두 갈래로 나뉜다. 한 갈래는 북쪽 정양먼(正阳门) 둥허옌(东河沿)과 연결되어 퉁회이허(通惠河)로 흐르고, 다른 한 줄기는 계속해서 톈탄의 북쪽 담과 동쪽 담 밖을 둘러서 외성(外城) 남쪽의 해자(垓子)[8]로 흘러 들어간다. 이 이름 없는 작은 하천이 톈탄으로 흘러들어가기 전에 먼저 정양먼대로(正阳门大路)와 수직으로 교차하는 지점에 다리가 하나 있고, 이 다리 이름이 '天桥'이다. 이로써 '天桥'를 '다리'라고 부르는 데에 확실한 근거가 있음을 알 수 있다.

베이징에는 또 '南河沿大街nánhéyándàjiē(난허옌다지에)', '北河沿大街běihéyándàjiē(베이허옌다지에)', '宣武门西河沿xuānwǔménxīhéyán(쉬안우먼시허옌)', '崇文门东河沿chóngwénméndōnghéyán(충원먼둥허옌)' 등과 같이 '河'자가 포함된 지명도 많다. 고증에 따르면 이들 지명은 모두 하천과 관계가 있는데, 지금은 하천이 모두 소실되었을 뿐이다. 주지하듯이 지난(济南)은 중국의 유명한 샘물의 도시이다. 그렇지만 지난에 가 본 사람들은 샘물이라곤 없고 그 유명한 바오투취안(趵突泉)[9]조차도 어떤 때는 말라버리기도 한다는 것을 발견하게 된다. 그런데 왜 지난을 샘물의 도시라고 부르는 것일까? 사실 지난은 확실히 명실상부한 샘물의 도시인 것이, 과거 지난은 곳곳이 모두 샘물이었다. 하지만 지금은 기후와 자연환경의 변화로 인해 샘물이 없어졌다.

---

8) 역자주 : 성 주위에 둘러 판 못을 말한다.
9) 역자주 : 지난(济南)시에 있는 유명한 샘 이름.

4. 지명은 인간의 백태百态를 반영한다.

지명을 통해 그 지역의 풍속을 알 수도 있다. 중국 농촌에는 '王庄 wángzhuāng(왕좡)', '高家庄gāojiāzhuāng(가오쟈좡)', '杨村yángcūn(양춘)', '宋集sòngjí(송지)'등과 같은 지명이 많은데, 중국의 성씨를 아는 사람들은 이러한 마을 이름들이 모두 성씨가 수식어로 사용된 것임을 알 수 있다. 그렇다면 이것이 성씨와 무슨 관련이 있을까? 이들 마을은 그 이름처럼 마을의 주민들 대부분이 '王', '高', '杨', '宋'씨 성인 것이다. 달리 말하면, 지명은 그 마을의 사회 구성원의 상황을 알려주고 있다. 이러한 지명에 대한 연구를 통해, 중국인들이 씨족끼리 모여 사는 습관과 친족 간의 정을 매우 중시하였음을 알 수 있다.

또 지명을 통해 그 지역의 생산물을 알 수도 있다. 중국 윈난성(云南省)에는 다리(大里)라는 도시가 있는데, 그곳에서 생산되는 대리석(大理石)이 가장 유명하다. 베이징 교외에 '花乡huāxiāng(화샹)'이라는 향(乡)[10]이 있는데, 이곳은 생화의 생산, 판매로 유명한 곳이다. 그야말로 명실상부라 할 수 있는 지명이다.

또한 지명은 특정 시기 상업 지역의 분포와 물자의 집산 상황을 반영하기도 한다. 베이징에는 이러한 지명이 많은데, 예를 들면 '米市大街mǐshìdàjiē(미스따지에 : 쌀시장 대로)', '菜市口càishìkǒu(차이스코우 : 채소시장 어귀)', '灯市西口dēngshìxīkǒu(덩스시코우 : 등(燈)시장 어귀)', '鲤鱼胡同lǐyúhútong(리위후퉁 : 잉어 골목)', '钱市qiánshì(치엔스 : 돈 시장)', '铜铁厂tóngtiěchǎng(퉁티에창 : 구리철 공장)', '砖瓦胡同zhuānwǎhútong(좐와후퉁 : 벽돌기와 골목)' '木厂胡同mùchǎnghútong(무창후퉁 : 목재공장

---

10) 역자주 : 중국 행정구역의 단위. 현(縣)이나 시(市)이하의 행정단위. 진(鎭)과는 동급이나 진보다는 인구가 적다.

골목)'등이다. 이들 지명 속에 반영된 '米mǐ(쌀)', '菜cài(채소)', '灯dēng (등)', '鲤鱼lǐyú(잉어)', '钱qián(돈)', '铜铁tóngtiě(구리철)', '砖瓦zhuānwǎ (벽돌기와)', '木mù(나무)' 등의 사물은 일상생활 용품에서 건축재료 등에 이르기까지 없는 것이 없다고 할 수 있다. 이들은 그 이름처럼 판매하는 물건을 분명히 알려주니, 지명의 역할과 함께 광고의 역할도 톡톡히 한다.

지명은 또 과거 그 지역의 직업 상황을 나타내 주기도 한다. 베이징에는 과거 '奶子胡同nǎizihútong(나이즈후퉁 : 유모골목)', '奶子房nǎizifáng(나이즈팡 : 유모 집)' 등의 골목 이름이 있었는데, 이것은 이 일대의 부녀자들이 부잣집 도련님이나 아가씨들에게 젖을 먹여주고 번 적은 돈으로 집안 식구들을 부양하고 연명하였음을 말해준다. 그 외에 베이징의 '澡堂子胡同zǎotángzihútong(자오탕즈후퉁 : 목욕탕 골목)', '厨子营chúziyíng(추즈잉 : 요리사 거주지)', '挑水胡同tiāoshuǐhútong(탸오쉐이후퉁 : 물 긷는 인부 주거골목)', '铁匠胡同tiějiànghútong(톄쟝후퉁 : 대장장이 골목)', '针匠胡同zhēnjiànghútong(전쟝후퉁 : 재봉사 골목)' 등은 모두 과거 그 곳에 살던 사람들의 직업을 분명히 기록하였다.

또 지명은 인구의 이동 상황도 반영하였다. 베이징에는 과거 타 지역의 성(省), 시(市) 또는 현(县)의 이름으로 명명한 지명이 많았다. '河南营hénányíng(허난잉 : 허난 사람 주거지)', '苏州胡同sūzhōuhútong(수저우후퉁 : 수저우 사람 골목)', '扬州胡同yángzhōuhútong(양저우후퉁 : 양조우 사람 골목)' 등이 그 예이다. 이들 지역이 타 지역의 성 또는 시의 이름으로 이름 붙여진 것은 이 곳의 주민들이 대부분 해당 지방에서 이주해왔음을 말해준다. 다싱시엔(大兴县)에는 지금까지도 '屯留营túnliúyíng(툰류잉)', '长子营chǎngzǐyíng(창즈잉)' 등이 있는데, 이는 명대(明代) 초기 외지에서 이주해온 인구가 베이징 주변 지역을 채웠음을 설명한다. 이러한 상황은 과거뿐만 아니라 지금도 있다. 개혁개방 이후 중국의 인구는 또 이동하기 시작하였는데, 수천만에 이르는 농민이 농촌에서 베이징으로 물밀듯 들어와 베이징 교외의 마을에 모여 살면서 베이징에는 일순간 '浙江村zhèjiāngcūn(저쟝춘)', '河南村hénáncūn(허난춘)', '新疆村xīnjiāngcūn(신쟝춘)' 등이 많이 출현하였다. 일시적인 현상지만 이는 하나의 생생한 예증이라 할 수 있다.

지명은 민족의 분포 상황을 나타낼 수도 있다. '回回营huíhuíyíng(회이회이잉 : 회족 마을)', '回回厂huíhuíchǎng(회이회이창 : 회족 공장)', '白回回胡同báihuíhuíhútong(바이훼이훼이후퉁 : 회족 골목)', '牛街niújiē(뉴제 : 소 거리)'11) 등은 이들 지역이 주로 회족(回族)이 모여 사는 곳임을 말해준다.

그 밖에도 지명은 종교와 신앙을 반영할 수도 있다. 베이징에는 과거에 '永泰寺胡同yǒngtàisìhútong(융타이쓰후퉁 : 융태사 골목)', '双寺胡同shuāngsìhútong(솽쓰후퉁 : 쌍사골목)', '五道庙(우다오먀오 : 오도묘)'(현재 명칭은 '五道街wǔdàjiē(우다오제)'임), '抬头庵táitóuān(타이토우안 : 대두암)'(현재 명칭은 '抬头巷táitóuxiàng(타이터우샹)'임) 등 '寺sì(사찰)', '庵ān(암자)', '观guān(도관)'12) 등의 글자가 포함된 지명도 적지 않았다. 이들은 베이징에 불교 혹은 도교를 믿는 사람도 있음을 말해준다.

뿐만 아니라 지명을 통해 도시의 수목(树木)에 대해서도 알 수 있다. 베이징을 예로 들면, 베이징에는 수목의 명칭을 포함하는 지명이 많다. '松树胡同sōngshùhútong(쑹수후퉁 : 소나무 골목)', '柏树胡同báishùhútong(바이수후퉁 : 측백나무 골목)', '竹竿胡同zhúgānhútong(주간후퉁 : 대

---

11) 역자주 : 이 지역은 원래 석류원(石榴园)이어서 약어로 '榴街liújiē'라고 하였다. 이 곳에 사는 사람들은 회족이 많았는데, 그들의 소고기 요리는 맛있기로 유명하였다. 또 '牛niú'와 '榴liú'가 해음(발음이 유사)이므로 사람들은 아예 '榴街'를 '牛街'로 고쳐 부르기 시작하였다.

12) 역자주 : 선인이나 도사가 수도하는 곳.

나무장대 골목)', '槐树胡同huáishùhútong(화이수후퉁 : 홰나무 골목)',
'柳条胡同liúshùhútong(리우티아오후퉁 : 버드나무가지 골목)', '枣林街
zǎolínjiē(자오린제 : 대추나무숲 거리)', '桃园táoyuán(타오위안 : 복숭아
밭)', '樱桃斜街yīngtáoxiéjiē(잉타오세제 : 앵두나무 심어진 비스듬히 뻗은
길)', '葡萄园胡同pútáoyuánhútong(푸타오위안후퉁 : 포도밭 골목길)', '丁
香胡同dīngxiānghútong(딩샹후퉁 : 라일락 골목)' 등이 모두 그 예이다.
이들 지명은 해당 지역 식물의 특색을 뚜렷이 드러낸다.

제11장 사유와 언어 그리고 민족

1. 언어는 사유의 차이를 나타낸다.

사유란 사람들이 세계를 인식할 때 두뇌를 쓰는 과정이다. 다시 말해, 사유는 두뇌를 써서 분석, 비교, 종합하고 현실세계를 인식하는 능력을 말하는데, 이러한 능력은 전 인류가 공통으로 가지고 있지만 그 과정이 같은지는 단정 짓기 어렵다. 중국에서는 전통적으로 사유는 인류 공통의 것이라도 보았지만 각 민족들은 각기 그들의 언어를 가지고 있다. 따라서 지금의 시각으로 보면, '사유는 전 인류 공통의 것(思維是全人類共同的)'이라는 관점이 아주 정확하다고 할 수는 없다. 우리는 인류가 두뇌를 쓸 때 분석, 비교, 종합하는 대부분의 과정이 서로 같거나 유사하다고 여기지만, 일부 과정이나 방식은 차이가 있다. 이를 어떻게 증명할 것인가?

주지하듯이, 언어는 사유의 도구이고 인류는 언어를 통해서만 비로소 사유를 할 수가 있다. 사유의 도구로서 언어는 사유의 내용을 끊임없이 어휘와 문법으로 구성된 말로 나타낸다. 이로써 사유하고 있는 주체는 타인의 언사를 경청하듯이 자신을 새로이 이해할 수 있고, 타인의 말을 판단하고 분석하듯이 반복적으로 자신의 말에 대해 사고와 수정을 할 수 있으며, 심지어 자기 자신과 토론을 하기도 한다. 또한, 언어의 각종 단위는 일정한 선후 순서에 따라 출현하므로, 언어가 사유를 표현할 때에는 종횡으로 뒤섞여 있는 처음의 복잡한 생각의 실마리를 시간순서대로 펼쳐지는 모노레일에 올림으로써, 그 실마리들이 순서가 있는 체인으로 정리되게 한다. 따라서 이런 의미에서 말하면, 문법, 특히 텍스트 구조의 차이도 역시 사유의 차이를 반영한다. 일본의 동양학 연구학자인 나카무라 하지메(中村元 : 1912~1999)[1]박사는 그의 저서『동양 민족의 사유방법(東方民族的思維方法)』[2]에서 "문법은 판단과 추리의 표현 형식을 규정하는데, 한 민족의 사유 방법의 특징을 나타낼 뿐만 아니라 또 역으로 일정한 시기 안에서 민족의 사유 방법을 규정하기도 한다. 따라서 이점에 있어서, 사상의 언어 표현형식은 곧 한 민족의 사유방법의 특징을 나타내는 실질적인 근거이다."라고 하였다.

이론적으로도 그렇고 실제 상황도 그렇다. 외국 학생이 중국어를 배울 때 나타나는 문제들을 살펴보자.

(1) 他有三个朋友，一个帮他找到了工作，一个帮他找到了对象，一个帮他买到了房子，看起来(   )。
그에게는 친구가 세 명 있는데, 한 친구는 직장 구하는 것을 도와주었고, 한 친구는 결혼상대를 찾는 것을 도와주었으며, 또 한 친구는 집을 사는 것을 도와주었다. 보아하니 (   ).

(2) 还没到夏天，天气就这么热了，看起来(   )。
아직 여름도 되지 않았는데, 날씨가 벌써 이렇게 더워졌다. 보아하니 (   ).

(3) A : 他对你挤眉弄眼地说了些什么?
그가 너에게 눈짓하며 무슨 말을 했니?
B : (   )。

---

1) 역자주 : 일본의 인도철학자, 불교학자.
2) 저자주 : 中村元,『东方民族的思维方法』, 浙江人民出版社, 1989 참조.

예문(1), (2)는 문장을 완성하는 연습인데, 완성해야 할 문장 안에는 모두 '看起来kànqǐlái(보아하니)'라는 구가 있다. 우리는 일본 학생이 예문(1)을 완성할 때 문제가 드러났음을 발견하였다. 예를 들어보면 다음 같다.

> 他有三个朋友, 一个帮他找到了工作, 一个帮他找到了对象, 一个帮他买了房子, 看起来他有很多好朋友。
> 그에게는 친구가 세 명 있는데, 한 친구는 직장 구하는 것을 도와주었고, 한 친구는 결혼상대를 찾는 것을 도와주었으며, 또 한 친구는 집을 사는 것을 도와주었다. 보아하니 그에게는 좋은 친구가 아주 않은 것 같다.

'看起来他有很多好朋友kànqǐláitāyǒuhěnduōhǎopéngyou(보아하니 그에게는 좋은 친구가 많다)'의 문장은 문법적으로 문제가 없으며 단독으로 떼어놓고 보아도 역시 문제가 없다. 하지만 앞부분과 연결하여 보면 문제가 나타나는데, 이러한 표현은 중국인의 습관에 맞지 않다. 중국인의 사유 습관에 따른다면, '他有三个朋友, 一个帮他找到了工作, 一个帮他找到了对象, 一个帮他买到了房子'라는 상황으로부터 얻게 되는 결론은 '他有很多好朋友'라고 해서는 안 되고 '他们真够铁的 tāmenzhēngòutiěde(그들은 정말 의리가 좋다)'와 같은 부류여야 한다.

예문(2)를 완성할 때에도 일본 학생은 마찬가지로 문제를 드러냈는데, 한 학생은 이렇게 썼다.

> 还没到夏天, 天气就这么热了, 看起来今年夏天干旱。
> 아직 여름도 되지 않았는데, 날씨가 벌써 이렇게 더워졌다. 보아하니 올해 여름은 매우 가물 것 같다.

단독으로 보면 '看起来今年夏天干旱kànqǐláijīnniánxiàtiāngānhàn'도 맞는

말이지만, 앞부분과 연결시켜 보면 역시 좀 문제가 있다. 즉, 중국어의 표현 습관에 맞지 않다. 다시 말해 '还没到夏天, 天气就这么热了'라는 전제를 통해 얻은 결론은 '今年夏天干旱'가 되어서는 안 되고, '今年夏天不会太凉快jīnniánxiàtiānbúhuìtàiliángkuài(올해 여름은 그다지 시원할 것 같지는 않군)'나 '今年夏天不好过jīnniánxiàtiānbùhǎoguò(올해 여름은 지나기가 쉽지 않겠군)'와 같은 부류여야 한다.

예문(1), (2)와 달리 예문(3)은 대화를 완성하는 문제인데, 외국 학생들은 마찬가지로 여러 가지 문제를 드러냈다. 다음은 한 학생이 완성한 문장이다.

A : 他对你挤眉弄眼地说了些什么?
　　그가 너에게 눈짓하며 무슨 말을 했니?

B : 他打听路罢了。
　　그는 길을 알아보려고 한 것 뿐 이야.

이것도 역시 중국어의 습관에 부합하지 않으니, 질문에 맞는 적절한 답이라고 할 수 없다. 중국어의 습관대로라면 '这是秘密zhèshìmìmì, 不能告诉你bùnénggàosunǐ(그건 비밀이어서 알려줄 수가 없어)와 같은 부류여야 한다. 왜 이렇게 말해야 하는 걸까? 왜냐하면 중국인들이 관점에서 보자면 눈짓하며 말하는 모든 일은 일반적으로 좋지 않은 일이거나 공개하기를 바라지 않는 일이기 때문이다. 따라서 다른 사람이 무슨 이야기를 했느냐고 물었을 때에 '这是秘密, 不能告诉你' 등의 말만 할 수 있는 것이다.

2. 중국과 서양의 사유 차이

위의 예를 통해서 민족이 다르면 언어뿐만 아니라 사유 과정과 방식도 다름을 알 수 있다. 아래에서는 중국인과 서양 사람들의 사유 방식에 어떤 차이가 있는지 구체적으로 살펴보고자 한다.

중국인들은 연역적 사고를 잘 하며, 이러한 사유 방식을 상당히 성숙되고 숙련되게 운용한다. 공자(孔子)는 '未³⁾知生.wèizhīshēng, 焉知死 yānzhīsǐ(아직 삶을 모르는데 어찌 죽음을 알리오)'라고 하였다. '知生(삶을 아는 것)'은 '知死(죽음을 아는 것)'의 전제이므로, '未知生(아직 삶을 모른다)'이면 자연히 '死(죽음)'을 모르는 것이다. 이것은 전형적인 연역적 사유의 예이다.

바로 이 때문에 중국인들은 기존의 낡은 틀을 고수하며 실제에서 출발하여 독립적으로 사고하기를 싫어하는 습관이 길러졌다. 대대로 모두 조상들이 써놓은 경전과 고서 위에 누워서 잠을 자며 새로운 것을 창조하고 기존의 것을 뛰어넘고자 하는 자세가 부족했다. 중국 근대에 자연과학이 위축된 것은 바로 이러한 타성의 결과이다.

중국 역사상 세 차례의 '尊孔复古zūnkǒngfùgǔ(공자를 존중하고 옛 것을 회복하자)'의 사상적 조류가 나타났다. 이러한 사상적 조류의 흥성은 물론 정치적 혹은 기타 원인이 있었겠지만, 사유의 각도에서 보면 이 역시 중국인들이 연역적 사고에 익숙한 결과이기도 하다. 공자는 성인이고 성인의 사상은 곧 경전이니, 경전은 대단한 권위성을 띠고 있어서 후세 사람들이 이를 뛰어넘기가 아주 어렵다. 따라서 후세가 경전을 선양하고 공부하는 것은 당연한 이치이다.

서양인들의 사유는 대부분 귀납적 사유인데, 이는 아주 엄밀한 영미

---

3) 역자주 : 원문에 '不'으로 되어있던 것을 여기서는 원전을 근거로 '未'로 수정하였음.

법률 조문이 잘 설명해 줄 수 있을 것이다. 이처럼 중국인들의 눈에는 사실 지나치게 자질구레할 정도로 치밀한 조목들은, 영미인들의 엄격한 문법규칙이 만들어낸 정확한 표현 습관과 관계가 있다. 이는 또한 보편적인 일반에 대한 의존에 만족하지 않고 특수한 것에 대한 정확성을 추구하려는 귀납적 사유의 또 다른 특징과도 관계가 있다.

문제 제기와 그에 대한 답변은 두 가지 사유 유형의 차이를 가장 잘 보여준다. 왜냐하면 문제제기와 문제에 대한 답변은 서로 다른 논리의 출발점을 분명하게 나타내기 때문이다. 공자는 질문에 대답하는 것을 좋아하였고, 소크라테스는 질문하는 것을 좋아하였다. 공자는 스승으로 자처했지만 소크라테스는 모든 일에 대해 자신의 무지를 전제로 하였다. 스승은 반드시 연역에서부터 시작하여야 하지만 문제 제기는 선천적으로 연역에 대한 도전으로 반드시 귀납을 바탕으로 해야 한다. 사실 서양의 지식인들은 중국의 지식인들보다 권위자에게 따져 묻는 것에 더 익숙하다. 벨린스키(V.G.Belinskiy : 1811~1848)[4]는 "학생이 만약 선생님을 대적할 상대가 아니라 하나의 모범으로만 삼는다면, 그는 영원히 선생님보다 나을 수 없을 것이다"라고 하였다.

중국 사회의 규범화 경향은 행위에 있어서 동일주의를 아주 쉽게 형성하였고, 이와 반대로 서양은 줄곧 사상에 있어서 개성화와 행위에 있어서의 표현주의를 추구하고자 노력하였다. 20세기 이래로 서양에서 한꺼번에 쏟아져 나온 각종 예술 유파와 형형색색의 철학관은 연역적 사유의 산물일 리가 없다.

중국인들의 사고 경로는 큰 것을 통해 작은 것을 보는 것이다. 그래서 문제에 대해 토론할 때는 큰 것에서부터 작은 것으로, 높은 곳에서 낮은 곳으로, 허(虛)에서 실(实)로 하는데 익숙하다. 사물의 핵심을 파

---

4) 역자주 : 러시아의 사상가이자 문학평론가.

악하면 그 나머지는 저절로 해결된다. 어떤 사람이 '부부는 어떻게 해야 화목할 수 있는가'라는 문제에 대해 서양인과 중국인에게 생각을 발표하게 하는 대조실험을 진행하였다. 실험 결과 서양인들은 대체로 부부가 화목하려면 쌍방이 반드시 다음 몇 가지 사항을 이행해야 한다고 생각함을 발견하였다.

1. 남편이 퇴근한 후 아내는 그에게 절대로 집안일을 말하지 않아야 한다. 남편은 온종일 바쁘게 보내서 정신적으로 매우 피곤하기 때문이다.
2. 남편에게 집안일과 자신의 일을 이야기하기에 가장 좋은 시간은 저녁식사 후 30분에서 한 시간 사이이다.
3. 남편은 아내의 화장에 충분한 관심을 나타내야 하고, 아내가 머리 모양을 바꾸었는지, 옷을 바꾸었는지, 신발과 스타킹을 바꾸었는지에 대해 모두 관심을 소홀히 해서는 안 된다.

그런데 중국인들은 부부가 화목하려면 반드시 다음 몇 가지 사항을 이행해야 한다고 여긴다.

1. 夫妻双方应该有共同的理想、追求、价值观，使双方成为具有崇高目标和共同事业的终生伴侣;
   부부 쌍방은 공통의 이상과 추구 그리고 가치관을 가지고서 쌍방으로 하여금 숭고한 목표와 사업을 가진 평생의 반려자가 되도록 하여야 한다.

2. 要树立对己、对人、对子女、对国家、对社会的责任感，不能处处以我为中心，而要先考虑、理解对方;
   자기와 타인 그리고 자녀·국가·사회에 대한 책임감을 확립하고 상대방을 먼저 고려하여야지, 늘 자신을 중심으로 생각해서는 안 된다.

3. 要劳逸结合，不断丰富和更新共同的生活内容;
   일과 휴식을 잘 조화시켜 공동의 생활 내용을 끊임없이 풍부하게 하고 더욱 새롭게 하여야 한다.

4. 要注意性生活的和谐，遇到纠纷摩擦时要心胸开阔。
   성생활의 갈등이 없도록 주의하고, 다툼이나 마찰이 있을 때는 마음을 열고 이를 해결하려고 해야 한다.

이를 통해 서양인들은 문제를 보는 데 있어 작은 곳, 세밀한 곳에서 착안하는 반면 중국인들은 큰 곳, 높은 곳에서 착안함을 알 수 있다.

큰 것을 통해서 작은 것을 보는 중국인들의 사고방식은 다양한 영역에 반영되어 있다. 중국인들은 총체적인 것, 근본적인 것에서부터 시작하여 문제를 사고하는 데 익숙하다. 발표를 하는 경우에도, 늘 국제 정세에서부터 이야기를 시작한 다음 국내 정세를 이야기하고, 그 다음에 최근에 있었던 한 중요한 회의의 기본 정신 및 이 정신에 대한 지지 의견과 느낌을 말하고, 마지막으로 해당 지역의 현안과 관련하여 그 지역 혹은 해당 기관이 해야 할 일을 이야기하는 패턴으로 진행한다. 시간은 '년', '월', '일'의 순서로 말하고, 장소도 큰 곳에서 작은 곳으로, 즉 국가(国家), 성(省), 시(市), 현(县), 향(乡), 촌(村)의 순서로 말한다. 반면 영미인들은 이와 반대로 작은 것에서 큰 것으로 나아간다. 두 동사성 성분이 병렬식으로 문장 속에 출현할 때도 중국인들의 배열순서는 역시 큰 것에서 작은 것으로, 무거운 것에서 가벼운 것의 순이지만, 영미인들은 이와 반대이다. 예를 들면, 중국인들은 '救死扶伤jiùsǐfúshāng(죽음에 처한 사람을 구하고 부상자를 돌본다)'이라고 말하지만, 영미인들은 'heal the wounded, rescue the dying(부상당한 사람을 치료하고, 죽음에 처한 사람을 구한다)'이라고 말한다. 또 중국인들은 '遭到打击zāodàodǎjī、排斥和轻视páichìhéqīngshì(타격과 배척, 경시를 받았다)'라고 말하는 반면 영미인들은 'be slighted, pushed aside or attached(업신여김, 배척, 타격을 당하다)'라고 말한다. 중국인들은 외국에서 강연할 때, 흔히 중국은 땅이 넓고 물질이 풍부하며 역사가 유구하고, 고대에 눈부시게 발전하였고 근대에는 낙후하였다, 그러다가 신중국이 건립

후 희망을 가득 안았지만 또 많은 굴곡의 길을 걸었다, 그 후 삼중전회(三中全会)후에 개혁개방을 추진하면서 활력이 가득 차게 되었지만 또 새로운 문제들이 나타났다 등등의 말을 거창하게 늘어놓는다. 이러한 강연 방식에 늘 외국인들은 이해를 하지 못하고 심지어 불만을 토로하기도 한다. 왜냐하면 그들은 강연자가 도대체 무엇을 말하려고 하는지를 알지 못하기 때문이다.

3. 중국과 일본의 사유 차이

중국과 동양의 여러 나라들은 사유 방식에서 많은 공통점이 있지만 차이점도 일부 있다. 여기서는 중국과 일본을 예로 들어, 두 나라가 사유 방식에 있어 어떤 차이를 보이는지 살펴보고자 한다.

사유 방식에서 중국과 일본의 가장 두드러진 차이는, 중국인들은 '수평적' 사유를 하지만 일본인들은 '수직적' 사유를 한다는 것이다. 리후이란(李惠然)은 '국가, 군주' 및 '가족제, 가제(家制)' 두 부분에 대해 중국인과 일본인의 관점의 차이를 비교한 후, 이를 실제로 증명하였다.[5]

중국은 예로부터 지금까지 줄곧 자신을 '염제와 황제의 자손(炎黄子孙)'이라고 자랑하며 모두 같은 자손이고 형제자매라고 하였는데, 이는 일종의 수평적 사고방식임이 분명하다. 그러나 일본은 천황의 조상을 '사람 모습으로 이 세상에 나타난 신(现人神)[6]'이라 부르는 천자라고 여겼는데, 이는 단일방향으로 이어지는 '수직적' 사유방식이다.

중국 고대에는 일반적으로 제왕만이 천명으로 정해지는 것이라 여겼

---

5) 저자주 : 顾嘉祖・陆升, 『语言与文化』, 上海外国语出版社, 1990 참조.
6) 역자주 : '现人神'은 일본어에서 'あらひとがみ(아라히토가미)'라 하며 '천황'의 높임말로, 사람 모습으로 이 세상에 나타난 신의 의미이다.

으나, 제왕이라도 가장 먼저 백성을 존중하고 다음으로 사직(社稷)을 중요하게 생각해야 하며, 군주를 가벼이 여기고 정치를 함에 있어 백성을 일으켜 세워야 비로소 천자가 될 수 있었다. 사회의 수많은 대중들 가운데 천명으로 군주를 선택하여 국가를 통치한다는 이러한 사상도 역시 수평적 사유관이다.

일본에서는 『고사기(古事记)』와 『일본서기(日本书纪)』 등의 고대 역사서에 기록된 '천손강림(天孙降临)'과 같은 일련의 신화를 근거로 한 '신황정통학설(神皇正统学说)'과 '대일본신국론(大日本神国论)', 그리고 '현인신론(现人神论)'과 같은 천황 신격화 이론이 근대까지 여전히 주도적 지위를 점하고 있다. 이러한 '신적혈통(神的血统)'과 '만세일세(万世一世)'와 같은 세습제도 일종의 '수직적' 사유관이다.

'家ｊｉā(집)'에 대한 인식에 있어서도 이러한 사유 방식의 차이가 나타난다. 중국은 옛날부터 지금까지 '동족'이라는 사상이 상당히 강렬하다. 사람들은 '모두가 다 염제와 황제의 자손'이자 '용의 후손'이며, '우리는 모두 산시(山西) 홍둥(洪洞)의 큰 괴수나무 아래에서 나왔으니'(전하는 바에 따르면 중국 고대에 황허(黄河)유역에서 전국으로 민족대이동이 있었는데, 그 기점이 산시의 홍둥현이다)[7], 온 나라는 일가(一家)이고 중화민족은 곧 하나의 대가정(大家庭)이라고 여겼다. 이것도 마찬가지로 분명히 일종의 수평적 사유방식이다. 가족에서는 '분가'제도를 채택하여 딸을 제외한 아들들은 모두 각자 지분이 있어 집안의 재산을 상속받을 권리를 가지고 있다. 이것도 역시 일종의 수평적 사유의 표현이다.

제2차 세계대전 이전 일본의 '메이지민법(明治民法)'에서는 장자의 계승권을 핵심으로 하는 집의 제도를 명시적을 규정하고 있다. 장자의

---

7) 역자주 : 문헌에 따르면 명나라 홍무, 영락제때, 산서의 백성들을 불경, 산동, 하남 등지로 강제 이주시켰는데, 이때 백성들의 집합장소가 괴수나무 아래였다.

가업 계승은 그 혈통을 보존할 수 있고 재산의 분산을 방지할 수 있다. 이는 분명 일종의 '수직적' 사유 방식이다.

상업 분야에서도 유사한 표현이 있다. 중국은 아주 오래전부터 많은 화교가 세계 각지에서 상업에 종사하였으며 그 거주국의 사람들과 폭넓은 관계를 형성하고 있다. 많은 지역의 화교 사업가단체는 해당 지역 경제의 주요 구성원으로 해당 지역 경제와 일체가 되었지만, 중국의 경제와는 관계가 적었다. 이것은 분명히 일종의 수평적 사유의 표현이다.

20세기 80년대에 일본의 경제가 발전하면서 일본 기업들도 대대적으로 해외로 확장하였고, 국외의 기업은 일본 내의 모기업과 밀접한 업무관계를 유지하였지만 현지의 다른 기업들과 수평적 관계를 발전하는 경우는 아주 드물었다. 말할 나위 없이 이것은 수직적 사유의 표현이다.

'大dà(크다)'라는 인식에 있어서도 중국과 일본은 차이가 있다. 중국인들은 '큰일을 하거나 공을 세우는 것을 좋아하는(好大喜功)'의 전통을 가지고 있어서 집안은 클수록 자랑스러워하고, 자손은 많을수록 행복해 하며, 집은 크면 클수록 체면이 서고, 키는 클수록 여성들의 호감을 얻는다. 입이 크면 천하의 요리를 먹을 수 있고, 귀가 크면 관직을 할 형상이며, 집안이 크면 사업도 크게 번창한다. 어떤 일을 하던 간에 판을 크게 벌이고 기세를 드높이는 것을 좋아하여 청소를 하는 것도 '大扫除dàsǎochú(대청소)'라고 하고 상품을 처리하면서도 '大甩卖dàshuǎimài(대 바겐 세일)'한다고 하며, 업무나 제도 그리고 정책의 실행 상황을 점검하는 것도 '大检查dàjiǎnchá(대대적인 점검)"이라고 한다. '大'를 바라는 이러한 심리는 1958년에 극에 달하였는데, 전국적으로 '大跃进dàyuèjìn(대약진 운동)'의 거대한 바람이 불어 양식은 1묘畝당 1만 여 근을 생산하였고 공산주의에 뛰어들고자 하였다.

큰 것을 바라는 이러한 심리는 지금도 여전히 존재하는데, 가장 두드러진 예가 이름을 점점 크게 짓는 것이다. 무슨 '大世界dàshìjiè(대세계)'

니, '图书城túshūchéng(도서성)'이니, '全国第一quánguódìyī(전국 제일)'이니, '世界第一shìjièdìyī(세계 제일)'이니 이름들이 갈수록 심해지는 추세이다.

반면 일본인들은 크든 작든 모든 일을 아주 진지하게 처리한다. 경제가 매우 발달하였음에도 불구하고, 결코 무리하게 세계 제일을 추구하려 하지는 않는다.

'大'를 추구하는 이러한 심리상태는 중국과 일본 두 나라 사람들이 문장을 쓰는 방식에서 그 일단을 엿볼 수 있다. 일본인의 눈에 중국인들은 '음식과 문화'와 '중국 개혁개방과 세계 경제' 등과 같이 큰 틀의 글쓰기를 좋아하는 것으로 비친다. 하지만 일본인들은 그렇지 않다. 그들은 거창한 글을 좋아하지 않고, 작은 문제에서 시작하여 조목조목 세밀하면서도 조리 있게 분석하는 것을 좋아한다. 만약 큰 제목을 만나면 그들은 여러 개의 작은 제목으로 나누어 진술한다.

제3편
문화와 교류

제1장 성씨와 인명

1. 고대의 성씨와 인명

고대의 성씨와 이름 그리고 호칭은 비교적 복잡하다. 진한(秦汉) 이전에는 한 사람이 여러 개의 호칭을 가질 수 있었는데, 전국시대(战国时代)에 와서 호칭이 서서히 고정되었고 진한 이후에는 기본적으로 오늘날과 같다.

상고(上古)시대에는 성(姓)과 씨(氏)가 모두 있었다. 성과 씨는 연관이 있으면서도 구별 된다. 성은 일종의 종족 호칭이고 씨는 성의 갈래이다. 예를 들면, 姬ji(희)는 주(周)나라 사람의 성인데, 이 성은 孟氏(맹씨)와 季氏(계씨) 그리고 孫氏(손씨) 등으로 갈라졌다. 또 姜jiāng(강)은 제(齐)나라 사람의 성인데, 이 성은 申氏(신씨)와 許氏(허씨), 崔氏(최씨) 그리고 馬氏(마씨)로 갈라졌다.

전국시대 이후 사람들은 흔히 씨를 성으로 삼았고, 점차 성과 씨가 둘에서 하나로 합쳐졌다. 그런데 여기서 말하는 '姓'은 결코 사람마다 다 가지는 것이 아니라 귀족만 가질 수 있었으며 노비는 성이 없었다. 선진시대(先秦时代)의 『장자(庄子)』와 『좌전(左传)』같은 전적典籍에는 이상한 이름들이 자주 등장한다. 『장자』 속의 '庖丁páodīng(포정)[1]'

---

1) 역자주 : 『장자』에 나오는, 소 잡는 기술이 뛰어난 백정을 가리키는 말로 현대 중

과 '匠石jiàngshí(장석)[2]'이 그러한데, '庖丁'은 ' 丁 dīng'이라고 부르는 요
리사이고, '匠石'은 '石shí'라고 부르는 목수이다. 또 『좌전』에 나오는
'灵辄língzhé(영첩)'이 있는데, 그들은 사실 성이 없다.

한대(汉代)에 와서 성과 씨는 완전히 하나로 합쳐졌다. 또한 천자에
서 빈민에 이르기까지 모두 성을 가지고 있었다.

전국시대 이후, 남자는 씨만 부르고 성은 부르지 않았다. 반면, 여자
는 반드시 성을 불렀으며, 귀족 부녀자의 성은 이름보다 더 중요하였
다. 곧 시집가게 될 여자들을 구별하기 위해서는 성 앞에 孟mèng(맹)
또는 伯bó(백), 仲zhōng(중), 叔shū(숙), 季jì(계) 자를 붙여 서열을 나타
냈는데, 예를 들면, 孟姜mèngjiāng(맹강), 伯姬bójī(백희), 仲子zhōngzǐ(중
자), 季姬jìjī(계희) 등과 같은 것이다. 시집을 간 이후에 구별을 하기 위
해서는 보통 다음 방법을 사용하였다.

1) 성 앞에 자신의 국가 이름 또는 씨를 붙인다.

秦嬴 진영   郑姬 정희   晋姬 진희   齐姜 제강

'秦嬴'은 진나라의 '嬴yíng'이라는 성의 여자이고, '郑姬'는 정나라의
'姬jī'라는 성의 여자이며, '齐姜'은 제나라의 '姜jiāng'이라는 성을 가진
여자이다.

2) 다른 나라의 왕에게 시집가면 성 앞에 배우자가 봉지(封地)를 받
은 나라의 이름을 덧붙인다.

국어에서는 '요리사'를 뜻하며, '포정해우(庖丁解牛)'라는 고사성어는 '포정의 소
를 잡는 최고의 솜씨'를 말한다.
2) 역자주 : 『장자』에 나오는 중국 고대의 유명한 장인(匠人). 이름은 석(石), 자(字)
는 백(伯). 그가 자귀로 물건을 쪼면 조금도 틀림이 없다 하여, 기예가 미묘한 경
지에 이름을 비유한다.

棠姜 당강　芮姜 예강　秦姬 진희

'棠姜', '芮姜', '秦姬'의 '棠táng', '芮ruì', '秦qín'은 각각 그 여자의 배우자의 봉지이다.

3) 다른 나라의 경대부(卿大夫)에게 시집가면, 성 앞에 배우자의 씨 또는 읍 이름을 덧붙인다.

孔姬 공희　赵姬 조희

'孔姬kǒngjī'는 위(卫)나라 대부 孔圉(공어)의 부인이고, '赵姬zhàojī'는 진(晋)나라 대신 赵衰(조쇠)의 부인이다.

4) 죽은 후에는 성 앞에 배우자 또는 본인의 시호(谥号)를 덧붙인다.

文姜 문강　武姜 무강

'文姜wénjiāng'은 노(鲁)나라 환공(桓公)의 부인으로, '文'은 그녀 자신의 시호이다. '武姜wǔjiāng'은 정(郑)나라 무공(武公)의 부인이다. '武'는 그녀의 남편 시호이다.

고대에는 제왕, 제후, 고관, 대신이 죽은 다음에 조정에서는 봉건사회의 도덕적 기준과그들의 생전의 행위에 근거하여 하나의 칭호를 부여하는데, 이것이 시호이다. 시호는 일반적으로 고정된 글자가 있으며, 죽은 사람 생전의 사적事跡중에 어느 하나를 선택하여 사자死者의 시호로 함으로써 선악을 평가한다.

시호는 일반적으로 세 가지로 나뉜다.

1) 긍정적 의미의 시호

文 문 　武 무 　景 경 　惠 혜 　孝 효

한대(汉代)의 문제(文帝 : BC203~BC157)와 경제(景帝 : BC188~BC141)는 국민의 부담을 줄이고 생활을 안정시키려는 정책을 실시하였고, 농업을 중시하고 군사의 비중을 줄임으로써 사회와 경제가 커다란 발전과 번영을 이루었다. 역사적으로 이를 '文景之治 wénjǐngzhīzhì(문경의 치)3)'라고 부르기 때문에, 시호를 '文wén'과 '景jīng'으로 하였다.

2) 부정적 의미의 시호

灵 영 　幽 유 　厉 려 　炀 양

주(周)나라 유왕(幽王 : BC795~BC771)4)은 본래 잘 웃지 않는 성격인 왕비 포사(褒姒)를 웃기기 위해 여러 차례 봉화를 올려 제후들을 놀림으로써 마침내 나라를 멸망하게 하였다. 이 때문에 시호를 '幽yōu'로 하였다. 또 수(隋)나라 양제(炀帝) 양광(杨广 : 569~618)은 유명한 폭군이어서 역사적으로 그의 폭행에 관한 기록이 아주 많다. 그는 '炮烙之刑páoluòzhīxíng(포락지형)5)', 즉 죄인에게 불에 달구어 뜨거운 쇠 위를 걸어가게 하는 형벌을 행하였기 때문에 시호를 '炀yáng'으로 하였다.

---

3) 역자주 : 한나라 제5대 황제 문제(581~604 재위)와 제6대 황제 경제(BC157~BC141 재위) 시절 선정을 베풀어 백성의 민심을 크게 안정시킨 치세. '문경의 치'는 후세 당대의 '정관(貞觀)의 치(治)', 청대의 '강희(康熙)의 치(治)'와 함께 모두 황제의 칭호와 연호를 붙인 봉건 왕조의 번영 시대를 칭송하는 말이 되었다.

4) 역자주 : 주(周)나라 제12대 왕으로, 성격이 난폭하고 주색에 빠져 정사를 돌보지 않음으로써 서주는 멸망하였다.

5) 역자주 : 불에 달군 쇠로 굽고 지지는 형벌로, 은(殷)나라 주왕(纣王)이 쓰던 매우 심한 형벌.

3) 동정을 나타내는 시호

哀 애   怀 회   愍 민   悼 도

전국시대 말기 초(楚)나라 국왕인 웅괴(熊槐 : BC374~BC296)[6]는
굴원(屈原 : 약BC340~BC278)[7] 등의 건의를 듣지 않고, 참언을 듣고
믿음으로써 마침내 나라를 멸망에 이르게 하였기 때문에 시호를 '怀
huái'로 하였다. 상고시대의 시호는 일반적으로 한 글자를 사용하였으나
두 글자를 사용하는 경우도 있었다.

齐桓公 제 환공   晋文公 진 문공   秦穆公 진 목공
赵孝成王 조 효성왕   赵惠文王 조 혜문왕

후세의 시호는 황제 외에는 일반적으로 두 글자를 사용하였다.

忠武侯(诸葛亮) 충무 후(제갈량)   武穆王(岳飞) 무 목왕(악비)
昭明太子(萧统) 소명 태자(소통)

고대에는 이름과 자(字)가 있었다. 상고시대에는 아이가 태어난 지
3개월이 된 이후에 아버지가 이름을 지어주었고, 남자는 20세 성인이
되면 머리를 묶고 갓을 쓰는 의식인 관례(冠禮)를 행하고 자를 지었다.
여자는 15세 시집갈 나이가 되면, 여자가 15세가 되면 머리를 묶고 비

---

6) 역자주 : 전국시대 초나라의 회왕(怀王). 성은 웅씨(熊氏)고, 이름은 괴(槐)며, 위
　왕(威王)의 아들이다. 재위 기간(BC329~BC299) 중에 정치는 부패하고 현신들은
　배척을 당했다. 장의(张仪)의 변설에 넘어가 국력을 소진하였고, 결국은 진(秦)나
　라에 사로잡혀 유폐되었다가 죽었다.
7) 역자주 : 초나라 귀족 출신으로, 전국시대 초나라의 중요한 정치가. 문학적으로도
　뛰어난 업적을 남겼는데, 대표작으로는 《이소(离骚)》와 《어부사(渔父辞)》가 있다.

녀 같은 장식품을 머리에 꽂는 예식인 계례(筓禮)를 행하고 자를 지었다. 이름과 자는 종종 의미상 연관이 있다. 예를 들면 굴원은 이름이 平(평)이고 자가 原(원)으로, '平'과 '原'을 합하면 '平原'이 된다. 또 염경(冉耕 : BC544~미상)[8]은 자가 伯牛(백우)인데, 땅을 갈 때는(耕地) 소를 사용하고, 재여(宰予 : BC522~BC458)[9]는 자가 子我(자아)인데, 고대중국어에서 '予yǔ'와 '我wǒ'는 동의어이다.

주대(周代)에는 귀족 남자의 자 앞에 주로 '伯bó', '仲zhōng', '叔shū', '季jì'자를 붙여 항렬을 나타내고, 자 뒤에 '父(보)'[10]나 '甫(보)'자를 붙여 성별을 나타내기도 하였다.

　　伯禽父 백금보　　伯山父 백산보　　仲尼父 중니보

춘추시대 남자가 자를 짓는 가장 보편적인 방식 가운데 하나는 '子zǐ(자)'자를 덧붙이는 것인데, 이는 '子'가 남자에 대한 존칭이었기 때문이다.

　　子产 자산　　子渊(颜回) 자연(안회)　　子有(冉求) 자유(염구)
　　子牛(司马耕) 자우(사마경)

이름과 자이외에도 옛 사람들에게는 별호(別號), 즉 별명이 있었다. 별호는 세 글자 또는 그 이상도 가능하였다. 예를 들면, 도잠(陶潛 : 365~427)[11]은 五柳先生wǔliǔxiānsheng(오류선생)[12]이라 불렀고, 이백

---

8) 역자주 : 공자의 제자로, 춘추시대 말 노(鲁)나라 사람. 공문십철(孔门十哲)중의 한 사람으로, 덕행으로 이름이 났다.
9) 역자주 : 공자의 제자로, 춘추시대 말 노(鲁)나라 사람. 공문십철 중의 한 사람으로, 언변에 뛰어났다.
10) 역자주 : 이때는 '甫'와 동어로 사용되었으므로 '보'로 읽는다.
11) 역자주 : 육조(六朝)시대 동진(東晋)의 시인. 호는 연명(渊明).

(李白：701년~762)[13]은 青莲居士qīngliánjūshi(청련거사)[14]라 불렀으며, 백거이(白居易：772~846)[15]는 香山居士xiāngshānjūshi(향산거사)라 불렀다. 하지만 흔히 보이는 별호는 보통 두 글자인데, 육유(陆游：1125~1210)는 放翁fàngwēng(방옹)이고, 왕안석(王安石：960~1279)[16]은 半山bànshān(반산), 소식(苏轼：1037~1101)[17]은 東坡dōngpō(동파)이다.

2. 중국 성씨의 유래

중국인은 얼마나 많은 성을 가지고 있을까? 현재로서는 확실하지 않다. 송대(宋代)의 『백가성(百家姓)』에는 모두 503개의 성을 수록하고 있는데, 그 가운데 한 글자로 된 성이 442개이고, 두 글자 이상으로 된 것이 61개이다. 1984년 인민우전출판사(人民邮电出版社)에서 출판된 옌푸칭(阎福卿) 등이 편찬한 『중국성씨회편(中国姓氏汇编)』에는 한 글자의 성과 두 글자 이상으로 된 성을 합쳐 모두 5,730개를 수집해 놓았다. 1996년 베이징교육과학출판사(北京教育科学出版社)에서 출

---

12) 역자주 : 도잠이 벼슬을 버리고, '귀거래사(归去来辞)'를 읊으면서 고향에 돌아와 뜰에 버드나무 다섯 그루를 심고 스스로 '오류선생(五柳先生)이라 호를 지음.

13) 역자주 : 당(唐)나라 시선(诗仙). 자는 태백(太白). 호는 청련(青莲), 취선옹(醉仙翁). 두보(杜甫)와 더불어 시의 양대 산맥을 이룸.

14) 역자주 : 촉(蜀)나라 청련향(青莲乡)사람이라 호를 청련거사라고 하였다.

15) 역자주 : 당(唐)나라 때의 현실주의 시인으로,「장한가(長恨歌)」,「비파행(琵琶行)」 등을 썼다.

16) 역자주 : 송(宋)나라의 문필가이자 정치인.

17) 역자주 : 북송(宋)의 시인이자 정치가이며, 호는 동파(东坡)로 동파거사(东坡居士)에서 따온 별칭이다. 아버지 소순(苏洵), 동생 소철(苏辙)과 함께 3소(三苏)라고 일컬어진다.

판된 위안이다(袁义达)·두뤄푸(杜若甫)가 편찬한 『중화성씨대사전(中华姓氏大辞典)』에는 문자 기록이 있는 고금의 각 민족이 한자를 사용하여 기록한 성씨 11,969개를 수록하였는데, 그 가운데 5,327개가 한 글자로 된 성이고, 4,329개가 두 글자로, 1,615개가 세 글자로, 569개가 네 글자로, 96개가 다섯 글자로, 22개가 여섯 글자로, 7개가 일곱 글자로, 3개가 여덟 글자로, 1개는 아홉 글자로 된 성이었다. 이외에도 번역이 다른 것과 이체자(異體字) 성씨도 3,136개가 있다.

중국의 성씨의 유래는 매우 복잡한데, 주로 다음 몇 가지 경우가 있다.

가. 봉국(封國), 봉지(封地)를 성으로 하는 경우

黃 황   宋 송   赵 조

'黃huáng'씨는 대략 상(商)나라 말기, 주나라 초기에 하남(河南) 황천(潢川)에서 황(黃)나라를 건립하였는데, 뒷날 주(周)왕조에 의해 자작(子爵)으로 봉해지고 황자국(黄子国)으로도 불리어졌다. 춘추시기 초(楚)나라가 패권을 차지하자 황나라와 수(隨)나라만이 감히 이에 대적하였다. 훗날 황나라는 초나라에 의해 멸망하고 황나라의 자손은 나라 이름인 黃을 성으로 하였다. 송(宋)나라는 양공(襄公) 때 천하 제후들의 맹주가 되어 춘추오패(春秋五霸) 가운데 하나였으나, 도공(悼公) 때는 쇠퇴하여 팽성(彭城, 지금의 강소(江苏)성 쉬저우(徐州))로 동천東遷하였다. 기원전 286년에 제(齐)나라가 송나라를 멸망시키자 송나라의 자손들은 나라 이름인 '宋sòng'을 성으로 하였다. 조보(造父)는 주(周) 무왕(武王)에 의해 조성(赵城)을 봉지로 받자, 그의 후손은 '赵zhào'를 성으로 하였다.

나. 거주지 또는 거주지의 특징을 성으로 한 경우

東郭 동곽   南郭 남곽   西门 서문   南宮 남궁

춘추시기 제나라의 공족대부(公族大夫)[18]들은 각각 성의 동쪽 어귀 (東郭), 남쪽 어귀(南郭), 서쪽 어귀(西郭), 북쪽 어귀(北郭)에 살았기 때문에 '东郭dōngguō', '南郭nánguō' 등을 성으로 하였다. 또 정(郑)나라 의 한 대부는 정나라의 도성인 서문(西门)에 살았으므로 그의 후손은 '西门xīmén'을 성으로 하였다.

다. 조상의 부족 호칭, 시호 또는 자를 성으로 한 경우

柴 시   武 무

춘추시기 高柴(고시)라고 하는 공자(孔子)의 학생이 있었는데, 그의 손자는 조부의 이름을 성으로 하여 柴举cháijǔ(시거)라고 이름을 지었 고, 시거의 후손은 '柴chái'를 성으로 하였다. 춘추시대 송나라 대공(戴 公)의 아들 司空(사공)은 죽은 후에 시호가 '武wǔ'였고 역사에서 송무 공(宋武公)이라 불렀는데, 그의 자손은 그의 시호 '武'를 성으로 하였다.

라. 관직과 봉작을 성으로 한 경우

理 리   司徒 사도   司马 사마

요尧 임금 때 皋陶(고도)는 초대 대리(大理, 감옥관)를 맡았고, 그의 아들 伯益(백익)은 嬴(영)이라는 성을 하사받았으며, 그의 자손 3대는

---

18) 역자주 : 중국 고대의 관직명. 조정대신으로 군왕과 귀족 내부의 사무를 보았다.

대리 직무를 세습하였다. 그의 자손들은 당시의 습관에 따라 관직명인 '理lǐ(리)'를 성으로 하였다. 또 '司徒sītú', '司马sīmǎ'는 고대에 모두 관직 명칭이었다.

마. 거주지를 성으로 한 경우

邱 구   乡 향   闾 려

이런 부류의 성씨 가운데에는 복성複姓이 비교적 많은데 일반적으로 모두 '邱qiū', '乡xiāng', '闾lú', '里lǐ(리)', '野yě(야)' 등의 글자를 붙여 거주지의 차이를 나타내었다.

바. 피휘(避諱)로 성을 고친 경우

盛 성   严 엄

북해(北海)의 태수(太守) 성포(盛苞)는 그 조상의 성이 爽shuǎng(상)이었지만, 원제(元帝)의 이름을 피하여 '盛shèng'으로 고쳤다. 또 한(汉) 명제(明帝)의 이름은 '庄zhuāng(장)'이었는데, 이 성을 가진 사람들은 모두 성을 '严yán'으로 고쳤다.

사. 황제가 성을 하사한 경우

潘 반   王 왕   郑 정

청(清)나라 강희(康熙) 연간에 타이완 고산족이 잇달아 귀순하여 '潘pān'의 성을 하사받았다. 연(燕)나라 왕단(王丹)의 현손(玄孫) 가(嘉)는 서한(西汉) 말기 왕망(王莽)이 찬탈하였을 때, '王wáng'의 성을 하사

받았다. 명(明)나라 연왕(燕王) 주체(朱棣 : 1360~1424)는 황자징(黃子澄 : 1350~1402) 등을 토벌한다는 구실로 군대를 일으켜, 난징(南京)을 함락시키고 건문제(建文帝) 조정을 무너뜨렸다. 그리고는 황제(명나라 성조(成祖))가 되었는데 당시에 이를 '靖难jìngnàn(나라가 처한 위태로운 재난을 평정하였다)'이라 불렀다. 환관 마삼보(马三保 : 1371~1433)[19]는 '靖难'으로 공을 세워 '郑zhèng'을 성으로 하사받았는데, 후에 이름을 정화(郑和)로 고쳤다.

아. 직업을 성으로 한 경우

卜 복   陶 도   匠 장   屠 도

'卜bǔ'은 점을 치는 것을 직업으로 하고 '陶táo'는 도자기를 만드는 것을 직업으로 하며, '匠jiàng'은 기술자를 가리키며, '屠tú'는 가축을 도살하는 것을 직업으로 함을 가리킨다.

자. 서열을 성으로 한 경우

孟 맹   仲 중   叔 숙   季 계

고대에는 가족 안에서 형제 서열을 정했는데, 이때 맏이를 '孟', 둘째를 '仲', 셋째를 '叔', 넷째를 '季'라고 불렀다. 후대에 종족 내에서의 순서를 나타내기 위하여 서열을 성으로 하였다.

---

19) 역자주 : 마삼보(정화로 개명)는 명 성조 영락제의 파견으로 수군 10만과 함께 일본으로 가서 명과 외교관계를 맺었으며, 이후 30여 개 국의 서태평양과 인도양 국가를 방문하게 되었다. 정화의 대원정은 유럽 대항해 시대보다 70년이나 앞선 대원정으로 높이 평가받고 있다.

3. 현대의 이름

현대인은 아명兒名과 학명學名(학교에 입학할 때 쓰는 정식 이름)을 가지고 있고, 혹자는 또 필명筆名이나 예명藝名 등도 가지고 있다. 자신이나 후대에게 뜻과 발음이 좋고 함의가 풍부한 이름을 짓고자 하는 것은 보통 사람들의 보편적인 심리이며, 모든 민족의 인명 체계가 대체로 이러하다. 오늘날의 젊은 부모들도 아이에게 이름을 지어 줄 때 매우 신경을 쓴다. 그래서 보통 품위와 선량함, 부드러움, 아름다움을 뜻하는 글자들을 골라 여자 아이의 이름을 짓고, 강함과용감함, 전도유망함을 뜻하는 글자들을 골라 남자 아이의 이름을 짓는다. 또, 단음절 형태소와 어휘 의미의 결합이 비교적 자유로운 중국어의 특징으로 인해, 성과 이름을 합쳐 아름다운 함의를 나타내는 경우가 많은데, 예를 들면 萬里(만리), 康庄(강장)[20], 天翼(천익) 등이다.

인명 체계에는 또 역행심리(逆反心理)를 활용하여 작명을 하는 일종의 특수한 현상도 있다. 아이에게 사람들이 반감을 느끼거나 사람 이름 같지 않은 이름을 지어주면 생명을 보호할 수 있고 악마가 아이를 빼앗아가지 못한다는 것으로, 이것이 곧 소위 말하는 '贱名易养jiànmíngyìyáng(이름을 천하게 지으면 기르기 쉽다)'이다. 이러한 역행심리는 적어도 한대에 이미 형성된 것으로 보인다. 예를 들면, 사마상여(司马相如 : BC179~BC117)는 어릴 때 이름이 '犬子quǎnzǐ(개새끼)'였고 범엽(范晔 : 398~445)은 어릴 때 이름이 '砖zhuān(벽돌)'이었다. 오늘날 농촌에서는 이러한 현상이 여전히 남아 '狗兒gǒur(강아지)', '狗蛋gǒudàn(개자식)', '狗屎gǒushǐ(개똥이)', '狗剩gǒushèng(개밥 찌꺼기 먹을 놈)', '黑蛋hēidàn(검둥이)', '二狗子èrgǒuzi(앞잡이)', '禿子tūzi(대머리)' 등과

---

20) 역자주 : '큰길'의 의미로, '康庄大道(탄탄대로)'등에 사용된다.

다. 운이 나쁘다)', '臭文章chòuwénzhāng(수준이 낮은 글)', '臭名远扬 chòumíngyuǎnyáng(악명 높다)', '臭不可闻chòubùkěwén(냄새가 지독하여 코로 맡을 수 없다. 추악하기 짝이 없다)' 등이 이에 해당된다.

또 '臭'에는 '差chà((수준이나 질이) 떨어지다)'의 의미도 있다. 예를 보자.

(1) 韩公这类文章无疑臭得很, 只能存于'全集'供研究用, 根本无 法选出做'范文'示人。
한공(韩公)의 이런 글은 두말할 것 없이 아주 수준이 낮아 '전집'에 넣어 연구용으로만 사용할 수 있을 뿐 '모범적인 문장'으로 뽑아 세상에 내놓는 것은 아예 불가능하다.

(2) 那么好的一个球都让他踢飞了, 真臭!
그렇게 좋은 볼을 그가 차서 날려버렸으니, 정말 개발이야!

(3) 大城市BP机臭了一条街, 可家庭装电话依然是老大难。
대도시에는 곳곳에 삐삐가 널렸지만, 가정에 전화를 설치하는 것은 여전히 어려운 문제이다.

위의 예에서 '臭得很chòudehěn(매우 수준 낮다)'은 수준이 아주 낮음을 나타내고, '真臭zhēnchòu(정말 엉망이다)'는 기술이 너무 낮음을 나타내며, '臭了一条街chòuleyìtiáojiē(온 거리에 가득 차다)'는 곳곳에 모두 있음을 형용한다.

'骚sāo(노리다)[13]', '馊sōu((음식이) 쉬다)', '腥xīng(비리다)' 역시 좋은 맛이 아니므로 파생 용법도 모두 좋지 않은 의미이다. '骚货sāohuò(바람둥이)'는 사람을 욕하는 말이고, '羊肉没吃着yángròuméichīzháo, 反惹一身骚fǎnrěyìshēnsāo(양고기는 먹지 못하고, 오히려 온 몸에 노린내만 진

---

13) 역자주 : '臊(sāo)'와 같음.

동하다)'는 이익은 얻지 못하고 오히려 자신에게 난처함만 가져왔음을 나타낸다. '馊主意sōuzhǔyi(현명하지 않은 방법)'는 좋지 않은 생각이고, '一条鱼腥一锅汤yìtiáoyúxīngyìguōtāng(물고기 한마리가 온 탕을 비리게 한다)'은 나쁜 일은 작지만 영향이 매우 커서 전체 집단에 영향을 미침을 비유한다.

먹는 느낌에는 질림을 나타내는 '腻烦nìfán(싫증나다. 물리다)', '腻味 nìwèi(아주 귀찮다. 싫다)', '玩腻wánnì(노는 것이 지겹다)'가 있고, 먹기 싫음을 나타내는 '令人作呕lìngrénzuòǒu(구역질나게 하다)', '叫人恶心 jiàorénèxīn(메스껍게 하다)'이 있다. 또 호감을 나타내는 '合口味hékǒuwèi (구미에 맞다)', '对口味duìkǒuwèi(구미에 맞다)', '胃口很大wèikǒuhěndà (식욕이 좋다)', '胃口大开wèikǒudàkāi(식욕이 좋다)', '吊胃口diàowèikǒu (상대방의 비위를 맞추다. 맛있는 음식으로 식욕을 돋우다)', '反胃 fǎnwèi(구역질이 나다)' 등도 있다.

3. 조리법과 식재료의 익힘 정도

중국의 조리법은 상당히 복잡한데, 주로 사용하는 것으로는 '煎jiān ((적은 기름에) 지지다. 부치다)', '炒chǎo(볶다)', '爆bào(끓는 기름에 살짝 튀기거나 끓는 물에 잠깐 데치다)', '煮zhǔ(삶다)', '熬áo(오랫동안 끓이다. 달이다)', '蒸zhēng(찌다)' 등이 있다. 이들 어휘는 중국어에서 흔히 파생되거나 혹은 차용되어 사용된다.

'煎'은 일종의 조리법으로 생선이나 두부를 부칠 수 있는데, 이로부터 '煎熬jiān'áo'가 파생되었다. 삼국시대 조식(曹植 : 192~232)[14]은 형

---

14) 역자주 : 조조(曹操)의 셋째 아들. 삼국시대 위(魏)나라의 저명한 문학가로 건안

1958~1959년은 중국 국내에 공산주의 바람이 불기 시작하였고, '大跃进dàyuèjìn(대약진)'운동21)이 일어났다. 이 시기에 사람들은 몇 년 내에 공산주의를 실현하기를 갈망하였고, 이에 생산 일선에서는 '比bǐ(비교하다)', '学xué(학습하다)', '赶gǎn(따라잡다)', '帮bāng(돕다)', '超chāo(초과하다)'와 같은 노동 경쟁이 나타났다. 이런 조급한 심리상태는 이름으로도 증명된다.

1960~1963년에는 중국에 3년 동안 자연재해가 발생하여 식량 생산이 크게 줄어들었다. 곡식을 한 톨도 수확하지 못한 지역도 있는데, 이 시기에는 이름에 어려움을 두려워하지 않는 정신을 반영한 글자들이 많이 나타났다.

1964~1965년은 雷锋léifēng(레이펑 : 1940~1962)22)이 크게 빛을 발하던 때로 전국에서는 지위고하를 막론하고 雷锋을 본받으려는 붐이 일어났다. 이에 雷锋은 사람들 마음속의 우상이자 영웅이 되었으며 많은 숭배자들도 나타났다. 그와 같은 이름이 많다는 것이 곧 좋은 증거이다.

1966~1976년은 세상을 떠들썩하게 했던 '문화대혁명(文化大革命)'23) 시기이다. 이 시기에는 '革命gémìng(혁명)', '红卫兵hóngwèibīng(홍위병)'24),

---

21) 역자주 : 마오쩌둥(毛泽东)의 주도하에 1958년부터 1960년 초 사이에 중국공산당이 전국적으로 전개한 극좌노선의 운동으로, 노동력 집중화 산업의 추진을 통한 경제성장운동임.

22) 역자주 : 중국인민해방군 전사이자 공산주의 전사. 전설적인 모범병사로 타인을 위한 희생과 봉사의 삶을 살다 불의의 교통사고로 세상을 떠날 때 그의 나이 겨우 22살이었다. 마오쩌둥이 그의 정신을 기리기 위해 1963년 3월 5에는 직접 '向雷锋学习(레이펑을 본받자)' 운동을 지시하였고, 이후 매년 3월 5일을 기념일로 정해 지금껏 이어져 온다.

23) 역자주 : 1966년부터 1976년까지 10년간 중국의 최고지도자 마오쩌둥에 의해 주도된 극좌 사회주의운동.

24) 역자주 : 문화대혁명의 일환으로 준군사적인 조직을 이루어 투쟁한 대학생 및 고

'不爱红装爱武装búàihóngzhuāngàiwǔzhuāng(화장을 좋아하지 말고, 무장을 좋아하자)' 등의 어구가 생활 속 각 영역을 가득 채웠는데, 물론 사람들의 이름 속에도 예외는 아니었다.

1976~1983년은 10년 동안의 커다란 재난인 문화대혁명이 종말을 고하고 중국이 새로이 정상적인 궤도를 걷기 시작한 시기이다. 이 시기는 경제 건설이 중국의 주된 임무였다. 경제를 발전시키고 국민들의 생활을 개선시키는 것이 수많은 국민들의 간절한 소망이었으며, 이는 사람들의 이름 속에도 나타나 있다.

이름의 변화는 사상 관념의 변화를 반영하기도 하였다. 신중국은 남녀평등 사회로, 중국 정부는 줄곧 남녀평등을 주장해왔다. 이로 인해 가정과 사회에서의 여성의 지위에도 큰 변화가 발생하였다. 여성들은 과거 지위가 없이 남자의 부속품이었던 데에서 스스로 노력하여 강해지고 자립할 수 있게 되었다. 과거에는 가정에서 아이들이 모두 아버지의 성을 따랐지만, 현재 일부 가정에서는 진정한 남녀평등의 실현을 위해 아버지와 어머니의 성을 합쳐 아이의 성으로 하는 경우도 있다. 예를 들면 아버지의 성이 范fàn(범)이고 어머니의 성이 徐xú(서)이면 아이의 성은 范徐fànxú(범서)로 한다. 또한 어떤 가정은 아버지의 성을 성으로 하고 어머니의 성은 이름으로 하는데, 예를 들어 아버지의 성이 刘liú(류)이고 어머니의 성이 杨yáng(양)이면, 아이의 이름은 刘杨liúyáng(유양)으로 짓는 것이다. 그 외 어떤 가정은 한 발 더 나아가 아예 어머니의 성을 아이의 성으로 하기도 한다. 이러한 경우가 아주 많은 것은 아니나 이는 사람들의 성에 대한 관념에 근본적인 변화, 즉 성이 아버지의 것일 뿐만 아니라 어머니의 것이기도 하며 남녀는 평등하다는 것을 반영한다.

교생 집단들로 마오쩌둥을 지지하면서 투쟁하였다.

부록 : 「百家姓」

赵钱孙李 周吴郑王 冯陈褚卫 蒋沈韩杨 朱秦尤许 何吕施张 孔曹严华 金魏陶姜 戚谢邹喻 柏水窦章 云苏潘葛 奚范彭郎 鲁韦昌马 苗凤花方 俞任袁柳 酆鲍史唐 费廉岑薛 雷贺倪汤 滕殷罗毕 郝邬安常 乐于时傅 皮卞齐康 伍余元卜 顾孟平黄 和穆萧尹 姚邵湛汪 祁毛禹狄 米贝明臧 计伏成戴 谈宋茅庞 熊纪舒屈 项祝董梁 杜阮蓝闵 席季麻强 贾路娄危 江童颜郭 梅盛林刁 钟徐邱骆 高夏蔡田 樊胡凌霍 虞万支柯 昝管卢莫 经房裘缪 干解应宗 丁宣贲邓 郁单杭洪 包诸左石 崔吉钮龚 程嵇邢滑 裴陆荣翁 荀羊於惠 甄麴家封 芮羿储靳 汲邴糜松 井段富巫 乌焦巴弓 牧隗山谷 车侯宓蓬 全郗班仰 秋仲伊宫 宁仇栾暴 甘钭厉戎 祖武符刘 景詹束龙 叶幸司韶 郜黎蓟薄 印宿白怀 蒲邰从鄂 索咸籍赖 卓蔺屠蒙 池乔阴郁 胥能苍双 闻莘党翟 谭贡劳逄 姬申扶堵 冉宰郦雍 郤璩桑桂 濮牛寿通 边扈燕冀 郏浦尚农 温别庄晏 柴瞿阎充 慕连茹习 宦艾鱼容 向古易慎 戈廖庾终 暨居衡步 都耿满弘 匡国文寇 广禄阙东 欧殳沃利 蔚越夔隆 师巩厍聂 晁勾敖融 冷訾辛阚 那简饶空 曾毋沙乜 养鞠须丰 巢关蒯相 查后荆红 游竺权逯 盖益桓公 万俟司马 上官欧阳 夏侯诸葛 闻人东方 赫连皇甫 尉迟公羊 澹台公冶 宗政濮阳 淳于单于 太叔申屠 公孙仲孙 轩辕令狐 钟离宇文 长孙慕容 鲜于闾丘 司徒司空

제2장 중국어 속의 신분제 사상

　중국에는 2천 여 년의 봉건사회가 있었고, 봉건사회 내에는 엄격하고도 뛰어넘을 수 없는 등급제도가 있었다. 속담에 '龙生龙lóngshēnglóng, 凤生凤fèngshēngfèng용은 용을 낳고, 봉황은 봉황을 낳는다)'라고 했는데, 이는 즉 한 사람이 일단 태어나면 사회에서 그 사람의 신분과 지위가 이미 확정되었음을 말한다. 중국인들의 마음속에는 예로부터 줄곧 '獨立人格(독립인격)'[1]의 개념이 없었으며 사람은 일정한 사회관계 속에서만 존재하였다. 이 때문에 중국인들은 사회에서 교류 과정에서 만나는 사람에 따라 그에 맞는 말을 하고, 그 사람에게 맞는 일을 하기 위해서 가장 중요한 것은 먼저 쌍방의 신분 관계를 명확히 밝히는 것이다. '名不正则言不顺míngbúzhèngzéyánbúshùn, 言不顺则事不成yánbúshùnzéshìbùchéng(명분이 바르지 않으면 말이 이치에 맞지 않고, 말이 이치에 맞지 않으면 하고자 하는 일을 이루지 못한다)'[2]이라는 말이 이의 아주 좋은 증거이다. 신분 관계가 중요한 이유는, 신분 관계가 일단 혼란스러워지면 사람과 사람 사이의 등급 관계가 파괴되고, 그러면 고도

---

1) 역자주 : 독립인격이라 함은 사람의 독립성, 자주성, 창조성을 가리킨다. 사람은 어떠한 외부의 정신적 권위에도 의존하지 않고 어떠한 현실의 정치적인 힘에도 기대지 않으며, 진리를 추구함에 있어서 독립적인 판단능력을 가지며, 정치 참여에도 독립자주 정신을 가진다는 의미이다.

2) 역자주 : 『논어(论语) · 자로(子路)』편에 나오는 말이다.

로 전제적(專制的)인 종법제도3)도 통치 질서의 혼란으로 인하여 해체될 수 있기 때문이다. 신분의 지위를 엄격하게 구분하는 이러한 사상은 중국어에도 많이 나타난다.

1. 호칭 속에 나타난 신분제 사상

한 민족의 언어 속에 호칭이 풍부하고 복잡할수록 그 민족은 사람의 신분과 지위의 구분을 중시함을 말한다. 영어와 같은 서양 언어의 경우에는 호칭이 매우 간단하여, 아버지와 어머니는 명확하고 독립된 호칭어가 있는 반면, 형(오빠)과 동생(남동생)은 모두 brother로 부르고 언니(누나)와 여동생(누이동생)은 모두 sister로 통칭한다. 또 큰아버지와 삼촌 그리고 외삼촌은 모두 uncle로, 고모와 숙모, 외숙모, 이모는 모두 aunt로 부른다. 할아버지와 외할아버지는 모두 grandfather 하나로 호칭하고, 할머니와 외할머니는 모두 grandmother 하나로 호칭한다. 하지만 대다수의 상황에서는 심지어 이러한 구별도 생략이 가능하여, 친척과 남까지도 포함하는 모든 사람을 간단히 '선생', '부인', '아가씨'로 높여 부르기도 한다. 이것은 왜냐하면 서양인들의 시각에서는 더 이상의 상세한 구별은 전혀 필요가 없기 때문이다. 할아버지와 할머니 그리고 외할아버지와 외할머니, 외사촌 형제와 친사촌 형제를 엄격하게 구분하는 것이 아무런 의미가 없다고 보기 때문이다.

중국에서는 그렇지 않다. 위의 개념들에 엄격한 구분이 있을 뿐만 아니라, 表biǎo, 堂táng, 玄xuán, 曾zēng, 外wài, 远yuán, 先xiān, 亲qīn, 干

---

3) 역자주 : 씨족사회의 부계 가장제에서 발전한 것으로 왕족이 혈연관계에 근거해서 국가 권력을 분배하여 세습통치를 하는 제도.

gān, 后hòu, 继jì, 养yáng, 考kǎo, 妣bǐ 등과 같은 아주 많은 보조 호칭을 만들어내어 친소(親疏), 원근(遠近) 생사(生死)의 차이를 한층 더 구분 하였다. 중국인에게는 외사촌 형(오빠), 외사촌 동생과 친사촌 형(오 빠), 친사촌 동생은 크게 다른데, 전자는 자기와 혈연관계가 멀지만, 후 자는 자기와 조상이 같기 때문에 혈연관계가 아주 가깝다. 또 같은 혈 연관계라도 현손(玄孫)과 증손(曾孫)은 다르다. 현손은 3대의 격차가 나지만, 증손은 2대의 격차가 나기 때문이다. 친아들과 수양아들은 더 욱 다른데, 친아들은 자신이 직접 낳은 자식으로 자신의 피붙이이지만, 수양아들은 혈연관계가 없이 일정한 의식에 의해 인정된 자식이다. 중 국인이 이러한 구분을 하는 이유는 종법제도 아래에서 혈통의 순수성을 확보하는 것이 매우 중요하였기 때문이다. 종법제도 아래에서는 조부모 와 외조부모는 절대로 양쪽 부모의 대등한 어른이 아니다. 그들은 육친 肉親과 인척姻戚이라는 차이가 있다. 만약 한 젊은 왕에게 대를 이을 아 들이 없고 또 친형제도 없는 경우, 그가 죽은 후에는 그의 조부모의 손 자, 즉 그의 사촌 형제만이 왕위를 계승할 수 있으며, 그의 외조부모의 손자, 즉 그의 외사촌 형제가 왕위를 계승하게 하는 일은 결코 고려하 지 않았다. 비록 두 가지 경우 모두 지위가 아주 높은 귀족신분일지라 도 말이다.

신분제의 사상은 친족 호칭뿐 아니라 친족이 아닌 사람의 호칭에도 나타난다. 주지하듯이, 친족이 아닌 친숙한 사람 중에도 중국인들이 친 족의 호칭으로 부르기를 좋아하는 경우가 있다. 예를 들면, 자신의 부 모보다 나이가 많은 여성은 '大妈dàmā(큰어머니)'라고 부르고 나이가 적은 경우는 '大婶dàshén(숙모)'라고 부른다. 또 자기의 부모보다 나이 가 많은 남성은 '大伯dàbó(큰아버지)' 또는 '伯伯bóbo'라고 부르고 나이 가 적은 경우는 '大叔dàshū(삼촌)' 또는 '叔叔shūshu(삼촌)'라고 부르는 것이 그 예이다. 항렬이 같은 동갑내기끼리는 '大哥dàgē(형님)'로 자기보다 나이가 많은 남성을 부르고, '大姐dàjiě(누님)'로 자기보다 나이가 많은 여성을 부른다. 이러한 호칭은 사실상 친족 호칭의 확대이고 종법 제도의 구체적인 표현이다. 친족호칭으로 부르게 되면 상대방을 자기 가족의 일원으로 간주하게 되는 것이므로 쌍방의 언행에 제약을 받기 때문이다. 예를 들면, 연장자 앞에서 말할 때는 반드시 예의를 갖추어야 하므로 성명을 직접 부를 수 없고 제멋대로 행동해서는 더더욱 안 된다. 또 연장자는 나이 어린 사람에게 관심을 가지고 보살필 의무가 있다.

공식적인 자리에서의 호칭도 마찬가지로 신분제 사상을 나타낸다. 중국인들은 공식적인 자리에서는 일반적으로 상대방의 신분을 부르는 것을 좋아한다. 그 방법은 이부장(李部长), 장국장(张局长), 조주임(赵主任), 황교수(黄教授), 유처장(刘处长)과 같이 '성+직무/직위'로 부르는 것이다. 이러한 호칭은 상대방에 존경을 나타내며, 또 한편으로는 자신의 신분과 지위에 대한 사람들의 중시를 나타내 보임으로써 호칭되는 사람에게 일종의 자부심을 갖게 한다.

2. '国骂(중국의 대표 욕)' 속의 신분제 사상

중국에서 사람을 욕할 때 흔히 사용하는 '他妈的tāmāde(제기랄)'라는 말이 있는데, 루쉰(鲁迅)은 이를 장난삼아 '国骂guómà'이라고 하였다. 소위 '国骂'에는 대개 두 가지 의미가 있다. 하나는, 보편성이 있어 각 지역마다 사람을 욕하는 말이 존재한다는 것이다. 다른 하나는 그것이 중국 특유의 말이라는 것이다. 이 때문에 외국 유학생들은 이를 소설에서 보거나 대화 중에 듣게 되면 어찌해야 좋을지 몰라 당황하게 된다. 『고급구어(高级口语)』(下)[4]의 제13과 「용수구(龙须沟)」에는 다음

대화가 나온다.

> 赵老 : …… 好嘛, 沟一堵死, 下点儿雨, 咱们这儿还不成了海? 咱们就又捐钱, 说别堵啊, 得挖。可是, 沟挖了没有?
> 조씨 할아버지 : …… 그렇지, 도랑이 꽉 막혔으니, 비가 조금만 내려도 우리 여기는 바다가 되지 않겠어? 그러면 우리는 또 의연금을 내야 하니, 막히지 않게 하려면 말이야, 파내야지. 그런데 도랑 파냈어?

> 四嫂 : 他妈的, 那些钱又让他们给吃了, 丫头养的!
> 넷째형수 : 제기랄, 그 돈을 또 그 사람들이 해먹었어요, 계집애가 기른 것들이!

> 大妈 : 四嫂, 嘴里干净点儿, 这儿有大姑娘。
> 큰어머니 : 넷째 동서, 말 좀 곱게 해. 여기 큰 아가씨 있어.

> 二春 : 他妈的。
> 얼춘 : 제기랄.

> 大妈 : 二春!
> 큰어머니 : 얼춘!

위 대화에는 '他妈的'라는 말이 두 차례 나오는데, 글을 읽다가 여기서 멈추지 않는 학생이 없었다. 교사가 이 말은 사람을 욕하는 비속어라고 알려주자, 그들은 또 왜 사람을 욕할 때 '他妈的'를 사용하는지를 궁금해 했다. 그렇다면 '他妈的'는 도대체 무엇을 의미하는 걸까? 중국인이라면 말하지 않아도 이 말이 상대방의 엄마를 욕함으로써 결국 상대방을 욕하는 것임을 안다. 그러나 이를 어느 나라 말로 번역하더라도, 번역해놓고 보면 논리적으로도 맞지 않고 이도저도 아닌 터무니없는 말로 되어버린다. 왜냐하면 많은 나라의 언어에 상대방 본인을 욕하는 말만 있을 뿐, 그 원망을 무고한 어머니에게 덮어씌우지는 않기 때

---

4) 역자주 : 陈如等编著, 北京大学出版社, 1989.

370 제3편 문화와 교류

문이다.

'他妈的' 이외에도 중국어에는 이와 유사하게 사람을 욕하는 말이 많다. 그 말들의 공통점은 바로 하나같이 상대방의 부모나 상대방을 보잘것 없는 놈으로 욕한다는 점이다. 전자는 '×你大爷nǐdàyé', '×你妈nǐmā', '×你奶奶nǐnǎinai', '×你祖宗nǐzǔzong' 등과 같은 것이고, 후자는 '儿子érzi', '孙子sūnzi', '装孙子zhuāngsūnzi'와 같은 것들이다. 이러한 욕들은 정도에서 차이가 있는데, 뒤로 갈수록 정도가 높아진다. 이들은 문학작품이나 영화에 흔히 나타난다.

(1) 想转台就直说, 一人想包两个台, 赚两份钱, 我×你大爷的! 你们立刻给我滚, 我一分钱也不给!

다른 테이블로 가고 싶으면 솔직히 말해. 한 사람이 두 테이블을 뛰어서 두 몫을 벌려고 하면, 시발 니 할배 거시기! 너희들 꺼져. 난 한 푼도 못 줘. 너희들 당장 꺼져, 난 한 푼도 못줘! 张欣(장신)『今生有约(금생유약)』

(2) "你不懂? 俺×你祖宗, 你不懂谁懂?" 蛮牛怒吼, "老子们把你当人, 谁知道你是个畜牲。

"너 모른다고? 아 씨발, 네가 모르면 누가 알아?" 사나운 소처럼 고함치고는, "노인네들이 널 사람 취급하지만, 네놈이 짐승이라는 걸 누가 알겠어!" 古龙(구룡)『英雄无泪(영웅은 눈물을 흘리지 않는다)』

(3) 咱们一个屋住过, 我才跟你这么说, 咱们也都别装孙子, 我只问你一句话, 房子你想不想住? 这副处长你想不想当?

우리가 한 방에서 살았었기에 내가 너에게 이렇게 말하는 거야. 우리 모두 모른 척 하지 말고, 내가 한 마디만 물을게. 그 집에서 너 살거야 말거야? 이 놈의 처장 자리 너 맡을 생각 있는 거야 없는 거야? 刘震云(리우전윈)『单位(단위)』

이외에도 중국인들은 또 자신의 행위를 저주하기도 하는데, 이는 대부분 가정에서 발생한다. 주로 자녀가 말을 듣지 않거나 부모가 자녀를 어찌할 수 없을 때 이런 말을 하는데, 유학생들은 역시 이해하기가 어렵다. 이러한 어려움은 특히 문학작품을 읽을 때 흔히 봉착한다. 라오서(老舍)(1899~1966)의 『용수구』 제2막에는 이러한 단락이 있다.

赵老 : (狂笑)卫生捐? 卫生───捐! (再狂笑)丁四, 哪儿是咱们的卫生啊! 刘巡长, 谁出这样的主意, 我×他的八辈祖宗! (丁四挽他入室)
조씨 할아버지 : (미친 듯이 웃으며) 위생을 기부한다고? 위생-기부! (또 미친 듯이 웃으며) 딩스(丁씨 집안의 넷째)야, 어디가 우리의 위생이지! 리우 순경 주임, 누가 그런 생각을 해냈는지, 빌어먹을 놈! (딩스가 조씨 할아버지를 부축하여 방으로 들어간다.)

巡长 : 唉! 我有什么办法呢?
순경 : 어휴! 전들 무슨 수가 있어요?

大妈 : 您可别见怪他老人家呀! 刘巡长! 要是不发烧, 他不会这么乱骂人的。
아주머니 : 노인네 너무 나무라지 마세요! 리우 순경주임! 열이 나지 않으면, 그렇게 사람을 막 욕하지는 않아요.

二春 : 妈, 你怎么这么怕事呢, 看看咱们这个地方, 是有个干净的厕所, 还是有条干净的道儿? 谁都不管咱们, 咱们凭什么交卫生捐呢?
얼춘 : 엄마, 엄마는 왜 그렇게 시끄러워지는 걸 싫어해. 우리가 살고 있는 여길 좀 봐요. 깨끗한 변소가 하나 있어요, 길 하나 깨끗한 게 있어요? 아무도 우릴 신경 써 주질 않는데, 우리가 뭐 때문에 위생 기부를 해요?

大妈 : 我的小姑奶奶, 你少说话! 刘巡长, 您多担待, 她小孩子不懂事。
아주머니 : 고집불통 아가씨, 그만 하세요! 리우 순경주임님, 좀 이해해 주세요. 어린 애가 철이 없어서 그래요.

한번은 한 일본 연수생이 필자에게 '×他的八辈祖宗tādebābèizǔzong

(조상 8대를 욕하는 말)'과 '我的小姑奶奶wǒdexiǎogūnǎinai(나의 작은 고모님. 말썽쟁이 고집불통 아가씨)[5]'의 의미, 특히 뒷말의 의미가 무엇이냐고 물었다. 왜냐하면, 앞의 말은 위의 글을 통해서 사람을 욕하는 말임을 알아차릴 수 있지만, 뒤의 말은 아무런 암시도 없기 때문에 얼춘의 어머니가 왜 얼춘을 '姑奶奶gūnǎinai(고모할머니)'라고 했는지 이해할 수 없기 때문이다. 뭔가 착각하신 건 아닐까? 사실 이들은 전혀 잘못된 말이 아니다. 뒷말도 앞말과 마찬가지로 사람을 욕하는 말인데, 차이라면 단지 전자는 남을 욕하는 말이고, 후자는 자신을 욕하는 말이라는 것이다. 얼춘의 어머니는 자기 딸을 '姑奶奶'라고 부름으로써 한편으로는 자신이 딸에게 어찌 할 도리가 없음을 나타내고, 다른 한편으로는 부탁의 의미도 담겨 있다. 이와 유사한 것으로는 '祖宗zǔzōng(조상님)', '小祖宗xiǎozǔzōng(작은 조상님)', '我的小祖宗wǒdexiǎozǔzōng(나의 작은 조상님)'[6] 등이 있다.

중국어에는 이와 유사한 욕들이 대량으로 존재하는데, 그 근원을 따져보면 역시 등급제도와 밀접한 관계가 있다. 등급제도 아래에서 자신의 신분은 그가 속한 가족의 부속품에 불과하여 지위가 윗사람보다 훨씬 더 비천하다. 또 신분제가 중국인들이 독립적 인격과 자아의식의 개념을 가지지 못하도록 결정하였기 때문에, 남이 자기 자신을 욕하는 것에는 치욕을 느끼지 않으나 자신의 집안 어른이나 손아랫사람을 욕했을 때 마음속의 가장 신성한 감정을 찔린 듯 아픔을 느끼므로 사람을 욕하는 목적이 달성된다.

---

5) 역자주 : 말을 잘 듣지 않고 말썽을 피우는 젊은 여성을 책망하며 부르는 호칭.
6) 역자주 : '祖宗', '小祖宗', '我的小祖宗' 등은 옛날 신분제 사회에서 노비가 나이 어린 주인을 부르는 호칭이었으나, 현재는 주로 부모나 어른이 고집스러운 어린 아이를 원망하거나 책망할 때 주로 사용함.

부록 : 친족관계 도표

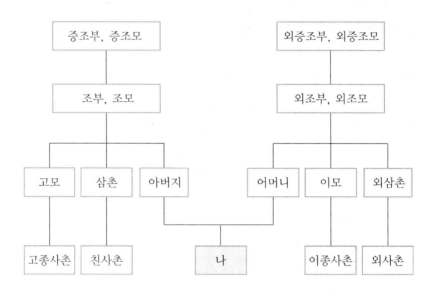

제3장 지위에 대한 숭배와 근심

    지위에 대한 숭배와 근심은 중국 사회의 중요한 특징 가운데 하나이자 사회문제로, 그 심각성이 일본이나 한국 등 기타 동양 국가에 못지 않다. 중국, 일본, 한국은 사회에서 사람들 사이에 상대적 역할의 지위로 말이나 행동의 패턴을 결정한다. 부모는 자녀보다 지위가 높고 선생님은 학생보다 높다. 상사는 부하보다 높고 권세가 높은 사람은 권세가 낮은 사람보다 높다. 높은 자리에 있는 사람은 늘 권위, 독단, 지배, 노기 등을 얼굴 표정에 드러내고, 아래 자리에 있는 사람은 겸손, 순종, 경청 등을 드러낸다.[1] 언사에 있어서도 높은 자리에 있는 사람은 늘 호령하고 명령하며, 자기의 말에 의심을 용납하지 않는다. 반면, 낮은 자리에 있는 사람은 오로지 윗사람이 하자는 대로 순종하기만 하며, 무언가 말을 하려다가도 그만 둔다. 아랫사람은 늘 지위의 규범에 어긋날까 걱정을 한다. 중국에 '伴君如伴虎bànjūnrúbànhǔ(임금을 모시는 것은 호랑이를 모시는 것이나 마찬가지다)'라는 옛말은 바로 이러한 심리상태를 이른 것이다. 이것이 장기간 지속되면 지위에 대한 근심이 생겨난다. 반면, 다른 한편으로는 지위에 대한 숭배도 생겨나서, 사람들은 자신이 어느 날 아침 고속 승진하여 모두들 떠받들고 부러워하는 대상이

---

1) 저자주 : 张老师月刊编辑部, 『中国人的人情与面子』, 中国友谊出版公司, 1990 참조.

되기를 바란다.

지위에 대한 근심이 출현하게 되는 원인은 다음 두 가지로 귀납할 수 있다.

첫째, 전통 교육의 영향이다. 중국에서 가정교육이나 학교교육은 모두 지위에 따른 규범을 학습하고 익혀가는 것을 매우 중시한다. 우리는 귓가에 늘 다음과 같은 말을 듣게 된다. '他是你爸爸tāshìnǐbàba, 你怎么能这样呢?nǐzěnménéngzhèyàngne(그 사람이 너희 아버지인데, 너 어떻게 그럴 수 있니?)' '她是你妈tāshìnǐmā, 你怎么跟她说话呢?nǐzěnmegēntā-shuōhuàne(그 여자가 네 엄마인데, 너 어떻게 엄마에게 그런 말을 하지?)' '你这孩子怎么没大没小的?nǐzhèháiziněnmeméidàméixiǎode(너란 아이는 어떻게 위아래도 없니?)' '你敢跟我顶嘴nǐgǎngēnwǒdǐngzuǐ, 反了你吧!fánlenǐba(네가 감히 나에게 말대꾸 하다니, 고약한 놈!)' 공융(孔融)이 배를 양보한 이야기는 아이들의 귀에 너무나도 익숙하다. 아이들은 말을 듣지 않고 어른과 상사를 존경하지 않거나, 어른에게 말대꾸를 할 때 주로 욕을 먹는다. 학교에 입학한 다음에는 선생님이 부모를 대신하기에, 중국에는 '一日为师yírìwéishī, 终生为父zhōngshēngwéifù(하루 스승은 평생 아버지이다)'라는 옛말도 있다. 또한, '听老师的话tīnglǎoshīdehuà(선생님의 말씀을 들어야 한다)', '他是老师tāshìlǎoshī, 你怎么能和老师顶嘴呢?nǐzěnménénghélǎoshīdǐngzuǐne(그분이 선생님인데, 너 어떻게 선생님께 말대꾸를 할 수 있니?)' 등은 이미 상투적인 말이 되어버렸다. 이처럼 가정과 학교에서 반복적으로 주입하고 훈련시킨 결과는 필연적으로 사람들의 마음속에 지위에 대한 근심이 뿌리내리고, 이러한 근심을 생기게 하는 원동력이 되었다.

둘째, 아랫사람에 대한 윗사람의 통제 때문이다. 중국 전통 사회의 오륜(五伦: 군신, 부자, 형제, 부부, 친구) 중 네 가지는 상하관계이고, 전통적으로 모두 그들 간의 상호 의존적 감정을 강조한다. 아랫사람은 윗사람에게 의지하고, 윗사람은 이에 보조를 맞춘다. 한 실험에 의하면, 실험에 참가한 사람들은 자신이 어른이나 상사의 환심을 얻지 못할 것을 걱정함으로써 지위에 대한 근심이 생겨났다. 이는 구체적으로 기대에 부응하지 못하면 어떡할까, 자신의 결점이 드러나 윗사람에게 좋지 않은 인상을 주면 어떡할까 등등으로 나타난다.[2]

연구[3]에 따르면, 지위에 대한 근심의 표현도 차이가 있다. 조직 내에서 선생님과 학생, 상급자와 하급자는 조건적 관계이며, 관계의 존재도 시간적 제한이 있다. 때문에 학생과 하급자의 지위에 대한 근심은 '멀어지는' 방식으로 나타난다. 그들은 상급자나 선생님의 면전에서 지나치게 조심하고 신중해 하는 모습을 보이고, 무조건 머리를 끄덕이며 순종하려는 반응이 비교적 많다. 흔히 사람들이 무서워하는 선생님이나 상급자는 대부분 엄격하다는 특징을 가지고 있다. 비록 '보기에는 엄격해도 실제로는 온화하다(望之儼然, 卽之也溫)'고 해도,[4], 아랫사람은 여전히 지위에 대한 근심을 하게 된다. 엄숙한 표정이 '호랑이' 효과를 만들기 때문이다. 반면, 가정에서 부자간과 모자간의 관계는 무조건적이고 시간의 제한을 받지 않아서, '멀어질 수'도 없을뿐더러 오히려 '의존'의 경향이 나타난다. 이 때문에 흔히 어른의 기대에 못 미칠까봐 두려움으로 인한 근심이 나타나고, 이것이 행동으로는 말수가 적어지거나 함부로 성질을 부리는 것으로 나타난다.

지위에 대한 숭배와 근심은, 중국어의 경우 어른이 아랫사람에게, 상

---

2) 저자주 : 张老师月刊编辑部『中国人的人情与面子』, 中国友谊出版公司, 1990.

3) 상동.

4) 역자주 :『(논어(论语)·자장(子张)』편에 나오는 말로, 전체 문장은 다음과 같다.
'子夏曰 : "君子有三变 望之俨然, 则之也温, 听其言之厉。 (자하가 말하였다.
"군자는 세 가지 변함이 있으니, 멀리서 바라보면 엄연하고, 가까이서 보면 온화하고, 그 말을 들어보면 명확하다.")

사가 부하에게 명령문이나 긍정문을 주로 사용하는 것으로 나타난다. 예를 들면 '把门关上bǎménguānshang(문 닫아)', '把手洗一洗bǎshǒuxǐyixǐ (손 좀 씻어)', '给我倒杯水gěiwǒdàobēishuǐ(물 한 잔 줘)', '上床睡觉 shàngchuángshuìjiào(침대에 가서 자)', '明天早点来míngtiānzǎodiānlái(내일 좀 일찍 와)'등이다. 구체적인 예를 살펴보기로 하자.

周萍 : 爸, 我想下去, 歇一会。
저우핑 : 아빠, 전 내려가서 잠시 쉴게요.

周朴园 : 不, 你不要走。我有话跟你说。(向冲)你告诉她, 说克大 夫是个有名的脑病专家, 我在德国认识的。
저우퍄오위안 : 안 돼, 가지마. 내가 너에게 할 말이 있어. (저우충에게) 너 그 녀에게 알려줘. 커 의사선생님은 유명한 뇌질환 전문가인데, 내가 독일에서 안 거라고.

周冲 : 听见了。(走了两步)爸, 没有事啦?
저우충 : 알았어요. (두 걸음 가다가) 아빠, 별일 없으시죠?

周朴园 : 上去吧。
저우퍄오위안 : 올라가!

[冲由饭厅下。]
[저우충은 식당에서 내려간다.]

周朴园 : (回头向四凤)四凤, 我记得我告诉过你, 这个房子你们没 有事就得走的。
저우퍄오위안 : (고개를 돌려 스펑에게) 스펑아, 내 기억으로는 너희들 별일이 없으면 이 집에서 나가라고 말한 거 같은데.

鲁四凤 : 是, 老爷。
루스펑 : 그렇습니다, 나으리.   (曹禺(차오위)『雷雨(뇌우)』)

위 단락은 차오위(曹禺)의 희곡 『뇌우(雷雨)』속의 한 대화이다. 저우쟈오위안은 저우핑과 저우충의 아버지이고 루스펑은 주周씨 집안의 하녀이기 때문에 저우쟈오위안의 많은 말, 예를 들어 '你不要走 nǐbúyàozǒu(너 가지마)', '你告诉她nǐgàosutā(네가 그 여자에게 알려줘)', '上去吧shàngqùba(올라가)' 등이 모두 명령문이다.

조직 안에서 상사가 부하에게 업무를 지시할 때에는 주로 '必须bìxū (반드시)', '一定yídìng(꼭)', '务必wùbì(필히)', '不得bùdé(하면 안 돼)', '不bù…不行bùxíng(…하지 않으면 안 돼)' 등의 어구를 사용한다. 왜냐하면 이러한 어구들은 상사가 하는 말의 권위성과 확실성을 나타내기 때문이다. 업무와 관련이 없는 상황에서도 상사와 윗사람은 부하와 아랫사람에게 이러한 무주어無主語 명령문을 사용하는데, 이것이 오랜 세월을 거치면서 일종의 관료적인 말투, 즉 관료투를 형성하였다.5) 관료투란 곧 상사나 지도자가 말하는 방식이나 태도이다. 어떤 방식과 태도를 말하는가? 말을 할 때 말투에 자신의 특징이 베어있다는 것 외에 관료투는 주로 '啊a(아)', '这个zhège, 这个(이거, 이거)' 등의 말을 즐겨사용하는 것과 같은 언어적 특징을 말한다.

반대로 아랫사람은 윗사람과 말을 할 때 존경을 나타내기 위해 보통 먼저 호칭을 사용하거나 말하는 중간에 호칭을 사용한다는 것이다. 이는 앞의 예에서 알 수 있다. 저우핑과 저우충이 말을 할 때 둘 다 모두 먼저 '爸(아버지)'라고 불렀고, 하녀 루스펑이 저우위안쟈오와 말할 때에도 '老爷lǎoye(나으리)'라는 호칭을 사용하였다. 문장의 사용에 있어, 아랫사람은 '请您qǐngnín…(부탁드리겠는데…)', '您认为nínrènwéi… (생각하시기에…)', '您觉得nínjuéde…(느끼시기에…)', '您说怎么办 nínshuōzěnmebàn(어떻게 해야 할 지 말씀해 주세요)' 등과 같은 청유문과 완전한 문장을 많이 사용한다.

---

5) 저자주 : 张老师月刊编辑部, 『中国人的人情与面子』, 中国友谊出版公司, 1990.

반면, 유럽과 미주 국가는 이와 크게 다르다. 유럽과 미주 국가에서는 가정에서든 직장에서든, 윗사람이 아랫사람에게든, 상사가 부하에게 든 상관없이 일반적으로 'Will(Would)…', 'Shall(Should)…'처럼 같은 청유문이나 예의를 나타내는 문장 형식을 많이 사용한다. 중국의 가정에서 만약 아버지가 아이에게 '请你把窗户关上qǐngnǐbǎchuānghu-guānshang(창문 닫아 주세요)', '把衣服递给我, 好吗?bǎyīfudìgěiwǒ, hǎoma(옷을 내게 좀 건네주는 게 어떠니?)', '你能不能把我的衣服洗一洗?nǐnéngbùnéngbǎwǒdeyīfuxǐyixǐ(내 옷 좀 빨아 줄 수 있겠니?)' 등과 같은 부류의 말을 한다면 아이는 적응이 안 될 것이고, 남이 이를 듣는다면 틀림없이 그 가정은 질서가 없고 아버지는 아버지로서의 자격을 완전히 잃었다고 생각할 것이다.

지위에 대한 숭배는 중국어의 호칭에서도 나타난다. 중국어의 호칭은 매우 복잡하여 흔히 같은 사람이라도 장소에 따라 다른 호칭으로 불린다. 즉, 한 사람의 몸에 여러 개의 호칭이 붙게 된다는 것이다. 이렇게 되면 한 가지 문제가 생기게 되는데, 만약 한 사람이 직업에 따른 호칭을 가지고 있고, 또 친족 내에서의 호칭과 직책상의 호칭, 그리고 직위상의 호칭을 함께 가지고 있으면, 공식적인 자리에서 사람들이 이 사람을 부를 때 어떤 호칭을 우선적으로 선택할까? 당연히 직책상의 호칭을 우선적으로 선택하며, 그 다음이 직위상의 호칭이다. 직업상의 호칭, 특히 친족 내에서의 호칭은 거의 사용하지 않는다. 그 이유는 무엇인가? 근본적인 원인은 직책상의 호칭과 직위상의 호칭이 그 사람의 정치적, 사회적 지위를 나타내기 때문이다. 직책이 높을수록 사람들에게 불리어지기가 더 쉬운데, 이러한 현상은 사실상 일종의 지위 숭배이다. 재미있는 것은 만약 한 사람이 조장이나 계장등과 같이 직책이 낮거나 조교, 강사 등과 같이 직위가 낮으면, 비록 공식적인 자리에서더라도 직책이나 직위를 부르지 않고 주로 직업 호칭을 부른다. 표면적으로 보면 이는 지위 숭배와 별로 관계가 없는 것 같지만, 깊이 생각해보면 사실상 이 역시 일종의 지위 숭배의 표현임을 발견하게 된다. 불리어지는 사람의 입장에서도 다른 사람이 자신의 직책이나 직위를 부르기를 바라지 않는다. 왜냐하면 객관적으로 말해 직책이나 직위가 낮다는 것은 정치적, 사회적 지위가 별로 없음을 의미하는데, 만약 다른 사람이 이를 사용하여 자신을 부른다면 도리어 조롱한다는 의심이 들기 때문이다. 부르는 사람의 입장에서도 똑같은 심리가 존재하기 때문에, 상대방이 난처해하거나 오해를 하지 않도록 하기 위해 상대방을 부를 때 직책이나 직위를 사용하기를 꺼린다.

중국에서는 또 다른 사람을 부를 때에 고의로 그의 호칭을 높여서 부르는 현상도 있다. 예를 들면, 어떤 사람이 분명히 '副部长fùbùzhǎng(부부장)', '副局长fùjúzhǎng(부국장)', '副教授fùjiàoshòu(부교수)'와 같이 '副fù(부)'의 직위이지만, 그를 부를 때는 '부(副)'자를 빼고 곧바로 '×部长(×부장)', '×局长(×국장)', '×教授(×교수)'라고 부른다. 사람을 높여서 부르는 이러한 현상도 분명히 일종의 지위 숭배의 표현이다. 이렇게 부름으로써 상대방의 지위와 신분을 드러내 보일 수 있으며, 반대로 만약 사실대로 부르면 상대방을 존경하지 않거나 무시한다는 느낌을 줄 수 있다.

지위 숭배의 또 다른 표현으로, 사람을 소개할 때 항상 직책이 높은 사람부터 시작한다는 것이다. 중요한 인물을 먼저 소개한 후 이어서 그 다음 중요한 인물의 순서로 차례대로 소개를 한다. 즉, 자신의 선호에 따라 소개를 할 수는 없다. 만약 그렇지 않을 경우에는 불필요한 오해를 살 수도 있다. 또 이름을 열거할 때도 마찬가지로 방법으로, 지위가 높은 사람을 앞에, 지위가 낮은 사람을 뒤에 둔다. 외국에서는 저작자가 한 사람이 아닐 경우, 일반적으로 성씨의 발음순서에 따라 열거하지만 중국에서는 특별히 성씨의 발음순 혹은 필획순으로 이름을 나열한다고 밝히지 않는 이상, 일반적으로 앞에 있는 사람이 더 중요하고, 뒤에 있으면 중요성이 떨어진다는 '규칙'을 따른다. 이러한 '규칙'은 사회적으로도 보편적인 인정을 받아, 중국의 고등교육기관 연구 통계에서 복수의 저자가 공동으로 발표한 논문의 경우 제1저자가 가장 중요하고, 두 번째, 세 번째 저자의 중요성은 차례로 낮아진다. 바로 이 때문에 저작권의 이름을 열거할 때 분쟁도 많이 발생한다.

제4장 '自己人(내편)'과 '外人(니편)'

　중국인은 친척 관계를 매우 중시한다. 그러므로 일상생활에서 자연
히 '自己人zìjǐrén(내편)'과 '外人wàirén(니편)'을 구분하였다. 이른바, '自
己人'이란 자기와 어떤 관계가 있는 사람, 예를 들면 친척관계, 동료관
계, 상하관계, 사제관계 또는 친구관계 등을 말한다. '外人'이란 자기와
어떠한 관계도 없는 사람을 가리킨다. 바로 이 때문에 어떤 일을 하기
전에는 반드시 먼저 '自己人'인지 '外人'인지 구분을 한다.
　'自己人'이라면 나와 '有关系yǒuguānxi(관계가 있다)'임을 말하고, 이
는 곧 '要紧yàojǐn(중요하다)'임을 의미하므로 반드시 '关照guānzhào(돌
보다)'하게 된다. 하지만 나와 '没关系méiguānxi(관계가 없다)'이면 자연
히 '不要紧búyàojǐn(중요하지 않다)'이며 '无所谓wúsuǒwèi(상관없다)'가
된다. 상대가 '自己人'인지 '外人'인지에 따라 일처리 방식과 태도도 크
게 달라진다. 만약 '自己人'이라면 모든 일처리가 수월하여 말 그대로
'大事化小, 小事化了dàshìhuàxiǎo, xiǎoshìhuàliǎo(큰 일은 작게 만들고, 작
은 일은 없게 만든다)'이다. '나'의 부분은 가능한 한 축소하고, 상대방
의 권익이 최대가 되도록 한다.
　중국인들이 항상 즐겨 말하는 '注重人情zhùzhòngrénqíng(인정을 중요
하게 생각하고)', '谦和礼让qiānhélǐràng(겸허하고 온화하고, 예의를 갖춰
사양하는)' 등의 미덕은 사실상 대부분이 '自己人'을 두고 한 말이다.
'自己人'에 대해서는 자신의 권익이 침해를 당하더라도 드러내지 않고

참음으로써 상대방이 난감해하지 않도록 한다. 만약 '外人'인 경우에는 일을 공적이고 원칙적으로 처리하고 의논의 여지를 남기지 않음으로써, 부지불식간에 '我'라는 부분이 밖으로 확장되어 다른 사람의 이익을 밀어낸다. 중국인의 이른바 '内外有別nèiwàiyǒubié(안과 밖은 다르다)'는 말은 사실 바로 '自己人'과 '外人'을 가리키는 것이다.

　　일상생활 속에서 이러한 예는 아주 많다. 이 문제를 가장 잘 설명할 수 있는 것은, 로 차가 충돌하였을 경우이다. 이때 흔히 당사자는 몹시 화를 내면서 주먹을 문지르고 손바닥을 비비며 때릴 태세를 하고, 심지어는 입에 담지 못할 욕을 하겠지만, 일단 상대방이 친한 사람이거나 아는 사람임을 발견하게 되면 가득 차 있던 노기는 곧바로 연기처럼 사라진다. 심지어는 화가 반가움으로 바뀌면서 예의를 다하여 양보하고 '哎呀!āiyā! 早不知是你zǎobùzhīshìnǐ, 真不好意思zhēnbùhǎoyìsi。(아이구! 진작 알아보지 못해 정말 죄송합니다)'나 '没关系méiguānxi, 没关系, 反正又没撞坏fǎnzhèngméizhuànghuài。(괜찮습니다. 괜찮습니다. 아무튼 망가지지 않았는데요 뭐.)'라면서 사과도 할 것이다. 중요한 것은 일의 책임이 누구에게 있는지가 아니고, 그 사람을 아는지 여부, 즉 '自己人'인지 여부임을 알 수 있다.

　　필자는 다음과 일을 직접 겪은 적이 있다. 한번은 필자가 한 친구와 자전거를 타고 놀러 나갔는데, 한 비탈길에서 그 친구가 자전거를 타자마자 뒤에서 빠른 속도로 달려 내려오는 자전거에 부딪혀 사람과 자전거가 멀리 내동댕이쳐지고 말았다. 쌍방이 모두 땅바닥에 뒤엉켜 넘어져서 한참동안 일어나지 못했다. 필자의 친구는 땅에 넘어진 채, 화를 삭이지 못하고 자신을 들이받은 사람을 큰 소리로 책망하였는데 그 속에는 귀에 거슬리는 말도 섞여 있었다. 그런데 일어나서 보니 자신을 부딪친 사람이 사실은 자기 모교의 동문임을 알게 되었다. 이때 친구의 얼굴에는 온통 화난 기색으로 가득 차 있었지만, 말투는 훨씬 부드러워졌다. 또 상대방이 쉴 새 없이 사과하니 그 친구도 끝내는 머쓱해졌고, 몇 번이나 '你怎么这样骑车呢?nǐzěnmezhèyàngqíchēne(너 어찌 자전거를 이렇게 타니?)', '没事méishì, 没事. (괜찮아, 괜찮아)'라고만 말할 뿐이 었다. 그런데 그는 허벅지에 커다란 멍이 들었다는 것은 나중에 발견하 였다.

'自己人'이 이처럼 중요하기 때문에 중국인들은 다른 사람과 교제를 할 때 자기가 상대방의 '自己人'임을 나타내기 위해 친근해지려는 습관 이 생겼다. 즉 상대방과 관계를 맺으려고 노력하는 것이다. 일상생활에 서 교제 시 중국인들은 늘 '都是自己人dōushìzìjǐrén, 没关系. (모두가 우리 편이니 괜찮아요)'라거나 '都是自己人, 没什么不好意思的méishénmebùhǎoyìside. (모두가 우리 편 사람인데 뭐 미안해 할 거 없어요.)' 라는 부류의 말을 한다. 이러한 말들은 사실 상대방에게 화자 자신이 상대방의 '自己人'이므로 문제가 있으면 해결하기가 쉬움을 암시한다. 『고급구어(高级汉语)』(上)[1]의 제6과 「知趣zhīqù(눈치가 있다)」에는 다 음 단락이 나온다.

> 郭处长站了起来, 背着手, 踱着步, 来到我的提包跟前:"汪 工, 您来就来得了, 还带东西干啥, 真见外……想趁这次分房往下 调调是吧? 问题不大, 您是老知识分子, 住房理当优先, 再说, 咱 又是上下楼邻居, 等研究这事, 我说一声就得了.
>
> 궈(郭)처장은 일어나 뒷짐을 지고서 천천히 내 손가방 앞으로 걸어와서 말 했다. "왕궁, 그냥 오시면 되죠. 또 뭘 들고 왔어요? 정말 남처럼…… 이번에 집 분배 기회에 좀 앞 순서로 옮겼으면 해서 그렇죠? 별 문제 없어요. 당신은 노학자이니 주거하는 집을 당연히 우선배정 해드려야지요. 게다가 우린 또 아 래위층 이웃이잖아요. 이 일을 논의할 때 내가 한마디만 하면 돼요."

---

1) 저자주 : 陈如외 편저, 华语教学出版社, 1989.

집을 바꾸는 일은 아주 번거로운 일인데, 궈(郭)처장은 찾아온 사람이 들고 온 선물을 보고서 곧바로 태도를 바꿔 온화하게 아주 쉬운 일이라고 말한다. 찾아온 사람을 안심시키기 위해 또 특별히 '咱们又是上下楼邻居。zánmenyòushìshàngxiàlóulínju(우린 또 아래위층 이웃이니)'라고 강조하였는데, 그 의도는 바로 우리는 서로 관계가 있으며 당신은 '自己人'이니 일이 틀림없이 해결될 거라는 것이다.

친근해지려고 하는 이러한 습관은 일상생활에서도 비일비재하다. 예를 들어보자.

> "王亚茹!", 刘燕完全是一时的冲动, 要逗逗闷子, 喊了一声。
> '왕야루(王亚茹)!' 리우옌(刘燕)이 순전히 일시적 충동으로 장난삼아 소리를 질렀다.
>
> 亚茹一愣, 一时想不起来这个年轻的姑娘是谁。
> 야루는 순간 멍해져서, 이 젊은 아가씨가 누구인지 한순간 생각이 떠오르지 않았다.
>
> "怎么, 不认识了? 咱们以前还沾点亲呢!"
> "왜, 모르겠어? 우리 이전에 먼 친척이기도 했잖아!"
>
> 郑万隆·李晓明(정완룽·리샤오밍) 「渴望(갈망)」

이 글에서 맨 마지막 문장은 아무런 쓸모도 없는 것 같지만, 사실은 역할이 매우 크다. 이 문장은 왕야루가 리우옌과 관계가 있으며 리우옌이 '自己人'임을 밝히고 있는데, 이로써 쌍방의 관계가 가깝게 당겨지게 된 것이다.

일상생활에서 우리는 또 없는 관계를 만드려는 습관이 있다. 예를 들면, 서로 전혀 모르는 남자 청년 둘이 만났을 때 만약 한 쪽이 다른 한 쪽에게 길을 묻는 등의 부탁을 할 것이 있으면, 보통 상대방을 '哥儿们儿gērmenr(형님)[2]'이라고 부른다. 이렇게 하면 상대방은 마치 서로 잘 아는 친구이거나 '自己人'같이 느껴져서 도와주지 않거나 상대방이 알고자 하는 일을 알려주지 않으면 자연히 미안해진다.

또 다른 예를 들어보자. 두 사람이 처음 만났는데, 그 가운데 한쪽이 어떤 사람의 소개로 왔다면 그는 이야기를 나눌 때 여러 차례 자기와 소개한 사람과의 관계를 드러내기 위해 '他是我哥哥的老师。 tāshìwǒgēgedelǎoshī(그는 우리 형의 선생님인데요)', '他是我妈妈的同学。 tāshìwǒmāmadetóngxué(그는 저희 어머니 친구인데요)'와 같은 부류의 말을 한다.

다음은 일상생활에서 자주 들을 수 있는 대화이다.

> A : 你贵姓? 성씨가 뭐예요?
> B : 我姓王。 저는 왕씨입니다.
> A : 我也姓王。 저도 왕씨예요.
> B : 咱们还是本家呢(没准儿五百年前还是一家呢)!
> 　　우리 같은 성씨네요.(아마 오백년 전에는 한 집안이었을 거예요.)

표면적으로 보면 쌍방이 한 말은 만난 목적과 관계가 없는 것 같지만, 사실은 관계가 아주 밀접하다. 왜냐하면, 관계를 명확히 한 후에는 쌍방이 모두 상대방이 '自己人'이라고 느끼게 되고, '自己人'인 이상 당연히 속마음도 털어 놓을 수 있고 상대방에게 서로 편의도 제공하게 되는데, 이렇게 되면 자연히 일이 성공할 가능성도 높아지기 때문이다.

중국어의 호칭도 '自己人'과 '外人'의 개념을 나타낸다. '师傅shīfu(사부님)'라는 단어는 처음에 사제지간(師弟之間)에 사용되었지만, 20세기 80년대에는 사용 범위가 아주 넓어졌다. 그 당시에는 제자가 선생님을 '师傅'라고 불렀을 뿐만 아니라 심지어 고객이 상점의 판매원에게,

---

2) 역자주 : '형제들'의 의미로, 동년배나 친구 사이에 친밀감을 나타내는 호칭.

승객이 매표원에게, 심지어 학생이 학생에게도 모두 '師傅'라고 불렀다. (상세한 내용은 이 책 「호칭」편을 참고하기 바람) 그 원인을 따져보면 이 역시도 '自己人', '外人'과 관계가 있음을 알게 된다. '師傅'라는 말로 다른 사람을 부르는 것은 일종의 존경의 표시(상대방을 자신의 선생님으로 간주)이면서 동시에 화자와 청자의 관계를 한층 더 가깝게 만들어 두 사람은 서로 낯설지 않고 사제관계인 것처럼 느낀다. 이로써 청자는 화자를 자연히 '自己人'의 범위 안에 포함시키기 때문에 교제의 성공 가능성이 높아진다. 일상생활에서 중국인이 습관적으로 가족의 호칭을 사용하여 다른 사람을 부르는 목적도 이와 유사하다.

'自己人'과 '外人'의 사상은 호칭뿐만 아니라 속담에서도 나타난다. 예를 들면, '胳膊总是要往里弯。gēbozhǒuzǒngshìwǎnglǐwān(팔은 늘 안쪽으로 굽는다)'는 말은 늘 내 편을 감싼다는 것을 비유하고, '肥水不流外人田。féishuǐbùliúwàiréntián(기름진 물은 남의 논에 흘러들어가지 않게 한다)'는 말은 좋은 일이나 편의를 남이 차지하도록 내버려두지 않음을 비유한다. '一家人不说两家话。yìjiārénbùshuōliǎngjiāhuà(한 집안 사람끼리 두 집 말을 하지 않는다)[3]'는 속담은 내편끼리는 남같이 대할 필요가 없음을 비유하였으며, '大水冲了龙王庙, 自家不认自家人。dàshuǐchōnglelóngwángmiào, zìjiābúrènzìjiārén(큰물이 용왕의 사당을 쓸어가 버려 자기 집 사람도 몰라본다)[4]'는 말은 자기편에게 불리한 일을 하는 것을 가리킨다. 이들은 모두 '自己人'과 '外人'의 차이를 나타낸다.

---

3) 역자주 : 자기 집안사람에게는 격식을 차리지 않고 솔직하게 말한다는 의미.
4) 역자주 : 유사한 표현으로 '大水淹了龙王庙——不认自家人(홍수가 용왕의 사당을 쓸어가 자기편도 몰라본다.)', '大水冲了龙王庙, 自家人打自家人(홍수가 용왕의 사당을 쓸어가 자기편도 (몰라보고) 때린다.)'라고도 한다.

제5장 인정과 체면

'人情rénqíng(인정)'과 '面子miànzi(체면)'는 중국인들이 일생 동안 가장 중요하게 생각하는 일이다. 중국인들은 거의 이 두 가지 일을 위하여 살아간다고 해도 전혀 과장된 표현이 아니다. 그렇다면, '人情'이란 무엇인가? '人情'은 사람과 사람 사이의 감정, 즉 사람과 사람이 함께 살아가는 도리이다. '我和这个人的关系不错。wǒhézhègeréndeguānxibúcuò (나는 이 사람과의 관계가 괜찮다)', '他和某人有关系。tāhémóurényǒuguānxi (그 사람은 어떤 사람과 관계가 있다)'에서 '关系guānxi(관계)'라는 것은 바로 정을 나누는 것을 가리켜서 말한 것이다. 만약 어떤 사람이 아주 많은 사람을 알고 그들과 정을 나누면 그 사람은 인맥과 연줄이 생기고, 이는 곧 일 처리하기가 매우 수월함을 의미한다.

'关系'는 한 사람과 다른 사람의 역할에 따른 지위를 나타내기도 한다. 사실 생활 속에서 우리는 모두 정해진 역할을 맡고 있고, 다른 사람과 각종 다른 관계들을 맺고 있다. 예를 들면, A와는 급우 관계이고, B와는 사제관계이며, C와는 동료관계이다. 이러한 각종 관계는 많은 사람을 함께 연결하여 하나의 '关系网guānxiwǎng(관계망)'을 형성하였다. 이 관계망이 바로 한 사람의 사회관계이다. 이들 관계를 묶어 놓는 것이 바로 각종 우의友誼이다. 우의에는 친한 사이와 소원한 사이도 있으며, 먼 사이와 가까운 사이도 있는데, 이러한 우의들이 곧 인간관계의 상호작용을 촉진하는 기초가 된다.

간단히 말하면, '关系'는 바로 한 개인과 다른 사람간의 인간관계의 상호작용 상태를 가리키는데, 여기에는 역할에 따른 지위관계와 친분관계도 포함된다. 인정이 많은 사람은 흔히 사람과 교제하는 데 능하고 다른 사람과 함께 살아가는 도리를 잘 분별하는 사람을 가리킨다. 다른 사람과 함께 살아가는 도리를 잘 분별한다는 것은, 전통에 비추어 말하면, 곧 사람 됨됨이가 예의바르고 예절을 중시하며 사회적 지위와 신분에 맞는 격식이 있어야 함을 말한다. 공자(孔子)는 '不学礼bùxuélǐ, 无以立wúyǐlì。[1]라고 하였다. 이는 예를 배우지 않으면 사회에서 제대로 발붙일 방법이 없다는 의미이다. 이것이 아마도 곧 사람이 살아가는 데 있어 가장 좋은 기준일 것이다. 그러면, '예'란 또 무엇인가? 예는 일련의 사회습관과 풍속 그리고 공인된 행위규범을 가리킨다. 『예기(礼记)·곡례상(曲礼上)』에는 예에 대해 명확한 경계를 정하고 있다.

礼尚往来, 往而不来, 非礼也; 来而不往, 亦非礼也。人有礼则安, 无礼则危。
예는 오가는 것을 중시하니, 가기만 하고 오지 않으면 예가 아니며, 오기만 하고 가지 않는 것도 역시 예가 아니다. 사람에게 예가 있으면 편안하고, 예가 없으면 위태롭다.

이상 몇 구절의 대략적인 의미는 다음과 같다. 다른 사람의 은혜를 입었으면 보답해야 하며, 보답하지 않으면 예의에 맞지 않고, 다른 사람의 보답을 받고도 은혜를 갚지 않는 것 역시 예의에 부합하지 않는다. 예의가 있어야 사람과 사람의 관계가 비로소 균형이 잡히고 안정되며, 그렇지 않으면 위태로움이 생긴다.

옛 중국은 몇 천 년 동안 기본적으로 모두 인치(人治)의 사회였기 때

----

1) 역자주: 『論語·季氏篇(논어* 계씨편)』

문에 법제관념(法制觀念)이 비교적 엷었다. 일찍이 주대(周代)에 이미 '삼전(三典)'2)을 제정하여 각 제후국을 다스렸고, 또 이후의 왕조에서도 각자의 법령을 가지고 있었지만, 역대로 '刑不上大夫xíngbúshàngdàfu(형벌은 대부 위에 있지 않는 것)'3)이었고, 백성들도 반드시 법률에 의해서 일을 처리하지는 않았다. 법대로 일을 처리할지의 여부는 '关系', 즉 '人情'에 달려있다. '关系'와 인정이 있으면, 큰일도 작아지고 작은 일도 없어진다. '人情'에 바로 이와 같은 매력이 있기 때문에, 오랜 세월을 거치면서 중국인은 '做人情zuòrénqíng(인정을 베푸는)'의 습관이 길러졌다. 미리 인정을 베풀어 자기의 인간관계 네트워크를 잘 짜 놓아야 때가 왔을 때 비로소 일처리를 잘 할 수 있게 된다. '人情风rénqíngfēng(인정을 베푸는 풍토)'이 이처럼 오랜 연원을 가지고 있으므로 중국에서 크게 성행하였다. 크게는 혼례와 장례, 작게는 사소한 일에 이르기까지 모두 인정을 베풀어야 한다. 이는 사람들의 일상생활 속에서 아주 중요한 일이자 또 아주 골치 아픈 일이기도 하다. 친척이 결혼을 하면 예물을 보내야 하고, 동료가 결혼을 하면 축의금을 내어야 하며, 이웃의 결혼에도 축의금을 내어야 한다. 지방에 따라서는 심지어 같은 마을에 사는 사람이 결혼을 해도 축의금을 내야 한다. 경조사비가 적게는 몇 십 위안(元)에서 많게는 백 위안, 천 위안을 넘기도 한다. 혼주는 받은 축의금이 많을수록 득의양양해 하고 체면이 선다고 여기고, 그렇지 않을 경우에는 체면이 서지 않는다고 생각한다. 하지만 즐거움이 극에 달하면 비애가 찾아온다는 말도 있듯이, 남에게서 그렇게 많은 경조사비를 받았다는 것은 곧 받은 사람에게 되돌려 주어야 하고,

---

2) 역자주 : 「三典」은 '輕, 中, 重' 세 종류의 형법을 뜻한다.

3) 역자주 : 유교의 대표적인 경전으로 꼽히는 『예기(礼记)』에는 '刑不上大夫, 礼不下庶人(형벌은 사대부에 미치지 못하고, 예는 서민 아래로 내려가지 않는다)'이라는 구절이 있다.

그들의 집안에 무슨 일이 생기면 자기도 반드시 가야 함을 의미한다.[4]

또한 중국에는 다른 사람이 '投之以李touzhiyili(나에게 오얏을 던져주면)'이면, 자기는 반드시 '报之以桃bàozhiyitáo(나는 반드시 복숭아를 던져준다)'[5]의 습관이 있다. 이는 남에게 많이 받을수록 갚아야 할 빚이 많음을 말한다. 하물며 중국인들은 남과 경쟁하려는 풍조까지 있다. 통계에 따르면, 중국에서 1년간 인간관계에 쓰는 금품이 많게는 백 억 위안(元)이상이라고 한다. '人情'으로 인해 집안이 기울고 가산을 탕진하며, 심지어 가정이 파괴되고 가족이 사망하는 비극도 언론에 종종 보도된다. '人情'에 얽매이는 이러한 풍조를 몹시 싫어하면서도 사람들은 이를 멈추기가 어렵고, 오히려 그 추세는 더욱 심해진다. 먹고 마시는 풍조가 지탄을 받는데도 사람들이 오히려 이를 즐기는 근본 원인도 '人情'에 있다. 주인과 손님이 술잔을 나누면, 원래 없던 인간관계도 생기면서 '人情'은 자연히 더욱 깊어지고 공고해 진다.

'人情' 외에 '面子'도 중국인들이 늘 입에 달고 사는 말이다. 예를 들어보자.

(1) 不是我不给你老爷子面子, 你不知道, 这二愣子是属驴的, 动不动就尥蹶子。
제가 어르신께 체면을 세워드리지 않는 건 아니잖아요. 어른신은 모르시잖아요. 저 덜렁이가 노새 띠라는 걸, 걸핏하면 뒷발질을 해대요.

『电影创作(영화창작)』1981年10期

(2) 话说回来, 不喜欢归不喜欢, 但一个院住着都碍着面子, 谁也不愿意露出不满的意思。
말을 원점으로 다시 돌려 얘기하자면, 좋아하지 않는 건 그렇다 해도, 한

---

4) 저자주 : 张老师月刊编辑部, 『中国人的人情与面子』, 中国友谊出版公司, 1990.
5) 역자주 : 『시경(诗经)·대아(大雅)·억(抑)』에는 '投我以桃, 报之以李。'라는 말이 있다. 모두 먼저 베풀고, 은혜를 입으면 보답을 해야 한다는 의미이다.

집 안에 살고 있어서 모두들 체면 때문에 아무도 불만을 드러내지 않아요.

宋连昌(쏭리엔창)『邻里情(이웃간의 정)』

(3) 周老太发现了他们, 赶上去拦住车 : "小蓝, 小杨师傅, 今天一定给我老太婆点面子, 喝杯喜酒再走。

주(周)씨 노부인이 그들을 발견하고는, 따라가 차를 가로 막고는 말했다. "샤오란, 양선생님, 오늘 이 늙은이 체면 좀 세워 주시어 축하 술 한 잔 하시고 가세요."

高型(까오싱)『屋顶鸳鸯(지붕 위의 앵무새)』

이들 예문 가운데 '给gěi···面子miànzi···(···체면을 세워주다)'와 '碍着面子àizhemiànzi(체면 때문에 거리끼다)'는 모두 자주 쓰는 표현이다. 그러면, '面子'란 무엇인가? '面子'란 첫째는 인정과 안면, 즉 정분과 면목을 말하고, 둘째는 표면적인 허영을 말한다. 여기서는 표면적인 허영에 대해서는 접어두고, 개인 간의 정분과 면목에 대해서 주로 이야기 하고자 한다.

일상생활 속에는 아주 많은 '체면 법칙'이 있어 일을 하고 사람들과 교류를 할 때 반드시 이를 준수하여야 하며, 그렇지 않으면 난관에 부딪힐 것이다. 예를 들어보자. A가 급히 B에게 책을 한 권 빌리려고 하는데 B가 아직 다 보지 않아서 A에게 빌려줄 수 없다고 하면, A는 '丢面子diūmiànzi(체면을 잃었다)'라고 느껴서 얼굴색이 변하면서 B를 친구로 생각하지 않을 것이다. 왜 그럴까? A의 입장에서 B가 자기를 거절했다는 것은 자기와 B의 친분이 아직 부족하다는 것으로, 그들의 관계가 아직 '铁tiě(쇠같이 단단하다)'가 아닌 것이다. 바로 이러한 법칙이 있기 때문에 일상 속에서 흔히 '사람(人)'과 '일(事)'이 구분되지 않는 현상, 즉 사람을 보고 일은 보지 않는 현상이 나타난다. 똑같은 일인데 다른 사람은 안 되던 것이 사람을 바꾸면 해결이 된다. 예를 들면, 땅바닥에다 침을 뱉다가 걸리면 벌금을 내야한다. 아는 사람이 없다면 의심할 여지없이 벌금을 물어야 할 것도, 아는 사람이나 친구라면 상황이 달라진다. 처벌하지 않을 수 있으면 처벌하지 않고 정말로 방법이 없다면 처벌하더라도 약하게 처벌한다. 만약 차별 없이 대한다면 아는 사람의 체면을 잃게 하는 것이고, 친구관계였다면 아마 이로 인해 관계가 단절될 수도 있을 것이다.

다른 사람에게 청탁을 거절당하는 것은 체면을 잃는 일이어서 개인의 존엄성에 큰 상처를 입게 된다. 예를 들면, 『고급중국어(高級汉语)』[6] (上) 제10과「친한 친구(老同学)」에는 다음 단락이 있다.

> 然而, 那天当我请他晚上开车到市郊换趟大米, 回来我们好 "二一添作五"时, 他却驳了我的面子。这事使我别扭了老半天。
>
> 그런데 그날 나는 그에게 저녁에 차를 몰고 교외로 가서 쌀을 한번 교환하고, 돌아와서는 "2등분 하자"고 부탁 했을 때, 그는 오히려 내 체면을 깎아 내렸다. 이 일은 나를 한동안 불편하게 하였다.

이야기인즉, '나'의 친한 친구 진샤오량(金小亮)은 공장에서 차를 모는 일을 하는데, 쌀을 바꾸러 가는데 회사차를 한 번 이용하자는 '나'의 제안을 그가 거절한 것이다. 이것이 큰일은 아니었지만 '나'는 체면을 잃었다는 생각에 마음이 편치 않았다는 것이다.

더욱 황당한 것은, 중국인의 초대를 받았을 때 만약 갈 수 없는 상황이면 상대방도 사정상 도저히 그럴 수밖에 없다고 느끼도록 아주 분명하게 이유를 설명하여야 한다는 것이다. 그렇지 않으면, 당신은 초대에 응하지 않음으로써 상대방에게 한 차례 수고와 번거로움을 덜 주었다 해도, 초대한 사람을 배려하는 이러한 호의는 부질없는 것이 되어버린다. 초대한 사람은 "你不够意思nǐbúgòuyìsi(너 의리 없어)", "不给面子 bùgěimiànzi(체면을 세워주지 않는군)"라고 말할 것이다. 중국 문화에서

---

6) 저자주 : 陈如等编著, 华语教学出版社, 1989.

는 '개를 때리는 데도 주인을 보는(打狗也要看主人)' 법이다. 『예기(礼记)·곡례상(曲礼上)』에는 '尊客之前不叱狗zūnkèzhīqiánbùchìgǒu(존귀한 손님 앞에서는 개를 꾸짖지 않는다)'라는 옛 말이 있다. 때문에 어디서나 서로간의 체면을 살펴야 한다. 만약 있는 사실 그대로, 개가 잘못했다고 개를 꾸짖고 때리는 것은 곧 주인의 얼굴을 때리는 것과 같다. 이는 얼굴을 붉히고 모든 관계가 단절되며, 심지어 서로 원수가 됨을 의미한다.

중국인의 관점에 보면, 사람에게는 체면이 있는데 체면에도 크기가 있다. 체면은 한 사람의 사회적 지위 및 명성과 관계가 있다. 신분과 지위가 높고 권력이 있으면, 사람들은 감히 체면을 안 세워줄 수가 없어 늘 체면을 봐준다(买面子). '面子不够大miànzibúgòudà(체면이 크지 않다)'라는 것은 영향력이 크지 않아 상대방에게 인정을 베풀 수가 없음을 말한다.

중국인들이 체면을 세우기를 좋아하고 이를 중시하기 때문에, 중국어에는 '面子'와 관련된 표현이 많다. 예를 들면, '面子大miàzidà(영향력이 크다)', '脸上挂不住liǎnshangguàbuzhù(낯이 부끄러워 견딜 수 없다)', '脸上下不来liǎnshangxiàbulái(체면이 서지 않다)', '好面子hàomiànzi(체면을 중시하다)', '丢面子diūmiànzi(체면을 구기다)', '驳面子bómiànzi(체면을 손상시키다)', '没面子méimiànzi(체면을 잃다)', '给面子gěimiànzi(체면을 세워주다)', '赏光shǎnguāng(체면을 보아서 왕림해 주세요)', '给台阶gěitáijiē(체면을 세워주다)', '讲面子jiǎngmiànzi(체면을 중시하다)', '抹面子mōmiànzi(체면을 손상시키다)', '顾面子gùmiànzi(체면에 신경 쓰다)', '栽面子zāimiànzi(체면이 손상되다)', '抹不开mōbukāi(체면이 서지 않다)' 등이 모두 이에 해당된다. 이러한 표현은 일상 대화에 자주 등장하고 사용 빈도 또한 높다. 예를 들어 보자.

(1) 慚愧, 慚愧, 还望诸位赏光指教。

부끄럽습니다, 부끄럽습니다. 그래도 여러분들께서 꼭 왕림하셔서 가르침을 주시기를 바랍니다.　　　　　　　　　　　徐孺(쉬루)『竹叶青(죽엽청)』

(2) 宋老师别见怪, 我是个粗人, 往常没少吵你们, 可我自个儿还没理会儿。你们呢, 又抹不开给我提个醒儿, 前天我才醒悟过来。

송(宋) 선생님, 나무라지 마십시오. 저는 보잘 것 없는 사람으로 이전에 여러분들을 많이 시끄럽게 하였지만, 저는 아직 잘 이해하지 못했습니다. 여러분께서는 또 체면 때문에 제게 말씀하시지 않으셨겠습니다만, 그제야 저는 깨달았습니다.　　　　　宋连昌(쑹롄창)『邻里情(이웃간의 정)』

예(1)의 '赏光'과 예(2)의 '抹不开'는 모두 '체면'과 직접적인 관계가 있다.

제6장 중국인의 겸손

1. 겸손의 표현

겸손은 중화민족의 우수한 전통이다. 『상서(尙书)』에 '满招损 mǎnzhāosǔn, 谦受益qiānshòuyì。(교만하면 손해를 보고, 겸손하면 이익을 본다)'라고 하였다. 교만하거나 자만하면 손해를 초래하고 겸손하면 혜택을 입는다는 의미이다. 이러한 인식을 근거로 중국인들은 잘난 체하고 교만한 사람을 멸시하였다. 때문에 어떤 사람이 다른 사람에게 칭찬을 받았을 때, 예의를 차리지 않고 곧바로 인정을 하면 상대방의 호감은 사라져 버리고 이 사람은 겸손하지 않고 좀 제멋대로라고 생각한다.

영어권 국가에서 만약 어떤 사람이 당신에게 어떤 일을 아주 잘 했다고 칭찬을 하면, 당신은 "Thank you"라고 한마디를 해야 한다. 또 다른 사람이 당신에게 공을 참 잘 친다거나 외모가 아름답다고 칭찬했을 때도 당신은 역시 "Thank you"라고 말해야 한다. 그러나 중국에서는 일반적으로 이처럼 솔직하지 않다. 다른 사람의 칭찬을 받으면 중국인들은 보통 '谢谢xièxiè(감사합니다)'라고 말하지 않고, 습관적으로 '哪里 nǎli, 哪里(뭘요, 뭘요)', '还差得远呢háichàdeyuánne(아직 멀었습니다)', '不行bùxíng, 不行(아니예요, 아니예요)', '不敢当bùgǎndāng(황송합니다)', '过奖guòjiǎng(과찬이십니다)', '你夸我nǐkuāwǒ(절 너무 띄우시네요)’, ‘你抬举我nǐtáijǔwǒ(절 너무 추켜세우시네요)’, ‘是吗shìma(그런가요?)’, ‘别开玩笑了biékāiwánxiàole(농담하지 마세요)’, ‘别损我biésǔnwǒ(저를 약 올리지 마세요)’, ‘别挤对我biéjǐduìwǒ(절 난처하게 하지 마세요)’ 등과 같은 겸손의 말로 응대할 것이다. 예를 들어, 어떤 사람이 당신에게 중국어가 정말 유창하다고 말하면, 일반적으로 당신은 ‘还差得远’, ‘不行, 不行’, ‘不敢当’ 이라고만 말할 수 있다. 또 어떤 사람이 예쁘다고 칭찬하면 ‘是吗’, ‘你夸我’, ‘你抬举我’, ‘别开玩笑了’, ‘我要漂亮wǒyàoshìpiàoliang, 天下就没有丑的人了tiānxiàjiùméiyǒuchǒuderénle(제가 예쁘다면, 세상에 못 생긴 사람이 없겠네요)’라는 등의 말만 할 수 있다.

중국학자들은 국제 학술회의에서 발표를 하고 나면, 습관적으로 꼭 몇 마디 겸손의 말을 한다.

> 本人学识、能力有限, 文中所谈, 定有不妥之处, 望诸位多多批评、指教。
> 저의 학식과 능력에 한계로 발표문에서 논의한 것 중에는 틀림없이 타당하지 않은 곳이 있을 터이니, 여러분께서 많이 지적하고 가르쳐 주시기 바랍니다.

이상의 말들은 거의 모든 사람들이 사용하는 상투어가 되었으며, 이 말들의 진짜 함의도 모두 다 잘 알고 있다. 그러나 외국 학자들은 이 말을 듣고 의아해하면서 이해를 하지 못하였다. 그들은 이렇게 생각한다. 논문에 타당하지 못한 곳이 있으면 수정하여 다음에 발표하지 않고, 틀린 데가 있다고 생각하면서도 왜 발표를 할까? 이는 다른 사람의 시간을 빼앗는 것이 아닌가? 상하이(上海)의 「신민만보(新民晚报)」에 다음과 같은 일을 보도한 적이 있다. 회의에 참가한 미국 전문가 몇 명이 중국 측 대표의 발표를 들은 후, 중국 측 지도자와 전문가에게 앞으로 미국에 와서 강연을 할 때는 절대로 자기비판을 하지 말라고 솔직하게 알려주었다. 미국 청중의 눈에는 이것이 그들을 존중하지 않는 태도로 비친다는 것이다. 사람들이 강연을 들으러 오면, 청중에게 반드시 오늘의 강연을 위하여 우리는 사전에 충분한 준비를 하였다고 자신에 찬 태도로 말하라고 알려주었다. 또 우리는 분명히 강연을 훌륭히 진행할 수 있고 이 강연은 틀림없이 당신들에게 도움이 될 것이라고 말해야 한다는 것이다.

중국의 저서, 특히 전문 저서의 머리말에는 대부분 다음과 같은 말들이 있다. 그것은 바로 본인의 능력에 한계가 있기에 책에 부족한 점이 있으며, 심지어 오류도 피하기 어려우니, 많은 독자들의 비평과 질정을 받기를 바란다고 하는 것이다. 『현대한어팔백사(現代汉语八百词)』는 상당히 권위 있는 문법서인데도 머리말에는 이러한 말이 있다.

> 对一个个词的用法的研究, 以前做得还不够, 我们的工作也还是初步的, 不妥之处, 一定很多, 现在就把它印出来, 不仅是因为在以汉语作为第二语言的教学工作中对这样一本工具书有相当迫切的需要, 更重要的是我们希望得到广大读者的批评指正, 以便修订补充, 使它成为一本更有用的书。
>
> 단어 하나하나의 용법에 대한 이전의 연구가 아직 부족하고, 이 책의 작업도 아직은 초보적이어서 타당하지 못한 곳이 분명 많을 것이다. 지금 이 책을 출판한 이유는, 제2언어로서의 중국어 교육 현장에서 이러한 공구서에 대한 수요가 절박하고 또 더욱 중요한 것은 많은 독자들의 비평과 질정을 받음으로써 수정, 보완하여 더욱 더 유용한 책이 되었으면 하기 때문이다. 는 필자의 바람 때문입니다.

『현대한어사전(現代汉语词典)』 역시 대표적인 중국어 사전으로 대단히 높은 권위를 자랑하지만, 이 사전의 머리말에도 다음과 같이 말하고 있다.

限于编写人员的水平，这部词典的缺点和错误一定还不少。我们恳切地希望广大读者多多提出宝贵的意见，以便继续修订，不断提高质量。

편찬자들의 수준의 한계로 인하여 이 사전의 결점과 오류도 분명히 적잖을 것이다. 이에 앞으로 끊임없는 수정을 통해 이 사전의 수준이 향상될 수 있도록 독자들이 소중한 의견을 많이 제시하여 주기를 간절히 바란다.

만약 외국의 독자, 특히 유럽이나 미주의 독자가 사전의 내용을 보지 않고 이 머리말만 본다면, 이 책에 대해 좋지 않은 인상을 가질 것이다. 즉, 이 사전은 결점과 오류가 많을뿐더러 그 오류들이 심각하여 읽어볼 가치가 별로 없다는 인상을 받을 것이다. 하지만 사실상 이는 저자의 의도를 완전히 오해한 것이다. 위의 말은 일종의 겸손일 뿐이기 때문이다.

이러한 겸손은 공식적인 자리뿐만 아니라 일상생활 속에서도 나타난다. 중국인들은 전통적으로 손님 접대를 좋아하는 습관이 있어 적극적으로 다른 사람을 자기 집으로 초대하고 따뜻하게 대접한다. 중국인의 친절은 태도뿐만 아니라 행동에서도 나타난다. 손님을 초대하면 주인은 꼭 생선이며 고기며 한 상 가득히 차려낸다. 그렇지 않으면 손님에게 좀 미안하다고 느끼고, 심지어는 체면이 서지 않는다고 생각한다. 이렇게 차려놓고도 밥을 먹기 전에 주인은 또 "今天做的都是家常便饭jīntiānzuòdedōushìjiāchángbiànfàn, 你凑合着(将就)吃nǐcòuhezhe(jiāngjiù)chī。(오늘 요리한 것은 모두 집안에서 평소에 먹는 가정식이니 아쉬운 대로 드세요.)"라거나 "不会做菜búhuìzuòcài, 做的菜也不知合不合你的口味zuòdecàiyěbùzhīhébùhénǐdekǒuwèi。(요리를 할 줄 몰라요. 입에 맞을지 모르겠습니다.)" 등의 말을 잊지 않는다. 이는 일종의 상투어로 겸손을 나타내는데, 만약 이를 이해하지 못하면 오해를 불러일으킬 것이다. 언젠가 누가 이런 말을 하는 것을 들은 적이 있다. 한번은 한 선생님이 유학생을 자기의 집으로 초대해서 밥을 먹었는데, 한 끼의 식사를 위해서 이

선생님은 족히 반나절은 바빴다. 닭이며 생선이며 고기로 한 상 크게 차렸다. 요리를 가져다 놓고서 이 선생님은 오히려 "做得不好, 都是家常便饭, 你凑合着吃吧。(잘 못 만들었어. 모두 집에서 먹는 가정식이니 아쉬운 대로 먹으렴.)"이라고 말했다. 이후 그 유학생은 아주 거북하게 느꼈고 마음속으로는 미심쩍어 하더니 심지어는 선생님의 호의에 대해서도 의심을 가졌다. 그의 입장에서는 선생님이 분명히 자기를 손님으로 초청해 놓고도 오히려 맛없는 밥과 요리를 대접하였으니, 이는 너무나도 예의에 맞지 않는 것이라고 여긴 것이다. 이것은 분명히 선생님의 호의를 오해한 것이다.

중국에서는 손님을 초대하여 식사 대접을 하면, 끝난 다음에 손님은 '让您破费了。ràngnínpòfèile(괜히 돈 쓰시게 했네요.)', '给您添麻烦了。géiníntiānmáfanle(괜히 번거롭게 해드렸네요.)'라는 등의 한두 마디 체면치레 인사말을 하고, 주인도 마찬가지로 손님의 인사말에 따라 '破费什么呀。pòfèishénmeya(무슨 돈을 썼다구요.)', '麻烦什么呀。máfanshénmeya(번거롭기는 뭐가 번거로워요.)', '花什么钱呀。huāshénmeqiánya(뭔 돈을 썼다구요.)' 등의 예의와 겸손을 표시하는 데 습관이 되어있다. 다른 사람으로부터 선물을 받았을 때에도, 중국인들은 늘 '让您花钱了。ràngnínhuāqiánle(돈 쓰시게 했네요.)', '您花什么钱呀。(뭔 돈을 이렇게 쓰셨어요.)', '花这么多钱干什么呀。huāzhèmeduōqiángànshénmeya(뭐 하러 이렇게 많은 돈을 쓰셨어요.)'와 같은 부류의 말을 한다. 선물을 한 사람도 때맞추어 '花什么钱呀。(뭔 돈을 썼다구요.)', '一点小意思。yìdiānxiāoyìsi(조그마한 성의예요.)', '真拿不出手。zhēnnábuchūshǒu(정말 내놓기가 민망하네요.)'와 같은 부류의 인사치레 말을 한다.

일을 할 때도 만약 약간의 성과가 있거나 중대한 발명, 창작이 있으면, 일반적으로 '我怎么怎么样。wǒzěnmezěnmeyàng(내가 어떠어떠하고)', '我如何如何。wǒrúhérúhé(내가 어찌어찌 했고)'라고 말하지 않고, 보통

'这是大家的功劳。zhèshìdàjiādegōngláo(이건 모두의 공로예요.)', '是领导重视shìlíngdǎozhòngshì, 支持的结果zhīchídejiéguǒ。(임원께서 중시하고 지지해주신 결과입니다.)'라는 등의 말을 한다. 논문을 쓸 때도 중국인들은 일반적으로 '我认为wǒrènwéi(내가 생각하기로는)'이라고 쓰는 것을 좋아하지 않고, '我们认为(우리가 생각하기로는)'이라고 쓴다. 사람들의 칭찬을 받았을 때는, 늘 '不足挂齿bùzúguàchǐ(얘기할 거리가 못되는 걸요.)', '见笑jiànxiào, 见笑。(부끄럽습니다, 부끄럽습니다.)', '是×××指导得好。zhīdǎodehǎo(○○○께서 잘 지도해주신 덕분입니다.)'등의 말을 한다. 오랜 세월동안 중국인들의 마음속에는 '공로는 모두의 것이다'라는 '불문율'이 형성되었다.

2. 겸손의 말과 공경의 말

중국인들은 겸손을 숭상하고 미덕으로 삼기 때문에 중국어에는 겸손의 말이 많은데, 여기에는 주로 다음 몇 가지가 있다.

1) 家jiā×
일반적으로 자기보다 서열이 높거나 나이가 많은 친족을 부를 때 사용한다. 예를 들면, '家父jiāfù(아버지)', '家母jiāmǔ(어머니)', '家兄jiāxiōng(형님)'등으로 각각 자신의 부모와 형을 가리킨다.

2) 敝bì×
자기와 관계있는 사람과 물건 등을 부를 때 사용한다. 예를 들면, '敝人bìrén(저, 소인)'은 자기를 말하고, '敝校bìxiào(저의 학교)'는 자기의 학교를 말하며, '敝姓bìxìng(저의 성)'은 자기의 성을 말한다.

3) 鄙bǐ×

자기를 부르는 데 사용한다. 예를 들면, '鄙人bǐrén(저)'는 자기 자신을 가리키고, '鄙见bǐjiàn(저의 의견)'은 자기의 의견을 말한다.

4) 拙zhuō×

자기의 저술이나 친족을 부를 때 사용한다. 예를 들면, '拙文zhuōwén (졸문)', '拙作zhuōzuò(졸작)', '拙著zhuōzhù(졸저)', '拙稿zhuōgǎo(졸고)'는 모두 자기의 저작이나 글을 부르는 말이고, '拙荆zhuōjīng(졸형)'은 자기 아내를 말한다.

5) 愚yú×

자기를 호칭할 때 많이 사용한다. 예를 들면, '愚弟yúdì(우제)', '愚兄yúxiōng(우형)', '愚婿yúxù(우서 : 제 사위)', '愚友yúyǒu(우우 : 제 친구)'에서 모두 자기 자신을 가리킨다.

6) 贱jiàn×

자기의 친족을 호칭하는데 사용된다. 예를 들면, '贱内jiànnèi(제 아내)'는 자기의 아내를 말하고, '贱子jiànzi(제 아들)'과 '贱息jiànxī(제 아들)'는 자기의 아들을 말한다.

이외에도 위의 분류에는 속하지 않는 겸손을 나타내는 말들이 있다. 예를 들면, 자기의 의견이나 견해를 나타낼 때는 보통 '管见guǎnjiàn(좁은 소견)', '浅见jiànjiàn(천박한 생각)', '陋见lòujiàn(좁은 견해)', '谬见miùjiàn (잘못된 생각)'을 쓰는데 모두 천박한 견해라는 뜻이다. 또 중국인들은 자기를 '在下zàixià(저. 소생)', '不才bùcái(소생)', '老朽lǎoxiǔ(늙은이)' 등의 말로 칭하고, 자기의 아내는 '糟糠zāokāng(조강)'으로, 자기의 아들은 '犬子quǎnzǐ(우식(愚息))'로, 자기의 집은 '寒舍hánshè(누추한 집)', '蜗居wōjū(달팽이 집. 누추한 집)', '舍下shèxià(저의 집)' 등으로 칭한다.

이상의 겸손 어휘는 문학작품에서 자주 보인다. 예를 들어 보자.

(1) 因为鼓掌表示演讲听得满意, 现在鄙人还没开口, 诸位已经满意得鼓掌, 鄙人何必再讲什么呢?

왜냐하면, 손뼉을 친다는 것은 강연을 만족스럽게 들었다는 것을 의미하는데, 지금 저는 아직 입을 열지도 않았는데, 여러분께서 이미 만족스러워 손뼉을 치시니 제가 또 뭘 강연할 필요가 있을까요?

钱钟书(첸중수) 『围城(위성)』

(2) 即使说老朽不中用了, 反正我们都至少当过十五六年的差。

비록 제가 쓸모가 없다 하더라도 어쨌든 우리 모두는 적어도 15, 6년의 심부름꾼 생활을 하였습니다.　　　老舍(라오서) 『我这一辈子(나의 한 평생)』

(3) 我在下柳摇金, 世代卖艺为生, 今日三生有幸[1], 带领小女黄鹂儿, 犬子长春, 借贵方一块宝地, 表演几样家传小技, 混口饭吃。

저 리우야오진(柳摇金)은 대대로 기예를 팔아 생계를 꾸려 왔는데, 오늘 삼생(三生)에 행운이 있어 막내딸 황리얼(黄鹂儿), 아들놈 창춘(长春)을 데리고 귀측의 명당자리를 빌어 집안에서 전수해온 몇 가지 재주를 선보이고 입에 풀칠이나 하려고 합니다.　　刘绍棠(리우사오탕) 『狼烟(낭연 : 봉화)』

(4) 文学界的朋友来寒舍时, 常常误认为是一部新出的长篇小说。

문학계의 친구가 제 집에 왔을 때, 늘 새로 나온 장편소설로 잘못 알았다.

余秋雨(위치우위) 『夜航船(야항선)』

겸손의 말은 대다수가 고대 중국어에서 계승된 것이므로 모두 고정

---

1) 역자주 : 세 번 태어나는 행운이 있다는 뜻으로, 서로 간에 남다른 인연이 있음을 비유하거나 또는 아주 큰 행운을 말하기도 한다. 불가에서는 '三生'을 전생, 이번 생, 다음 생을 가리킨다. '三生有幸'은 삼생에 걸쳐 모두 행운이 있으니, 운이 극히 좋다는 의미이다.

된 함의가 있어 표면상의 의미로 이해해서는 안 된다. 외국 학생이 만약 이러한 상황을 이해하지 못하면 웃음거리가 될 것이다. 1995년 베이징 TV방송국에서 방영된 『베이징의 서양아가씨(洋妞在北京)』에는 다음과 같은 우스운 대목이 있다. 리솽시(李双喜)의 아들 티엔량(天亮)과 미국 아가씨 루이스(Luis)가 결혼식을 올릴 때, 손님들이 티엔량의 아버지 리솽시에게 몇 마디 하라고 했다. 리솽시는 "今天犬子成婚, 大家一定要吃好, 喝好…(오늘 제 아들놈이 결혼을 하니, 여러분 모두 꼭 맘껏 드시고 마시세요…)"라고 하였다. 루이스는 이 말을 듣고 도저히 이해가 되지 않아 리솽시에게 물었다. "我跟您的儿子结婚, 您怎么说我和狗的儿子结婚呢?(저는 아버님의 아들과 결혼을 하는데, 어떻게 제가 개의 아들과 결혼한다고 말씀하십니까?)" 그 결과 모두들 장내가 떠나가도록 웃었다. 미국 아가씨 루이스가 이러한 웃음거리가 된 까닭은 바로 '犬子'의 정확한 의미를 이해하지 못하고 이를 표면적 의미인 '狗的儿子gǒudeérzi(개의 아들)'로 이해해버렸기 때문이다.

겸손의 말이 있으면, 공경의 말도 있기 마련인데 중국어도 예외가 아니다. 중국어의 공경의 말은 주로 아래 몇 가지가 있다.

1) 令lìng×
상대방의 친족을 부를 때 사용한다. 예를 들면, 다른 사람의 부모는 '令尊lìngzūn(영존. 춘부장)', '令堂lìngtáng(영당. 자당)'이라 부르고, 다른 사람의 자녀는 '令郎lìngláng(영식)', '令爱ìngài(영애)'라고 부른다.

2) 贵guì×
'贵×'는 흔히 보이는 표현으로 상대방 국가와 상대방이 근무하는 기관이나 직장 등을 부르는 데 사용한다. 예를 들면, '贵国guìguó(귀국)', '贵省guìshěng(귀성)', '贵市guìshì(귀시)', '贵县guìxiàn(귀현)', '贵校guìxiào(귀교)’, ‘贵公司guìgōngsī(귀사)’, ‘贵单位guìdānwèi(귀기관)’ 등과 같다. 상대방의 성을 물을 때도 사용된다. 예를 들어보자.

A : 先生贵姓? 선생님의 성은 어떻게 됩니까?
B : 免贵, 姓李。 귀(貴)자는 면해주십시오. 이가입니다.

3) 大dà×

상대방의 저술 등을 부르는 데 사용된다. 예를 들면, ‘大作dàzuò(대작)’, ‘大著dàzhù(대저)’, ‘大札dàzhá(대찰)2)’은 모두 다른 사람의 저서나 글을 가리킨다.

4) 高gāo×

이러한 표현으로 주된 것에는 ‘高见gāojiàn(고견)’, ‘高寿gāoshòu(춘추)’가 있다. ‘高见’은 상대방의 뛰어난 견해를 칭찬하는 데 사용한다. 그리고 ‘高寿’는 상대방의 나이를 묻는 데 사용되는데, 대부분 연로하신 분에게 사용된다.

또한 이상의 부류에 속하지 않는 표현도 있다. 예를 들면, ‘府第fǔdì(관저. 저택)’, ‘尊府zūnfǔ(존택尊宅. 귀댁)’, ‘府上fǔshang(댁)’은 다른 사람의 집을 높여 부르는 데 사용되고, ‘宏著hóngzhù(뛰어난 저작)’, ‘佳作jiāzuò(우수한 작품)’ 등은 다른 사람의 글을 부르는 데 사용된다.

설명을 덧붙이자면, 겸손의 말이나 공경의 말 모두 품위 있고 점잖은 표현으로, 주로 공식적인 자리에서 쓰인다는 점이다. 보통 일상생활 속에서는 자주 사용되지 않고 친한 사람 간에도 사용하지 않는다. 그렇지 않으면 어려운 말로 자신을 과시하는 사람이라는 의심을 살 수 있다.

----

2) 역자주 : 다른 사람의 편지를 높여 부르는 말.

제7장 언어표현의 적절성

적절성(得体性)이란 다른 사람과 교류하는 가운데 언어 사용이 적절해야 함, 즉 화자와 청자의 신분에 걸맞고 당시의 장소와 상황에도 부합해야 함을 가리킨다. 중국의 '到什么山上dàoshénmeshān, 唱什么歌chàngshénmegē(어느 산에 가면, 그 산에 맞는 노래를 부른다)[1]'라는 속담이 바로 이러한 의미이다. 언어의 사용이 적절한지 여부는 언어 자체의 문제뿐만 아니라 문화, 풍습, 가치관 등 여러 방면의 문제와 연결된다.

중국어를 사용할 때, 표현의 적절성을 위해서는 반드시 다음 몇 가지를 주의해야 한다.

1. 신분에 유의해야 한다.

화자는 늘 자기의 신분뿐 아니라 청자의 신분에도 주의를 해야 하며, 자기와 청자의 신분에 맞지 않는 말을 해서는 안 된다.

언어는 오랜 세월 동안 사용되는 과정에서 사회 집단의 차이로 인해 사회변체[2]가 생겨났다. 이러한 변체는 주로 어휘에서 나타나지만, 말

---

1) 역자주 : 일을 함에 있어 실제 상황이나 환경 등에 맞게 행동하고 변화해야 함을 비유함.

에도 나타난다. 때문에 언어를 사용할 때는 사람들의 사회적 지위, 직업, 성별, 연령, 교육수준, 생활경험, 사상, 감정 등의 차이에 따라 각기 다른 언어 표현 형식을 선택해야 한다. 중국어도 이러한 차이가 존재하지만 아주 뚜렷하지는 않다. 어휘에서는 주로 뜻은 같지만 다른 표현이 존재하는 것으로 나타난다. '死si(죽다)'라는 단어만 하더라도 서로 다른 표현이 아주 많이 있다. 예를 들어 보자.

(1) 当然, 世上确曾有过威廉·莎士比亚其人, 据说他出生与逝世都在同一天, 小镇教堂的受洗记录簿上也白纸(如今早已泛黄)黑字地写着这个名字。3)

물론 세상에는 분명히 윌리엄 섹스피어(William Shakespeare)라는 사람이 있었다. 그는 태어난 날과 세상을 떠난 날이 모두 같다고 하는데, 소도시 교회의 세례 기록부에 흰색종이(지금은 일찌감치 누런색으로 바랬지만)에 선명하게 그 이름이 씌어있다. 新华社(신화사) 2004년 新闻稿(뉴스판)4)

(2) 天黑后不久全舰沉没, 随舰殉职的有舰长和二百七十名英勇的官兵。只有三十八人幸免于难。

날씨가 저문 후 얼마 안 돼 군함 전체가 침몰하고, 군함을 따라 순직한 사

----

2) 역자주 : 사람들은 성별, 나이, 지위 직업, 신앙, 학력 등 사회적 요소의 차이에 따라 각각 서로 다른 집단에 속하게 된다. 각 집단은 다른 집단과 구분되는 그들의 언어특징을 가지고 있으며, 이로부터 언어의 사회 변체가 형성되는데, 이를 사회 방언이라고도 한다. 현대중국어의 사회변체에는 주로 성별변체, 나이변체, 직업변체, 계층변체와 공동체변체 등이 있다.

3) 역자주 : 원서에는 当然, 世上确曾有过威廉·莎士比亚其人, 据说他出生与逝世都在同一天, 小镇教堂的受洗记录簿上也白纸(如今早已泛黄)黑字。(新华社 2004年新闻稿)로 되어 있으나 의미가 다소 통하지 않아 인터넷상의 관련 기사를 참고하여 '地写着这个名字' 부분을 추가하였음.

4) 역자주 : 원서에는 '当然, 世上确曾有过威廉·莎士比亚其人, 据说他出生与逝世都在同一天,　　小镇教堂的受洗记录簿上也白纸(如今早已泛黄)黑字。(新华社 2004年新闻稿)'로 되어 있으나 의미가 다소 통하지 않아 인터넷상의 관련 기사를 참고하여 '地写着这个名字' 부분을 추가하였음.

람은 함장과 270명의 용맹한 장병이었다. 38명만이 다행히 화를 면하였다.

『第二次世界大战回忆录(제2차 세계대전 회상록)』제1권 「风云紧急(정세가 위급하다)」

(3) 联合国28日在纽约总部隆重举行仪式, 授予去年在联合国维和行动中牺牲的各国维和人员'哈马舍尔德勋章'.

UN은 28일 뉴욕 본부에서 행사를 크게 열어, 작년 UN 평화유지 활동 중에 희생된 각국의 평화유지 요원에게 '다그 함마르셸드(Dag Hammarskjold) 훈장5)'을 수여하였다. 　　新华社(신화사) 2004년 新闻稿(뉴스판)

(4) 李硕勋在狱中, 大义凛然, 铁骨铮铮, 忠贞不屈, 同年九月五日英勇就义, 年仅二十八岁.

리쉬쉰(李硕勋)은 옥중에서 담담하고 늠름하였고 의지가 강철처럼 굳세었으며 충정을 굽히지 않다가 같은 해 9월 5일 의로움을 위해 용맹하게 죽었다. 그때 나이 겨우 28세였다.　1994『人民日报(인민일보)』第3季度제3분기

(5) 我才不怕呢! 真要来第二次文化大革命? 来吧! 说不定那时我早已见马克思去了!

나야말로 두렵지 않아! 정말로 제2차 문화대혁명이 올 거라고? 오라지 뭐! 그땐 난 이미 마르크스를 만나러 갔을지(세상을 떠났을지도) 모르지!

戴厚英(다이호우잉)『人啊人(사람아! 사람아)』

　이상 각 예문 안의 '逝世shìshì(서거하다)', '殉职xùnzhí(순직하다)', '牺牲xīshēng(희생되다)', '就义jiùyì(의를 위하여 죽다)', '见马克思jiànmǎkèsī(마르크스를 만나다)'의 의미는 완전히 같지만 적용되는 대상은 전혀 다르다. 구체적으로 말하면, '逝世'는 위대한 인물에게 사용하고, '殉职'는 직무를 수행하다가 죽은 사람에게 사용하며, '牺牲'은 장병 등에게 사용한다. '就义'는 정의를 위해 일하다가 적에게 살해당한 사람에게 사용하고, '见马克思'는 공산당원에게 사용한다. 따라서 이들 어휘를 혼용해서는 안 되는데, 그렇지 않을 경우는 적절하지 못하다.

---

5) 역자주: 스웨덴의 경제학자이자 정치가. 유엔의 2대 사무총장(1955~1961) 역임.

중국어에는 이와 유사한 상황이 아주 많다. 예를 들어보자.

(1) 他身体倍儿棒。그는 신체가 아주 건강하다.
(2) 你真能侃。너 정말 입담이 좋구나.
(3) 饭做得了吗? 밥 다 됐니?

위의 예문 가운데 '倍儿bèir(매우)', '侃kǎn(잡담하다)', '得dé'(다 되다)은 모두 베이징 사투리로, 주로 일상생활 회화에서 교육 수준이 높지 않은 사람들이 사용한다. 만약 한 대학 교수가 강의시간에 늘 이러한 어휘를 사용한다면 아주 부적절하며 신분에도 맞지 않다. 마찬가지로 외국학생이 만약 때와 장소를 가리지 않고 이런 어휘를 입에 달고 다닌다면, 겉으로는 중국어를 잘 배운 것처럼 보이겠지만 사실은 이도저도 아닌 것과 같다. 그 이유는 외국학생도 지식인 계층이기에 이러한 말이 역시 신분에 맞지 않기 때문이다.

어구상의 차이는 어휘처럼 뚜렷하지는 않지만 역시 존재한다. 일상생활에서 동년배와 윗사람, 상급자와 하급자, 낯선 사람과 잘 아는 사람, 그리고 나이와 성별이 다른 사람에게 말을 할 때는 격에 맞게 신경을 써야 한다. 송대(宋代) 문학가 소식(苏轼)이 한번은 여행길에 한 절을 지나게 되었는데, 목이 말라 물 한 모금을 마시려고 절에 들어갔다. 절 안의 어린 스님이 처음에는 그의 신분을 모르고 상당히 푸대접하면서 차를 내온 다음 친절하지도 차갑지도 않게 '坐zuò, 喝hē!(앉아, 마셔!)'라고 하였다. 소식은 주인이 푸대접하는 것을 보고는 고집을 부리며 앉지 않았다. 이야기를 나누면서 어린 스님은 이 손님이 보통 사람 같지 않음을 느끼고는 말투를 바꾸어 '请坐qǐngzuò, 喝茶hēchá!(앉으셔서 차를 드세요)'라고 하였다. 또 차를 마시려는 사람이 바로 명성이 높은 소식이라는 것을 알았을 때는 곧바로 말투를 바꾸어 '请上坐qǐngshàngzuò, 喝香茶hēxiāngchá!(상석에 앉으셔서 향기로운 차를 드십시오!)'라고 하였다. 이러한 표현상의 변화는 소식에 대한 주인의 태도의 변화, 즉 공경하지 않던 것에서 공경하는 것으로의 변화를 나타낸다. 차를 다 마신 후 절의 스님은 소식에게 기념으로 남기려고 그러니 글씨를 좀 써 달라고 부탁하였다. 그러자 소식은 붓을 들어 다음과 같은 기둥의 대련對聯을 한 폭 써 주었다. '坐, 请坐, 请上坐; 喝, 喝茶, 喝香茶(앉아, 앉으세요, 상석으로 앉으십시오 : 마셔, 드세요, 향기로운 차를 드십시오)' 그는 이 대련으로써 자신에 대한 절의 스님의 태도를 익살스럽게 기록하였다. 이는 문인의 한 일화로 사실 여부를 고증할 필요는 없지만, 신분에 따라 어구 사용에도 차이가 있다는 사실을 나타낸다.

실제로 일상생활에서도 이러한 예는 아주 많다. 예를 들어, 아랫사람이 윗사람에게 말할 때는 늘 일종의 겸손의 색채가 스며들어 있다. 문장으로 표현되는 경우에는 '请您qǐngnín(당신께 …(하시기를) 청합니다)', '能不能néngbùnéng(…할 수 있나요)', '可以不可以kěyǐbùkěyǐ…(…해도 됩니까)', '…, 行吗xíngma(…, 괜찮으세요?)' 등과 같은 청유문과 의문문을 많이 사용한다. 종합해보면, 되도록 일의 결정권을 상대방에게 남겨줌으로써 윗사람에 대한 존경을 나타내고 일의 성공 가능성을 높인다. 그러나 윗사람이 아랫사람에게 말할 때는 이와 정반대로 '把门关上bǎménguānshang(문을 닫아)', '报纸递给我bàozhǐdìgěiwǒ(신문 좀 건네줘)' 등과 같은 무주어문과 명령문을 많이 사용함으로써 윗사람의 권위를 나타낸다. 만약 두 상황이 바뀌면 아주 우스꽝스럽게 된다.

또 대화를 나눌 때는 청자의 기분에 맞추어 말을 해야 하며 다른 사람이 꺼내기 싫어하는 말을 해서는 절대 안 된다. 즉 남의 약점을 들추어서는(哪壶不开提哪壶)[6] 안된다. 예를 들면, 상대방이 노동자라는

6) 역자주 : 어느 주전자가 끓지 않았는데, 하필 그 주전자를 들어 올린다는 말로, 다른 사람의 아픈 곳이나 꺼리는 일을 들추어냄을 의미함.

것을 분명히 알고 있다면 그 사람의 직업을 알려고 또다시 묻지 말아야 하고, 상대방이 이혼을 했거나 결혼하지 않았다면 결혼이나 아이 문제를 대놓고 얘기하지 말아야 하며, 상대방이 최근에 실직하였다면 상대방의 업무 상황을 물어서는 안 된다. 그렇지 않을 경우 잘 알면서도 고의로 묻는 것이 되어 상대방을 얕보고 남의 불행을 바라고 즐기거나 놀린다는 의심을 사게 된다. 한마디 한마디에 상대방의 심경을 헤아려서 대화를 해야 하고, 상대방이 좋아하는 것에 맞춰주어야 한다.

중국인은 인사치레와 겸손을 좋아하는데, 이는 서양인들이 이해하기 어려운 부분이다. 이해할 수는 없지만 중국인과 왕래할 때에는 그래도 겸손하고 신중한 것이 좋다. 아니면 '狂人kuángrén(미친 사람)'이라는 '멋진 이름' 이름을 얻게 되고, 잘못하면 배척당할 수도 있다.

중국에서는 일반적으로 남성이 여성 앞에서 직접적으로 상대방의 미모를 칭찬하거나 외모가 어떻다고 말을 할 수 없다. '你真漂亮nǐzhēnpiàoliang(너 정말 예쁘다)', '你太美了nǐtàiměile(너 정말 아름답다)', '你真是个大美人nǐzhēnshìdàměirén(너는 엄청난 미인이야)', '你长得真好看nǐzhǎngdezhēnhǎokàn(너 아주 예쁘게 생겼구나)' 등의 말은 보통 할 수 없는데, 아닐 경우 상대방은 화자가 실례를 했으며 품행에 문제가 있다고 여긴다. 중국인들이 보기에는 불량배나 건달들이 주로 이런 속된 말을 하기 때문이다.

외국 학생의 신분은 아주 분명한데, 그들은 대부분 지식인 계층으로 아주 좋은 교육을 받았기 때문에 항상 이 점을 잊어서는 안 된다. 중국어를 배우는 과정에서 외국 학생은 간혹 토속적인 어휘나 표현을 사용함으로써 자기의 실력이 뛰어나거나 정통임을 과시하려는 경향이 있다. 사실 이것은 일종의 비정상적인 현상이고, 적절하지 못한 표현이기도 하다. 토속적인 배우고 이해하는 것도 필요하지만 장소와 대상을 가리지 않고 무턱대고 사용해서는 안 된다.

2. 장소에 유의하여야 한다.

중국인과 교류할 때 반드시 대화하고 있는 장소에 유의하여, 말해도
되는 것은 말하되 말해서 안 되는 것은 말하지 말아야 한다. 옛 사람들
이 '入境而问禁rùjìngérwènjìn, 入国而问俗rùguóérwènsú, 入门而问讳rù-
ménérwènhuì。(천자의 땅에 들어서면 금기를 묻고, 제후의 땅에 들어서
면 풍속을 물으며, 남의 집에 들어서면 금기사항을 묻는다.)'7)고 한 말
이 바로 이러한 이치이다.

중국은 땅이 넓고 민족이 많아서 민족에 따라 풍속도 다른데, 같은
민족이어도 지역이 다르면 풍속도 대부분 다르다. 한 지방의 풍속을 이
해하는 것은 생활하는 데뿐 아니라 언어 교류를 할 때도 마찬가지로 필
요하다. 그렇지 않으면 금기사항을 어기기 쉬워서 교류가 실패할 수도
있고, 심지어는 불필요한 오해나 분쟁을 일으킬 수 있다.

장소에는 기쁨과 슬픔의 구분이 있다. 기쁘고 경사스런 상황, 예를
들면 결혼식장 같은 곳에서는 '恭喜gōngxǐ! 恭喜!(축하합니다! 축하합니
다!)', '早生贵子zǎoshēngguìzǐ(얼른 아들 낳으세요)', '白头到老báitóu-
dàolǎo(검은 머리 파 뿌리 되도록 해로 하세요)' 등의 상서로운 말만 할
수 있다. 설은 중국의 가장 중요한 전통 명절이자 새로운 한해의 시작
으로, 중국인들은 모두 새로운 한 해에 좋은 시작이 있기를 바란다. 만
약 친구의 집에 손님으로 가게 되면, 이때는 '恭喜发财gōngxǐfācái(재물
을 많이 모으기 바란다)', '大吉大利dàjídàlì(운수대통하길 바란다)', '交
好运jiāohǎoyùn(행운이 함께 하길 바란다)', '年年有余niánniányǒuyú(해마
다 풍요롭길 바란다)', '笑口常开xiàokǒuchángkāi(늘 웃음꽃이 피길 바

---

7) 역자주 : 『예기(礼记) · 곡례상(曲礼上)』에 나오는 말로, 새로운 환경에 가게 되면
저촉하지 않기 위해서 먼저 그 곳의 금기와 풍습을 분명히 물어서 알아야 함을
뜻한다.

래)' 등의 상서로운 말이나 길한 말만 할 수 있으며, 사람들은 이를 통해 길상(吉祥)하기를 빌고 행운이 따라오길 바란다. '苦kǔ(고생하다)', '死sǐ(죽다)', '邪xié(사악하다)', '灾zāi(상하게 하다)', '穷qióng(궁핍하다)' 등의 불길한 의미의 글자는 절대로 입 밖에 내어서는 안 된다. 그렇지 않으면 주인을 불쾌하게 할 것이다.

장소에는 공식적인 자리와 비공식적인 자리의 구분도 있다. 공식적인 자리에서 말을 할 경우에는 엄숙하고 진지해야 하고, 단어 하나하나 말 한마디 한마디에 반드시 신경 써야 한다. 그렇지 않을 경우, 사람들은 수양이 부족하다고 생각할 것이다. 비공식적인 자리에서 말할 경우에는 좀 편안하고 익살스러워도 된다. 비공식적인 자리에서도 엄숙하고 진지하면, 잘난 체하며 허세를 부린다는 느낌을 주게 되어 사람들이 그와 사귀려 하지 않을 것이다.

지방마다 습관의 차이도 크기 때문에, 언어 교류 중에 반드시 지켜야 한다.「금기와 완곡(忌讳与委婉)」장에서 소개한 적이 있는데, 고기잡이를 생업으로 하는 남방 연해 지역의 어민들에게는 밥을 먹을 때 '盛饭chéngfàn(밥을 담다)'8), '把鱼翻过来bǎyúfānguolái(생선을 뒤집어라)'9) 등과 같은 언어 또는 생활의 금기가 많이 있다. 그래서 어떤 때에는 심지어 자기 성이 '陈chén(진陳)'이라는 것조차 말해서는 안 된다. 이들 언어 금기는 중국인들과 교류할 때 항상 주의를 기울여야 한다.

---

8) 역자주: '盛饭chéngfàn'의 '盛'과 배가 가라앉음을 뜻하는 '沉chén'의 발음이 같으므로 이 발음을 기피한다.
9) 역자주: '把鱼翻过来'에서 '翻fān'은 '翻船fānchuán(배가 뒤집어지다)'의 '翻'과 같은 글자이므로 이 역시 기피한다.

3. 예의가 있어야 한다.

장기간 사람들과 교류하면서 중국인들은 언어 교류의 예의 규범을 형성하였는데, 이들 예의 규범은 주로 아래의 몇 가지 영역에서 나타난다.

가. 호칭을 많이 사용한다.

중국인들은 호칭을 부르지 않고 대화를 시작하는 것을 가장 꺼려한다. 이 점은 서양, 심지어 동양의 일본 등과도 다르다. 호칭을 사용하지 않고 직접 대화를 시작하는 것은 중국인들이 보기에 교양이 부족한 예의 없는 행위이다. 중국인들은 '礼多人不怪lǐduōrénbúguài(예의는 지나쳐도 사람들이 이상하게 여기지 않는다.)'라는 말을 신봉하여, 말을 할 때도 상대방을 먼저 부른다. 이것은 일종의 예의를 차리는 행위일 뿐 아니라 교류의 성공을 보장하는 비결이기도 하다. 이 같은 예는 아주 많은데, 루즈쥐안(茹志鹃)의 『백합화(白合花)』를 보면 이에 대해 생동적인 묘사가 있다. 한 통신원이 같은 고향사람인 어느 농민에게 이불을 빌리러 마을로 갔다. 그 통신원은 젊은 청년으로 세상 경험이 적었던 탓에 이불을 빌리면서 격에 맞지 않는 말을 좀 했고, 그 결과 이불을 빌리지 못하였다. 뒤에 작자 '나(我)'는 그 통신원과 함께 그 농민의 집에 다시 가서 주인을 만났고, '나'는 이렇게 말하였다.

> 我看到她头上已经挽了一个髻， 便大嫂长大嫂短地向她道歉。说刚才这个同志来, 说话不好别见怪等等。……等了半晌, 她转身进去抱被子了。
> 나는 그녀의 머리가 이미 쪽을 틀어 올려진 것을 보고는, 형수님 어떻고 저떻고 하면서 그녀에게 사과를 하였다. 방금 이 동지가 와서 말을 잘 못했는데 너무 나무라지 말라는 것이다. …… 한참 후 그녀는 몸을 돌려 이불을 가지러 안으로 들어갔다.

똑같은 일인데도 통신원은 성공하지 못했지만 '나'는 해냈다. 비결이 무엇일까? 이는 '나'의 말을 통해 아주 쉽게 알 수 있다. '나'는 상대방을 보자마자 곧바로 이불을 빌려달라고 하지 않고 '大嫂长大嫂短 dàsǎochángdàsǎoduǎn(형수님 어떻고 저떻고)'라고 하면서 쉴 새 없이 상대방을 불러댔다. 다시 말해 입을 열면서 먼저 상대방 호칭을 불렀고 거기에 한 술 더 떠 사용한 호칭이 친족의 호칭이었으며, 또한 반복해서 사용한 것이다. 이는 상대방과의 거리를 가깝게 끌어당길 뿐만 아니라 상대방에 대한 존경을 나타냄으로써 상대방이 빌려주지 않으면 미안함을 느끼게 한 것이다.

나. 저속한 말을 하지 않는다.

저속한 말을 한다는 것은 교양이 없는 행위이다. 다른 사람과 교류할 때 저속한 말을 한다면 품위를 잃게 되며 또 이는 객관적으로 보면 청자를 존경하지 않는 행위이다. 저속한 말은 언어 교류의 효과에 부정적 영향을 미치며 갈등이나 충돌도 자주 일으킬 수 있기 때문에 다른 사람과 교류를 할 때 저속한 말을 사용하는 것은 절대 삼가야 한다. 설령 유쾌하지 않는 자리라 해도 자신을 절제하여 논리적으로 상대방을 설득해야 한다. 중국 속담에 '有理走遍天下yǒulǐzǒubiàntiānxià, 无理寸步难行wúlǐcùnbùnánxíng。(이치에 맞으면 천하를 두루 다닐 수 있고, 이치에 맞지 않으면 한 발자국도 가기 어렵다.)'는 말이 있는데, 이는 옳고 그름은 여론이 판단한다는 의미다. 때문에 저속한 말을 삼감으로써 스스로 유리한 위치를 점해야 한다.

다. 상대방의 말을 끊지 않는다.

말을 할 때 함부로 다른 사람의 말을 끊어서는 안 되고, 그가 말을 다 마치기를 기다렸다가 자신의 관점이나 견해를 진술해야 한다. 상대방이 자신을 비판하더라도 큰 도량을 보여서 다른 사람의 의견을 세심하게 경청한 다음, 적절한 해명이나 변명을 해야 한다. 다른 사람이 말을 마치기를 기다리지 않고 말을 끊는 것 역시 예의에 어긋나는 행위이다.

라. 행동에 교양이 있어야 한다.

행동도 한 사람의 말이 예의바른지 여부를 가늠하는 한 부분이다. 중국인들은 이야기를 나눌 때 손짓 몸짓하는 것을 꺼린다. 더욱이 손가락으로 화자를 가리키는 행위는 더 싫어한다. 왜냐하면, 이러한 행위는 사람에게 일종의 지시한다는 느낌을 주기 때문이다. 또 소리를 크게 내는 것도 사람에게 소리는 지른다는 느낌을 주며, 청자로 하여금 화자가 참을성이 없거나 태도가 좋지 않다는 착각을 일으키게 한다. 중국에는 '有理不在声高yǒulǐbúzàishēnggāo。(이치는 목소리 큰 데 있지 않다.)'는 속담이 있다. 대화를 나눌 때 절대 큰 소리로 시끄럽게 말해서는 안 된다. 비록 유쾌하지 않은 대화더라도 품위를 지켜야 한다.

4. 서로 협력해야 한다.

언어로 교류한다는 쌍방이 말을 주고받는 것이다. 즉, 만약 어느 한쪽이 호응해 주지 않으면 교류가 진행되지 못한다. 이 때문에 듣고 말하는 쌍방이 서로 협조하는 것은 교류 성공의 기본 조건이자 언어 교류가 적절한 지 여부를 알 수 있는 기본 요소이기도 하다. 화자는 말을 할 때, 사람을 평등하게 대하고 온화하고 진정성 있는 태도로 상대방의 신임을 얻어 상대방에게 우호적인 분위기 속에서 교류를 하고 있다는 느낌을 주어야 한다. 이렇게 해야 비로소 상대방은 인내심을 가지고 화자의 말을 듣게 되고, 또 화자의 말에 적극적인 반응을 보인다. 반대로 만약 화자가 우호적이지 않거나 기세등등하여 사람을 깔보는 태도로 말을 하고, 또 심지어 비꼬거나 상대방의 약점을 건드리면, 상대방은 '말이 통하지 않으면 반 마디도 많다(话不投机半句多)'고 느끼며 흥미를 느끼지 못하게 되어, 결국 교류가 순조롭게 진행되지 않고 심지어는 중단되기에 이른다.

또한 청자도 화자에게 적극적으로 호응해서 화자의 화제에 대해 큰 흥미를 보여야 하고, '귀를 씻고 공손히 들음(洗耳恭听)'으로써 진지하고 호응하는 태도를 보여야 한다. 청자는 경청하는 과정에서 화자의 말에 대해 필요한 호응을 해야 하는데, 이러한 호응은 손짓, 눈빛 등 비언어적 방식과 '对dui(맞아요)', '是shi(네)', '嗯en(응)' 등과 같은 언어 형식을 모두 사용할 수 있다. 간추려 보면, 청자는 방관자가 되어서는 안 되고 진정한 참여자가 되어야 한다. 뿐만 아니라 화자가 제기하는 문제에 대해 적극적이고 진정한 반응을 보여야 하며 화자가 화제를 전환할 때는 적극적으로 따라가야 한다. 이상의 내용들을 잘 실천해야 비로소 성공적인 교류가 가능하다.

5. 말에 조리가 있어야 한다.

다른 사람과 교류를 할 때, 화자가 하는 말은 조리가 있어야 한다. 무엇을 먼저 말하고 무엇을 나중에 말할지 논리에 맞아야 한다. 두서없이 말해서 자기도 무엇을 말하고 있는지 모르게 되면 다른 사람은 더욱 알지 못하게 된다.

말에 조리가 있다는 것은 두 가지와 관련이 있다. 첫째는 대화의 내용이고, 둘째는 교류의 대상이다. 대화의 내용이 다르면 대화 순서도 차이가 난다. 예를 들어 보자. 만약 한 가지 일을 서술한다면 시간의 순서에 따라서 서술을 해야 한다. 하나의 사물을 묘사하고자 한다면 항상 겉에서 안으로, 위에서 아래로, 바깥쪽에서 안쪽의 순서로 진행해야 한다. 하나의 문제를 논술하려 한다면 문제 제기를 먼저 한 다음에 증거를 열거하고, 마지막으로 결론을 도출해야 한다.

교류의 대상이 다르면 언어의 순서도 달라진다. 낯선 사람과 만나면 우선 자기소개를 한 다음에 말하려는 화제로 들어가야 한다. 반면 잘 아는 사람과 만나면 자기소개를 할 필요가 없이 곧바로 다룰 문제를 이야기하고 말하고자 하는 일을 말한다.

순서의 문제는 대화를 나누는 쌍방의 대화 주제에 대한 숙지 여부와 관련이 있다. 만약 쌍방이 얘기를 나누려는 내용에 대해 좀 알고 있다면, 전후의 인과 관계를 새로이 이야기할 필요가 없이 곧바로 본론으로 들어가면 된다. 그렇지 않으면 처음부터 이야기를 시작해야 한다.

이상의 내용을 통해, 언어 교류를 적절하게 만드는 것은 아주 복잡한 문제이며, 연관되는 문제도 아주 많음을 알 수 있다. 여기에는 언어의 문제도 있고 문화의 문제도 있으며, 윤리와 도덕 등 영역의 문제도 있다. 외국 학생이 이를 파악하는 데에는 상당한 어려움이 있지만 결코 불가능한 것은 아니므로, 어느 정도 노력만 기울인다면 충분히 익힐 수 있다. 중국어 교류의 적절성을 위해 요구되는 조건들이 다른 언어에서도 같거나 유사하기 때문이다.

이상의 상황은 우리들에게 중국어 교육이 단지 어휘와 문법에 머물러서는 안 되며 문화교육, 특히 언어 교류와 밀접한 관련이 있는 문화교육을 강화해야 함을 일깨워 준다. 또 화용 방면의 교육에도 유의하여, 외국 학생에게 어떻게 말해야 하는지 외에도 언제 무엇을 말해야 하는지, 언제 무엇을 말하지 않아야 하는지, 무엇을 말하는 것이 좋은

지, 무엇을 말하는 것이 안 좋은지 등등을 알게 해야 한다. 이렇게 해야
만 비로소 그들의 중국어 의사소통 능력이 빠르게 향상되도록 하는 데
도움을 줄 수 있다.

제8장 중국인에게 프라이버시가 있는가?

  일부 외국인들은 중국에 처음 오면 간혹 중국인들의 '솔직함(直率)'
과 '당돌함(无所顾忌)'에 대해 당황해하고 심지어 약간의 반감을 가지
기도 한다. 예를 들어, 길에서 만나 인사를 할 때, 늘 '你吃了吗?nǐchīla-
ma(식사 하셨습니까)', '你去哪儿?nǐqùnǎr(어디 가세요)' 등의 말을 하
고, 처음 만났는데도 거리낌 없이 상대방의 가정 상황과 나이, 체중 심
지어 수입까지 묻는데, 이는 서양과 동양의 일본에서는 모두 숨기고 밝
히지 않는 것이다.

  만약 중국에 처음 온 외국인들에게 중국인에 대한 인상을 물으면 그
들은 틀림없이 중국인들은 다정하다고 말하겠지만, 동시에 중국인들은
쓸 데 없는 일이나 불필요한 일에도 관여하기를 좋아한다고 말할 것이
다. 어느 외국 학생은 필자에게 다음과 같은 일을 얘기한 적이 있다.
그가 중국 친구를 사귀었는데, 처음에는 두 사람의 관계가 아주 좋았고,
그 중국 친구는 생활이나 학습 면에서 그에게 많은 도움을 주었다. 하
지만 얼마 지나지 않아 그 외국 학생은 중국인 친구를 좋아하지 않게
되었고 나중에는 아예 그녀를 피해버렸다고 했다. 무슨 원인으로 그들
의 관계가 멀어졌을까? 그 외국 학생은 나에게 알려주었다. 그들이 만
나기만 하면 그녀는 '你今天去哪儿啦?nǐjīntiānqùnǎrla(너 오늘 어디 갔
니)', '买了什么东西啦?mǎileshénmedōngxila(무슨 물건 샀어)'와 같은 질
문을 하였는데, 만약 그녀에게 오늘 누구누구를 만났다라고 알려주면,

그녀는 또 '他是你什么人?tāshìnǐshénmerén(그 사람이 너에게 어떤 사람인데)'라고 물었다. 그래서 그녀와 만날 때마다 그는 늘 검열을 받는 느낌이 들었고, 심지어 어떤 때는 치욕을 당했다는 느낌까지 들었다고 했다. 그(그는 미국인임)의 관점에서 보면, 위의 질문들은 모두 개인 프라이버시여서 타인이 지나치게 물을 권리가 없으며, 만약 그렇지 않게 되면 다른 사람에 대한 경시나 모욕이기 때문이다. 처음 중국에 온 외국인들이 이 같은 인상과 느낌을 가지게 되는 이유는 주로 중국의 풍습과 중국인들의 처세술을 이해하지 못하기 때문이다.

중국인들이 만나면 다른 사람의 '프라이버시'를 묻는 습관은 어떻게 형성되었을까? 어떤 사람은 이것이 '자기를 낮추는(自卑)' 중국인들의 심리 때문으로 여긴다. 중국의 가정교육은 예부터 지위의 서열을 강조하였다. '아버지는 높고, 아들은 낮으며(父尊子卑)', '남자는 높고 여자는 낮다(男尊女卑)'는 등은 누구나 따르는 행위이고, '你敢用这种态度跟我说话nǐgǎnyòngzhèzhōngtàidùgēnwǒshuōhuà(네가 감히 이런 태도로 내게 말하다니)'와 같은 화가 나서 하는 말은 과거에 귀를 막고도 들을 수 있었다. 배梨를 양보한 공융(孔融)의 이야기(孔融让梨)[1]는 이미 사람들의 마음속에 깊이 자리 잡고 있다. 중국인들의 '자기를 낮춘다'는 것은 맹목적인 자기 비하나 공평한 경쟁 하에서 졌을 때 느끼는 실패감이 아니라 사회문화의 산물이며 배후에서 조종하는 보이지 않는 이념과 같은 것이다. 이러한 문화 아래에서는 개인에게 자신을 낮추는 마음으로

1) 저자주 : 공융은 동한(东汉)시대 사람으로 공자의 20대손. 공융이 일곱 살 때 조부가 60세 생일을 맞아 손님들이 많이 찾아왔다. 배 한 접시가 생일상에 놓여있는데, 어머니가 공융에게 배를 나누라고 하였다. 공융은 나이순으로 배를 나누었고, 모두들 배를 받았는데 자기 몫이 적었다. 아버지가 이상하게 여겨 물었다. "다른 사람의 배는 큰데, 너의 배는 작은데 왜 그런 것이냐?" 이에 공융이 대답했다. "나무에도 높고 낮음이 있고, 사람에게는 늙음과 젊음이 있는 것이 사람의 도리입니다. "이에 아버지가 크게 기뻐하였다.

어른을 대해야 함을 요구한다. '자신을 낮추는 것'과 서로 대응되는 것은 '보호와 아낌을 받는' 느낌이다. 아랫사람은 수동적인 마음으로 부모의 관심과 사랑을 바라고, 어른들은 이에 기꺼이 관심과 사랑을 베푼다. 아랫사람의 수동적인 자아는 어른들에게 질책을 당하기는커녕 오히려 이것이 '자신의 분수에 꼭 맞다(恰如其分)'고 생각한다. 이는 마치 윗사람이 아랫사람에게 사랑과 관심을 베푸는 것이 '자신에 분수에 적합하다(适如其分)'고 생각하는 것과 같다. 이러한 심리가 사회 전반에 넓게 퍼지면서 사람들도 다른 사람의 관심을 얻기를 희망하는 기대가 생겼다. 화자는 본격적으로 이야기를 나누기 전에 먼저 상대방의 생활과 직업 등의 상황을 물어봄으로써, 상대방에게 관심을 가지고 있음을 나타내 보인다. 이에 청자는 화자의 말을 통해 다른 사람에게 관심과 염려를 받는다는 따스함을 느끼게 된다.

또 어떤 사람은 이러한 현상이 중국인들의 가족관과도 밀접한 관련이 있다고 여긴다. 가족주의는 중국 사회의 뿌리이고, 가정은 가족이 필요한 모든 것을 제공한다. 구성원들 서로가 조건 없이 응원해주는 것은 가족주의의 기초이지만, 이러한 응원 하에서 모든 사람은 또한 통제도 받아들여야 한다. 바꾸어 말하면, 중국인들의 응원과 통제는 가족주의의 두 얼굴인 것이다.

중국에서 부모는 자녀에게 모든 양육비를 제공하는 동시에 당연히 자녀에 대한 완전한 통제권도 가진다고 여긴다. 과거에는 부모가 자녀에게 어떠한 권리도 설명해주지 않았고 자녀에게 언제 어떠한 의무를 져야 하는지도 알려주지 않았다. 이는 부모가 자신을 완전히 희생함으로써 고생스럽게 자녀를 부양함을 의미하는데, 이것은 절대적인 상호의존이자 불변의 법칙이다. 이러한 법칙 하에서 부모는 자녀에게 관심을 가지고 자녀의 의식주와 생활 및 종신대사를 도맡아 처리할 수 있었고, 자녀 역시 '관심을 받고' '보호받는 것'이 당연한 것이라고 여겼다. 자녀들은 부모가 자기를 낳은 이상 반드시 신경을 써야 한다고 여겼다. 먹는 것, 주거하는 것에서부터 나의 모든 것을 책임져야 한다는 것이다. 모든 사람들이 부모와 자녀가 될 기회를 가지기 때문에 이러한 심리는 마치 이어달리기의 배턴(baton)과 같이 대대로 전해 내려왔다. 사람들에게 사랑과 관심을 받는 이러한 심리가 널리 확대되어 일종의 사회 심리가 되었다. 여기에 또 중국에서 예부터 있어온 '대동(大同)'²⁾사상과 '오호와 사해 안에 사는 사람은 모두 형제(五湖四海皆兄弟)'라는 사상이 더해져서 사회라는 대가정(大家庭) 안에서 사람들은 만나면 서로 생활과 직장의 상황을 묻는 것도 이상하지 않게 되었다. 이것은 개인의 사생활을 간섭하는 것이 아니며 오히려 일종의 인간미를 나타내는 것이다.

그렇다면 중국인에게 프라이버시는 없을까? 그건 아니다. 아Q(阿Q)³⁾도 다른 사람이 '禿tū(머리카락이 없다)', '亮liàng(빛나다)', '光guāng(반들반들하다)' 등의 글자가 포함된 어휘를 말하는 것을 싫어하였다.

사실 중국인들도 프라이버시를 중요하게 생각한다. 자신의 프라이버시를 보호하기 위해 어떤 사람은 심지어 정당하지 않은 수단이나 다른 사람을 사지(死地)로 내모는 수단을 사용하기도 한다. 이 같은 일은 예

---

2) 역자주 : 원서에는 '대일통(大一同)'으로 되어있으나, 문맥을 고려하여 여기서는 '대동(大同)'으로 수정하였음. '대동(大同)'은 『예기(礼记)·(예운편)礼运篇』에 나오는 말. 사람마다 평등하고 자유로운 이상 사회로, 큰 도가 행해지면 전체 사회가 공정해져서 현명한 사람과 능력 있는 사람이 지도자로 뽑히게 되며 신의가 존중되고 친목이 두터워진다. 그러므로 모든 사람들은 자기 부모만을 부모로 생각하지 않고, 남의 부모도 내 부모와 똑같이 생각하며, 자기 자식만을 자식으로 생각하지 않고 남의 자식도 내 자식과 똑같이 생각한다. 이는 곧 천하를 한 집안으로 생각한다는 말이다.

3) 역자주 : 루쉰(鲁迅)의 유명한 소설 『아Q정전(啊Q正传)』 속의 주인공 이름. 머리카락이 없고 몸에 털이 많아 별명이 '왕대머리 털보'이다.

부터 있어왔다. 명(明)태조 주원장(朱元璋)이 황제가 된 후 어릴 때의 소꿉놀이 친구가 그를 찾아왔다. 옛날에 아주 친한 친구였고 서로 간에 아무런 거리낌이 없었기 때문에 그 친구는 문을 들어서자마자 주원장의 어릴 때 이름인 八八_{bābā}(바바)를 불렀다. 이를 듣고 주원장은 크게 노하여 신하를 시켜 그 친구를 죽여 버렸다. 보잘것없는 작은 일이 오히려 목숨을 잃는 화를 초래하였는데, 그 이유는 무엇인가? 물론 주원장 자신의 문제도 있지만, 깊은 원인은 찾아온 친구가 상대방의 신분을 고려하지 않고 상대방이 프라이버시라고 여기는 것(어릴 때 이름)을 많은 사람들에게 노출시킴으로써, 상대방을 매우 난감하게 만들고 체면을 잃었다고 느끼게 하였기 때문이다.

중국에 '家丑不可外扬。jiāchǒubùkěwàiyáng(집안의 허물은 밖으로 드러내어서는 안 된다.)'이라는 속담이 있다. 체면이 깎이는 집안의 일을 밖으로 새어나가게 하지 않아야 함을 뜻하는데, 바로 밖으로 새어나가면 안 되기 때문에 다른 사람도 물어보기가 불편하다. 이를 보면 중국인들도 역시 프라이버시가 있음을 알 수 있다. 다만 이러한 프라이버시는 개인이 아닌 가정의 프라이버시라는 것, 즉 가족의 프라이버시가 개인의 프라이버시보다 더 중요하기 때문에 이를 중점적으로 보호해야 한다는 것이다. 다음은 한 잡지에 실린 내용이다. 어떤 남자가 딸이 16세 때 딸에게 몹쓸 짓을 하였는데, 이것이 처음에는 비밀이었지만 점점 정도가 심해지면서 알려지게 되었다. 딸은 이 짐승 같은 행위에 눈물로 아버지에게 놓아달라고 비는 것 외에 별다른 방법이 없었다. 훗날 딸의 어머니가 남편의 이 추악한 행위를 발견하고서 우선 좋은 말로 충고하였고, 이어서 단지 분노할 뿐이었다. 그러다 나중에 딸이 남에게 시집을 갔고, 딸의 남편이 이 일을 발견하고서 비로소 경찰에 신고하였다. 사건 발생 후, 어떤 사람이 딸에게 왜 일찍 경찰에 신고하지 않았느냐고 물었다. 딸의 대답은 '家丑不可外扬。'이었다. 이런 추악한 일이 세상에 알려지면 딸과 아버지, 그리고 어머니와 온 가정에 모두 불리하다는 것이다. 이것이 특별한 사례이긴 하지만, 이를 통해 중국인들이 프라이버시를 얼마나 중요하게 생각하는지를 알 수 있다.

지금은 개인에게도 마찬가지로 프라이버시가 있다. 결혼에 관한 모든 것은 프라이버시의 범위에 속한다. 예들 들면, 부부가 왜 이혼하고 결혼 후에 왜 아이가 없는지 등의 문제는 바로 이에 속한다. 이러한 문제는 일반적으로 물어보아서는 안 되는데, 만약 묻는다면 냉대를 당하게 될 것이다. 소설 『갈망(渴望)』[4]에는 다음의 사건이 나온다.

有一次, 在所里, 几个年轻的同事挤兑了一回他, 使他醒悟了不少, 也明白了不少道理。

"哎, 沪生, 你给我们介绍介绍经验。有一个刚来所里不久便有了七八个女朋友的清华大学毕业生一屁股坐在桌子上说, "你原来找了个工人做媳妇, 听说那女人挺漂亮的, 又省心又实惠, 你干吗还要离婚呀?"

"你!" 沪生有点急了, 可当着这么多人, 又不便发火, 只说一句, "你别哪壶不开提哪壶好不好? 我们俩感情不合呗!"

"哎, 沪生, 说说, 说说! 听说你们经常吵架是不是, 越没文化的人越不讲道理。

"这他妈有什么好说的! 你们就对别人的隐私那么有兴趣!"

한번은 연구소에서 젊은 동료 몇 명이 그를 따돌렸는데, 이 일은 그로 하여금 많은 것을 깨닫게 했고 많은 이치를 알게 하였다. "저기! 후성씨, 우리한테 경험 좀 소개해 봐요." 연구소에 온 지 얼마 안 되었는데 여자 친구가 일곱, 여덟 명이나 생긴 칭화(清华)대학교 졸업생이 탁자 위에 주저앉아서 말했다. "너 원래 노동자를 마누라로 삼지 않았잖아. 듣자하니 그 여자 엄청 예뻤다던데, 시름도 털고 수지도 맞는데 왜 이혼하려는 거야?"

"너!" 후성은 화가 났지만, 이렇게 많은 사람 앞에서 화를 내기도 그래서 한마디만 할 뿐이었다. "너 남 아픈 곳 건드리지 마, 알았어? 우리 두 사람 마음

4) 저자주 : 郑万隆, 李晓明著, 十月文艺出版社, 1991。

이 안 맞는 거지 뭐!"

"야! 후성 말해봐 말해, 말 좀 해보라니깐!" 듣자니 너희 두 사람 자주 싸웠다면서, 그렇지? 교양이 없는 사람일수록 막무가내잖아."

"저기, 제기랄 이게 뭐 얘기할 게 있다고! 남의 사생활에 왜 그렇게 관심이 많아!"

후성이 동료들에게 화가 난 이유는, 그의 동료가 후성과 그의 아내의 이혼 원인을 물어보았기 때문이다. 이는 후성의 입장에서는 체면이 서지 않는 일이자 개인 프라이버시이다.

중국인들에게는 개인의 생리적 결함도 아주 중요한 프라이버시이므로 다른 사람이 물어보아서도 안 되고 이를 언급하는 것은 더욱 안 되며, 그렇지 않으면 반목이 생길 것이다. 또 性과 관련된 일도 프라이버시에 속하므로 다른 사람이 묻기도 껄끄럽고 자신도 말하기가 껄끄럽다. 이 외에 돈이나 재물에 관한 일도 프라이버시의 범위에 속하며, 이를 물어보더라도 상대방은 알려주지도 않거나 사실을 말하지도 않는다. 2000년 4월 1일 중국은 예금실명제를 실시하였다. 이 제도를 실시하기 전에 실시한 조사에 따르면, 많은 사람이 이 정책을 반대한 것으로 나타났다. 그들은 자기가 얼마나 많은 돈을 가지고 있는지 남이 아는 것을 원하지 않았고, 재산과 부(富)가 노출되지 않기를 바랐다. 사실 그들에게는 재산도 역시 프라이버시의 일종인 것이다.

서양인들과 비교하면, 중국인들의 프라이버시는 확실히 적다. 원인은 여러 가지가 있겠지만, 앞에서 우리가 언급한 것 외에도 중국인들의 생활환경에서 원인을 찾는 사람도 있다. 중국 북방에 위치한 도시의 많은 민가는 여러 가구가 모여 사는 양식이다. 한 집 안에 일곱 여덟 가구 혹은 십 여 가구가 협소하고 혼잡한 공간 안에서 살고 있기 때문에, 개인의 프라이버시를 지키기란 상당히 어렵다. 어느 집에 인기척이 있는지, 다른 집에서 금세 손바닥 보듯 알아차린다. 또 더욱이 '没有不透风

的墙méiyǒubùtòufēngdeqiáng(바람이 통하지 않는 벽은 없다)'라고 하지 않았던가.

프라이버시는 사람들의 생활환경 외에 커다란 사회 환경, 정치 동향과도 밀접한 관계가 있다. 주지하듯이 중국은 10년 동안의 '문화대혁명(文化大革命)'을 겪었고, 그 시대에는 모든 사람이 한마음으로 공산당에 충성을 했기 때문에, 어떠한 사적인 생각이나 잡념, 프라이버시도 허락되지 않았다. 이를 어기는 것은 당에 대해 충성하지 않는 것이었다. 일단 어떤 '좋지 않은(不好)' 일을 했거나 '해서는 안 되는(不该说)' 말을 하면, 다른 사람이 고발하지 않더라도 자기의 친족, 심지어 자기의 자식들이 '대의를 위해 형제 부모라도 봐주지 않고(大义灭亲)' 조금도 주저하지 않고 들추어낸다. 그 결과 죄명이 가해져 가볍게는 공개비판을 당하고 무겁게는 감금되기도 한다. 이러한 고압적인 분위기 아래에서 프라이버시는 생존할 토양을 잃게 되었다.

그러나 중국의 개혁개방이 확대됨에 따라 서양문화도 이를 따라서 중국에 들어왔고, 사람들의 프라이버시 관념에도 변화가 생겼다. 그래서 과거에는 프라이버시로 여겨지지 않던 것들도 점차 프라이버시로 간주되었고, 점차 외국의 프라이버시 관념과도 일치되어 가고 있다. 예를 들면, 과거에는 다른 사람이 자신의 나이를 물어보는 것을 전혀 개의치 않았지만 지금은 달라졌다. 그래서 여성, 특히 젊은 여성은 나이도 자기의 프라이버시라고 여기게 되었고 다른 사람이 나이를 묻는 것을 꺼려한다. 과거에는 서로 수입을 물어보는 것도 흔히 있는 일이었지만 지금 젊은 사람들은 다른 사람이 자기의 수입을 물어보는 것을 꺼리기 시작하였고, 이도 역시 자기의 프라이버시라고 여긴다. 이런 여러 가지가 모두 사람들의 프라이버시 관념에 끊임없이 변화가 생기고 있고 프라이버시의 범위도 점점 확대되고 있음을 보여준다.

한 가지 지적할 것은, 중국인의 프라이버시는 내포와 외연에서 서양인들과 여전히 큰 차이가 있다는 점이다. 서양인들에게는 개인과 관련된 모든 것이 다 프라이버시에 속하므로 다른 사람이 간섭해서는 안 되는데, 이런 프라이버시는 범위가 넓다. 그러나 중국인들의 프라이버시는 일반적으로 개인과 관련된 중요하거나 좋지 않은 일을 가리키는 것으로, 이를 다른 사람이 알게 된다면 개인에게 위험을 가져다주거나 체면을 잃게 될 수도 있다. 이런 프라이버시는 범위가 좁다. 따라서 중국인들의 프라이버시 관념은 이미 가치관에 스며들어있음을 알 수 있다.

제9장 민속과 교제

    민속이란, 간단히 말하면 사람들의 일상생활 속에서 형성된 풍습이다. 명문화된 규정은 없으나 이는 사회 구성원들이 자발적으로 준수한다. 민속은 민족성을 띠는 동시에 지역성과 시대성을 띤다. 한족은 풍부한 민속을 가지고 있으며, 이 중 많은 것들이 고대에서부터 전해져 내려온 것으로 아주 강한 생명력을 지닌다. '천자의 땅에 들어서면 금기를 묻고, 제후의 땅에 들어서면 풍속을 물으며, 남의 집에 들어서면 금기사항을 묻는다.(入境而问禁, 入国而问俗, 入门而问讳。)'라는 말은 일상생활 속에서 민속의 중요성을 말해준다. 때문에 외국인이라면 중국어학습뿐만 아니라 한족의 최소한의 풍습을 이해하여 중국인과의 교류에서 불필요한 번거로움이나 불쾌함이 생기지 않게 함으로써 교류의 성공 가능성을 높여야 한다. 아래에 자주 보이는 민속 몇 가지를 간단하게 소개하고자 한다.

1. 음식에 관한 민속

    중국인들은 음식을 매우 중시한다. 이는 먹는 것과 관련한 전문적인 연구로 중국의 독특한 음식문화를 형성하였다는 점에서도 나타나고, 또 음식을 먹는 행위에 대한 규칙이 있어 이로써 사람들의 행동을 제약하여 식사 예절로 만들려는 점에서도 나타난다. 한대(汉代) 『예기(礼记)·곡례상(曲礼上)』에는 밥 먹는 것에 대해 일련의 규칙이 나와 있다.

毋搏(bó, 抓取)饭, 毋放饭, 毋流歠(chuò, 羹, 汤), 毋咤(zhà, 口中发出声响)食, 毋啮(niè,咬)骨, 毋反鱼肉, 毋投于狗骨。毋固获, 毋扬饭。饭黍(shǔ,谷物)毋以箸, 毋嚃(tā, 喝)羹, 毋絮羹, 毋刺齿, 毋歠醢(hǎi,肉酱)。客絮(调拌)羹, 主人辞以不能亨(同'烹')。客歠醢, 主人辞以窭(jù, 贫穷)。濡肉齿决, 干肉不齿决。毋嘬炙。卒食, 客自前跪, 彻饭齐(同'齑'(jī), 调味用的姜, 蒜等末儿)以授相者, 主人兴辞以客, 然后客坐。

밥을 크게 뭉치지 말고, 먹던 밥을 도로 내려놓지 말아야 한다. 국물을 흘리지 말고, 입으로 소리를 내지 말아야 한다. 뼈를 깨물어 먹지 말아야 하며, 먹던 생선과 고기를 도로 그릇에 놓지 말아야 하며, 뼈를 개에게 던져 주지 말아야 한다. 어느 것을 굳이 자신이 먹으려고 하지 말아야 하며, 빨리 먹기 위해 밥의 뜨거운 기운을 제거하려고 헤젓지 말아야 하며, 기장밥을 젓가락으로 먹지 말아야 한다. 건더기가 있는 국은 국물만 훅 들이마시지 말아야 하고, 국에 조미하지 말아야 하며, 이를 쑤시지 말아야 하고, 젓국을 마시지 말아야 한다. 손님이 국에 간을 맞추면, 주인은 사과의 말을 해야 하며, 손님이 젓국을 마시면, 주인은 가난해서 맛있게 잘 만들지 못했다고 사과의 말을 해야 한다. 젖은 고기는 이빨로 끊고 마른 고기는 이빨 끊지 않는다. 불고기를 한 입에 넣어 먹어버리는 일을 하지 말아야 한다. 음식 먹는 일을 마치면 손님이 앞에서부터 꿇어앉아서 밥과 제를 걷어서 내준다. 주인이 일어나서 그렇게 하지 말라고 손님을 제지하면, 손님은 자리에 앉는다.

위 규칙의 대략적인 의미는 다음과 같다. 밥을 덩어리로 뭉쳐서 먹어서는 안 되고, 먹다 남은 밥을 식기에 도로 갖다 놓지 말 것이며, 입에 줄줄 흘리면서 마셔서도 안 되며, 큰 소리 내며 씹어서도 안 된다. 뼈를 물어뜯어서는 안 되고, 물어뜯던 물고기 뼈를 접시에 내려놓아서도 안 되고, 뼈를 개에게 던져서도 안 되고, 자기가 좋아하는 요리만 먹어서도 안 된다. 밥이 뜨겁다고 뜨거운 기운을 불어서 날려서는 안 되며, 젓가락을 사용하여 밥을 먹어서도 안 되고(숟가락을 사용하여야 함), 덩어리가 들어 있는 국을 마실 때는 씹지 않을 수 없지만 국 그릇 안의 덩어리와 국물을 저어서는 안 된다. 이를 쑤시지 말아야 하고, 조미용으로 나온 어육소스(鱼肉酱)는 마시지 않는다. 만약 손님이 주인의 면전에서 국에 간을 맞추면 주인은 조리를 제대로 하지 못했다고 겸손하게 사과의 말을 해야 한다. 손님이 어육소스를 많이 먹으면 주인은 형편이 변변치 못해 요리가 부족하다고 역시 사과의 말을 해야 한다. 촉촉한 고기는 이빨로 물어뜯어도 되지만 마른 고기는 이빨로 물어뜯어서는 안 된다(손으로 뜯어서 먹어야 한다). 구운 고기를 먹을 때는 큰 덩어리를 한 번에 먹어서는 안 된다. 식사를 마치고 나면 손님은 일어서서 식탁 앞으로 가 식탁 위의 조미료가 담긴 접시를 옆에서 시중드는 사람에게 건네준다. 주인이 손님을 따라 일어나 손님에게 하지마시라고 하면 손님은 자리에 앉는다. 이러한 규칙들을 통해서, 중국 고대의 식사에 관한 예절은 상당히 복잡하고 엄격하였음을 알 수 있다.

오늘날 사회의 음식과 관련한 풍습 중에 많은 것들이 고대에서부터 계승되어온 것이다. 예를 들면, 밥을 먹을 때 큰 소리로 씹어서는 안 되는데, 만약 큰 소리를 내서 먹는다면 사람들은 먹는 모양새가 좋지 않다거나 심지어 가정교육을 제대로 받지 못했다고 느낄 것이다. 또 여러 사람 앞에서 뼈다귀를 물어뜯는 것도 점잖하지 못한 행위로 보인다. 자기가 좋아하는 요리만 먹는 것도 다른 사람에게 얕보일 수 있으며, 다른 사람들이 버릇이 없다고 생각할 수 있기 때문에 싫어하는 요리여도 상징적으로 조금은 먹어야 한다. 식사 후에 많은 사람들 앞에서 가리지 않고 이를 쑤시는 것도 일종의 교양 없는 행위이다. 서양인들은 밥을 먹을 때 손에 음식물이 묻으면 혀로 핥는 것을 좋아하므로 서양인들의 관점에서 보면 이것은 음식물을 소중히 여기는 좋은 습관이다. 하지만, 중국인들에게 이는 점잖치 못한 행동으로, 교육을 받지 못했거나 가정교육이 제대로 되지 않은 아이들만 할 수 있는 행동이다.

　이상의 음식 풍습은 손님의 입장에서 말한 것이다. 사실 음식 풍습은 주인과 손님 양측의 일로 손님에게 요구하는 것이 있으면, 주인에게도 마찬가지로 요구하는 것이 있다. 손님이 집에 도착하면, 한족들은 일반적으로 모두 차를 내놓고 담배를 권한다. 이는 손님에 대한 최소한의 예의이다. 손님은 주인의 차 대접과 담배 권유 및 기타 언행을 통하여 자신의 방문에 대한 주인의 태도가 친절한지 냉담한지를 알 수 있다. 차를 내놓을 때는 찻잔에 물이 지나치게 많이 채워져서는 안 되는데, 그렇지 않으면 예의가 없는 행위가 된다. 베이징(北京) 등 일부 지역에서 이는 손님에게 나가달라는 뜻을 전했음을 나타낸다. 반면, 술을 권할 때는 반드시 잔에 가득 채워야 하는데, 그렇지 않으면 손님을 극진히 대접하지 않는다는 의심을 사게 된다. 바로 이러한 이유로 중국에는 '茶七酒八cháqījiǔbā(차는 7할, 술은 8할)', '茶要半cháyàobàn, 酒要满jiǔyàomǎn(차는 반, 술은 가득)'이라는 표현이 있다. 차와 담배를 권하든 술을 권하든 간에 주인과 손님은 모두 두 손을 사용해야 하며 한 손을 사용해서는 안 된다. 보통 오른손으로는 물건을 들고, 왼손은 아래에서 오른손을 받친다. 주인이 손님에게 차를 따르고 나면, 손님은 현재 유행하는 '叩指礼kòuzhǐlǐ(손가락으로 두드리는 예절)', 즉 식지와 중지 또는 몇 개의 손가락으로 테이블 위를 두드려서 감사의 뜻을 표시하는 예를 행한다.

　중국은 국토 면적이 넓기 때문에 음식도 '백리 간격으로 풍습이 달라(百里不同俗)' 각 지역마다 그 지방의 특색을 지닌 풍습이 있다. 허난(河南)등 일부 지방에서는 다음과 같은 음식 풍습이 있다. 귀한 손님이 오면 정식 식사를 대접하기 전에 탕차(汤茶)를 대접하는데, 보통 계란프라이를 내놓으며 형편이 좀 나은 집에서는 안에다 약간의 요우탸오(油条)[1]나 팝콘 등을 넣기도 한다. 계란이 많을수록 주인이 손님을 중시함을 뜻한다. 계란의 수에 상한선은 없지만 하한선은 있어, 보통 2개 이하면 안 된다. 만약 계란이 2개이면 주인이 손님을 욕하는 것임을 말하는데, 왜냐하면 허난 지역 사람들은 두 개는 마침 남성의 고환睾丸의 숫자와 같으므로 손님이 계란이 아닌 '卵luǎn(고환)'²⁾을 먹는다고 생각하기 때문이다. 손님은 탕차를 마실 때 남김없이 전부 다 먹어서는 안 되고 반드시 약간은 남겨야 한다. 전부 마시게 되면 예의를 잘 모른다는 의심을 받는다.

들기로 쟝시(江西)와 후베이(湖北)에도 음식물의 내용은 약간 다르지만 유사한 풍습이 있다고 한다. 이 지역에서 정식 식사 전에 주인은 반드시 당면이나 국수를 한 그릇 들고 와 손님에게 대접해야 하는데, 안에는 계란이나 큰 고기 덩어리가 들어있다. 이를 '喝茶hēchá(차를 마신다)'라고 한다. 만약 손님이 이를 먹지 않으면 주인이 기분나빠한다. 하지만 손님이 한 그릇을 남김없이 다 먹으면 사위나 외손자가 아닌 경우 역시 예의를 잘 모르는 것으로 여겨진다. 때문에 살펴가면서 먹고 적당히 남겨야 한다.

중국인들의 식사 순서는 보통 먼저 술을 마시고 그 다음에 밥을 먹으며, 마지막으로 국을 마신다. 밥을 다 먹은 후에는 술을 다시 마셔서는 안 되고 손님에게 술을 권해서도 안 된다. 밥을 먹은 다음에 술을 마신다는 것은 '酒后饭上jiǔhòufànshàng(술이 나중에 밥 위에 놓인다)'을 의미하는데, 이는 '久后犯上jiǔhòufànshàng(오랜 시간이 지난 후 윗사람을 해친다)'³⁾과 발음이 같다. 이는 대역부도(大逆不道)한 것으로, 옛날에

---

1) 역자주 : 밀가루 반죽을 발효시켜 길이 30센티 정도의 길쭉한 모양으로 만들어 기름에 바삭하면서도 쫄깃하게 튀긴 식품.

2) 역자주 : 이 지역에서 '卵'은 남성의 고환의 속칭.

3) 역자주 : 옛날 지난(济南) 사람들은 술을 먼저 마시고 밥을 먹으며, 밥을 먹은 후에는 술을 마시지 않는 규칙을 지켰다. 이는 '酒(술)'와 '久(오래 되다)', '饭(밥)'과 '犯

는 죄로 다스렸으며 심지어 목이 달아날 위험도 있다. 따라서 다른 사람에게 이렇게 하도록 권하는 것은 마음속에 꿍꿍이가 있다는 의심을 받게 된다. 바로 이 때문에 사람들은 밥을 먹은 후에 술을 마시는 것을 꺼려하는데, 특히 일부 연세가 많이 든 사람인 경우에는 더욱 그렇다.

음식 풍습은 연해지역이 가장 많다. 연해지역의 사람들은 보통 어업이 생업이기 때문에 온종일 바다 위를 떠다니면서 풍랑과 싸우고 상어와 이웃하며 태풍과 동반자가 된다. 생산력이 아주 낮은 고대에는 언제 어디서나 생명의 위험도 있었다. 과학 기술이 상당히 발달한 오늘날에도 바다에서의 조업은 여전히 위험하기 때문에 어부들은 매사에 조심하고 삼간다. 이에 바다에 나간 후 순조롭고 안전한 귀가를 보장하기 위해 독특한 풍습과 생활의 금기가 형성되었다.

어민의 집에서 밥을 먹을 때는 젓가락을 그릇위에 놓아서는 안 된다. 왜냐하면 이것은 고깃배가 좌초되는 징조이다. 그릇을 거꾸로 엎어 놓는 것도 금지하는데, 이렇게 하는 것은 배가 뒤집히는 것을 의미하므로 대단히 불길한 것이다. 생선을 구울 때나 먹을 때 생선을 뒤집어서는 안 되고, 한 쪽 면을 먹은 후 가운데 뼈를 발라낸 다음 다른 한 쪽을 먹어야 한다. '把鱼翻过来bǎyúfānguolai(생선을 뒤집어라)'는 부류의 말도 해서는 안 되는데, 왜냐하면 '翻fān(뒤집다)'은 '翻船fānchuán(배를 뒤집어지다)'을 의미 하는 것이므로 불길하기 때문이다. 또 고깃배 위에서는 다리를 꼬는 것과 엎드려서 잠자는 것도 금지하는데, 왜냐하면 이것은 사람들에게 죽음을 연상시키기 때문이다. 배위의 물건들은 보통 배로 가지고 들어갈 수는 있지만 빌려 나올 수는 없다. 만약 배가 운행할 때 어떤 사람이 부주의하여 다른 사람에게 물건을 빌려주었다면, 되돌려 받

(범하다)'가 해음이기 때문이다. 밥을 먹은 후 술을 마시는 것은 곧 술이 밥 위를 덮는 것과 같아서 '酒后饭上', 즉 '久后犯上'이 되어 불길하다고 느끼기 때문이다.

으려 해서는 안 되고 값을 환산하여 돈으로 받거나 배가 항해에서 돌아온 다음에 돌려받아야 한다. 어민들이 물건을 빌려 주는 것을 꺼리는 이유는, 물건을 빌려주는 것이 곧 배가 뒤집히는 것을 의미하는데, 배가 뒤집어져야만 비로소 물건이 흩어져 분산되고 주인을 떠나기 때문이다.

2. 명절 풍습

중국에는 음력설(春节), 정월대보름(元宵节), 단오설(端午节), 추석(中秋节)⁴⁾ 등과 같은 많은 전통 명절이 있어, 명절마다 제각기 독특한 음식이 있고 독특한 행사와 풍습이 있다. 이들 명절 가운데 음력설이 가장 중요하다. 음력설은 새로운 일 년의 시작이다. 중국인들은 예부터 일의 발단을 매우 중시하여 '一年之计在于春yiniánzhījìzàiyúchūn, 一日之计在于晨yírìzhījìzàiyúchén(일 년의 계획은 봄에 달렸고, 하루의 계획은 아침에 달렸다.)', '善始善终shànshǐshànzhōng(시작이 좋아야 끝이 좋다.)', '万事开头难wànshìkāitóunán(모든 일은 시작이 어렵다.)'이라고 하였는데, 이들 속담은 사람들의 이러한 심리상태를 말한다. 바로 이 때문에 음력설은 유쾌하고 자유분방한 동시에 조심스럽고 신중한 명절이기도 하다.

음력설의 풍습에는 섣달그믐날 저녁 교자 빚기, 설 전후 설 떡 먹기, 용등춤 추기, 사자놀이, 높은 나무다리 타기(踩高跷)⁵⁾, 마을 다니며 세배하기, 세뱃돈 주기 등등 아주 많다. 이외에도 많은 금기풍속이 있는

---

4) 저자주 : 설날은 음력 정월 초하루이나 정월 초하루 이후의 며칠을 가리키기도 한다. 성월대보름은 정월 15일이고, 단오질은 음력 5월 5일이며, 추석은 음력 8월 15일이다.
5) 역자주 : 중국 전통 민속활동의 하나. 죽마 놀이의 일종으로, 극중에서 전설상의 인물로 분장한 배우가 막대기를 발에 묶고 걷거나 춤을 추며 공연하는 민속놀이.

데, 특히 정월 초하룻날에 많다. 어떤 지방에는 초하루에 문을 나서 세배하러 갈 때 스님을 만나는 것을 꺼리는데, 왜냐하면 '初一遇和尚chūyīyùhéshang, 穷得精当光qióngdejīngdāngguāng。(초하루에 스님을 만나면 확실하게 가난뱅이가 된다.)'라는 말 때문이다. 또 '碰到尼姑pèngdàonígū, 逢赌必输féngdǔbìshū。(비구니를 만나고, 도박을 하면 반드시 잃는다.)'이기 때문에 비구니를 마주치는 것도 꺼린다. 과부를 만나는 것 역시 불길한 일인데, '新年遇寡妇xīnniányùguǎfu, 必定作鳏夫bìdìngzuòguānfū。(새해에 과부를 만나면 틀림없이 홀아비가 된다.)'라고 하였기 때문이다. 이들은 모두 일리가 없고 순전히 미신이지만, 사람들이 새로운 한 해에 거는 두터운 소망, 즉 하는 모든 일이 뜻대로 잘 되기를 바라는 사람들의 마음을 알 수 있다.

정월 초하루 이날은 전통적으로 밥을 짓는 것을 금지하였다. 그래서 전날 저녁에 정월 초하루의 밥을 해놓는데, 왜냐하면 이것은 '年年有余niánniányǒuyú(해마다 남음이 있다)'는 것을 의미하기 때문이다. 어떤 지역에서는 국밥(汤泡饭)을 먹는 것을 금지하는데, 그 이유는 국밥을 먹고 문을 나서면 비를 만나고, 더욱이 일 년 중에 좋은 날이 없으며 죽밖에 먹을 수 없기 때문이다. 이 외에도 바느질을 하는 것과 가위를 사용하는 것을 금지하는데, 이는 어떤 지방에서는 이날 가위를 움직이면 재물길이나 벼슬길이 끊기고 심지어는 자손이 끊기기도 한다고 여기기 때문이다. 그리고 또 어떤 지방에서는 가위를 움직이면 새로운 한 해가 한가롭지 않게 된다고 여겼다. 정월 한 달 동안 허베이(河北), 허난(河南) 같은 곳에서는 이발하는 것을 금지한다. 이발을 하면 외삼촌이 죽을 수 있기 때문이며, 그래서 아이들은 보통 모두 다 정월 전에 이발을 해버린다. 이월 초이틀이 되면 사람들은 서둘러 이발을 하러 이발소로 가는데, 왜냐하면 이날은 용이 머리를 드는 날로 이발을 하면 행운을 얻을 수 있기 때문이다.

정월에는 또 입 조심을 하는 습관이 있다. 입조심이란 바로 말을 할 때 반드시 신중하여 상서로운 말을 해야 하며 불길한 말을 해서는 안 된다는 것이다. 특히 '邪xié(사악하다)', '鬼guǐ(귀신)', '终zhōng(끝나다)', '完蛋wándàn(끝장나다)', '死sǐ(죽다)', '血xiě(피. 피나다)' 등의 단어는 절대 말해서는 안 된다. 만약 자기 집에서 이런 말을 하면 부모님께 혼이 나고, 만약 새해에 정말로 불운을 만나게 되면 이를 말한 사람이 재난의 장본인이 되어 일 년 내내 행운은 꿈도 꾸지 말아야 한다. 만약 다른 사람의 집에서 이런 말을 하면 주인의 불쾌함을 초래하고 심지어는 심하게 질책을 받는다. 이외에 '苦kǔ(고생하다)', '灾zāi(재앙)', '病bìng(병)', '穷qióng(가난하다)', '倒霉dǎoméi(재수 없다)'와 같은 단어는 생활이 잘 풀리지 않음을 의미하므로 역시 말해서는 안 된다. 어떤 지방에서는 초하루에 문을 나서 이웃이나 친척집에 세배하러 가기 전에 부모는 아이들에게 다른 사람의 집에 가면 좋은 말을 하고 듣기 싫어하는 말은 하지 말라고 신신당부를 한다.

3. 결혼 풍습

결혼은 예로부터 한족들에게 가장 중요한 일로 간주되어 왔고, 아주 중요한 인생의 이정표였다. 사윗감을 고르고 선을 보는 일에서부터 납채(納采)와 결혼에 이르기까지 모두 일련의 풍습이 있다.

옛날 사위를 고를 때 집안의 사회 경제적 수준이 비슷한지, 사주팔자가 좋은지를 중요하게 생각하였는데, 특히 후자는 대단히 중요하여 훗날의 행복 여부, 심지어 결혼 후의 생존과도 관계가 있기 때문에 신중에 신중을 기했다.

고대에는 납채에 관한 격식도 매우 많았다. 현재는 그렇게 복잡한 격식은 없지만 일부 지방에서는 아직도 납채가 여전히 중요한 부분이며 심지어 혼사의 성공여부를 결정하기도 한다. 이는 주로 납채의 수량과 품질에서 나타난다.

결혼 당일, 예절과 습속은 더욱 많다. 어떤 지방에서는 결혼 첫날 저녁에 조부모와 부모가 모두 생존해 있는 미혼의 사내아이를 데려다 신랑과 새 침대에서 함께 잠으로써 빨리 아들을 낳기를 바랐는데, 이를 속칭 '压床yāchuáng[6]'이라 한다. 천라이성(陈来生)의 『무형의 쇠사슬(无形的锁链)』[7]에 보면 민간에는 또 보탑시(寶塔詩)가 있는데, 시에서 말하고 있는 것이 바로 이러한 일이다.

啥?
压床。
陪新郎?
讨个吉祥。
菩萨帮啥忙?
小夫小妻安康。
生个儿子状元郎,
光宗耀祖让人赞扬。

뭐해?
침대를 누르려고.
새 신랑 모시고 잔다고?
행운을 얻으려 그러는 거지.
보살님이 무엇을 도와주실까?
신랑과 신부의 평안을 도와주시지.
아들 하나 낳아 장원 급제하게 되어,
조상과 가문 빛내니 사람들이 찬양하기를.

---

6) 역자주 : 중국 한족의 민간 결혼 풍습으로 '压喜床', '压新床'이라고도 한다.

7) 저자주 : 上海三联书店, 1993年.

새신랑을 모시고 잔 사내아이는 아침에 일어나 국(汤) 한 그릇 얻어 마시는데, 대추 넣어 끓인 국을 가져오면 숟가락이 아닌 젓가락을 사용 해서 마셔야 한다. 왜냐하면, '枣子zǎozi(대추)'는 '早子zǎozi(일찍 아들 을 낳다)'와 해음이고 '筷子kuàizi(젓가락)'은 '快子kuàizi(빨리 아들을 낳 다)'와 해음으로, '早生子zǎoshēngzǐ(일찍 아들을 낳다)'와 '快生子kuà-ishēngzǐ(빨리 아들을 낳다)'를 바라기 때문이다.

신부가 친정집 문을 나서서 신랑의 집으로 갈 때와 신랑 집에 도착한 후에도 번거로운 예절이 아주 많다. 『예기(礼记)』의 「혼의(昏义)」장은 특별히 혼례 예절에 대해 상세히 설명을 하고 있다.

> 父亲醮子, 而命之以迎, 男先于女也。子承命以迎, 主人筵几 于庙, 而拜迎于门外。婿执雁入, 揖让升堂, 再拜奠雁, 盖亲受之 于父母也。降, 出御妇车, 而婿受绥(suí, 上车时挽手用的绳子), 御轮三周, 先俟(sì, 等)于门外, 妇至, 婿揖妇以入, 共牢而食, 合卺 (jǐn, 瓢)而酳(yìn, 食毕, 用酒漱口), 所以合体同尊卑以亲之也。
>
> 아버지가 아들에게 술을 따라주고, 아들에게 신부를 맞이하라고 명하는데, 이는 남자가 여자보다 우선이라는 것이다. 아들이 명을 받들어 맞이하니, 주 인은 사당에 술자리를 베풀고 문밖에서 절을 하면서 신랑을 맞이한다. 사위는 기러기를 들고서 집 안으로 들어와 읍하고 사양하면서 대청마루에 오른 다음, 두 번 절하고는 기러기를 상에다 제물로 올리는데, 이것은 부모의 명을 받드 는 것이다. 내려와서는 신부가 탈 수레를 몰고서 수레끈을 건네준다. 수레바퀴 가 세 번을 돈 다음, 문 밖에서 기다린다. 신부가 도착하자 신랑은 읍을 하고 안으로 맞이한다. 부부는 같이 밥을 먹고, 하나의 잔으로 술을 마시므로 한몸 을 이루고 귀천이 같으며 사랑하는 것이다.

이 인용문의 대체적인 의미는 신랑의 아버지가 직접 아들에게 술을 권하며 아들이 신부를 맞이하도록 분부함으로써 남자 쪽이 주동이고, 여자 쪽이 피동임을 나타낸다. 아들은 아버지의 명을 받고서 아내를 맞 아들이고, 여자 쪽의 부모는 사당에서 술자리를 마련해놓고 문 밖에서 사위를 맞이한다. 사위는 기러기를 두 손으로 받쳐 들고서 안으로 걸어 들어가는데, 서로가 읍(揖)하고 사양하는 동작을 하면서 대청마루에 오르라고 청하자, 두 번 절을 하고 기러기를 놓아둔다. 왜냐하면 이것은 부모의 명을 받드는 것이기 때문이다. 그런 다음 대청마루를 내려와 대문을 나와서 신부가 탈 수레를 몰고는, 수레에 있는 손잡이 끈을 신부에게 건네주면서 신부를 당겨 수레에 탈 수 있게 한 후, 수레를 몰고 가다가 수레바퀴가 세 바퀴 구른 다음 마부에게 건네주고 몰고 가게 한다. 신랑은 자기의 수레를 타고 먼저 앞장서 가서 문 밖에서 기다린다. 신부가 도착하면 신랑은 신부에게 읍을 하고 신부를 안으로 들어오라고 청한다. 밥을 먹을 때 부부는 한 종류의 음식물을 함께 먹고 하나의 술잔을 같이 사용하는데, 이는 두 사람이 한 몸이고 귀천이 같으며 서로 아끼고 사랑함을 나타낸다.

고대의 예절이 지금은 대부분 사라졌지만 일부는 여전히 남아 있다. 예를 들면, 합환주(合歡酒)를 마시는 것, 신혼부부가 한 개의 사과를 나누어 먹는 것 등은 아마도 고대 풍속의 흔적인 듯하다. 뿐만 아니라, 시대가 변하면서 새로운 예절들이 생겨났다. 예들 들면, 신부는 제 발로 집 문을 나갈 수 없고, 반드시 백부나 삼촌이 안고 집을 나가거나 오빠 등에 업고 집 문을 나간 다음에야 제 발로 걸어 갈 수 있다. 만약 그렇지 않으면 신부는 양심이 없고 친정을 떠나기 서운해 하는 감정이 없다고 욕을 먹고, 조금도 주저하지 않고 친정을 떠난다는 의심을 사게 된다. 이때 신부와 그의 부모, 친척은 모두 울어야 하는데 어떤 지방에서는 심하게 울수록 좋다고 한다. 왜냐하면 '哭发哭发kūfākūfā, 不哭不发bùkūbùfā(울어야 돈 번다. 울어야 돈 번다. 울지 않으면, 돈 못 번다)'라는 말이 있기 때문이다. 이는 신랑과 신부가 뒷날 돈을 많이 버는 것을 의미하면서 동시에 부모님과 가족이 신부가 멀리 타향으로 시집가는 데 대한 아쉬움의 마음도 포함하고 있다.

혼례를 치를 때 친척과 친한 친구들은 자연히 시끌벅적하게 즐기고 약간의 선물도 빠뜨리지 않는다. 그렇지만 선물을 할 때는 신중해야 하는데, 그 이유는 선물해서는 안 되는 것도 있기 때문이다. 이는 달리 말하면, 선물을 해놓고도 환심을 사지 못하고 주인에게 냉대를 당하는 것이다. 우산(雨傘), 손수건, 가위 같은 물건은 신랑, 신부에게 선물로 주어서는 안 된다. 왜냐하면 '雨傘yūsǎn(우산)'의 '傘sǎn'은 '散sàn(흩어지다)'와 해음인데 이는 흩어진다거나 분리된다는 의미이기 때문에, 이것은 '백발이 되도록 해로하다(白头偕老)'를 추구하는 중국인들의 입장에서는 의심할 여지없이 가장 큰 금기이다. '手绢shǒujuàn(손수건)'의 쓰임새는 눈물을 닦는 것이기 때문에 사람들로 하여금 아주 쉽게 '哭kū(운다)'라는 단어를 연상시키는데, '哭'는 막 결혼한 신부의 입장에서 역시 좋지 않는 징조로, 장래에 부부싸움이 끊이지 않고 행복하지 않을 것임을 예시하고 있다. '剪刀jiǎndāo(가위)'는 마찰을 의미하니 두 사람이 장차 마찰이 끊이지 않을 것임을 예시한다.

제10장 생활예절

중국은 예의를 중시하는 국가로, 일찍이 2000여 년 전에 벌써『주례(周礼)』,『예기(礼记)』,『의례(仪礼)』등 예의에 관한 책들이 세상에 나왔다. 상당히 많은 의식과 예절이 지나치게 번거롭고 또 심지어는 일반적인 규율을 넘어서기도 했지만, 일부 유용한 것들은 지금까지도 여전히 그대로 쓰이고 있으며 현대 생활 예절의 일부가 되었다.

현실 생활에서 중국인들은 '礼多人不怪lǐduōrénbúguài(예의는 지나쳐도 사람들이 이상하게 여기지 않는다.)'라고 한다. 일부 사람들, 특히 나이가 많은 사람들은 예절을 중시하고 까다롭게 따진다. 그래서 외국인 학습자들이 약간의 필요한 예절을 이해하는 것은 지식의 증가뿐만 아니라 중국인과의 교류를 하는데도 편리하다.

1. 몸가짐에 관한 예절

중국은 몸가짐에 대해 예로부터 매우 중요하게 생각해 왔다.『예기(礼记) · 곡례상(曲礼上)』에서는 다음과 같이 말하고 있다.

若夫, 坐如尸, 立如斋。
무릇 앉는 것은 시동(尸童)[1]처럼 하고, 서는 것은 재계할 때처럼 한다.

위 인용문은 성인이라면 단정하게 앉아야하고 공경하는 자세로 서야한다는 의미이다. 이외에 '立如松lìrúsōng, 坐如钟zuòrúzhōng, 卧如弓wòrúgōng(소나무처럼 서고, 종처럼 앉으며, 활처럼 눕는다.)'와 같은 옛교훈도 있다. 특히 여성은 몸가짐에 대한 요구가 더욱 많은데, '笑不露齿xiàobúlòuchǐ(웃을 때는 이를 드러내지 않아야 한다.)', '掩口而笑yānkǒuěrxiào(입을 가리고 웃어야 한다.)'는 등이 그 예이다. 과거에는 이러한 말들이 모두 사람들에 대한 속박이고 봉건사상의 일종이라고 여겼지만, 지금 보면 모두 그렇지는 않으며 자세히 살펴보면 일부는 어느정도 일리가 있다. 현대사회는 사상의 해방과 아름다움을 추구하는데, 이는 특히 여성에게 뚜렷이 나타난다. 아름다움은 내적인 수양뿐만 아니라 외적인 모습도 아주 중요하다. 서고, 앉고, 눕고, 행동하는 자세의 미추(美醜)는 개인의 품격에 직접적으로 영향을 미친다. '站要有站相zhànyàoyǒuzhànxiàng, 坐要有坐相zuòyàoyǒuzuòxiàng。(서는 것도 서는 자세가 있어야 하고, 앉는 것도 앉는 자세가 있어야 한다.)'는 말은 사람이 반드시 알아야 하는 기본 예의이다. 만약 다른 사람과 같은 앉은 자리에서 다리를 높이 올려서 꼬거나 다리를 계속 떨거나 머리를 이리저리 흔드는 것은 자신의 이미지를 손상시킬 뿐 아니라 다른 사람을 존중하지 않는 행동이기도 하다.

중국인과 이야기를 나눌 때, 특히 변론을 할 때에도 자신의 행동에 주의를 기울여야 한다. 중국인들은 평온한 마음과 부드러운 태도를 숭상하는데, 이는 일이 있을 때 서로 상의하기가 좋기 때문이다. 반면 다른 사람에게 손, 발짓하는 것, 특히 상대방을 향해 손가락질 하는 것을 삼간다. 이는 무례한 행위이며 다른 사람을 훈계하는 것으로, 변론하는 자리에서 이러한 행위는 상대편에 대한 멸시의 의미가 담겨 있다.

---

1) 역자주 : 예전에 제사를 지낼 때 신위神位 대신으로 앉히던 어린아이.

2. 선물할 때의 예절

예의상 오가는 것을 중시하는 것(礼尚往来)은 중국인들 생활에서 아주 중요한 일이다. 그것은 우의를 증진하고 유무(有無)가 서로 통하게 할 수 있다. 예의상 오가는 것을 중시하는 것은 '가는 것(往)'과 '오는 것(来)'에서도 나타나지만 선물에서 더욱 빛을 발한다. 친척, 친구 간에 왕래를 할 때는 보통 선물을 가지고 간다. 사람들은 흔히 선물의 경중에 따라 우의의 깊이를 가늠한다. 선물이 좋을수록 상대방이 자신을 중요하게 여긴다고 간주하고, 이와 반대이면 대강 때우려고 하거나 무시한다고 의심을 한다. 바로 이 때문에 중국인들은 선물을 살 때 선물에 붙어있는 가격표를 남겨둠으로써 받는 사람이 선물의 가격을 알도록 한다.(물론, 선물이 쌀 때는 가격표를 제거한다.) 선물의 종류는 보통 형식에 구애받지 않으나 수량에는 제한이 있다. 중국인들은 짝을 이루는 물건을 좋아하는데, 이는 선물에도 나타난다. 일반적으로 선물을 줄 때, 술 두 병, 간식 두 통 한 종류의 물건은 두 개를 준다. 만약 조건이 허락된다면 네 개를 선물할 수도 있다.

명절에 친구 집에 손님으로 간다면 약간의 선물을 가져가는 것이 좋다. 어떤 선물을 선택할 것인가는 정해진 틀이 없으며 구체적인 상황에 따라 결정할 수 있다. 만약 친구의 아버지가 음주를 좋아하면 술 두 병 정도 가지고 가는 것만큼 좋은 게 없을 것이다. 만약 특별한 기호가 없다면 약간의 과일을 가져가는 것도 괜찮다. 이 때 주의해야 할 것은, 과일을 몇 개만 선물해서는 안 되고 적어도 어느 정도 양이 되게 선물해야 한다는 것이다. 그렇지 않으면, 인색해 보이고 부끄러워서 내놓을 수가 없을 것이다. 친구가 생일 파티를 할 때도 흔히 떠들썩하게 보내는데, 보통은 함께 식사를 한다. 생일 파티에 참가할 때는 먹을 것이나 마실 것을 좀 가지고 가면 된다. 병원에 환자의 병문안을 갈 때에도 뭘 좀 사가지고 가야하는데, 보통 영양보조식품이나 과일을 많이 사 가지고 가지만, 요즘은 생화를 선물하는 것도 유행이다.

다른 사람에게서 선물을 받을 때 중국인들은 보통 한 차례정도 거절 인사를 하면서 감히 받지 못하겠음을 표시한다. 하지만 이것은 사실 일종의 예절이므로 절대 진짜라고 여겨서는 안 되고, 더욱이 주인이 정말로 좋아하지 않는다거나 거절한다고 오해해서도 안 된다. 중국인들의 관점에서 보면, 다른 사람이 선물을 할 때 만약 한 차례 체면치레 말도 하지 않고 곧바로 받으면 탐욕스럽다는 의심을 받게 될 것이다. 선물을 받은 후에는 손님의 면전에서 선물을 열어보는 것은 예의에 어긋하므로 열어보아서는 안 되며, 손님이 돌아갔다고 확신한 후에 비로소 열어 볼 수 있다. 만약 손님이 아직 문을 나서기 전이어서 이 모습을 보게 되면 난처해질 것이다. 어떤 소설에서 다음과 같은 일을 말한 적이 있다. 장(张)씨 집안의 사돈이 집을 방문하였는데 간식거리 작은 상자 하나를 들고 왔다. 장씨의 아내는 제대로 교육을 받지 못한 세속적인 부녀자여서 손님이 떠나자마자 지체하지 않고 바로 간식 상자를 열어서 먹었다. 그런데 뜻밖에 손님이 자신의 자전거 열쇠를 집안에 두고 온 것을 알고는 곧바로 되돌아왔는데 마침 딱 이 상황과 맞닥뜨리게 되었고, 그 결과 주인과 손님 모두 매우 난처해졌다.

선물이 만약 음식이라면 일반적으로 그 자리에서 열어서 맛보아서는 안 된다. 이는 만약 손님이 가지고 온 선물이 주인의 입맛에 맞지 않거나 양이 충분하지 않을 경우 손님이 곤란해지기 때문이다. 또 일부 지역에서는 이럴 경우 주인이 따로 음식을 준비하지 않고 '来人吃来物láirénchīláiwù(손님이 가지고 온 음식을 먹는다.)'는 의심을 받기도 한다.

3. 손님을 접대할 때의 예절

사람을 대할 때, 특히 어른을 대면할 때는 반드시 예의를 갖추어야 하는데, 이것은 중화민족의 전통적인 미덕이다. 『예기(礼记)·곡례상(曲礼上)』에는 이에 대해 일찍이 상세히 규정해놓았다.

> 幼子常视勿诳(kuáng, 欺骗), 童子不衣裘裳。立必正方, 不倾听。长者与之提携, 则两手奉长者之手。……从于先生, 不越路与人言。遭先生之道, 趋而进, 正立拱手。先生与之言则对, 不与之言则趋而退。
>
> 어린 아이에게는 항상 속이지 않는 행위를 보여주어야 하고, 사내아이는 치마나 가죽으로 만든 옷을 입지 않는다. 서는 자세는 반드시 방향을 바르게 하고, 머리를 기울여 듣지 않는다. 어른이 아이와 함께 있으면서 손을 끌어 잡아주면, 두 손으로 어른의 손을 받들고……선생님을 따라서 걸어가다가 선생님을 앞질러 길을 건너서 다른 사람과 말을 하지 않는다. 선생님을 길에서 뵈면 빠른 걸음으로 앞으로 나아가 똑바로 서서 두 손을 잡고 가슴까지 올리고서 인사한다. 선생님이 아이에게 말을 건네면 대답하고, 말을 걸지 않으시면 빠른 걸음으로 물러난다.

이 단락의 대체적인 의미는 다음과 같다. 평상시에 거짓말 하는 모습을 아이들에게 보여서는 안 되고, 사내아이는 가죽옷이나 치마를 입어서는 안 된다. 서 있을 때는 반드시 단정해야 하고, 고개를 기울여서 다른 사람이 말하는 것을 들어서는 안 된다. 만약 어른이 손을 잡고 가면 두 손으로 어른의 손을 받쳐 잡아야 한다. ……선생님을 따라서 길을 갈 때에는 마음대로 길을 건너가서 다른 사람과 말을 하여서는 안 된다. 길에서 선생님을 만나면 빠른 걸음으로 앞으로 나아가 가슴 높이에서 두 손을 맞잡고 인사하고는 바로 서 있어야 한다. 만약 선생님이 말을 걸면 곧바로 대답을 하고, 말을 걸지 않으면 빠른 걸음으로 한쪽으로 물러난다. 이처럼 옛 사람들은 지위가 낮은 사람이 웃어른과 교류할 때의 언행과 행동거지, 심지어 옷차림에 대해서도 엄격하게 규정하고 있음을 알 수 있다.

집에서 손님을 접대할 경우에는 더욱 예절에 신경 써야 한다. 『예기(礼记)·곡례상(曲礼上)』에는 이렇게 말하였다.

> 凡与客入[2]者, 每门让与客。客至于寝门, 则主人请入席, 然后出迎客。客固辞, 主人肃客而入。主人入门而右, 客人入门而左。主人就东阶, 客人就西阶, 客若降等, 则主人之阶。主人固辞, 然后客复就西阶。主人与客让登：主人先登, 客从之, 拾级聚足, 连步而上。上于东阶, 则先右足；上于西阶, 则先左足。

무릇 손님과 함께 문을 들어오는 이는 문에 이를 때마다 손님에게 먼저 들어가도록 양보한다. 손님이 침실 문 앞에 이르면, 주인은 손님에게 잠시 기다리라 청하고 먼저 들어가 자리를 편 다음에 나와서 손님을 맞아들인다. 손님은 또 주인 먼저 들어가라고 사양하면, 주인이 앞에서 손님을 인도하여 들어간다. 주인은 문을 들어가서 오른쪽으로 가고, 손님은 문을 들어가서 왼쪽으로 간다. 주인은 동쪽 계단으로 가고, 손님은 서쪽 계단으로 가는데, 손님이 만약 주인보다 지위가 낮으면 주인의 (동쪽)계단으로 가야 한다. 주인이 한사코 사양하면 손님은 다시 서쪽 계단으로 간다. 주인과 손님이 서로 먼저 올라가라고 사양하면, 주인이 먼저 올라가고 손님은 주인의 발걸음을 뒤이어서 올라간다. 한 계단마다 두 발을 모으면서 걸음을 이어 올라간다. 동쪽 계단으로 올라갈 때는 오른발을 먼저 내딛고, 서쪽 계단으로 올라갈 때는 왼발을 먼저 내딛는다.

위 말의 의미는 손님과 함께 문을 들어서면 주인은 문 앞에 이를 때마다 손님이 먼저 들어가게 하고, 기거하는 방문 앞에 왔을 때 주인은 자신이 먼저 들어가 자리를 깔고(옛날에는 땅에 자리를 깔고 앉았다)난 후 손님을 맞았다. 손님이 주인에게 겸손하게 양보를 하면, 주인은 앞서서 손님을 인도하여 들어간다. 문을 들어온 다음, 주인은 오른쪽으로

----

2) 역자주 : 원전에 근거하여 원서의 '人'을 '入'로 수정함.

손님은 왼쪽으로 간다. 주인은 동쪽 계단을 향해 가고 손님은 왼쪽 계단으로 간다. 만약 손님의 지위가 비교적 낮으면 주인을 따라 동쪽 계단으로 가야하고, 주인이 다시 한 번 겸손하게 사양하면 그제야 비로소 다시 서쪽 계단으로 돌아간다. 계단 앞에 와서 주인과 손님은 또 서로 먼저 올라가기를 사양한다. 마침내 주인이 먼저 올라가고 손님이 뒤를 따른다. 주인이 계단을 한 걸음 올라가면 손님도 곧바로 한 계단 오른다. 손님의 앞발걸음은 주인의 뒷발걸음에 딱 붙어서 오르는데, 이처럼 발걸음을 이어서 오른다. 동쪽 계단을 오르는 사람은 오른쪽 발을 먼저 내딛어야 하고, 서쪽 계단을 오르는 사람은 왼쪽 발을 먼저 내딛어야 한다. 이러한 예절이 번거롭고 귀찮지만 합리적인 부분들은 오늘날까지 계승되어 내려와 그대로 지켜지고 있다.

역이나 공항으로 손님을 마중하러 간다면 손님을 만났을 때, '一路辛苦了。yílùxīnkǔle(오시는 길에 고생이 많으셨습니다)', '路上还好吧。lùshanghǎihǎoba(오시는 길에 별일 없으셨죠)', '稀客xīkè(귀한 손님이 오셨습니다)'와 같은 인사말을 하여야 한다. 또 손님이 손에 짐을 가지고 있다면 반드시 손님을 도와서 받아들어야 한다. 이어서 손님이 집 앞에 왔을 때에는 앞서 가서 문을 열고 손님이 먼저 들어가게 해야 한다. 손님이 자리한 후에는 곧바로 차를 따라드리고 담배를 권하고, 담배에 불을 붙여 드려야 한다. 차를 따를 때에는 손님에게 먼저 따라드려야 한다. 이때 찻물은 너무 가득 차게 따라서는 안 되고, 보통 '茶要半cháyàobàn(찻물은 반)', 즉 반 잔 정도 따르면 된다. 차를 건네고 담배를 드릴 때, 반드시 두 손을 사용해야 한다. 일반적으로 오른손으로는 물건을 들고 왼손으로는 오른손의 아래를 받침으로써 공경을 표시한다. 많은 지역에서는, 손님이 집에 오면 따뜻한 물 한 대야를 가지고 와서 손님이 씻도록 하는데, 이를 속칭 '洗尘xīchén(여행의 먼지를 씻어내다)'이라고 한다.

손님이 자리에 앉아 밥을 먹을 때는 앉는 자리도 신경을 써야 한다.

누가 상석(上席)에 낮고 누가 하석(下席)에 앉을 것인지도 모두 정해진 규칙이 있다. 집에 손님을 초대하여 밥을 먹을 때는 보통 식탁을 방의 중앙에 놓는데, 식탁과 방 문 사이의 자리가 하석이고 주인이 앉는 자리이다. 하석의 맞은편은 상석인데, 손님 특히 귀한 손님이 앉는 자리이다. 상석도 높고 낮음의 구분이 있다. 중국인은 오른쪽을 숭상하는 전통을 가지고 있어서 하석을 마주하고서 오른쪽의 한 자리가 상석 중에서도 높은 자리이고, 가장 존귀한 손님이 앉는 자리이다. 상속과 하석 외의 자리는 가장자리인데, 가장자리에도 경중의 구분이 있다. 상석의 두 옆자리 중에서 오른 쪽이 높고 왼쪽이 그 다음이다. 같은 쪽의 두 가장자리에도 구별이 있는데, 상석과 서로 이웃하는 자리가 높고, 하석과 서로 이웃하는 자리는 다음이다. 바로 이러한 이유로 중국인들이 자리에 앉아서 밥을 먹을 때 아주 시끌벅적한 경우가 많은데, 이는 서로가 자리를 권하고 양보하기 때문이다. 만약 귀한 손님이 많으면 주인은 정말 골치 아프게 되는데, 주된 자리와 부차적인 자리의 배치가 잘못되면 사람들에게 미움을 사기 때문이다. 자리에 앉을 때 상석의 손님이 먼저 앉고 그 다음에 가장자리의 손님이 앉으며, 주인은 마지막에 앉는다.

손님과 주인이 자리에 앉은 다음에는 밥을 먹을 차례가 된다. 밥을 먹는 것도 아무렇게나 해서는 안 되는데, 일반적으로 요리가 하나씩 올라 올 때마다 손님이 먼저 먹거나 주인이 손님에게 먼저 젓가락질 하도록 권하고, 그 다음에 나머지 사람들이 먹을 수 있다. 밥을 먹을 때 요리를 먹지 않아서도 안 되고 지나치게 많이 먹어서도 안 된다. 요리를 먹지 않으면 주인에게 요리가 맛없다는 인상을 주게 되고, 지나치게 많이 먹으면 '没出息méichūxi(버릇이 없다)'거나, '没吃过méichīguo(못 먹어 봤다)'와 같은 느낌을 준다. 술을 마실 때도 마찬가지이다. 가장 좋은 방법은 먹고 마시는 데에 한도가 있어야 한다는 것인데, 이는 파악하기가 쉽지 않다. 밥을 먹을 때 주인은 손님 접대하기를 좋아한다는 것을 보이기 위하여, 손님에게 요리를 계속해서 권하고 젓가락으로 집어주거나 또는 술을 권하기도 한다. 이때는 손님이 적당히 응해도 좋지만, 절대로 자기만 먹고 마셔서는 안 된다. 술잔을 부딪칠 때는 만약 상대방의 지위가 비교적 높거나 자기보다 손윗사람일 경우에는 자신의 술잔을 좀 낮게 들어야 한다. 즉, 자기 술잔의 가장자리가 상대방의 잔 가장자리보다 낮춤으로써 존경을 표시해야 한다.

4. 방문 예절

중국에서는 옛날에 다른 사람의 집을 방문할 때 사전에 주인에게 알릴 필요가 없었는데, 이는 서양과 완전히 다르며, 또한 서양인들이 골치 아프게 느끼는 문제이다. 사실 중국인들이 이렇게 하는 데는 이유가 있다. 주된 원인은 과거에는 전화가 보급되지 않아 사전에 알리는 것이 그다지 가능하지 않았기 때문이다. 20세기 90년대 초에 는 베이징 같은 대도시도 전화 보급률이 아주 낮았으니 지방은 더욱 말할 필요가 없다. 이외에도 만약 미리 주인에게 알리게 되면, 주인이 사전에 준비를 할 것이므로 틀림없이 시간과 돈을 쓰게 되고, 결국 객관적으로 다른 사람에게 번거로움을 끼치게 되는 것이다. 중국인들의 습관에 따르면, 만약 주인이 누군가 자기 집을 방문한다는 것을 사전에 알게 되면, 반드시 먹을 것과 마실 것을 준비해야 한다. 아무것도 준비가 없으면 손님을 홀대했다는 의심을 받는다. 바로 이러한 이유로 손님은 늘 불청객으로 사전에 알리지 않고 약속 없이 방문을 한다. 그렇지만 경제의 발전, 전화와 핸드폰 등 통신 수단의 보급에 따라 중국인들의 습관에도 변화가 생겨, 지금은 많은 사람들이 방문하기 전에 연락하는 데에 습관이 되어 있기도 하다.

다른 사람의 집을 방문할 때는 시간에도 주의를 해야 한다. 중국인들은 점심때 쉬는 습관이 있기 때문에 12시 전후로는 중요한 일이 아닌 이상 다른 사람을 방문하지 않는 것이 가장 좋다.

손님이 오기 전에 주인은 약간의 차나 음료수를 준비하는 것이 최소한의 예절이다. 명절 때는 과일이나 땅콩, 각종 견과류, 사탕, 과자 등을 사서 손님을 접대한다. 손님이 와서 자리에 앉으면 주인은 무엇을 좀 마실 것인지를 묻는다. 이때 손님은 사양하면서 '不渴bùhē(안 마셔도 되요)', '不用张罗búyòngzhāngluo(준비하실 필요 없어요)' 등의 인사말을 한다. 그렇다고 주인은 절대로 이 말을 진짜로 믿고 손님에게 차나 음료수를 내놓지 않아서는 안 된다. 손님이 그렇게 말하는 것은 일종의 체면치레로, 주인에게 번거로움을 끼칠까봐 그러는 것이지 결코 정말로 마시지 않는다는 것은 아니기 때문이다. 경우에 따라서는 손님도 '随便suíbiàn(아무거나 주세요)'라고 말할 수 있지만, 자기가 원하는 음료수를 대놓고 말할 수는 없는데, 이를 '客随主便kèsuízhǔbiàn(손님은 주인하자는 대로 따른다)'이라고 한다. 왜 이렇게 말하는 것일까? 역시 주인이 난처해할까 걱정해서이다. 만약 손님이 원하는 음료수가 없다면 주인을 난처하게 하는 것이 아니겠는가? 외국인들은 이러한 체면치레 말에 대해 받아들이기 어려워하는데, 이 때문에 흔히 '마찰'이 일어나기도 한다. 중국인들이 외국 친구의 집에 손님으로 갔을 때, 그들은 중국인들의 체면치레 말을 진짜로 알고서 손님에게 마실 것을 주지 않는다. 그 결과 손님은 입이 바싹 마를 정도로 갈증이 나지만 예절 때문에 참을 수밖에 없다. 중국인들이 보기에 다른 사람에게 먹고 마실 것을 요구하는 것도 일종의 무례한 행위이기 때문이다. 이렇게 해서 원래 즐거워야 할 방문이 한 차례 '고생'이 되어버렸다.

제11장 신체 언어

　언어는 인류의 가장 중요한 의사소통 수단이지만, 결코 유일한 의사소통 도구는 아니다. 인류는 언어로 생각을 교류하고 정보를 전달하는 것 외에 표정과 자세 등 신체 언어와 같이 비언어적 수단을 사용하여 생각과 감정을 표현할 수도 있다. 이런 의미에서 보면, 신체 언어는 인류 의사소통의 중요한 보조적 도구라고 할 수 있다.

　신체 언어도 언어와 마찬가지로 나라와 민족마다 서로 다른 특징을 가지고 있기 때문에 중국인들과 교류를 하기 위해서는 중국어뿐만 아니라 중국인의 신체 언어를 반드시 이해하여야 한다. 아래에서는 중국인들에게서 자주 보이는 신체 언어 및 이와 다른 나라 사람들의 신체 언어와의 차이점을 소개하고자 한다.

1. 머리 동작

　긍정과 찬성을 나타낼 때는 세계의 대다수 민족은 모두 머리를 끄덕이는 동작을 사용하는데, 한족도 예외가 아니다. 부정과 반대를 표시할 때는 머리를 흔드는 동작을 사용하기 때문에, 중국어에는 '摇头不算yáotóubúsuàn, 点头算diāntóusuàn。(머리를 가로 젓는 것은 헤아리지 않고, 머리를 끄덕이는 것은 헤아린다.)'고 하는 속담이 있다.

2. 손과 팔 동작

중국인은 다른 사람에게 이쪽으로 오라고 부를 때, 보통 오른손을 앞으로 뻗어 손바닥을 아래로 향하게 하고 그를 향해 위에서 아래로 손짓을 한다. 만약 손바닥이 위로 향하게 하여 넷째손가락이나 둘째손가락을 계속 폈다 굽혔다 하면 도전성을 띠고, '你敢过来吗?nǐgǎnguòláima (너 감히 덤벼?)', '你过来我就打你。nǐguòláiwǒjiùdǎnǐ(너 덤비면 내가 때릴 거야.)'라는 의미를 담고 있다. 영미인(英美人)들이 사람을 부를 때에는 손바닥을 위로 향하게 한 다음 안(자기 쪽)으로 향하여 구부리거나 둘째손가락을 자기 쪽으로 구부려 당기는 동작을 한다. 일본에서는 사람을 부를 때 이러한 영미식 손짓을 사용하지 않는데, 이는 습관상 개를 부를 때 사용하기 때문이다.

오른손 둘째손가락을 사용하여 이마나 관자놀이를 가리키는 것은 정신적으로 문제가 있다거나 머리가 아픔을 나타낸다. 오른손 손가락으로 머리를 긁적이는 것은 난처하다는 표시하고, 오른손 둘째손가락으로 자신의 코끝을 가리키는 것은 '나'를 표시하는 것이고, 둘째손가락으로 코나 볼을 비비는 것은 부끄러움을 나타내며 두 팔을 앞으로 뻗고 손바닥을 아래로 향하게 하고 위에서 아래로 움직이면 조용히 하라는 것을 나타낸다. 또 손으로 가슴을 두드리면 '나한테 맡겨라(包在我身上)'거나 '내가 보장한다(我敢保证)'는 등의 의미를 나타내며, 손으로 배를 두드리는 것은 배가 부름을 나타낸다. 차를 멈춰 세울 때는 보통 오른팔을 앞으로 뻗고 손바닥을 앞이나 아래로 향하게 한다.

지금은 식사 자리에서 둘째손가락과 가운데손가락으로 식탁을 가볍게 두드려서 고마움을 표시하는 것이 유행이다. 이 수화에는 얽힌 이야기가 하나 있다. 청나라 건륭(乾隆)[1] 황제가 신분을 숨긴 채 수행원들을 데리고 평민 복장을 하고서 암행 순찰을 하였다. 어느 날 한 식당에서 밥을 먹는데, 건륭 황제가 한 수행원에게 차 한 잔을 따라 주었다. 그는 황제의 과분한 총애에 기쁘고 놀랐지만, 건륭 황제가 자신의 신분을 노출해서는 안 된다고 미리 말해 놓았기 때문에 말로 표할 수는 없었다. 그 수행원은 마음이 급한 나머지 곧바로 둘째손가락과 가운데손가락을 사용하여 식탁 위에 몇 차례 두드림으로써 자기가 머리를 조아리고 황제의 은총에 고마워함을 대신하였다. 그 후 사람들은 이 동작을 '감사'의 뜻으로 추론하였고 아울러 식사자리에서도 사용하게 되었다.

손으로 입을 가리는 것은 장소에 따라 각기 다른 의미를 나타낼 수 있다. 참기 어려운 냄새를 맡았을 때 입과 코를 가릴 수도 있고, 말을 잘못 하였을 때, 즉 실언을 하였을 때도 곧바로 입을 가린다. 그런데 서양에서 다른 사람이 말을 할 때 입을 가리는 것은, 말하는 내용이 의심스럽거나 황당하고 우스꽝스럽다고 생각함을 의미한다.

이야기를 나눌 때 오른손 손가락으로 목덜미를 긁는 것은 망설이며 결단을 내리지 못함을 나타내거나 초조하고 불안함의 표현이기도 하다. 손을 흔드는 필요하지 않음이나 금지를 나타내며, 손으로 허벅다리를 치는 것은 후회함을 나타낸다.

손가락은 또 수를 헤아리는 기능이 있는데, 재미있는 것은 민족 문화의 차이로 인하여 각 민족이나 각 지역의 숫자 손가락 부호도 차이가 있다는 점이다. 한족들에게 자주 나타나는 수화 숫자 부호[2]는 다음과 같다. 주먹 쥔 상태에서 둘째손가락만 펼치면 '일(一)', 둘째손가락과

---

1) 역자주 : 청나라 제6대 황제(재위 1735~1795). 건륭(乾隆)은 건륭제의 연호로 1736년부터 1795년까지 60년간 쓰였으며, 중국에서 조부 강희제의 연호인 강희(康熙) 다음으로 오랫동안 쓰였다.
2) 역자주 : '10'의 경우 두 손을 주먹 쥔 상태에서 둘째손가락만 펼쳐 교차시켜 '십(十)'자 모양을 만드는 것도 있다.

1 2 3 4 5 6 7 8 9 10 10

가운데손가락을 동시에 펴면 '이(二)', 둘째와 셋째, 넷째손가락을 함께 펴면 '삼(三)', 둘째와 셋째, 넷째, 새끼손가락을 동시에 펴면 '사(四)', 다섯 손가락을 모두 펴면 '오(五)'를 뜻한다. 엄지손가락과 새끼손가락을 펴고 나머지 세 손가락을 접으면 '육(六)', 엄지손가락과 둘째, 셋째 손가락의 끝을 한데 모으면 '칠(七)', 속칭 '손가락으로 집은 칠(捏七)' 이 되고, 엄지손가락과 둘째손가락을 펼쳐 벌리고 나머지 손가락은 접고 있으면 '팔(八)', 속칭 '벌린 팔(叉八)'이고, 둘째손가락을 펼치고서 손마디를 앞으로 갈고리처럼 구부리면 '구(九)', 속칭 '갈고리 구(钩九)' 이고, 두 손을 모두 펼치거나 주먹을 쥐면 '십(十)'이다.

한족들은 습관적으로 엄지손가락을 치켜세우면 칭찬을 나타내는데, '好hǎo(좋다)'나 '最好zuìhǎo(최고다)', '顶好dǐnghǎo(아주 좋다)', '第一diyī(1등)'의 의미이다. 새끼손가락을 펼치는 것은 '差chà(쳐지다)'나 '次ci(떨어지다)', '不好bùhǎo(안 좋다)', '不怎么样bùzénmeyàng(별로다)', '最末zuìmò(꼴찌)', '小人xiǎorén(소인)'을 나타내며 일종의 멸시의 의미도 있다. 이 때문에 일부 지역에서는 술자리에서 술을 권하는 놀이를 할 때 새끼손가락만 펼치면 극히 무례한 행위가 된다.

서양의 일부 민족은 가운데손가락과 엄지손가락 끝을 맞닿게 하여 하나의 고리를 만들고 나머지 세 손가락은 위로 향하게 뻗으면 '好', '同意tóngyi(동의하다)'는 의미를 나타내고, 엄지손가락을 아래로 향하게 하면 '坏huài(나쁘다)'거나 '差'의 의미를 나타낸다.

3. 발의 동작

중국어에는 '脚jiǎo(발)'와 관련된 어구가 매우 많다. 예를 들면, '跺脚duòjiǎo(발을 동동 구르다)', '轻手轻脚qīngshǒuqīngjiǎo(손발을 살금살금 움직이다)’, ‘搓手頓脚cuōshǒudùnjiǎo(손을 비비고 발을 동동 구르다. 어찌할 바를 모르다)’, ‘捶胸頓足chuíxiōngdùnzú((분노하거나 비통하여)가슴을 두드리며 발을 동동 구르다)’, ‘手足无措shǒuzúwúcuò(손발을 둘 곳이 없다. 매우 당황하여 어찌할 바를 모르다)’ 등이 있다. 이들 어구는 모두 어떤 동작 혹은 행위와 연결되기 때문에 일상의 교류 중에 ‘발(脚)’의 동작이나 자세도 자연히 의미를 나타내는 기능이 있다. ‘跺脚(발을 동동 구르다)’는 분노와 후회를 나타내는데, 조급하지만 어쩔 방법이 없음을 나타내기도 하여 중국어에서는 ‘急得直跺脚jídezhíduòjiǎo(조급해서 발만 동동 구르다)’와 같은 표현이 있다. ‘轻手轻脚’는 어떤 사람이 휴식중이거나 잠을 자고 있을 때 이를 방해하지 않으려는 것을 나타내기도 하고 동작을 살금살금 하여 다른 사람에게 발견되지 않으려는 것을 나타내기도 한다. ‘搓手頓脚’는 상황에 의미가 다른데, 한 겨울 집 밖에서 막 들어왔을 경우에 이는 말하지 않아도 춥다는 것을 표현한다. 그런데 경우에 따라서는 조급하지만 방법이 없을 때에도 ‘搓手頓脚’할 수 있다.

4. 허리의 동작

손, 발과 유사하게 허리의 동작도 의미를 나타내는 기능이 있다. 중국어에는 ‘腰yāo’자가 포함된 단어도 아주 많은데, ‘叉腰chāyāo(엄지와 나머지 네 손가락을 벌려 손을 양 허리에 대다)’, ‘哈腰hāyāo(허리를 굽히다)’, ‘猫3)腰máoyāo(허리를 굽히다)’, ‘伸腰shēnyāo(허리를 쭉 펴다)’ 등이 있다. ‘叉腰’는 자세를 통해 그 의미를 생각해 낼 수 있는데, 말이

---

3) 역자주 : ‘허리를 굽히다’의 의미일 때는 2성으로 읽는다.

나 태도가 당당함을 뜻한다. '哈腰'는 '点头哈腰diàntóuhāyāo(고개를 끄덕이고 허리를 굽히다)'라고도 하며 공경이나 순종을 의미한다. 하지만 중국어에서 '哈腰'는 부정적 의미의 단어로, 일반적으로 줏대가 없거나 불쌍한 모습을 형용한다. '伸腰'는 '伸懒腰shēnlǎnyāo(기지개를 켜다)'라고도 하며 피로하고 졸리는 상태의 상징이다. 만약 다른 사람의 집에 손님으로 가 있는데 주인이 이러한 동작을 하면 대부분 손님이 돌아가 주었으면 하는 것을 암시하지만, 이는 아주 예의 없는 것이다.

5. 입과 얼굴 부위의 동작

입에 바람을 넣어 불룩하게 하는 것은 화가 났거나 불만스럽다는 것을 표시한다. 타인에게 침을 뱉거나 새끼손가락을 뻗은 채 계속해서 위로 침을 뱉는 것도 한족의 보기에는 역시 아주 좋지 않은 동작으로, '看不起kànbuqǐ(깔보다)'나 '唾弃他人tuòqìtārén(다른 사람을 업신여긴다)'는 의미를 표시한다. 시무룩한 얼굴을 하는 것은 화가 났다거나 기쁘지 않음을 나타내고, 무표정한 얼굴로 말도 없고 웃지도 않는 것도 역시 화가 났거나 기쁘지 않음을 나타낸다.

6. 혀의 동작

중국의 젊은 사람, 특히 여성은 자신의 언행이 적절하지 않아서 겸연쩍거나 난처할 때 보통 혀를 내밀었다가 빨리 집어넣는다. 영국에서는 일반적으로 절대 이러한 행동을 해서는 안 되는데, 그곳에서는 혀를 내미는 것은 거칠고 교양이 없다는 표시이기 때문이다.

7. 눈 동작과 시각

중국에는 '眉目传情méimùchuánqíng(눈짓으로 감정을 전한다)'이라는 말이 있는데, 이는 눈썹과 눈빛으로 사람에게 감정을 전달할 수 있다는 의미이다. 눈의 신체 언어도 적지 않다. 중국 고대에는 '青眼qīngyǎn(검은 눈동자)'과 '白眼báiyǎn(흰 눈동자)'이라는 말이 있었는데, '青眼'은 검은 눈동자로 사람을 보는 것이며, 좋아하거나 총애를 받음을 의미한다. '白眼'은 눈알의 흰자위로 사람을 보는 것으로 좋아하지 않거나 심지어 미워함의 의미를 나타낸다. 두 눈의 눈동자가 서슬이 퍼런 것은 '분노'를 나타내고, 우아하게 생긋 웃으며 고개를 돌려 뚫어지게 바라보는 것은 '애교'를 나타낸다. 눈빛으로 한번 힐끗하고 바로 가슴 앞으로 눈빛을 거둬들이는 것은 부끄러워서 머뭇거림을 뜻한다. 기분이 축 처져있고, 눈동자가 앞을 뚫어지게 바라보며 움직이지 않는 것은 풀이 죽었음을 나타낸다. 깊이 생각에 잠겨 끝없는 상상을 하고, 눈빛을 아래로 내리깔고 있는 것은 넋을 잃고 멍하게 있음을 나타낸다.

중국인들은 이야기를 나눌 때, 특히 이성과 이야기를 나눌 때 눈빛으로 상대방을 짧게 훑어보는데, 이는 젊은 사람들이 연애를 할 때의 모습을 통해서 알 수 있다. 남녀가 처음 만났을 때는 보통 오랜 시간동안 상대방의 눈을 피하면서 다른 방향을 보고 있다. 이야기가 어느 정도 진행된 다음에야 두 사람은 비로소 넌지시 짧고 빠르게 상대방을 보지만, 대부분의 시간은 여전히 바닥을 보거나 주위의 사물을 보는데 쓴다. 만약 쌍방이 계속 이러한 상태를 지속한다면, 이야기는 절대 깊어지지 못할 것이며 자칫 잘못하면 이 때문에 중단될 수도 있다. 하지만, 이때 한 사람이 부끄러운 마음을 대담하게 접고서 친하고 정다운 눈빛으로 상대방을 본다면, 상대방의 부끄러워하는 마음도 점차 줄어들 것이다. 이야기가 지속됨에 따라 두 사람이 눈빛으로 서로를 훑어보는 횟

수가 점점 늘어난다. 만약 처음 만난 자리에서 한 쪽, 특히 남자 쪽이 상대방을 오랜 시간동안 상대방을 뚫어져라 본다면 아마 두 번째 만남의 기회는 없게 될 것이다. 왜냐하면 중국인의 관점에서 보면, 다른 사람, 특히 여성을 똑바로 보거나 뚫어지게 보는 것은 일종의 예의 없는 행동이기 때문이다. 또, 여성의 입장에서 이는 불량한 사람들만 행하는 일종의 음란한 행위라 할 수 있다.

혹자의 조사에 따르면, 스웨덴 사람들은 마주보고 이야기를 나눌 때 눈빛으로 서로를 훑어보는 횟수가 영국인들보다 많다고 한다. 미국인들이 눈빛으로 서로 훑어보는 횟수는 대부분의 아시아인들보다 많다. 어느 미국인이 한 중국인과 이야기를 나눈다면, 그 미국인은 아마도 틀림없이 중국인이 긴장하고 부끄러워하며 자신감이 부족하거나 실례를 하였다고 오해를 할 것이다. 왜냐하면 중국인이 눈빛으로 상대방을 훑어보는 횟수는 미국인보다 적은데, 미국인은 공식적으로 대화를 나눌 때도 상대방의 눈을 보는 것에 습관이 되어있기 때문이다. 만약 다른 곳을 보면 일종의 무례한 행위로 간주된다. 반면, 일본에서는 쌍방이 대화를 나눌 때 보통 상대방의 가슴부위 위쪽을 직시한다.

8. 통곡과 웃음

직계 친족이 세상을 떠나면 중국인들은 목 놓아 크게 운다. 울지 않는 경우에는 '공경하지 않고 효성스럽지 않다(不敬不孝)'는 의심을 사게 된다. 반면 서양에서는 비통할 때 오히려 눈물을 참는데, 왜냐하면 다른 사람의 면전에서 엉엉 크게 소리 내어 우는 것은 수양이 부족하다고 여겨지기 때문이다.

중국에서 특히 성인 여성은 '掩口而笑yǎnkǒuérxiào(입을 가리고 웃다)'

나 '抿嘴而笑mǐnzuǐérxiào(입을 작게 오므리고 웃다)'를 중시하는데, 왜냐하면 중국에는 '笑不露齿xiàobúlòuchǐ(웃을 때 이를 드러내지 않는다.)'라는 옛 말이 있기 때문이다. 하지만 남성은 상관이 없어 '仰天大笑yǎngtiāndàxiào(하늘을 쳐다보며 크게 웃다.)' '开怀大笑kāihuáidàxiào(마음 놓고 크게 웃다)'도 가능하다. 왜냐하면 그렇게 웃어야 비로소 사나이 대장부의 기질을 드러낼 수 있기 때문이다.

常敬宇, 『汉语词汇与文化』, 北京大学出版社, 1998

陈来生, 『无形的锁链』, 上海三联书店, 1993

陈 原, 『语言与社会生活——社会语言学札记』, 生活・读书・新知三
        联书店, 1980

程 麻, 『中国风土人情』, 商务印书馆, 2008

高亚彪・吴丹毛, 『在民族灵魂的深处』, 中国文联出版公司, 1988

顾嘉祖・陆 升, 『修辞与文化论略』, 上海外国语出版社, 1990

郭锡良・唐作藩等, 『古代汉语』, 北京出版社, 1982

何九盈・胡双宝・张 猛, 『中国汉字文化大观』, 北京大学出版社, 1995

刘志龙, 『大众礼俗』, 江西人民出版社, 2009

罗常培, 『语言与文化』, 语文出版社, 1989

沙莲香, 『中国民族性』(一), 中国人民大学出版社, 1989

申小龙, 『汉语人文精神论』, 辽宁教育出版社, 1995

『社区文化与语言变异——社会语言学纵横谈』, 吉林教育出版社, 1991

沈锡伦, 『中国传统文化和语言』, 上海教育出版社, 1995

万建中, 『禁忌与中国文化』, 人民出版社, 2001

汪榕培・王晓娜, 『中外文化比较』, 北京师范大学出版社, 1997

王梦鸥注译, 『礼记今注今译』, 天津古籍出版社, 1987

姚殿芳・潘兆明, 『实用汉语修辞』, 北京大学出版社, 1987

张德鑫, 『中外语言文化漫谈』, 华语教学出版社, 1997

张老师月刊编辑部, 『中国人的人情与面子』, 中国友谊出版公司, 1992

张清常,『胡同及其他』,北京语言学院出版社,1990

中村元,『东方民族的思维方法』,浙江人民出版社,1989

中国社会科学院语言文学应用研究所社会语言学研究室,『语言・社会・
　　　文化』,语文出版社,1991

仲富兰,『民俗与文化杂谈』,上海教育出版社,1992

엮은이 소개

杨德峰(Yang Defeng)

1964년 허난(河南)성 출생

현재 베이징대학교 대외한어교육학원 교수

중국대외한어교학학회 및 세계한어교학학회 회원

주요 연구방향은 중국어 통사론, 중국어교육, 중국문화 등이며, 주요 연구
성과로는 『汉语与文化交际』, 北京大学出版社(1999년), 『汉语的结构和
句子研究』, 教育科学出版社(2004년) 등을 포함하여 다수의 저서와 수십
편의 논문이 있다.

옮긴이 소개

이선희

계명대학교 중국어문학전공 부교수

중국사회과학원 언어연구소 박사

중국어 통사론, 의미론

중국어와 문화 교류
汉语与文化交际

초판 인쇄   2017년 6월 10일
초판 발행   2017년 6월 20일

엮 은 이 | 杨德峰(Yang Defeng)
옮 긴 이 | 이선희
펴 낸 이 | 하운근
펴 낸 곳 | 學古房

주   소 | 경기도 고양시 덕양구 통일로 140 삼송테크노밸리 A동 B224
전   화 | (02)353-9908   편집부(02)356-9903
팩   스 | (02)6959-8234
홈페이지 | http://hakgobang.co.kr
전자우편 | hakgobang@naver.com, hakgobang@chol.com
등록번호 | 제311-1994-000001호

ISBN   978-89-6071-695-7   93720

값 : 23,000원

이 도서의 국립중앙도서관 출판예정도서목록(CIP)은 서지정보유통지원시스템 홈페이지
(http://seoji.nl.go.kr)와 국가자료공동목록시스템(http://www.nl.go.kr/kolisnet)에서 이용하
실 수 있습니다. (CIP제어번호 : CIP2017021469)